世界文学名著
（秭译本）

曼斯菲尔德庄园

Mansfield Park

〔英〕珍·奥斯汀 / 著

秭佩 / 译

蘭州大學出版社

图书在版编目(CIP)数据

曼斯菲尔德庄园/(英)奥斯汀(Austen, J.)著;
秭佩译. —兰州:兰州大学出版社,2013.12
(世界文学名著:秭译本)
ISBN 978-7-311-04344-5

Ⅰ.①曼… Ⅱ.①奥… ②秭… Ⅲ.①长篇小说—英
国—近代 Ⅳ.①I561.44

中国版本图书馆CIP数据核字(2013)第293651号

责任编辑 钟 静
封面设计 管军伟

书　　名 曼斯菲尔德庄园
作　　者 〔英〕珍·奥斯汀 著
　　　　 秭 佩 译
出版发行 兰州大学出版社 (地址:兰州市天水南路222号 730000)
电　　话 0931-8912613(总编办公室) 0931-8617156(营销中心)
　　　　 0931-8914298(读者服务部)
网　　址 http://www.onbook.com.cn
电子信箱 press@lzu.edu.cn
印　　刷 兰州人民印刷厂
开　　本 710 mm×1020 mm 1/16
印　　张 22
字　　数 363千
版　　次 2014年2月第1版
印　　次 2014年2月第1次印刷
书　　号 ISBN 978-7-311-04344-5
定　　价 39.00元

珍•奥斯汀

出版前言

秭佩，原名孙立本、孙御佩，1925 年 6 月出生，河南叶县人。1946 年考入北京大学西语系英语专业学习。1961 年起在兰州大学从事专业英语教学，历三十余载；曾任兰州大学外国语学院教授、中国翻译工作者协会理事、甘肃省外国文学学会顾问等职。

秭先生学养深厚，精于翻译，在从事教学、科研之余，笔耕不辍，翻译了大量的文学作品。古稀之年，仍查漏补缺，匡正译本，又译《傲慢与偏见》，使之成为他所有译作中的精品和代表性作品。他的译作有不少是首次汉译，填补了我国外国文学翻译与研究领域的空白；也有不少译作被列为翻译学的经典范例，受到了国内同行的高度赞扬和推崇。因为文学翻译上的突出成就，他被收入《中国翻译家辞典》《世界杰出学者辞典》《世界翻译家辞典》等大型名人录。

秭译本忠实原著，译笔质朴，文字既规范畅达，又尽传原作之神韵，字里行间蕴蓄着睿智独到的见解，闪烁着幽默乐观的光华，体现了译者对原作准确把握和娴熟驾驭的高超水平，具有很高的文学审美价值，是值得怀着敬意去品读的经典。

承蒙秭先生夫人李沂女士和其他译者授权，秭译本集结了秭先生的主要著作，包括珍·奥斯汀的《傲慢与偏见》《曼斯菲尔德庄园》、W. S. 毛姆的《刀锋》、安东尼·特罗洛普的《首相》（上、下）《如今世道》（上、下）、盖斯凯尔夫人的《西尔维亚的两个恋人》《妻子和女儿》（上、下）、托马斯·哈代的《无名的裘德》，共八种十一册。这些名著的集中出版，一为纪念秭先生这位知名的翻译家，一为保存和普及经典作品尽些微薄之力。

个人作品的多卷本是最忌分批出版的。为确保译本一次性按时推出，编辑们以高度的热忱和谨慎的态度，夜以继日，一丝不苟，仔细编校，做了大量的工作，从而既保证了质量，又争取了时间。此外，在出版过程中，南京财经大学教授、兰州大学外国语学院原院长冯建文，兰州大学外国语学院原副院长武国蕊给予了多方面的支持。当译本印行之际，谨向所有为之付出过辛劳的人们致以最高的谢忱。

翻译是一项发现美、创造美、传递美的工作，但翻译同时又始终带有一种缺憾美；不敢说称译本句句精绝，然瑕不掩瑜，译本在匡正讹误之外，更有诸多精妙传神之处等待与读者分享。这正是我们所期望的。

兰州大学出版社

甲午年岁首

译者前言

珍·奥斯汀（1775—1817）是英国历史上的一位才女，蜚声文坛的重要女作家。她出生于英格兰汉普郡幽谷丛林间的一个村庄——斯蒂文顿村，并在那里度过了她的童年。

奥斯汀的父亲是教区的主管牧师，曾毕业于牛津大学，工作之余，以读书为乐。她的长兄詹姆斯比她大十岁，也是个酷爱英国文学的人。在父兄的熏陶下，她从小就读了李查逊、考柏尔、克拉伯等人的作品，她也爱读约翰生、司各特、拜伦等人的诗文。

她有五个兄弟、一个姐姐，这个大家庭充满浓厚的文学气氛。兄弟姊妹们晚上常以演戏为乐。剧本由父亲挑选，有时候孩子们也自己创作。珍·奥斯汀的写作兴趣就是在这样的环境下培养起来的。

奥斯汀十六岁开始写作，短短的一生中，留下了六部结构完整、对话风趣、过场生动的刻画当时英国乡村风俗民情、社交、男女恋情的长篇小说。《理智与情感》发表于 1811 年，接着出版的是《傲慢与偏见》（1813）、《曼斯菲尔德庄园》（1814）、《爱玛》（1815），《诺桑觉修道院》和《劝服》是她死后第二年才出版的。时过虽已近二百年之久，这六部书仍然在世界各地拥有无数读者。

在这六部小说当中，推崇《傲慢与偏见》的读者似乎最多，但推崇其他五部的也均不乏人。以《曼斯菲尔德庄园》为例，与其他五部相比，就独具一格，这部书实为作者呕心沥血之作。

女主人公范妮，由于兄弟姊妹众多，父母无力负担，九岁那年被送到二姨妈家里抚养。一个九岁的孩子，骤然离开父母，离开兄弟姊妹，只身来到遥远的亲戚家寄养，幼小的心灵感到的畏怯、寂寞、凄苦与辛酸，一开始就扣人心弦。中国读者自然而然地会联想起《红楼梦》里的林黛玉。这两只离巢的乳燕在命运上有许多相似的地方。同样是寄人篱下，同样是爱上了一位表哥，同样是有第三者在进行竞争。但在成长的过程中，范妮的处境要比黛玉更加令人同情。黛玉有外祖母心疼，在贾府中虽不能如宝玉那样受宠，受到的恩遇却也不在众姊妹之下。范妮则处在半主子半仆人的地位，冬天住在无火的阁楼里，生活上从不敢与两位表姐攀比。无权无势无依无靠的人，只能靠谦虚、谨慎、克制、忍让来求生存。她不敢萌非分之想，即使有什么非分之想，也不敢有所流露，最多也只能忍耐着、期待着。她小心翼翼地遵循着贝特伦男爵家里的生活规矩，耐心地陪伴贝特伦夫人，忍气吞声地承受大姨妈诺利斯太太对她的歧视与偏见，而且还要处处容让着两位表姐。这对于一位少女来说，的确是生活在千斤重担之下。尤其使她悲苦的，是她悄悄地爱着的二表哥不解她的意思，恋上外来的一位姑娘克劳福特小姐。她担心二表哥爱得不当，还要抑制自己不能产生嫉妒心。单从这一个人物身上，我们就可以看出作者写这部书用的功夫之深。性格往往决定命运。这样自觉、这样谨慎、这样温柔谦让的人，时间久了，自然会赢得人们的好感。花团锦簇中长大的黛玉的结局是凄惨的，在悲苦中长大的范妮却得到了她所希望的一切幸福。

除范妮之外，书中其他主要人物的刻画也都非常成功。埃德蒙的忠厚、诺利斯太太的刻薄、贝特伦夫人的慵懒、罗什渥兹先生的愚不可及、克劳福特先生的玩世不恭、克劳福特小姐的精明、两位贝特伦小姐的轻浮，个个性格鲜明，栩栩如生。

如果说奥斯汀的其他几部小说都是喜剧的话，《曼斯菲尔德庄园》应该说是部正剧，下笔更加沉重，寓意更为深刻，描绘更加精心，也更加成功。

有的评论家不喜欢范妮这个人物，认为她过于拘泥，不活泼，不坦率，是旧传统的维护者。我们总不能希望一个寄养在人家的少女放荡不羁吧。她是有话不敢说，但她从来没有说过一句假话。克劳福特先生费尽心机追求她，她如果答应，就会一步登天，但她不受财富的诱惑，她的爱是有高度原则的。维护这样的传统，也无可指责。我之所以要译这部书，是因为自1980年以来，我一直给学生们教的奥斯汀的著作，主要是《傲慢与偏见》。奥斯汀的著作译成中文，尽管仍属瑰宝，但比起原著来，已失去许多妙处。语言上的精刻细雕，是这六部书的最大特点。除了对话精辟外，一般叙事的句子也往往是语不惊人死不休。用来训练学生理解原著的能力，是最好不过的教材。我译别的作家的书，一天至少能译四千字以上，而译奥斯汀的，则只能以两千字为限。而且事后检查，还往往不满。

秭　佩于兰州大学

目　录

第一章

大约三十年前，亨丁顿的玛利亚·华德小姐，福星高照，虽然只有七千英镑的陪嫁，却赢得了诺坦普顿郡曼斯菲尔德庄园托马斯·贝特伦爵士的倾心，一跃而成为一个准男爵夫人，住进了漂亮的府邸，岁岁有大量收入，真是无尽的安乐，无限的排场。亨丁顿的人无不惊叹这门亲事攀得好，连她那位当律师的舅舅都说，她名下至少再加三千英镑，才有资格嫁这样的人家。她富贵起来，姐姐、妹妹自然也该沾点儿光；熟人当中有些人认为她的姐姐华德小姐和妹妹法兰西丝小姐长得比玛利亚毫不逊色，因而断然料定，她们两人也会嫁给同样高贵的人家。但是，天底下腰缠万贯的男人肯定少于有资格嫁到万贯之家的美女。蹉跎了五六年，华德小姐最后只好去爱上她妹夫的一位朋友，几乎是一点儿财产都没有的诺利斯牧师，法兰西丝小姐的命运还不如华德小姐。说实在的，华德小姐的婚事却还算不得寒碜，托马斯爵士乐于帮助朋友，让诺利斯先生做曼斯菲尔德教区的牧师，给他提供了一份俸禄，因此，诺利斯先生和华德小姐得享伉俪之乐的时候，每年的收入差不多有一千英镑。然而，法兰西丝小姐的婚事，用句俗话来说，娘家人很不称心，她居然看上了一个没有文化、没有家产，并且没有门第的海军陆战队的中尉。为她的婚事，娘家人都和她翻了脸，断了亲。她随便嫁给谁都比嫁给这个人强。托马斯·贝特伦爵士是个很有面子的人，按照为人之道，本着与人为善的愿望，为了维护家族的体面，他希望与他沾亲带故的人都能受人尊敬，因此，他倒是愿意利用自己的情面为贝特伦夫人的妹妹帮帮忙，但是在他妹夫干的这一行当里他却无人可托；他还没有来得及想出别的法子来帮助他们，姊妹之间就已经彻底决裂了。这是双方行为的必然结果，大凡鲁莽轻率的婚事都会带来这种后果。普莱斯太太知道说什么家里都不会同意，所以先斩后奏结婚之后才写信告诉家里人。贝特伦夫人是个脾气平静、秉性随和懒散的人，对妹妹只是不再理睬，把这件事情置之脑后了事。但是诺利斯太太却是个多事之人，她按捺不住性子，给范妮①写了一封杀气腾腾的长信，骂她行为愚蠢，并且列举了她的这种行为可能招来的一切恶果。普莱斯太太被骂得也发起火来，她在回信中把两个姐姐都痛骂了一顿，并且还毫不客气地对托马斯爵士的傲慢也指责了一番。诺利斯太太接到这样的回信，看过之后自然又转给托马斯爵士夫妇，于是他们和普莱斯太太之间多年再不通信。

他们居住的地方彼此相距非常遥远，双方活动的范围又十分不同，因此，在嗣后的十一年里人们觉得他们几乎无法知道对方是死是活。至少是托马斯爵士非常不能理解，诺利斯太太怎么能隔不了多久就怒气冲冲地告诉他们一次：“范妮又生了一个孩子!”然而，十一年后，普莱斯太太已人穷志短，傲气丧尽，怒气收敛，不能再和这么一门可能对她有所支援的亲戚互不往来了。孩子一大堆，并且还在一胎一胎地生，丈夫成了残废，虽然不能再冲锋陷阵，但照样还会以美酒佳肴招待宾朋。一家人吃的、穿的、用的，就靠那一点儿小小的收入来维持。因此，她急切地想与她过去轻率地抛弃的亲戚们恢复关系。她给贝特伦夫人写了一封信，言语凄凉，满纸悔恨，说自己只有儿女过多，其他一切几乎是样样都缺，因此，她必须和大家言归旧好。她就要生第九胎了，在诉说了一番自己的苦境，求他们给即将降世的孩子当教父、教母来帮助养育这个孩子之后，她还不加掩饰地说，现有的八个孩子将来也要仰仗他们。她的大孩子是个男孩，已经十岁，漂漂亮亮，生气勃勃，将来想到海外去；但是她有什么办法？托马斯爵士在西印度群岛上的产业将来有没有可能用得上他？叫他干什么都行——托马斯爵士觉得伍里治陆军军官学校怎么样？还有，怎样把一个孩子送到东方去？

信没有白写。大家气消了，又对她关心起来。托马斯爵士对她表示友好，并且

①法兰西丝的爱称。——译者注

替她出主意，贝特伦夫人给她寄钱寄婴儿穿的衣服，诺利斯夫人则负责写信。

这封信当即产生了上述效果，不到一年，又给普莱斯太太带来一桩更大的好处。诺利斯太太常对别人说，她对她那穷妹妹和她那一窝孩子总是不放心，尽管大家已为她做了不少事情，她还想再帮她一些；后来她终于说出，她是想让普莱斯太太少负担一个孩子，从那一大堆孩子当中挑出一个，完全交给他们抚养。“她的大女儿已经九岁了，她那可怜的妈妈不可能使她得到应有的照顾，我们让她少负担一个，把这个姑娘照管起来怎么样？这肯定会给我们带来些麻烦，增加些费用，但是这算不了什么，因为这是行善啊。”贝特伦夫人立即表示同意。“我想，这样做是再好不过了，”她说，“让我们把这个孩子叫来。”

托马斯爵士可没有这样痛痛快快地立即答应。他顾虑重重地说：“这个担子很重；——一个姑娘由我们来抚养成人，我们得为她的一生做出妥善安排。不然的话，让她离开自己的一家人，那就不是行善，而是残酷。”他想到了自己的四个孩子——想到了自己的两个儿子——想到了表哥表妹之间会谈恋爱等等；——但是他刚刚慢条斯理地述说他的意见，诺利斯太太便打断了他，对他的理由，不管是说出来的还是尚没有说出口的，一一都给了个批驳。

“亲爱的托马斯爵士，我完全理解你的意思。你的想法又慷慨，又周到，完全符合你平常的为人，这一点我也看得出。总的说来，我完全同意你的看法，要是把孩子领来，就得很好地供应她的需要。我保证，在这件事情上，我绝对不会不竭尽我的微薄之力。我自己没有孩子，除了对妹妹的孩子们帮补帮补外，我还帮补谁？我相信，诺利斯先生非常见义勇为——不过，你知道，我这个人话不多，不爱自我表白。我们不要因为一点儿小小的困难吓得好事不敢做。让一个女孩子受受教育，把她体面地引进社交界，十之八九她会有办法建立一个美满的家庭，用不着谁再来负担她。托马斯爵士我敢说，让我们的外甥女在我们这个环境里长大成人，对她肯定会有许多好处。何况她又是你的外甥女！我不是说她会出落得像她的两位表姐一样漂亮。我断定，她不会那样漂亮的，不过，如果能在这样好的条件下把她引进这个地区的社交界，她完全有可能找到一个体面的人家。你在顾虑你的两个儿子——但是，你难道不知道，他们将来一直像哥哥妹妹一样在一起长大，因此，你顾虑的那种事情绝对不会发生吗？从道德上来说，这是不可能的事情。我就从来没听说过有这样的事情发生。实际上，这倒是预防他们之间结合的唯一可靠的办法。如果她是个漂亮的姑娘，七年以后让汤姆或埃德蒙第一次见到，我断定事情会糟糕。一想到她是在遥远的地方，在无人疼爱的穷苦生活中长大的，只需想到这一点，就会使这两个天性敦厚的孩子中的不定哪一个爱上她。但是，如果从现在起就让他们在一起生活，即使她将来美如天仙，他们也只能把她当妹妹看待。”

“你的话很有道理，”托马斯爵士答道，“我绝不是有意想些理由来阻挠一个对双方的境况都很合适的计划。我只是想说，不能够轻率从事，要想把这件事情做得真正对普莱斯太太有所帮助，而且使我们自己也于心无愧，当情况需要的时候，如果没有一个体面人家的子弟像你乐观地估计的那样愿意娶她，我们就必须确保或者必须认为我们自己有义务确保她的生活符合一个小姐的身份。”

“我完全理解你，”诺利斯太太叫道，“你真是慷慨大方，对人体贴到了极点，我相信我们在这一点上永远会意见一致。你很清楚，只要对我所爱的人有好处，凡是我办得到的，我总是乐于去办。虽然我对这个女孩子的感情超不过我对你的亲爱的孩子们感情的百分之一，同时也绝没有像看待你的孩子们那样把她看做我自己的孩子，但是，我要是不去管她，我就会自己责备自己。她难道不是我妹妹生的吗？当我还可以给她一口饭吃的时候，我能忍心看着她挨饿吗？亲爱的托马斯爵士，我虽然有种种缺点，但我的心却是热的；我虽然贫穷，但我宁肯省吃省穿，也不能对人小气。因此，如果你不反对，我明天就写信给我那可怜的妹妹，向她提出这个建议。一旦商定，我就负责把孩子接到曼斯菲尔德，而不需你操心。至于我自己受点儿辛苦，你知道，我是从来不在乎的。我派南妮①到伦敦去办这件事，她可以住在她堂哥哥的马具店里，叫孩子到那里去找她。孩子从朴茨茅斯到伦敦并不困难，只需把她送上驿站马车，托一个信得过的同路人沿途照顾一下就可以了。我想总会有个名声好的生意人的妻子或者别的什么人从朴茨茅斯到伦敦来的。”

托马斯爵士只是认为不宜在南妮的堂哥家里会面，此外再没有发表任何反对意见，因此，他们决定换用一个较为体面，却不那么省钱的迎接办法。一切已算安排停当，大家因为要做大慈大悲的事情而沾沾自喜。严格来说，各人心满意足的程度

①南妮——诺利斯太太家的女仆。——译者注

是有所不同的。已经完全决定，托马斯爵士做这个挑选来的孩子的永久的实实在在的抚养人，而诺利斯太太却毫无意思为孩子的生活破费分文。跑跑腿、卖卖嘴、出出主意，就此而言，她倒是十分慈悲的，谁都不比她更会叫别人大方；但她爱钱的程度不亚于她爱指挥别人，她懂得怎样花朋友的钱，也同样懂得怎样省自己的钱。在闺女时期，她原来一直盼望着嫁到一个富有的人家，结果找了个收入并不怎么多的丈夫，因此，从一开始她就认为必须严格节约。起初本是出于虑事谨慎，不久竟成了固定的主意。诺利斯太太若是有儿有女要抚养，可能就不去攒钱，但是她没有儿女，不需操这份心，因此，她可以一味地节约，使他们那笔从未花完过的收入年年有所增加而从中得到快慰。她这样贪财，再加上对这位妹妹并没有真正的感情，最多只是给这么一桩费用颇大的慈善事业出出主意，做做安排，再多她是绝不会干的。不过她并无自知之明，在这次谈判之后，在回她那牧师住宅的路上，说不定她还沾沾自喜地认为自己是天底下最厚道的姐姐、最厚道的姨妈。

当这个问题重新提出来讨论时，她更清楚地表明了她的观点。贝特伦夫人心平气和地问她："姐姐，孩子来的时候先住到哪里，住到你家还是住到我们这里?"她回答说，她毫无能力分担照看这个孩子的责任。托马斯爵士在一旁听了有些吃惊。他一直以为孩子住到牧师家里会特别受欢迎，大姨妈膝前没有儿女，会希望她去做伴，但是他发现自己完全想错了。诺利斯太太抱歉地说，这个小女孩绝对不能住到她家，至少就眼前的情况看来绝对不行。可怜的诺利斯先生身体不好，因此不可能这样安排。他丝毫不能忍受家里有个孩子吵吵闹闹。的确，如果他的痛风病能够治好，情况就不同了，那时轮到她接待，她会高高兴兴地叫孩子住到她家，方便不方便她都毫不在乎。但是现在，可怜的诺利斯先生无时无刻不需要她照顾，她断定，一提这样的事情，他就会心烦意乱。

"那么，最好让她到我们这里来吧。"贝特伦夫人极其安详地说。过了一会儿，托马斯爵士庄重地说："是的，就让这座房子做她的家吧。我们将尽力履行我们对她的义务，她在这里至少有个好处：有和她一般年纪的孩子做伴，有一个正规教师教她。"

"说得很对，"诺利斯太太叫道，"这两条都很重要；李小姐教三个女孩和教两个都一样——不会有多大差别。我自恨不能帮更大的忙，不过，你知道我是有多大力尽多大力。我不是个遇事后退的人。尽管我处处离不开南妮，我还是派南妮去接她，一去就是三天。我想，妹妹，你可以把这孩子安置在靠近原来育儿室的那间小小的白色阁楼里。那对她来说是个最好不过的地方，离李小姐那么近，离那两个女孩子也不远，并且靠近女仆们，随便哪个女仆都可以帮她梳洗打扮，照料她的衣服。我想你不会让埃丽丝除了伺候那两个姑娘外还去伺候她，那样你会感到是对埃丽丝的不公。的确，我看不出你还有什么更合适的地方安置她。”

贝特伦夫人没有反对。

“我希望这孩子性情好，”诺利斯太太接着说，“会因为有这样一些朋友而感到非常幸运。”

“要是她的性情实在不好，”托马斯爵士说，“为我们自己的孩子着想，我们就不能让她在我们家里住下去；不过我们没有根据料定她会有这么大的缺点。兴许她身上会有不少东西使我们看不惯而希望她改掉，我们必须事先想到她会什么都不懂，会有些没教养的想法，会举止粗俗得叫人受不了，不过，这些缺点都不是不可克服的——我相信，这些缺点对她的玩伴来说也不会有什么危险。假使我的两个女儿比她小，我就会认为叫这么个孩子来和她们生活在一起是一件非同小可的事情。既然是她们比她大，我想，叫她们三人在一起，对她们两人来说就没有什么可怕了，对她来说，还可以处处受到好的影响。”

“这和我的想法完全一样，”诺利斯太太叫道，“和我今天早晨对我丈夫说的那番话完全一致。我对她说，能和她的两个表姐在一起，这件事情本身就会使她受到教育。如果李小姐什么都不教给她，她可以跟表姐们学好，学聪明。”

“我想她不会去逗我那只可怜的巴儿狗吧，”贝特伦夫人说，“刚才朱丽叶逗它我都不让。”

“三个女孩子一天天大起来的时候，”托马斯爵士说，“怎样在她们之间定个适当的界线，在这个问题上我们会遇到困难：怎样使我的两个女儿既要心里一直记住自己的身份，又要使她们不过分看不起她们的表妹；怎样既不使她过分扫兴，又要使她记住她不是一位贝特伦小姐。我倒是希望她们成为非常要好的朋友，决不赞成我的两个女儿对自己的亲戚有一点点傲慢自大，不过，她们总还是不可能同属一个等级。她们的身份、财产、权利，可以指望的前途永远是不同的。这是一个非常难以处理的问题，你必须帮我们选定一个完全正确的做法。”

诺利斯太太随口答应愿意给他帮忙。虽然她完全同意他的看法，认为这是件十分困难的事情，不过她又劝他说，这件事情在她们之间很好处理。

读者自会料到诺利斯太太给三妹子的信必然会得到肯定答复。普莱斯太太感到奇怪的是，有这么多漂亮的男孩子人家不要，人家偏要个女孩子。她不能理解，不过，她还是千恩万谢地接受了人家的建议，向人家保证了自己女儿的性情、脾气都非常好，相信他们永远找不到理由不想再要她。接着她写道，这个孩子有点儿瘦小单薄，但她相信，只要换换环境，孩子会大大变样的。可怜的女人哪！她大概认为她那一大堆孩子都该换换环境吧！

第二章

这个小姑娘一路平安地完成了她的长途旅行，到诺坦普顿后是诺利斯太太来接的。诺利斯太太觉得是自己第一个来欢迎她，又是自己领她去见别人，把她介绍给别人，有功有德，心里乐滋滋的。

范妮·普莱斯此时刚满十岁，初来乍到虽然看不出有多少媚人之处，但至少没有任何地方叫亲戚们看了讨厌。与年龄相比，她的个子小了一些，她没有焕发的容光，也没有其他引人注目的美丽，非常羞怯怕人，但她的风度举止，虽然不够利落，却也并无俗气，她的声音甜美，并且说起话来，小脸还是很好看的。托马斯爵士夫妇非常热情地接待了她。托马斯爵士看出她胆小拘束，需要鼓励，便尽量使自己的言语态度温柔平易，不过，他天生严肃深沉，想做到这一点是颇费力气的，然而贝特伦夫人用不着费一半这样的力气，说的话还不到他的十分之一，只是和气地一笑，便立即使孩子感到她没有托马斯爵士那么可怕。

孩子们都在家，在见面的过程中都表现得十分得体，高高兴兴，毫不拘束，至少两个男孩子是样的。他们一个十七，一个十六，个子比一般十六七岁的孩子要高，在他们的小表妹的眼里，都俨然已是大人了。两个女孩子由于年龄较小，在今天的场合下父亲对她们有点儿过分挑剔，所以她们没有像两位哥哥那样左右逢源，对父亲也比较害怕。不过，她们常和客人应酬，惯受表扬，已不再有那种天然的羞怯。看到表妹毫无信心，她们更加自信了。她们很快便从容地、满不在乎地仔细端详她的面庞和她的上衣。

这一家人个个都是一表人才，两个男孩非常好看，两个女孩无可非议，他们都发育良好，比实际年龄应有的高度要高，如果说教育使他们与表妹在谈吐上形成明显的差别的话，那么，这一切使他们与表妹在外观上也形成醒目的差别。谁也不会猜到，表姐表妹之间年龄相距如此之近。实际上二表姐比范妮才大两岁。朱丽叶才十二岁，玛丽亚也不过比朱丽叶早生一年。小客人这时候要多么难受有多么难受。人人都使她害怕，她自愧不如人，她想念着自己刚刚离开的家庭，她不敢看人，不敢大声说话，说起话来就禁不住想哭。诺利斯太太从诺坦普顿到曼斯菲尔德庄园的一路上一直在给她讲她能到这里来是多么幸运，她应该万分感激，应该表现好。因此，她觉得自己的不快活是忘恩负义，是心肠不好，这想法更加重了她的悲伤。漫长旅途的劳顿很快起了不可抑制的作用。尽管托马斯爵士好心好意不惜屈尊地和她攀谈，尽管诺利斯太太亲热地一再说她会成为一个好孩子，尽管贝特伦夫人笑容可掬，让她和自己及巴儿狗一起坐到沙发上，尽管她看到了鹅莓馅饼有些动心，然而这一切都起不了多大作用，她还没吃两口便潸潸落泪，再也吃不下去，似乎她最需要的朋友是睡眠，于是她被送到床上哭尽她的悲伤。

“一开始就这样，以后不一定好办。”诺利斯太太在范妮离开房间之后说，“在来的路上我给她说了那么多，我原以为她会表现得好些。我对她说过，一开始表现好坏会有多大关系。我但愿她不会性格阴沉——她可怜的母亲可相当阴沉。不过，我们必须体谅这孩子——我想，她因为离开家而伤心并不能就说她不好，她的家虽然毛病很多，但总还是她的家嘛，她现在还不懂她的情况变得比在家时好了多少，不过，以后一切都会有所改变的。”

然而，范妮适应曼斯菲尔德庄园这个新奇的环境，以及适应与她的一切熟人的分离，比诺利斯太太认为应该需要的时间要长。她非常伤心，人们不理解她，所以也不能适当地照顾她。谁都想对她好，谁都安慰不了她。

第二天，给贝特伦家的两位小姐放了假，有意给她们时间，叫她们和小表妹彼此熟悉，并陪她玩耍，但是结果她们之间并不怎么融洽。她们发现她只有两条彩带，并且从来没有学过法语，便不由得瞧不起她；她们把拿手的二重奏表演给她听，却看到她没有什么反应，于是便只好把她们最不爱的玩具大大方方地送给了她，由她自己玩去。而她们呢，去玩当时她们最喜欢的假日游戏——做假花或者剪叠金箔。

范妮不论是在表姐们身旁还是不在她们身旁，不论是在课堂、客厅还是在灌木丛间，都感到同样孤独，她觉得每个人、每块地方都有点儿可怕。贝特伦夫人的沉默使她胆怯，托马斯爵士的阴沉面孔使她害怕，诺利斯太太的告诫使她慌乱，表姐们议论她的个子使她感到羞辱，说她见人不够大方使她脸红。李小姐怪她什么都不知道，女仆们讥笑她穿的衣服寒酸。当初和兄弟妹妹们在一起玩耍，自己曾经是多么被他们看重，既是他们的老师，又是他们的保姆，想到当初的情景，联系到现在这些伤心的事情，她那小小的心灵感到异常沮丧。

房屋的堂皇壮丽使她吃惊，但并不能给她安慰。房间过分宽敞，她在里边走动感到不安；她碰到每一样东西，都觉得会碰坏似的，她蹑脚蹑手地各处走动时总是感到这样或那样的恐怖，她常常回到自己的房间里去哭泣。夜里当这位小姑娘离开客厅之后，大家在客厅里说，她似乎已如大家所愿，认识到自己交了好运。然而她呜咽着进入梦乡，以此来结束自己一天的悲哀。一个星期就这样过去了，由于她遇事默默顺从，大家谁也没有看出她的悲哀。是她的二表哥埃德蒙一天早晨发现的，他看到她坐在阁楼的楼梯上哭泣。

“亲爱的小表妹，”他出自善良的天性极其温存地说，“你怎么啦？”他在她身边坐下，费尽心思使她克服由于啼哭被人发现而感到的难为情，并劝她把什么都告诉他。她是否病了？谁对她发火了吗？她和玛丽亚、朱丽叶吵嘴了吗？她是否不懂功课？如果有什么不懂，他可以解答。总而言之，如果她需要什么东西，他可以替她弄来；如果她要办什么事情，他可以替她办。问了很久，得到的答复只是“不，不——完全不是——不，谢谢你”。但是他依然继续往下问，他刚刚提到她自己的家，她就更加泣不成声，于是他明白了她伤心的原因，他便安慰她说：

“你离开妈妈感到难过，我亲爱的小范妮，”他说，“这说明你是个好孩子；不过，你要记住，你是和亲戚朋友们在一起，他们人人爱你，人人想使你快活。我们到花园里散步去吧，把你的兄弟妹妹们的情况都给我讲讲。”

他听她叙述，发现尽管所有的兄弟妹妹都叫她难舍难分，但其中有一个最使她想念。她谈得最多、最想见到的是威廉。威廉比她大一岁，是家中最大的孩子，是她形影不离的伙伴和朋友，并且由于在妈妈那里吃得开，每逢她闯了祸被妈妈责怪时，他总护着她，“威廉不愿意我到这里来，他对我说他会非常想我。”“不过，我相信威廉会给你写信的。”“是的，他答应过我要给我写信，但是他叫我先给他写。”

“那么你什么时候写呢?”她低下头来迟迟疑疑地说:“我不知道,我没有纸。”

“如果你就是为这难受,我给你纸,你写信需要什么我都给你,你想什么时候写就什么时候写。给威廉写信能使你快活吧?”

“是的,非常快活。”

“那么说写就写吧。跟我到早餐室去,那里笔墨纸张什么都有,并且肯定不会有人在那里。”

“不过,表哥,这信能送到邮局吗?”

“是的,我担保信会送到邮局,和别的信一起送去。你姨父在上边盖上‘免费邮递’的戳记,不用威廉再花一分钱①。”

“我姨父!”范妮满面惶恐地重复说。

“是的,你把信写好之后,我拿到我父亲那里去盖戳记。”

范妮觉得这样做有点儿冒失,但并没有进一步反对。他们来到早餐室,埃德蒙给她把纸裁好,打上了横格;他的心肠之好可与她的哥哥相比,并且也许比她哥哥还要细致认真一些。她写信,他在一旁一直陪着她。她既没有削鹅毛笔的小刀,有些字又不会拼写,他替她削笔,并改正她的错字。埃德蒙对她的这些关照,使她非常感激。尤其使她高兴的是,他还对她的哥哥表示友好。他亲手在信后附上一笔问候威廉表弟,并且附寄给他半个畿尼。范妮此时此刻深怀感激之情,无法表达。不过,她的表情和寥寥几句质朴无华的语言已充分表达了她的感激与高兴,她表哥此时看出她是个讨人喜欢的孩子。他继续和她谈了下去。根据她所说的一切,他深信她有一颗温柔善良的心和想把事情做好的强烈愿望。他看出,她由于对自己处境的高度敏感,由于过分羞怯,应该得到更多的关心和照顾。他从来不曾有意使她痛苦过,但现在他感到她需要的是更多的正面爱护。因此,他首先努力减少她对大家的恐惧,特别是婉言劝她和玛丽亚及朱丽叶在一起玩,并且尽可能地快活起来。

从这天起,范妮比原来感到自在了。她觉得自己有了一个朋友,由于埃德蒙表哥对她友好,她和其他人在一起时心情比原来好了。这地方不再那么使她不习惯,这里的人们也不再那么可怕了。即使他们中间还有些人她仍然害怕,她至少也开始摸到了他们的脾气,尽量适应他们。她起初引起大家议论纷纷,并使自己忐忑不安

①那时的邮资由收信人付。国会议员有权免费投邮信件。——译者注

的那些小小的粗俗无知和笨拙，自然而然地消失了。她已不再那样怕见二姨父，听到大姨妈诺利斯太太的声音也不再心惊胆战。两个表姐有时也愿意和她一起玩了。尽管由于年幼力弱，她们玩的游戏她不能样样参加，但是，她们有时玩的花样必须有一个第三者参加，尤其是需要一个脾气随和顺从的第三者。当她们的三姨妈来信打听她的缺点，或者她们的二哥埃德蒙要她们好好照顾她的时候，她们不得不承认："范妮的性情很好。"

埃德蒙自己一直对她很好，汤姆则只是像十七岁的青年人对十岁的孩子那样，恰如其分地拿她开开心。他刚刚进入生活，喜气洋洋，并且具有长子们常有的那种豁达大度，认为自己生来就是为了花钱和享受的。他对小表妹的友好行为符合他的身份和权利。他给她送了一些非常好的礼物，但也取笑她。

随着她眉展颜开，情绪变好，托马斯爵士和诺利斯太太想到自己做的这桩好事就更加满意了。他们很快得出一致的看法：这孩子虽然谈不上聪明，但是性格温顺，看起来不会给他们增添多少麻烦。觉得她才华不足的不只他们两人。范妮会读、会做活儿、会写，但是仅此而已，其他方面都无人教过。两个表姐发现许多她们早已熟悉的东西，范妮还一点儿不会，她们认为她愚不可及，头两三个星期，她们不断地把这方面新的发现带到客厅里去汇报。"亲爱的妈妈，你想象得到吗？表妹连欧洲地图都拼不到一起①——表妹没听说过小亚细亚——表妹分不清蜡笔画和水彩画！——多奇怪啊！——你听说过有这样笨的吗。"

"亲爱的，"她们的大姨妈往往体谅地说，"这是很糟糕的，不过你们也不能指望每个人都像你们那样懂事早，那样聪明。"

"不过，大姨妈，她的确是什么都不知道。你可知道，昨天晚上我们问她，如果去爱尔兰，她愿意走哪条路，她说，她渡海到威特岛。她光知道个威特岛，并且把它叫做 the Island，在'岛'字前面加了个定冠词，好像世界上再没有别的岛似的。我相信，我远远不到她这么大的时候就比她现在知道得多，不然的话，我会觉得害臊。我不记得是从什么时候起，她现在尚闻所未闻的东西，我就已经知道许许多多了。姨妈，我们按照历史顺序背诵历代英国国王的名字，他们登基的日期，以及他们在位期间发生的主要大事，已是许久以前的事情了。"

①孩子们玩拼地图游戏。——译者注

“的确，”另一位姑娘补充说，“还背诵罗马帝国历代皇帝的名字，一直背到塞佛留①；此外，还记了许多异教的神话故事，还会背诵所有的金属名称，半金属名称，行星的名字，以及杰出的哲学家们的名字。”

“亲爱的，你们说的全是事实，但是你们的记忆力非常好，你们可怜的表妹却可能什么都记不住。记忆力也像其他各种各样事情一样，彼此差别很大，因此，你们应该体谅你们的表妹，对她的缺点要同情。你们要记住，如果你们懂事懂得早，并且聪明，你们就应该永远谦虚，尽管你们已经知道了许多事情，还有许多事情尚待你们学习。”

“是的，我知道在我长到十七岁以前还有更多事情要学。但我还有一件关于范妮的事情得告诉你。她那么奇怪，那么蠢！你可知道，她说她既不想学音乐，也不想学绘画。”

“亲爱的，当然，这是非常愚蠢的，这表明她非常缺乏天才，非常缺乏上进心。不过全面考虑起来，我想她不学也好。虽然你们知道你们的爸爸妈妈是按照我的主意把她和你们放在一起抚养，但我并不是非要她和你们一样多才多艺不可；——相反，倒是应该有些差别。”

诺利斯太太就是这样来教育自己的两位外甥女的。尽管她们天资聪明，很有前途，尽管她们小小年纪已经懂得了很多事情，但是在那些不那么平常的才能方面，如自知之明、宽宏大量、谦虚和气等，她们都十分欠缺。这算不得十分奇怪。她们在哪方面都得到了很好的教育，就是在性情方面没有人好好地教。她们缺少的是什么，托马斯爵士亦不清楚。虽然他诚心诚意盼她们样样都好，但是他表面上并不热情，由于他不苟言笑，她们在他的面前不敢充分暴露她们的心情。

对两个女儿的教育问题，贝特伦夫人更是不闻不问。她没有工夫关心这些事情。她这个人整天穿得齐齐整整地坐在沙发上，做一些既没有用处又不漂亮的大件针线活儿，对孩子们还没有对她那只巴儿狗关心，只要对她无妨，她就由着她们，大事她听托马斯爵士的，小事她听姐姐的。即使给她更多的闲暇，她也会认为没有必要去管她这两个姑娘。她认为她们有保姆照管，各门课程都请有合格的老师教授，再没有什么需要她替她们操心了。至于范妮学习笨拙，她只是说：“这很不幸，不过，

①Lucius Septimius Severus（146—211），罗马皇帝。——译者注

有的人就是笨些；范妮必须更刻苦学习。”再应该怎么办她就不知道了。她必须补充的是，范妮只不过笨些，这娃娃并没有什么坏毛病——她发现，叫她送个信，取个东西，她总是非常顺当，非常麻利。

范妮尽管愚昧无知，畏畏缩缩，但还是在曼斯菲尔德庄园住定了，并且逐渐地把对回家的依恋之情转向这里，和两个表姐一起长大成人，日子还不算不快活。玛丽亚和朱丽叶本性并不真坏，虽然她们对她的态度常常不够尊重，但是她觉得自己不配有过高的要求，因此也并不伤心。

贝特伦夫人以往当春季到来的时候，常到伦敦的宅第里去住上一阵。大约从范妮来的那个时候起，她由于身体欠佳，并且过于怠惰，放弃了城里的那座宅第，完全住在乡下，让托马斯爵士一个人履行他在议会的职责。至于爵爷在那里，由于她不在身边，过得好些还是差些，她就不管了。因此，两位贝特伦小姐继续在乡下学习功课，练习唱歌，发育成人；她们的父亲看到她们的容貌、举止、才艺样样都出落得使他称心如意。他的大儿子是个无所用心、挥霍无度的人，使他非常不安，但是他的其余三个孩子在他看来将来必定不错。他觉得，他的两个姑娘在出嫁前必然会给他的这个姓氏增添风雅，一旦出嫁，会给这个家族增加体面的姻亲；埃德蒙的品格，他的明辨是非、光明磊落，必然会使他有所作为，给他自己以及亲族带来荣誉和快乐。他会成为一位牧师。

托马斯爵士为自己的儿女操心并从自己儿女那里得到欣慰的同时，也没有忘记为普莱斯太太的儿女们尽力帮忙。他慷慨解囊，帮她供养男孩子们上学读书，并在他们长到适当年龄的时候帮助她给他们安排职业。范妮尽管已与自己的家庭几乎完全分离，但是当她听到亲戚给他们帮忙，听到他们的处境有什么有利于他们前程的变化，或者他们做出了什么有利于他们前程的事情的时候，她由衷地感到高兴。多年当中她和威廉相会过一次，并且只那么一次。至于家里的其他人，她根本没有见过。人人都觉得她再也不会回到他们中间去，甚至连回去看看都不会，他们似乎谁也不想她；但是，在她离家后不久，由于威廉决定去当水手，他被邀请在去海上之前到诺坦普顿郡和他的妹妹聚会一个星期。相逢时，纯真的友爱，无比的愉快，无尽的欢笑，真挚的谈心，这一切自不必言。可以想象得到，男孩子一直是兴致勃勃，十分乐观；也可以想象得到，分手时女孩子自有一段愁肠。幸亏这次见面发生在圣诞节假日期间，她可以直接从埃德蒙表哥那里得到安慰。他告诉她，威廉由于选上了这个职业，将来要干的事情是多么多么迷人，将来的发展是多么多么令人向往，她听着听着也渐渐地承认兄妹之间的分手也许是有好处的。埃德蒙一直对她友好。他离开伊顿中学到牛津大学去读书，并没有因此改变了他忠厚的天性，倒是有了更多的机会显示他的忠厚。他比其余的人给她的照顾多，但并不因此而居德；他一味地为她尽心。他总是一言一行都为她好，体谅她的心情，宣扬她的好品质，克服她的羞怯，使她的好品质得到更明显的表现，给她出主意，给她安慰，给她鼓励。

由于她在人人面前都有压抑之感，只有他一个人支持还不足以鼓足她的信心，但是他对她的这番情义在别的方面却起了极大作用，那就是帮助她改善了她的心情，增加了她心灵的乐趣。他知道她聪颖、敏锐、头脑清晰、喜欢读书，只要指导有方，定会自行长进。李小姐教她法语，听她每天读一段历史。他则给她推荐课余时间读起来有趣的书，培养她的鉴赏能力，纠正她的错误见解；他和她谈论她读过的书，从而使她体会到读这本书的益处，他条理清晰地给她分析这本书的价值，使她听了更觉得该读。由于他对她这么好，她爱他的程度，除威廉之外，超过爱世界上任何人。她的心已一半属于威廉，一半属于他。

第三章

这个家族发生的第一件较大的事情是诺利斯先生的死亡。他是在范妮大约十五岁那年去世的。他的去世，自然引起了一些变化和新鲜事。诺利斯太太离开牧师公馆，先是搬到曼斯菲尔德庄园，后来又搬到托马斯爵士在村子上的一座小房子里。丈夫死了，收入减少了，她只好自我排解，心想，现在没有他，不是也过得蛮好！收入减少算不得什么，本来就应该更节约些。

这个牧师职位今后本应该由埃德蒙接任的，如果姨父死得早，埃德蒙还不到担任圣职的年龄，就由哪个朋友代他暂干几年，到时候交给他。但是，在姨父去世之前，汤姆就挥霍无度，弟弟现在必须帮助哥哥偿还风流债务，因此，职位的下一任人选就必须改为别人了。现在另有一个归他家安排的职位给埃德蒙留着，这使得托马斯爵士在良心上好受了一些。不过，他总觉得事情做得不公平，极力想让大儿子也认识到这一点。过去不管他怎么说怎么做，对大儿子都没有作用。现在，他觉得就这件事说一说，效果也许会好一些。

“汤姆，我替你害臊，”他极其庄重地说，“我被你逼得做出这样的事情来凑合应付，感到害臊。我可怜你对这件事所感到的为兄的惭愧心情。你已经把埃德蒙今后一半以上的收入剥夺了十年、二十年、三十年，说不定剥夺了一辈子。也许我今后有能力，或者你今后有能力（我希望我们有），给他谋到一个更好的职位；不过，我们决不能忘记，这样的事情即使做到，也没有超出我们做父兄的对他应尽的义务。

事实上，由于你欠债，火烧眉毛，他现在不得不放弃的那份明摆着的利益，是什么都补偿不了的。”

汤姆听着这番话倒也感到几分惭愧，几分难受；不过，他尽快摆脱这种心情，很快便高高兴兴地自私地想道：第一，他欠的债还没有有些朋友欠的一半多；第二，他父亲对这件事啰唆得够多了；第三，下一任牧师，不管由谁来担任，完全有可能很快死去。

诺利斯先生死后，继任圣职的权利落到了一位格兰特博士的身上，因而，他就来到曼斯菲尔德住了下来。得知他是一个身体健壮、年方四十五岁的人，贝特伦先生感到有些失望。但是，“不，这个人属于短脖子，容易中风的那种类型，爱吃爱喝，养得肥肥的，很快会得个暴病死掉”。

他妻子比他小十五岁左右，他们无儿无女。他们来到这里，像以往的牧师初来乍到时一样，人们都传说他们名声很好，非常可亲可敬。

托马斯爵士觉得现在已是他大姨子履行她对他们这位外甥女的那份义务的时候了。诺利斯太太的处境变了，范妮的年龄也大了起来，因此，以往诺利斯太太反对范妮住在她家的理由似乎已不复存在，并且看起来两人住在一起是最妥当不过的了。而且，由于他的西印度种植场近来遭受了一些损失，再加上大儿子的挥霍无度，他的境况已不如从前，因此，他自己也并非不想摆脱现在对范妮生活的负担，以及未来保证她生活的义务。他深信必须这样做，并把这件事告诉了他的妻子。她第二次又遇到这个问题的时候，碰巧范妮也在场，她平静地对她说：“范妮，你就要离开我们住到我姐姐那里去了。你觉得怎么样？”

范妮非常吃惊，不知所措，只是重复姨妈的话说：“就要离开你们了？”

这消息既使范妮惊奇，又使她不高兴，她从来没有受到过诺利斯姨妈的好处，因此也不可能爱她。

“我离开这里会很伤心的。”她声音抖抖颤颤地说。

“是啊，我相信你会伤心，这是很自然的。我想，自从你来到这所住宅之后，不曾有过什么事情使你烦恼吧？”

“二姨，我想我不会忘恩负义的。”范妮腼腆地说。

“是的，亲爱的，我相信你不会忘恩负义。我一直觉得你是个非常好的姑娘。”

“我再不住到这里了吗？”

“再不住到这里了，亲爱的；不过，你肯定会有一个舒服的家。不管你生活在这座宅子里，还是生活在别的住宅里，对你来说，都不会有多大差别。”

范妮心情沉重地走出房间，她不能把这种差别看得那么小，她想象不出和大姨住在一起会有什么称心如意的事情。她一碰到埃德蒙，便立即把自己的伤心事告诉了他。

“表哥，”她说，“一件使我非常不高兴的事情要发生了；过去我遇到不高兴的事情，往往经你劝导，就想开了。现在这件事，你是劝不通了。我要彻底住到诺利斯姨妈家去了。”

“真的吗?”

“真的，贝特伦姨妈刚刚这样对我说的。这件事已经定了下来。要我离开曼斯菲尔德庄园，一等诺利斯姨妈搬到那座白房子，我猜，就让我也搬到那里去。”

“呃，表妹，你不喜欢这个计划，我可说这个计划好得很。”

“噢！表哥!”

“从其他各个方面来看这个计划都不错。大姨妈既然希望你去，表明她通情达理。她选你做朋友和伙伴，选的正是她应该选的人，我很高兴她没有因为贪财而不选你。你给她做朋友，陪伴她，也是你应该做的。我希望，范妮，你不要为这件事过分痛苦。”

“我的确痛苦。我不可能为之高兴。我爱这座房子及里边的每事每物。而那里的一切我都不会喜欢。你知道，我每逢和她在一起就很不自在。”

“她把你当孩子看待时对你的态度，我没有什么好讲的；不过，她对我们的态度也和对你一样，或者差不多一样。她从来不知道怎样使孩子们喜欢她。但是，你现在已经到了需要别人以更好的态度对待你的年龄；我想，她现在对你已经比从前有所改进；当你成了她唯一的伴侣的时候，她必然会看重你。”

“我永远不会被任何人看重。”

“什么事情使你不被人看重呢!”

“样样事情——我的境况——我愚蠢，我笨拙。”

“至于说你蠢你笨，亲爱的范妮，请相信我，你这两个词用得不当，你一点儿不蠢，也一点儿不笨。你在哪里被人了解，你在哪里就不可能不受到敬重。你通情达理、脾气温柔，我相信你有一副好心肠，受到别人好处总想报答人家的恩情。我不知道，作为一个朋友和伴侣，还有什么比这更好的品质。”

“你的心肠太好了。”范妮说。表哥的赞扬使她双颊飞红。

“你把我看得这么好，我怎么感谢你才好？噢，表哥，如果，我离开这里，我将永远记住你的好处，直到我生命的最后一刻。”

“呃，范妮，就隔着白色住宅这一点点距离，我的确应该希望不会被你忘掉。听你的口气，你好像是要到二百英里以外去，而不是只需穿过这座花园。但是，你差不多和以往一样还是我们中间的一个。两家人一年到头天天见面：唯一的差别是，和大姨妈住在一起，你必然会更好地得到你应该得到的培养。而在这里，人太多，你可以躲到大家的后边；但当你和大姨妈住在一起的时候，你就不得不显露出你的优点。”

“噢，不要这样说！”

“我一定要说，而且是高高兴兴地说。现在由诺利斯太太来照管你比我母亲做这件事合适得多。她这个人的脾气是，不管是什么人，只要她真心关怀，她会为之做许许多多事情，她会促使你认识到你的天生的优点。”

范妮叹息一声，说道：“我的看法不能和你一致，不过，我应该更多地相信你而不是相信自己，你帮助我对必不可免的事情想得通，我非常感激。如果我能够设想大姨妈真的关心我，我会因为感到还有人看重我而高兴！——在这里，我知道我是无足轻重的，但是，我非常爱这个地方。”

“范妮，你离开的是这座房子，又不是离开这个地方。这个庄园及里边的座座花园你还像以往一样可以自由享受。对于这样一个名义上的变化，你那小小的心灵甚至应该平静如常，无须为之担心。你常在哪些路上散步，今后还照样去散步，你在哪座图书室里挑选书读，今后还可以照样去挑，你看到的还是原来的人，骑的还是原来那匹马。”

“你说得很对。是啊，亲爱的小灰马。啊！表哥，我记得当初我是多么害怕骑马，听到别人说骑马会对我有好处时我是多么恐怖（噢！谈马的时候，我一看到姨父要张嘴说话便浑身发抖）。我想起你费尽心思好心好意地劝得我不再害怕，使我相信只要我骑上一会儿就会喜欢骑的，现在感到你当初那些话是多么正确，但愿你每次的预言会永远同样正确。”

“我完全相信，你和诺利斯太太在一起会对你的智慧有好处，正如骑马对你的健康有好处一样——也对你的根本幸福同样有好处。”

他们的这番谈话就是这样结束的。不管对范妮有没有好处，其实原可以不谈，因为诺利斯太太没有丝毫要她的意思。目前，她对这件事情完全是谨慎回避，概不考虑。为了不使别人打她这个主意，她挑了那所在整个曼斯菲尔德教区中还可以维持上流社会体面的最小的住宅；这所白色住宅只容得下她自己和她的仆人，内有一间空房子说是专为一个朋友腾出来的。她不厌其烦地强调这一点，她们过去在教区牧师住宅居住时，从来没有为朋友下榻保留备用房间，而现在却对保留一间房子招待朋友的必要性念念不忘。然而，不管她怎样焦思苦虑，她还是避免不了别人往更好处期待于她；她反复强调保留一间备用房间的重要性，也可能使托马斯爵士误以为的确是为范妮准备的。贝特伦夫人不久便把这个问题明确地提了出来，她漫不经心地对诺利斯太太说：

“姐姐，我想当范妮跟你在一起生活之后，我们就不再需要雇用李小姐了吧？”

诺利斯太太几乎吓了一跳，“你说什么，亲爱的贝特伦夫人，跟我一起生活？”

“不是就要让她跟你一起生活了吗？——我还以为你和托马斯爵士已经就这件事谈妥了呢！”

“我！从来没有。我一个字都没有向托马斯爵士提过，他也只字没有向我提过。叫范妮跟我！这是世上我最不可能去考虑的事情，也是凡是对我和她真正有所了解的人最不应该去设想的事情。天哪！我把范妮领去怎么办呢？我！一个孤苦伶仃的穷寡妇，什么事情都干不了，万念俱灰，叫我对这样年龄的一个小姑娘，一个十五岁的姑娘怎么办呢？这么大的孩子正是最需要关心和爱护的时候，连心境十分快活的人也未必受得了。托马斯爵士不会当真指望我做这样的事情。托马斯爵士是我的朋友，他不会这样做的。我相信，凡是对我心怀善意的人，都不会建议这件事情。托马斯爵士是怎样向你提到这件事的？”

“的确，我并不知道。我想，他考虑得最周到。”

“但他是怎么说的呢？——他不可能说他希望我把范妮要过去，我相信，他内心里不会希望我这样做。”

“是的，他只是说他以为这件事情非常可能发生。我和他都认为那样做对你会是个安慰。不过，如果你不想，也就再没有什么可说的。她住在我们这里并没有什么妨碍。”

“亲爱的妹妹！你想想我的情况，我这样不幸，她怎么会对我是个安慰？现在我是一个孤苦伶仃的寡妇，失去了世上最好的丈夫，他生病期间我在病榻旁伺候，把我的身体也弄垮了，我的精神状态更糟糕，我在人世上的和平与宁静都被毁灭了，只是能勉勉强强生活得不失去身份，不辱没我那去世的亲爱的丈夫——把范妮这样的负担压在我身上，我会得到什么安慰！即使为了我自己我愿意这样做，为了这可怜的孩子我也不能做这样不公道的事情。她现在是在高人的教导下，肯定前程似锦，而我得在我的不幸与困苦中挣扎着生活。”

“那么，就你孤零零地一个人生活，你觉得可以吗？”

“亲爱的贝特伦夫人！我除了清净隐居，还能怎样？每隔一阵子我想请一个朋友到我那小小的房舍里住一住（我要永远为朋友留个床位），但我将来的绝大部分岁月要与世隔绝。如果我还能维持自己的生活，这就是我唯一的要求。”

“姐姐，我想你的情况不至于这样坏。托马斯爵士说你每年将有六百镑的收入。”

“贝特伦夫人，我可不是在叫苦。我明白我不能像过去那样生活了，但凡能节约的地方我都要节约。学会更好地过日子。过去我大手大脚地管家，现在，我要省着过了，不怕人笑话。我的处境像我的收入一样发生了变化。过去许多事情都是因为可怜的诺利斯先生当教区牧师招来的，现在不能指望我也去那样做。素不相识的人来来往往，不知道吃掉了我们厨房里的多少东西。我现在住到白色住宅，要把事情照料得好一些。我必须在我的收入范围之内生活，不然的话，我就要吃苦头；我承认，要是做得更好些，每年年底就能有一些积蓄。那样我会感到非常高兴。”

“我相信你会积蓄的。你不是一直在积蓄吗？”

“贝特伦夫人，我的目的是想对下一代有些用处。我希望变得富一些完全是为了你的孩子们。我没有别的人需要我关心，我非常想将来给他们每人留下一份稍微像样的财产。”

“你真好，但不要为他们操心。将来他们肯定什么都不会缺，托马斯爵士会照料这件事情的。”

“呃，你知道，如果安第瓜种植场的收入照这样下去，托马斯爵士的手头就不那么宽裕了。”

“噢！这很快会解决的。我知道，托马斯爵士正在就这个种植场的问题起草什么东西。”

“好吧，贝特伦夫人，”诺利斯夫人一边动身一边说，“我只能说，我唯一的愿望是对你家里的人有些用处——因此，如果托马斯爵士再提到要我把范妮领去的话，你可以对他说，我的身体和我的心情都完全不允许我那样做——况且，我那里的确也没有她睡的地方，我必须为朋友保留一个备用房间。”

贝特伦夫人把这次谈话转告了她的丈夫，使他明白了他对大姨子心思的误解之深。此后，诺利斯太太再也无须担心他还对她有什么指望，也无须担心他会向她就这件事情再提只言片语。他感到奇怪的是，当初她是那样积极撺掇他们领养这个外甥女，而今却对外甥女一点儿义务都不肯尽。不过，由于她提前告诉他和贝特伦夫人，她所有的一切都要留给他们的子女，这对他们既有利，又是恭维，因此，他很快便想通了。这样他自己也能更好地为范妮未来的生活做安排了。

范妮很快便听说，她原先对迁居的那番恐惧完全没有必要。埃德蒙见到这么一桩他认为对范妮有利的事情没能办成而感到失望，但范妮听到这个消息后却喜不自胜，这使他在失望中感到几分安慰。诺利斯太太住进了白色住宅，格兰特夫妇来到了教区牧师的住所。这两件事情过后，有一段时期曼斯菲尔德的一切如常。

格兰特夫妇性情和蔼可亲，待人友好，他们新近认识的人，基本上对他们都非常满意。但他们也有缺点，并且很快为诺利斯太太所发现。博士非常爱吃，每天都要大吃一顿；而格兰特太太不是尽量节省以满足他的要求，反而给厨子以很高的工钱，和他们曼斯菲尔德庄园里的厨子的工钱一样高，并且很少亲自到厨房和贮藏室察看。诺利斯太太一提到这些事情，或者一提到那一家人每天耗费那么多的黄油和鸡蛋，就有点儿动气。“谁也不比我更好客大方——谁也不比我更加憎恨小气——我相信，我们在牧师住所居住的时候，该享受的东西没有缺过一样，从来没有人说过我们的不是。但是像他们现在这样的过法，我可不能理解。在乡下教区牧师住所里摆阔太太的架子，实在不相宜。我原来的那间贮藏室，格兰特太太进去一趟并不会降低她的身份。我到处打听，人人都说，格兰特太太的财产从未超过五千镑。”

贝特伦夫人不大经心地听着这类批评。她不愿过问柴米油盐问题上的是非，但是她感到格兰特太太长得不漂亮却也能过上这么好的生活，这简直是对漂亮人们的侮辱。她常常表示她在这一点上感到的惊奇，正像诺利斯太太常常谈论持家方面的问题一样。不过，她不像诺利斯太太那样一说就没个完。

这些意见谈论还不到一年，家里又发生了一件事情，这件事十分重大，在太太们的心事和言谈当中，自然要占一些分量。托马斯爵士觉得，为了更好地安排他的事务，他应该亲自前往安第瓜。他把大儿子也带了去，想借此使他摆脱在家里结交的一些坏人。他们这一去，可能要在一年以后才能返回英格兰。

托马斯爵士本不愿离开一家老小，把正处于妙龄时期的两位女儿交给别人指导，只是由于从金钱角度看来必须这样做，并且这样做可能对儿子有好处，他才打这个主意的。他觉得贝特伦夫人不能完全接替他对两个女儿的指导工作，甚至连她自己该起的作用都不能完全尽到；他十分信任诺利斯太太的谨慎心细和埃德蒙的见识可靠，因此，他就放心前去，不再为女儿们的行为担心。贝特伦夫人并不愿意丈夫离开她。不过，她既不为他的安全担惊害怕，也不为他的风尘之苦感到不安。她是属于那种只知道自己的危险、困难和劳累的人，别人的危险、困难和劳累都算不了什么。

在这次别离之中，大大值得可怜的倒是两位贝特伦小姐。说她们可怜并不是因为她们伤心，而是因为她们并不伤心。她们并不爱她们的父亲，凡是她们感到快乐的事情，他似乎从来没有赞成过，因此，非常不幸，他出门远去，她们却非常高兴。这样一来，她们从种种约束中解脱出来。她们立即感到一切可以由着自己，本来被父亲禁止的乐事，只要办得到，便样样都干，不一而足。范妮的解脱、欣慰之感丝毫不亚于两位表姐。不过，她心肠比她们软，觉得自己这种心情是忘恩负义，并且为自己没能伤心而真正感到伤心。“托马斯爵士对我和我的哥哥弟弟们有这么多的恩情，这次一去也许回都回不来，而我看着他走连一滴眼泪都不曾流下！——这简直是无情无义到可耻的程度。”况且，就在临别的那天早晨，他还对她说，他希望在即将到来的冬季她能够再见到威廉，并且嘱咐她一听到威廉所属的那个中队回到英国，就写信邀请他来曼斯菲尔德。“他对我是多么体贴多么善良啊！”他说这些话的时候，只需对她笑一笑，叫一声“我亲爱的范妮”，她就会忘掉以往他对她总是板着面孔，言语冷漠。但是，他在结束这番话时，却加了几句，使她感到非常屈辱：“如果威廉来到曼斯菲尔德，我希望你能够使他相信，你们分手多年，你这方面并非毫无长进——不过，我担心，他一定会看出，他的妹妹虽然已经十六岁，在某些方面还像十岁一样。”她姨父走后，她这样想来想去，痛哭了一场。她的两位表姐看到她两眼通红，认为她是在装模作样。

第四章

汤姆·贝特伦在这次远行以前本来就很少在家里消磨他的时光，因此，现在只不过家里名义上缺了他而已；不久，贝特伦夫人还惊奇地发现，家里缺了他的父亲，大家也过得非常好。埃德蒙代父亲切肉分鸡、和管家商量事情、写信、和代理人联系，给仆人们发工钱，样样都做得很好，像他父亲一样，一切烦人劳累之事都替她做了。只不过她自己要写的信还得由她自己写。

两位出门人一帆风顺平安到达安第瓜的初次消息收到了。不过，在这之前诺利斯太太一直担心着非常可怕的事情，并且只要旁边没人，就把这些可怕的事情讲给埃德蒙听。只要发生大灾大难，她认为必定是她最先得到消息，因此，她已经想好了一旦得到不幸消息怎样向一家人宣布。就在这时，托马斯爵士的信到了，宣告父子俩都平安无事。她不得不暂时收起她的那种激动心情和准备在宣布不幸消息时要说的自认为得体的一番话。

冬天照样来而复去，家里并不需要那父子二人。他们在海外的消息仍然是样样均好，甚至诺利斯太太也很少有心思再为两位远行的人担心。她除了料理自己的家务以外，还要过问妹妹的家务，还要注视格兰特太太的浪费行为，同时还要出出主意叫外甥女们玩得更加痛快，帮她们梳洗打扮，表现她们的才能，给她们物色女婿，忙得不可开交。

两位贝特伦小姐现在已经被公认属于当地美人之列。她们不仅模样儿好看，才华出众，而且举止自然随和，着意表现得彬彬有礼、和蔼可亲，因此附近的人们不仅仰慕她们，而且待她们很好。她们虽然自命不凡，但表现得体，好像毫无不凡之感，没有装腔作势的架子。她们这种表现所赢得的夸奖，大姨妈从别处听来又转告她们，使她们更加相信她们十全十美。

贝特伦夫人不同女儿们一起抛头露面。做母亲的，亲眼看到自己的姑娘们在社交场合使人神魂颠倒，往往会沾沾自喜，但她非常怠惰，甚至连这种喜悦她也懒于出门去领略一番。于是，每逢两个女儿出门，她就委托她们的大姨妈跟着。做这样体面的代表，这是这位大姨妈求之不得的差事，她出入社交场合，无须自己租马借车，可以尽情享用妹妹家提供的一切方便。

社交季节的各种活动，没有范妮的份儿，不过由于其余的人都出门赴约，就剩她陪伴二姨妈，她公然成了有用之人，这倒也使她感到快活；由于李小姐已经离开曼斯菲尔德，每逢举行舞会或宴会的夜晚，家里再无别人，她自然就成为贝特伦夫人须臾难离的伙伴。夫人和她谈天，听她闲聊，读书给她听，这样宁静的夜晚，在这样的促膝谈心中完全不用担心听到不友好的声音，这对于一颗经常处于恐慌不安状态的心灵来说，所带来的喜悦是不可言传的。至于表姐们的游乐活动，她们回来叙述的时候她倒也爱听听，尤其是当她们讲到舞会，讲到埃德蒙和谁在一起跳舞的时候；不过，她认为自己地位低微，不敢设想能参加那样的舞会，因此听的时候，并不十分关心。总的来说，她觉得这个冬季还算过得不错；虽然威廉并没有在冬季回到英格兰，但她心里一直存在着他会回来的希望，这种希望也是非常可贵的。

接踵而来的春季夺去了她心爱的朋友，那匹衰老的灰色小马。这对她来说，不仅是感情上的损失，并且一度有可能对她的健康不利。尽管姨妈们都承认骑马有利于她的健康，但是并没有采取什么措施使她再有马骑。姨妈们说："你表姐们不骑马的时候，不论她们两人谁的马，你随时都可以骑。"但是只要天气晴朗，两位贝特伦小姐总是骑马外出，尽管她们态度殷勤和蔼，却谁也不肯放弃任何实质性的快乐来照顾范妮，因此，那样的时机从不曾有过。在风光明媚的四月和五月的上午，她们欢天喜地地骑马驰骋，而范妮呢，不是整天陪这个姨妈坐在家里，就是被那个姨妈催促着在外边走得筋疲力尽。贝特伦夫人自己不喜欢活动，因而认为谁都没有运动锻炼的必要；诺利斯太太整天在外边靠两只腿东奔西跑，也就认为人人都应该天天走那么多的路。这时埃德蒙偏偏不在家，不然的话这种不幸的现象不会拖延这么长时间。他回来后了解到范妮的处境，看出这种处境对她的不利影响，他觉得有一件事非办到不可。不顾怠惰成性的妈妈及精打细算的姨妈怎样反对，他斩钉截铁地宣布："范妮必须有一匹马。"诺利斯太太不禁想到，从庄园的马匹中也许可以挑出一匹稳当的老马来，这样也就满可以了，或者可以向管家借一匹。她还想到，也许格兰特先生会把他平时派往驿站取邮件的那匹小马偶尔借给他们。她坚决认定，让范妮和她的两位表姐一样气派，自己有一匹固定的马，这完全没有必要，甚至不应当。她断定，托马斯爵士从来不会有这样的打算。她必须说明，趁他不在家时为范妮买马，当他的大部分收入尚未妥善解决时进一步增加他家里养马的巨大开支，她认为这样做是非常不合理的。埃德蒙对她的唯一回答是："范妮必须有一匹马。"诺利斯太太对此不能理解。贝特伦夫人能够理解，她完全同意儿子的看法，认为范妮必须有一匹马，认为他父亲也会这样主张；她只是要求不要性急，她只是要他等托马斯爵士回来，由托马斯爵士来解决。他九月份就要回到家里，等到九月解决又有什么不好？

埃德蒙生妈妈的气，更生大姨妈的气，觉得她最不关心她这位外甥女。不过，对她的话他却更认真地掂量。最后，他想出了一个办法，既不至于使父亲觉得他过分自作主张，又可以很快使范妮骑马锻炼她的身体。他不能看着她没有马骑。他自己有三匹马，但这几匹马女人们都骑不得。其中两匹是打猎用的，另外一匹是他日常骑的走马。他决定用这匹走马换一匹表妹可以骑的马。他知道到哪里去找这样的马。主意一定，他便很快办妥了这件事情。这匹换来的母马表现得非常理想，稍加调驯，便服服帖帖地听从范妮的调动，于是，这匹马几乎完全归范妮所有。她过去认为，那匹衰老的灰色小马是她最称心如意的东西，现在骑上埃德蒙的这匹马比过去骑小灰马时还要快活得多。这种快乐是表哥的深情厚谊给她带来的，每想到这一点，心情更加快活。她无法用语言形容这种快活。她认为表哥是世上最善良、最伟大的典范，他的高尚的品质只有她最了解，她对他的感激之情非世上任何感情所能比拟。她对他的感情包含有千种尊敬、万种感激、无限信任，以及一腔柔情。

这匹马不论在事实上还是在名义上仍然是埃德蒙的财产，因此诺利斯太太也就容忍范妮骑了下去。至于贝特伦夫人，即使她想起她原来提出的反对意见，也不会怪罪埃德蒙没有等到父亲九月份回来再处理此事，因为当九月到来的时候，托马斯爵士仍在海外，并且近期内还没有办完事情回来的迹象。正当他打算回英国的时候，情况突然变得不利了。一切事情都很难料定，因此他让儿子先回，自己留下等着做最后的安排。汤姆一路平安地回到了家里，告诉大家说父亲在外身体非常健康；不过，诺利斯太太听后并不放心。她觉得托马斯爵士可能是预料到有大祸临身，出于父亲对儿子的爱护，自己留在那里而让儿子回来的。于是，她心头涌现了种种可怕的预感。秋天的黄昏愈来愈长，在她那寂寞凄凉的小屋里，这些预感不断地向她袭来，使她害怕，她不得不每天到庄园的餐厅里来避难。然而，冬季又来了，又有了约会可以参加，这对她不无作用。在约会过程中，她替大外甥女的未来的财产操心，感到非常愉快，心神也就大大平静下来。"如果可怜的托马斯爵士命该再也不能回来，现在看到他们亲爱的玛丽亚能嫁给一个富贵人家，特别令人宽慰。"她常这样想。当她们和有钱的男人们聚会的时候，尤其是在给她们介绍一位刚刚在乡下继承了一份最大的地产、一个最阔的位置的年轻人的时候，她总是要这样想。

罗什渥兹先生一见面就为贝特伦小姐的美貌所动，很快便觉得自己已坠入情网，想娶她为妻。他是个粗大肥壮的年轻人，智力平平；不过，无论体态或言谈，他都不讨人厌，这位小姐见他为自己神魂颠倒，也就无限得意。玛丽亚现年二十一岁，开始觉得自己该结婚了。若能嫁给罗什渥兹先生，她每年的收入就会比她父亲的还要多，现时现刻最打动她的芳心的是，罗什渥兹在伦敦城里还有一处宅第，因此，根据同一个道德上的原则，但有可能，她就应该嫁给罗什渥兹先生，这是明摆着的道理。诺利斯太太对这桩亲事特别热心赞助，用尽花言巧语向男女双方夸赞他们是多么相互般配，还和罗什渥兹先生的母亲极力亲热。罗什渥兹的母亲现在和他住在一起，诺利斯太太甚至硬逼着贝特伦夫人一早晨走了十英里坎坷道路去拜访他的母亲。她用的心计可说是不一而足。她自己和这位太太之间很快便言语投机，达成协议。罗什渥兹太太说，她盼着儿子能早日结婚，并且说，贝特伦小姐温柔淑雅，多才多艺，在所有她见过的姑娘当中，最有教养，最能使她的孩子幸福。诺利斯太太听了这番夸奖，也没有替外甥女谦虚。她赞许罗什渥兹太太有眼力，能识人，对人的好坏能看得这么准。玛丽亚的确是他们家族的骄傲与欢乐，她白璧无瑕，她是个天使；追她的人当然很多，她都挑花了眼；不过，要是让她诺利斯太太经过这么短时间的认识就作决定的话，她认为罗什渥兹先生是唯一配得上她并且使她中意的年轻人。

经过适当次数的舞会搭对跳舞之后，这一对年轻人果然像她们预料的那样情投意合，于是征求远在海外的托马斯爵士的意见之后，双方订婚了。男女双方的家里都非常满意，附近的局外人也都赞成，许多星期以来，他们一直认为罗什渥兹和贝特伦小姐的亲事非常合适。

托马斯爵士的答复几个月后才能到达，不过，在此期间，大家都料定他会对这门亲事非常乐意，所以两家人就毫无拘束地来往起来，谁也无意保密，诺利斯太太逢人就讲这件事，讲完之后才告诉人家目前还不要对人讲。在一家人当中，只有埃德蒙能看得出这桩亲事有什么不足，虽然姨妈百般称赞，他并不觉得罗什渥兹是个理想伴侣。他同意，妹妹的幸福只有妹妹自己最为了解，不过，他不赞成她把幸福都押在大笔的收入上；当罗什渥兹在场的时候，他还情不自禁地想道："这个人要不是他那每年一万二千英镑的收入，会是一个非常愚蠢的家伙。"

不过，托马斯爵士对这桩亲事却由衷的高兴，因为这对他家肯定有利，同时信上对他说的又是样样都好，样样令人开心。这是一门恰当不过的亲事，同在一个地方，并且门当户对，所以他尽快地给家里送信说，他衷心地赞同。他提出的唯一条件是，婚礼要等他回来以后举行，他现在又在急切地盼望归期。他的信是在四月份写的，他有强烈的信心在夏末之前将一切事情完全安置好，离开安第瓜回国。

七月份正当事情发展到这个地步，范妮也刚满十八岁的时候，村子里的交际场上又增加了格兰特太太的弟弟和妹妹——克劳福特先生和克劳福特小姐，他们是格兰特太太的母亲第二次结婚后生的一儿一女。儿子在诺福克郡有许多土地，女儿有两万英镑。他们小的时候，姐姐非常疼爱他们，但是母亲死后不久，她就出嫁了，把他们留交给他们的一个叔叔看管。格兰特太太不认识他们的这位叔叔，因此，出嫁之后，很少见到他们。这两个孩子在叔叔家里享受到家庭的温暖。克劳福特将军和克劳福特太太尽管在别的事情上看法从不一致，但对这两个孩子的疼爱却是一致的，如果说还不算一致的话，那也只是夫妇俩在这两个孩子当中各宠一个。将军喜欢男孩，克劳福特太太宠爱姑娘。现在，克劳福特太太去世了，她保护的这位女孩子在叔叔家里又试住几个月后，不得不另找个地方投靠。克劳福特将军是个行为不端的人，他想把情妇领到家里来住而把侄女赶走。因此，格兰特太太的妹妹才提出投奔她来。妹妹到她这里来不仅方便了克劳福特将军，同时也正合她的心意。无儿无女的太太们住在乡下，通常靠买些好家具布置客厅，养些奇花异草、良种鸡鸭来消遣，而格兰特太太对这些事情现在已经腻了，正渴望着家里变个什么花样。因此，妹妹的到来使她非常高兴，她本来就一向喜欢妹妹，现在她希望把妹妹留在身边直到嫁人为止。她主要担心的是，曼斯菲尔德满足不了一个过惯伦敦生活的年轻妇女的习惯。

类似的顾虑克劳福特小姐并非一点儿也没有，不过她的顾虑主要是由于不放心姐姐的生活方式和社交活动的状况。她先是劝说弟弟和她一起住到他在乡下的宅第里去，弟弟不答应，她只好硬着头皮下决心投奔别的亲族。不幸的是，亨利·克劳福特非常讨厌永远住在一个地方，极不愿意他的社交活动受到限制。他不肯为了照顾姐姐而做出这样重大的牺牲，不过，他极友爱地陪她到诺坦普顿，并且痛痛快快地答应，一旦她对这个地方感到厌倦，只要告诉他一声，他半个钟头以内就再把她带走。

这次会面双方都感到满意。克劳福特小姐看到姐姐并不严厉刻板，也不土气，姐夫看起来也还体面，住宅宽敞，设备齐全；格兰特太太呢，她看到她疼爱的这两位年轻人，仪表都非常令人喜欢。玛丽·克劳福特长得非常好看，亨利虽然算不上漂亮，但有风度、富表情，两人的举止都活泼有趣。格兰特太太一见面便觉得他们样样都好。她对两人都喜欢，但她尤其喜欢玛丽。她自己的容貌从来没人夸过，现在看到有个妹妹这样漂亮，她打心眼里感到骄傲。她妹妹还没来到，她就在给妹妹物色合适的对象。她看中了汤姆·贝特伦。她妹妹有两万英镑，而且根据她的意见又是那么漂亮那么有教养，汤姆·贝特伦尽管是男爵的大儿子，她认为她妹妹也不见得配不上他。她是个心直口快的热心肠人，玛丽来到还不到三个小时，她就把她的打算告诉了她。

克劳福特小姐听说有这么高贵的一个人家离他们这么近，感到高兴。她姐姐过早的操心以及为她选择的具体对象，都丝毫没有引起她的反感。只要能嫁到富贵人家，她是乐于出嫁的。她在伦敦见过贝特伦先生，她知道，他的外貌和他的家庭条件一样，都没有什么可挑剔的。所以，尽管她把姐姐的话当做笑话听后一笑而过，但心里已暗自记下，日后认真考虑。格兰特太太不久又把自己的这个主意告诉了亨利。

“喂，我想到了个办法使这件事情十全十美，”格兰特太太补充说，“我非常想把你们两个都安排在这个地区，所以，亨利，我要你娶贝特伦家的二小姐，这姑娘规矩、漂亮、温柔、有教养，能给你带来幸福。”

亨利深深鞠躬，向她道谢。

“亲爱的姐姐”，玛丽说，“要是你能把他劝得这样做，使我能与这样聪明的人结成姑嫂，这对我说可是一件从不曾有的快事，唯一遗憾的是，你手里没有五六个闺女让你差遣。你要想说服亨利结婚，你得有法国女人的那种口才。英国人说话的本事我们都用过了。我有三个眼光很高的朋友先后都迷上了他，她们、她们的母亲们（都是非常聪明能干的人），还有我亲爱的婶婶和我本人，都劝他、哄他、诱他结婚。我们费了多大劲儿，你想都想不到！他是个你能够想象得到的最可怕的调情鬼。要是你那两位贝特伦小姐不愿意肠断心碎，就别让她们和亨利见面。”

“亲爱的弟弟，我不相信你会这样。”

“对，我断定你不会相信。你会比玛丽心地宽厚。你会允许没有经验的年轻人遇事顾虑重重。我为人谨慎，不愿意匆匆忙忙地拿我的幸福冒险。谁也不如我这样看重婚姻。我认为，能有一个妻子，那福气正如诗人的绝妙诗句所描写的那样，‘上天最后赐予的最好的礼物’。”

“你听见了吧，格兰特太太，他着重背的是‘最后’这两个字，你再看看他笑的那个样子。我告诉你，他这个人非常可恶——海军上将的榜样彻底带坏了他。”

“关于婚姻问题”，格兰特太太说，“年轻人嘴上怎么说，我很少去管。如果他们表示不愿意结婚，我只是认为他们还没有碰见合适的人。”

格兰特博士笑着夸奖克劳福特小姐自己没有立意不结婚。

“噢！说得对，我丝毫不觉得结婚有什么不好意思。只要办得正当，我愿每一个人都结婚。我不喜欢人们轻率嫁娶，但是，不论是谁，什么时候结婚好，什么时候就应该结婚。”

第五章

这些年轻人一开始便相互产生了好感。双方都有许多地方吸引对方。认识之后，出于礼貌，必要地矜持一阵，接着便亲热起来。克劳福特小姐的美貌并未引起两位贝特伦小姐不快。她们自己很漂亮，也就不怕别的女人长得漂亮。她们几乎和两个哥哥一样欣赏她那活泼的黑色眼睛，洁净的褐色皮肤，认为总的来说她还长得好看。她要是长得高，长得丰腴，长得非常漂亮，双方就可能进行一番较量。但是，事实上她没法与她们相比，她在多数人心目中是个可爱的漂亮姑娘，而她们却是这个地区最漂亮的青年女子。

她的哥哥不漂亮；不，第一次她们见他的时候，觉得他长得丑，又黑，又难看；不过，他仍然不失为一个风雅人物，言语动听。第二次见面时，他不再是非常难看的了。当然，他的确长得丑，但这时她们发现他很有气派，他的牙齿非常洁白整齐，他的身材非常匀称，因此，她们很快便忘掉了他的难看。第三次相会，在牧师公馆一起吃过饭后，谁也不再说他长得不好看了。事实上，他是两姊妹所见过的最讨人欢喜的年轻人，两人都同等程度地喜欢他。贝特伦小姐已经订婚。公平行事，他应该归朱丽叶。对这一点，朱丽叶心中十分清楚。他来到曼斯菲尔德还不到一个星期，她已经十分乐意和他谈恋爱了。

玛丽亚对这个问题的想法，混乱不清。她不想去正视，也不想理清思绪。“我喜欢一个彬彬有礼的人不会有什么妨碍！谁都知道我的情况——克劳福特先生可得把握住自己。”克劳福特先生无意使自己走到危险的地步；两位贝特伦小姐值得他挑逗一番，并且乐意接受他的挑逗。于是，他开始施展功夫，不过，他只是要她们喜欢自己，并无别的目的。他并不想叫她们深陷情网，不过在保持头脑清醒、温度适宜的条件下，他放手干了下去。

“姐姐，我非常喜欢你们的两位贝特伦小姐，”那次宴罢，他把她们送上马车之后回来时说道，“这两个姑娘很文雅、很可爱。”

“她们的确文雅可爱。我很高兴听到你说这句话。不过，你尤其喜欢朱丽叶。”

“噢！不错，我尤其喜欢朱丽叶。”

“不过，你真是这样吗？一般人认为贝特伦小姐长得最漂亮。”

“我也这样认为。她的五官模样长得更好，我欣赏她的容貌——但我最喜欢朱丽叶。贝特伦小姐当然最漂亮，我也感到她最可爱，但是，由于你的吩咐，我将永远最喜欢朱丽叶。”

“亨利，我不会劝你，不过我知道最后你必将最喜欢她。”

“我不是对你说过，一开始我最喜欢的就是她吗？”

“况且，贝特伦小姐已经订婚。别忘了这一点，亲爱的弟弟，她已经有主了。”

“我知道，我因此而更喜欢她。订了婚的女子往往比没订婚的更可爱。她心愿已遂。她不再需要操心，她觉得她可以放心大胆地施展出全副本事让别人喜欢她。一个订过婚的小姐怎么做都保险，不会有什么害处。”

“顺便说一下，罗什渥兹先生是个非常好的年轻人，配她绰绰有余。”

“但是贝特伦小姐根本不把他放在心上，你就是这样看你的这位好朋友的。我可不这样看。我相信贝特伦小姐对罗什渥兹先生非常钟情。当提到他的时候，我从她的眼神中看得出来。我认为贝特伦小姐人很好，答应别人的求婚不会是虚心假意的。”

“玛丽，我们对他怎么办？”

“我想，我们不要去管他。劝也没用。他最后会上当的。”

“但是我不愿意让他上当，我不愿意让他受骗。我要把事情做得清清白白、正大光明。”

“噢！亲爱的——由他去，让他上当去吧。上个当也好。谁都会上当的，不过是早晚而已。”

“亲爱的玛丽，结婚并不都是上当。”

“结婚尤其如此。尽管在结婚之前要经过现在这样的交际相处，亲爱的格兰特太太，不管是男方还是女方，结婚的时候，一百个人中不上当的连一个都没有。依我看来，我认为就是这样；我觉得必然是这样，因为我认为在各种交易中，唯有这种交易，要求于对方的最多，而自己最不诚实。”

“啊！你上过希尔街的哪个歪门邪道的婚姻学校吧？”

“我可怜的婶婶肯定没有什么理由喜欢自己婚后的处境，根据我的观察，婚后的生活是要心眼用计谋。我知道有许多人在结婚之前深信和对方结婚会有某种好处，或者相信对方有教养、品质好，结婚以后才发现自己完全被骗了，而不得不忍受与原来的愿望完全相反的处境。这不是上当是什么？”

“亲爱的姑娘，你的话肯定有些不符合事实。请原谅，我不十分相信。我敢说，你只看到了事情的一半。你看到了坏处，你没有看到结婚带来的安慰。小摩擦，小不如意，处处都有。我们都易于要求过高。不过，如果一个建设幸福的计划失败了，人们自然会另打主意；如果第一个打算失当，我们会使第二个打算好一些，我们总会找到安慰的。我最亲爱的玛丽，那些在一旁存心挑剔的人们，是把蚂蚁当骆驼，和结婚的双方相比，他们上的当和受的骗还要大。”

“你说得好，姐姐！我佩服你这种委曲求全的精神。一旦我嫁了人，我还要我行我素；我希望我的朋友们婚后也都这样。我这样做才不易于被人弄得心碎。”

“玛丽，你和你弟弟一样坏；不过，我们要把你们俩都改正过来。我们要让曼斯菲尔德把你们俩都改过来——而且决不让你们上当。住到我们这里，我们就要把你们改过来。”

克劳福特兄妹虽然无意让别人来改正他们，却非常愿意在这里住下。玛丽乐于目前把牧师公馆当做家，亨利同样愿意继续客居下去。他原来打算来到之后只住几天就走，但是，他发现曼斯菲尔德有油水可捞，而且，别的地方又没有什么事情必须要他去。能把两个人都留下，格兰特太太很高兴。格兰特博士也非常满意：一个怠惰成性、不愿出门的男人，有克劳福特小姐这样年轻美貌的话匣子做伴，总会感到愉快，而有克劳福特先生在这里做客，就可以有理由天天喝红葡萄酒。

克劳福特小姐最为高兴的是两位贝特伦小姐对克劳福特先生的爱慕。不过，她也承认，两位贝特伦先生都非常漂亮，像这样美貌的年轻男子，即使在伦敦，你也很少能在一处碰到两个，他们的风度都很好，老大的风度尤其好。他在伦敦住过很久，比埃德蒙活泼、风流，因此要挑就必须挑他，说实话，他是老大，这是又一个强有力的因素。她早已预感到，她该最喜欢老大。她知道她该这样做。

的确，不论怎样，她都必然会觉得汤姆·贝特伦可爱。他属于人人喜欢的那种年轻人，他的可爱之处比某些更高一级的天生的优点更易于为人们赏识。他风度洒脱，兴致勃勃，交游广泛，并且非常健谈。他对曼斯菲尔德庄园和准男爵爵位的继承权也决不会有损于这一切有利条件。克劳福特小姐不久便觉得他这个人本身以及他的条件是能使她中意的。她存心看了看周围的一切，觉得几乎样样东西都对他有利——一座庄园，一座方圆五英里的名副其实的庄园，一座宽敞的近代修盖的房子，地点选得合适，并且林木深掩、完全可以选入王国乡绅们宅邸的画集，唯一的不足是尚须把家具完全换成新的；两个可爱的妹妹，一位安详的母亲，他本人又是和和气气的。还有两个有利条件，一个是现在他不能过分赌博，这是他向父亲许下愿的，另一个是以后他将成为托马斯爵士。这一切非常理想，她认为她应该接纳他；因而，她开始对他那匹将参加B城赛马会的马感起兴趣来。

他们认识不久他就得去参加赛马会，而且，他家里的人们根据他平常的行为判断，他一去就得好几个星期才能回来，因此，他是否钟情于这位小姐，他会提前表白出来。他大讲赛马会，劝她前去参加，并且还热心地做出计划，要举行一个大型舞会。但是，这也只是口头说说而已。

范妮这个时期在干些什么、想些什么呢？她对这两位新来的外乡人是怎么个看法呢？天下十八岁的姑娘当中，很少有像范妮这样的，没有人肯来征求她的意见。她细声细气地、不引人注意地夸赞克劳福特小姐的美丽；至于克劳福特先生，虽然她的两位表姐反复称赞他的人才，但她依然认为其貌不扬，因此一向对他绝口不提。这一切引起了克劳福特小姐的注意，使她发表了如下议论："现在我对你们每个人都已了解，就是不了解普莱斯小姐。"克劳福特小姐在和两位贝特伦先生一起散步时说："请告诉我，她是否进入社交界了？——我猜不透。她和你们一起到牧师公馆来赴宴，似乎是在参加社交活动；然而她的话又那么少，我觉得她又不像在参加社交活动。"

这番话主要是说给埃德蒙听的。他答道："我相信我明白了你的意思——不过，我不想由我来回答这个问题。我表妹已经不再是小孩子。论年龄，论见识，她都已是个大人，不过，什么社交不社交，我可回答不了。”

“不过总的来说，这比什么都容易判断。两者之间的差别非常明显。从外表到言谈举止，一般说来，都完全不同。到现在为止，我一直认为，对于一个姑娘是否进入了社交界，是不可能判断错误的。一个没有进入社交界的姑娘，总是那身打扮，举个例子来说，头戴贴发无边小圆软帽，样子非常娴静，一句话都不肯说。你尽可以笑——不过，我告诉你，就是这样的，有时候她们做得过分了些，不然的话，这样做完全应该。姑娘家就应该腼腆。最令人不习惯的是，刚被引进社交界时作风的变化常常过于突然。常常是在极短的时间里来了个一百八十度的大转弯，由缄默自制一变而为无所顾忌。这是眼下风气中的缺点。人们不愿意看到一个十八九岁的姑娘这样快地变得样样都能应付自如——你去年见她时她还不会说话，今年就一下子样样都能应付，这种变化你会看不惯的。贝特伦先生，我相信你见到过这样的变化。”

“我想，我是见到过的。不过，你说这番话不无所指。我知道你想说什么，你是在拿我和安德逊小姐开玩笑。”

“完全不是。什么安德逊小姐？我不明白你说的是谁，说的是什么，我丝毫不知。不过，你要是肯告诉我是怎么回事，我倒是要非常愉快地和你开开玩笑。”

“啊，你真会说假话，不过，你可骗不了我。你刚才说那个姑娘的变化时，必然是在说安德逊小姐。你描绘得使我一听就觉得是她，丝毫不差。贝克尔街的安德逊那家人，前几天我们还谈到他们。埃德蒙，你听我给你说过查理·安德逊。事情的确像这位小姐所说的那样。大约两年前当安德逊最初把我介绍给他一家人的时候，他的妹妹还没有进入社交界，我没办法使她张口。一天上午我坐在他家等安德逊，坐了一个钟头，室内只有她和一两个小姑娘——家庭女教师病了或者是逃走了，她母亲拿着联系事物的信件不断地进进出出，她一句话都不肯给我说，也不肯看我一眼——一点儿礼貌客气的表示都没有——她紧绷着嘴，那么神气地背向着我。后来，我有一年没有再见她。当时她已进入了社交活动。我在霍尔夫特太太家里遇到了她，已经记不起来她。她走到我跟前，说是认识我，眼睛盯着我把我看得直发窘，对我说呀，笑呀，弄得我两眼不知道往哪里看好。我当时感到，满屋的人必然把我当做一个可笑的傻瓜——很显然，克劳福特小姐听说过这件事情。”

“这确实是个非常有意思的故事，我相信，这种事情决不只发生在安德逊小姐一个人身上。这种不正常的现象太普遍了。母亲们对女儿的管教肯定不当。我说不出错在哪里。我不敢妄自尊大去纠正别人，但我的确看出，她们常常做得不对。”

“那些以身作则向人们表明女性应该怎样待人接物的人，”贝特伦先生殷勤讨好地说，“对于纠正她们的错误起着很大作用。”

“错在哪里是很明显的，”不那么注重礼貌的埃德蒙说，“这些女孩子没受到良好的教养。一开始就给她们灌输了错误的观念。她们的一举一动都是从虚荣的动机出发——即使在她们于公众场合出头露面之前，在她们的行为当中，真正的腼腆淑雅成分比出头露面时也并不会多。”

“我不知道，”克劳福特小姐犹豫地说，“我，我不同意你的这种说法。她们那时的谨言慎行肯定就是腼腆淑雅最好的表现。要是在姑娘们没有参加社交活动之前，就让她们像已经进入社交界那样待人接物，那样随随便便，那就要糟得多。我就见过这种现象。这比什么都糟糕——实在令人厌恶！”

“说得对，这的确会带来麻烦，”贝特伦先生说，“这种现象会把人领错方向，你会不知道怎样做才好。你形容得惟妙惟肖的那种贴发无边小圆软帽和娴静的作风（这是最恰当不过的打扮和作风），让你一见就知道她们会怎样对待你；去年就因为一个尚未进入社交界的姑娘缺乏这两样东西，我被弄得非常难为情。去年九月——我刚从西印度群岛回来——我和一个朋友到赖姆斯盖特去了一个星期，我的这位朋友叫斯奈德。你听我说过斯奈德吧，埃德蒙？他的父亲、母亲和姐姐、妹妹都在那里，我和他们都是第一次见面。我们到达阿尔宾他们的住地时，他们都不在家，我们出去寻找，在码头上找到了他们：斯奈德太太、两位斯奈德小姐，还有他们的几个熟人。我规规矩矩地鞠了个躬。斯奈德太太身旁围满了男人，我只好凑在她的一个女儿身旁，在回家的路上一直走在她的身边，并且尽可能地讨得她的好感；这位姑娘态度非常随和，我说什么她都爱听，她自己也爱说话。我丝毫没有想到我有什么做得不对。两位小姐打扮得一样，都穿得很讲究，像别的女孩子那样戴着面纱，拿把阳伞。但是，后来我才知道，我一直殷勤对待的是个小姑娘，她还没有进入社交活动，大姑娘因此非常生我的气。奥古斯塔小姐六个月后才有资格让男人们打主意；我相信，斯奈德小姐直到现在还不肯原谅我。”

“这的确很糟糕。可怜的斯奈德小姐。我能体谅她的心情。小小的年纪就尝到别人不肯一顾的苦头，肯定会非常气恼。不过，这完全是她妈妈的过错。奥古斯塔小姐应该有家庭女教师陪着。这种不阴不阳的做法绝对不行。不过，现在我要你们回答我的是普莱斯小姐的情况。她参加舞会吗？她除了到我姐姐家赴宴外，也到其他各处赴宴吗？”

“不，”埃德蒙答道，“我想她从来没参加过舞会。我母亲自己就很少到大庭广众中间去，除了应格兰特太太的邀请来吃吃饭以外，谁家的饭她都不去吃，范妮陪她一起待在家里。”

“噢，这么说，这个问题就清楚了。普莱斯小姐还没有进入社交界。”

第六章

贝特伦先生出发到B城去了。人们料定克劳福特小姐会感到她们的社交圈缺了大半边。这两家近来几乎是天天聚会，人们料定克劳福特小姐在聚会的时候会由于他的不在而感到特别不习惯。在他走后不久，他们一起在庄园里吃饭的时候，她仍坐在桌子下首她所挑选的位置上，做好了充分准备去感受由于男主人的更换而带来的令人伤心的不同场面。她断定，这场宴会非常枯燥无味。埃德蒙与他哥哥不同，他没有什么话说。沿桌分汤的时候，他会无精打采，喝起酒来一笑也不笑，连句风趣的话儿都不会说，切鹿肉时也不讲一件以往打鹿的趣事，也不会说个“我的朋友某某”的故事使大家高兴高兴。她只好从坐在桌子上首的人们的笑语声中，从观察罗什渥兹先生的言谈举止中寻找乐趣。自他们姐弟来后，罗什渥兹还是第一次在曼斯菲尔德露面。他刚去邻郡看望过一个朋友，他的这位朋友最近请了一位改建专家改建了庭园。罗什渥兹先生回来后脑子里还在一味考虑这个问题，急于把自己的庭园也如法炮制一番。虽然他的意见多半不得要领，但他还偏爱谈这件事情。这个问题在客厅里已经谈论过，在餐厅里又被提了出来。他主要的目的显然是想引起贝特伦小姐的注意，并听听贝特伦小姐的意见。虽然从她的表情举止看来，她有些优越感，没有对他曲意奉承之意，但是，由于他讲到索色顿庄园，由于对索色顿庄园的种种联想，她心头出现了一股得意之感，这使得她没有变得过于无礼。

“我希望你们去看看康普顿，”他说，“真是白璧无瑕！我这一辈子还没有见到过哪个庭园变化有如此之大。我对史密斯说，变得我一点儿也认不出来了。现在，通往庭园的路，是这个地区最讲究的一条路了。那房子的气派使你感到无限惊奇。昨天我回到索色顿说，索色顿那副样子像一座十足的阴森可怖的监狱。”

“怎么能这样说!”诺利斯太太嚷道，“那么好的监狱！索色顿庄园是世界上最高贵的古老处所!”

“这座庄园最需要改造。我这一辈子还没有见过哪个地方这样需要改造。那副凄凄惨惨的样子，我不知道怎样改造才好。”

“罗什渥兹先生现在考虑这个问题，是完全可以理解的，”格兰特太太笑着对诺利斯太太说，“不过，我敢保证，索色顿会及时改造得处处使他满意。”

“我必须有所行动，”罗什渥兹先生说，“但我又不知道做些什么才好。我希望能有个好朋友帮助我。”

“我想，”贝特伦小姐沉静地说，“在这方面，你最好的朋友该是勒普顿先生。”

“我也是这样想的。他给史密斯干得那么好，我想，我最好马上就把他请来。他的条件是每天五畿尼。”

“啊，即使一天要十个畿尼，”诺利斯太太大声说，“我相信你也无须计较。用费多少不应该成为问题。我要是你，我就不去考虑花钱多少。我要把样样东西都按照最好的式样来做，一切都要尽可能地讲究。像索色顿这样的庄园，什么高雅的东西都应该有，需要多少钱都应该花。你那里地面宽广，可以施展你的计划，你有许多土地厚厚地酬报你。就我来说，如果我有索色顿的五十分之一那么一块地方，我就会不断地种花植树，不断地予以美化，我生来就非常爱干这些事情。我只有半英亩那么一片地方，我要是想在我住的那个地方做一番建树，那就太可笑了，那就成了十足的出洋相。不过，要是地面宽一些，我会兴致勃勃地改造我那块地方，在那里种花植树。我们在牧师公馆住的时候，就干过大量的这类事情，与我们刚住进去时相比，我们使它完全变了个样。你们年轻人大概不怎么记得原来的那个样子了。要是亲爱的托马斯爵士在这里，他可以告诉你们我们把它改进了多少，要不是可怜的诺利斯先生的健康状况不好，我们还要大大地予以改造。他，真可怜，不能走出房门欣赏外边的风光，因此，有几件事情我和托马斯爵士说过要干的，我也无心干了。要不是由于这个缘故，我们会把花园的墙继续砌下去，并且像格兰特博士那样，在教堂墓地周围种满树木。可以说，我们总在不停地改造些什么，添加些什么。紧贴马厩墙的那棵杏树，就是我们在离诺利斯先生去世只剩一年的那个春天种的，这棵杏树现在已这样高大，这样枝繁叶茂，先生。”她这时是向着格兰特博士说的。

“那棵树的确是长得非常茂盛，太太。”格兰特博士答道，“下边的土壤很好。只是树上的杏子不值得一采，我每次从树旁走过时都为此而感到遗憾。”

“先生，那是一棵摩尔派克杏，我们是当做摩尔派克杏买的，我们买它时花了——这是说，这棵树是托马斯爵士送给我们的礼物，不过，我看到了账单，我知道是用七先令买来的，是按摩尔派克所需的价钱。”

“你们上了当，太太。”格兰特先生答道，“那棵树上结的摩尔派克杏，味道和这些土豆差不多。说它没味道还算说得轻了些。好杏子味道可口，我那园子里的杏子没有一个可以吃的。”

“实际情况是这样的，太太，”格兰特太太隔着桌子对诺利斯太太装作用耳语的声音说，“格兰特博士不怎么知道我们杏树结的杏子的天然味道是什么样的。这种杏子，稍微一加工，就成了非常贵重的果品。我们的杏子长得又大又漂亮，还没等长熟，我们的厨子就把它们都摘下来做了果馅饼和果饯。”

诺利斯太太原已脸红，这时得到了宽慰。过了一阵，大家又谈起索色顿的改造问题。格兰特博士和诺利斯太太一向不很友好，他们刚一认识就发生龃龉，他们的习惯又完全不同。

在这短短的一段打岔之后，罗什渥兹先生又旧调重弹。“史密斯的庄园，在那个地区无人不夸。在勒普顿没有经手改造之前，那个地方原来算不得什么。我要把勒普顿请来。”

“罗什渥兹先生，”贝特伦夫人说，“我要是你，我要种一片漂亮的灌木林。天气晴朗的时候，人们都喜欢到灌木林里去走一走。”

罗什渥兹很想向夫人表示听从她的意见，并且想说些什么来对她恭维一番。但是，他又想表示听从她的建议，又想说自己一直也是这样想的，此外，又想向所有的太太小姐卖乖讨好，又想表明座中只有一人他急于博得欢心，因此，他不知如何是好；埃德蒙建议大家干杯，希望借此结束他的这番话。然而，罗什渥兹平时话虽不多，现在谈起这个心爱的话题，话却仍然没有说完。“史密斯的庄园一共有一百英亩①多一点儿，算不得宽广，令人吃惊的是，他居然把它改造得如此之好，而在索色顿，我们足足有七百英亩地，那些水草地还没有算进去，因此，我觉得，他们在康普顿能干出这么多的事情，我们就没有理由灰心。有两三棵繁茂的老树，长得离房子太近，我们把它们砍掉了，这样一来，景色大为开阔。因此，我心想，勒普顿，或他这行的随便哪一个，都肯定要把索色顿的林荫路两边的树木砍去，就是从房子西面通到山顶的那条林荫路。这你是知道的。”他转过脸去，专对贝特伦小姐说，但贝特伦小姐觉得，最好还是作答如下：

“那条林荫路！噢，我不记得。索色顿的情况我的确知道得很少。”

范妮坐在埃德蒙那一边，正和克劳福特小姐相对。她一直在专心听人讲话。此时，她眼看着埃德蒙，低声说：

“要砍去林荫道旁的树！多可惜！这会使你想起科伯②的诗句：‘你倒落的荫路大树啊，我又一次为你们无辜的命运而悲伤。’”

他含笑答道：“我担心这些树木要倒霉，范妮。”

“我想在树木没有砍掉之前看看索色顿，看看现在这样的、古老的索色顿。不过，我想我去不了。”

“你没有去过索色顿吗？是的，你去不了。不幸的是，骑马一天打不了来回。我希望我们能想出个办法。”

“噢，没关系。将来不管什么时候我见到索色顿，你就给我讲一讲和现在相比都有些什么变化就行了。”

“听大家这么说，”克劳福特小姐说，“索色顿是个古老的庄园，是个很有些气派的庄园。那房子是属于哪一种特别式样的吧？”

“那座房子是在伊丽莎白时代建造的，是一座宽大的、周周正正的砖建筑物——厚实，威严壮观，有许多漂亮的房间。地点选得不好，盖在园子里一块最低的地上。就由于这个原因，不利于改造，但那里的树林很美，还有一条小河，我想，这条小河可以很好地加以利用。罗什渥兹先生想把它改得符合现代潮流，我想，是完全应该的，我毫不怀疑，一切都会做得非常好。”

---

①一英亩约合中国六亩。——译者注

②科伯（William Cawper，1731—1800），英国诗人。——译者注

克劳福特小姐毕恭毕敬地听着，心想：“这个人很有教养。他的这番话说得真好。”

“我并不想让罗什渥兹先生受我的影响，”他接着说，“不过，要是我想把一座庄园改成新式的，我可不把大权交到设计师手里，我情愿美的程度差一级，也要自己做主，一步一步地干。我宁愿自己干错，也不愿让他给我干错。”

“当然，你是知道你该干些什么的，而我就不行。对这类事情，我一没有眼力，二没有主意。不过，当我碰到这样的事情时，要是我自己在乡下有一座庄园，随便哪一个勒普顿先生，只要他愿意负责来美化它，收了我多少钱就能给庄园增加多少美，我会对他感激不尽；在没有完工之前，我看都不去看一眼。”

“我倒喜欢看到整个改造的过程。”范妮说。

“是啊——你有这方面的教养。我受的教育没有这一条。我只吃过一次这样的苦头。由于我不是十分能吃苦的人，吃过那次苦头以后，我认为改造工作由自己亲手去做是最讨厌不过的事情。三年前，那位海军上将，也就是我那位体面的叔叔，在忒肯南买了一座小别墅，让我们都去那里度夏，我婶母和我高兴地到那里去了；但是，房子太糟了，我们不久便觉得必须对它改造一番。一连三个月到处是尘土，到处乱七八糟，没有一条沙砾路可以走，没有一条凳子可以坐。我愿在乡下样样东西应有尽有，灌木林哪，花园哪，还有许许多多的粗木椅。不过，在兴建这些东西的时候必须不用我操心。亨利与我不同，他喜欢干干这个，干干那个。”

埃德蒙心里很爱慕克劳福特小姐，现在听到她说起她叔叔来这样随便，感到遗憾。他觉得她这样做于礼不当，因此，他沉默不语。后来，由于她继续对他笑脸相待，并且态度活泼，他才把这件事情暂时搁置一边。

“贝特伦先生，”她说，“我总算得到了关于我那把竖琴的消息。他们告诉我说我的竖琴现在诺坦普顿，完好无损；这把琴在那里可能已经放了十天，尽管我们常常听到人们庄严地说它还没到。”埃德蒙表示既高兴又惊奇。“实际情况是，我们打听得太直接了；我们派仆人去，我们自己亲自去，离伦敦七十英里，那样做是不行的——但是，通过正确的途径，我们今天上午听到了消息。是一个农民看见的，他告诉了磨房主，磨房主告诉了屠户，屠户的女婿告诉了那家商店。”

“不管通过什么途径，你总算得到消息了，我非常高兴。我希望不会再耽搁下去。”

“我明天就要收到；不过，你觉得怎样运来为好？大小马车都不行——噢，不行，村子里雇不到这类东西。我还不如雇搬运夫和手推车为好。”

“今年草收割得很晚，我想，此时此刻，正值收割最忙的时候，你会发现很难雇到一匹马和一辆马车。”

“我发现这件事如此费劲，感到吃惊。我觉得乡下不可能没有马和马车，所以我叫我的使女立即雇上一辆。我每次从我的化妆室往外看去，总会看到一个农家院落，我在灌木林里散步，总会经过又一个农院，我原以为马车是一雇就到的。我看到家家都不要我这点儿好处，感到颇为伤心。当我发现我要的东西居然是世界上最不合理、最要不到的东西，而且惹得所有的农民、所有干活的人、教区的所有男男女女生气的时候，你猜一猜我是多么感到意外。至于格兰特博士的那位管家，我想我最好别去找他；我姐夫本人，平常和气极了，但一听说我要找马和马车，便对我板起脸来。”

“原来我们没料到你会打这个主意。你要打这个主意，也得看看收草是多么重要。不论什么时候雇马车都不像你想的那么容易。我们的农民没有把马车雇出去的习惯；到了收割的时候，他们肯定一匹马也不肯出租。”

“你们的风俗习惯我会逐渐全部了解；不过，我们来时心里有一条万灵的伦敦格言：有钱能使鬼推磨。所以，看到你们乡下的风俗是那样固执，不听使唤，我有点儿迷惑不解。不过，我明天要把我的竖琴取来。亨利心地非常好，他已经提出驾着他的四轮马车去取。这样运来不是很排场吗？”

埃德蒙说竖琴是他心爱的乐器，希望不久能让他听她演奏。范妮从来还没听过竖琴演奏，非常想听。

“我将非常高兴地弹给你们两人听，”克劳福特小姐说，“至少你们愿听多长时间我就弹多长时间，也许弹的时间比你们爱听的时间还要长得多，因为我自己非常喜欢音乐，而且，弹琴遇知音百遍不嫌多，因为心里有说不尽的高兴。贝特伦先生，如果你给你哥哥写信，请转告他我的竖琴已经运到了。我曾经为竖琴未到而多次向他诉苦。如果你高兴的话，你还可以告诉他，我准备哭丧着脸迎接他的归来，以表示对他的同情，因为我料定他的马要输。”

“如果我写信，你要我怎么说我就怎么说，不过，现在我还看不出何时有写信的必要。”

“是的，我敢说你是看不出，即使他离家外出一整年，你也不会给他写信；能不写的话，他也不会给你写信。你们会永远看不出写信的必要。弟兄俩真怪！除非万分紧急非写不可，你们是谁也不给谁写信，当你们不得不提笔告诉对方哪一匹马病了、某个亲人死了时，写的信也只有寥寥数行，短得不能再短。你们这些人只有一个格式，我完全知道。亨利在别的各个方面完全像一个弟弟，他爱我，有事和我商量，信任我，和我谈天一说就是一个小时，但是给我写起信来一张纸从来没有写满；常常就写这么两句：‘亲爱的玛丽，我刚刚到达。浴盆已水满，一切如常。谨此。’这就是不折不扣的男子汉的格式，这就是一封完完整整的弟弟写给姐姐的信。”

“当他们远离全家的时候”，范妮说，因为是在为威廉辩护，不觉脸红了，“他们会把信写得很长的。”

“普莱斯小姐的哥哥在海上”，埃德蒙说，“他就善于给妹妹写信，所以普莱斯小姐觉得你对我们的说法有点儿过火。”

“她哥哥在海军里吗？——自然是在皇家海军吧？”

范妮倒是想让埃德蒙把情况讲给她听，但是看到他着意沉默，只好自己来叙述哥哥的情况。她说到他的职业、他到过的外国军港时，声音里带着兴奋，但当她说到他已经出外多少个年头时，眼里不由自主地涌满了泪水。克劳福特小姐礼貌地祝他早日升迁。

“你认识我表弟的舰长吗？”埃德蒙问道，“马歇尔舰长？我想，你在海军里有很多熟人吧？”

“在海军将官当中，不算少；但是，”她脸上现出不凡的气派，“级别低一些的，我们就不怎么知道了。小军舰的舰长们可能都是好人，不过他们和我们不相来往。各级将军们的情况，我可以告诉你很多：他们本人的情况，他们的旗舰的情况，他们的薪俸等级，以及他们之间的纠纷与猜忌。不过，一般说来，我可以告诉你，小舰长们都不被重视，受人虐待。我在我叔叔家里住，自然会和许多海军将官们认识。少将呀、中将呀，我都见得够多的了。啊，我求你别怀疑我在用双关语①。”

埃德蒙心情又沉重起来，他仅仅说：“这是一项高尚的职业。”

---

①英语“海军少将”是 rear admiral，“海军中将”是 vice admiral。克劳福特小姐此处把“少将”和“中将”简称为 Rears 和 Vices。在英语里，rear 的意思是“尾部”，vice 的意思是“罪恶”。——译者注

“是的，根据两种情况，这一行是很不错的：第一，发财；第二，不乱花钱。但是，一句话，我不喜欢这一行。我一向是看见这一行就反感。”

埃德蒙把话题又转回到竖琴上，又一次说他非常高兴即将听她弹琴。

与此同时，改造庄园的问题仍在其余人之间讨论着。格兰特太太兴之所至，尽管她弟弟在倾听朱丽叶·贝特伦小姐讲话，却对他说道：“亲爱的亨利，你就没有什么要说吗？你自己就改造过你的庄园，从我听到的情况来看，埃弗陵翰可与英国的任何地方比美。我断定，它的自然风光非常美。以往的埃弗陵翰在我心目中就好极了，那么有趣的一大片土地，那么漂亮的树林。我是多么想去再看一看啊！”

“我听了你对它的评论，感到无比的高兴。”他回答道，“不过，我担心你会感到有些失望。你会看到它与你现在的想象不符。就面积而言，它实在算不了什么——你看了会奇怪它为什么居然会有名。至于改造方面，我可做的事情很少；太少了——我真希望有更多的事情让我干。”

“你喜欢干这类事情吗？”朱丽叶问。

“非常喜欢。那地方天然条件好，小孩子都可以一眼看出，只能作哪些小小的改动。一半由于天然条件好，一半由于后来我作了些改进，我离成年还有三个月时，埃弗陵翰就已经完全变成了现在这个样子。我的计划是我在威斯敏斯特制订的——似乎当我在剑桥读书时又稍加修改，动工是在我二十一岁的时候。罗什渥兹先生即将有那么多的兴趣，我有点儿妒忌，而我却把我的乐趣一口吞光了。”

“明眼人决心下得早，动作来得快。”朱丽叶说，“你不会没事干的。你应该出主意帮助罗什渥兹先生，而不是妒忌他。”

格兰特太太听到这段话的后半截，热情地予以支持，对大家说，谁也比不上她弟弟的眼力；贝特伦小姐对这个主意也很感兴趣，也予以支持，她说，和朋友们商量一番，征求第三者的意见，要比把这件事情立即交到一个生意人手里好得多。罗什渥兹非常乐意请克劳福特先生帮忙，克劳福特先生对自己的才能适当谦虚一番之后，表示需要他干什么他都在所不辞。于是罗什渥兹提出，请克劳福特先生赏光到索色顿去，并且就住到那里。这时诺利斯太太看出两个外甥女不大赞成把克劳福特先生从她们身边拉走，因而提出了一个修正方案：“克劳福特先生肯定会乐意去；不过，为什么我们不多去一些人呢？——我们为什么不组织一个小小的集会呢？这里有许多人都对你的修建工程感兴趣，亲爱的罗什渥兹先生，他们想到现场听听克劳福特先生提些什么主张，他们也可以提出些建议，说不定多少对你也有些帮助。就我个人来说，我早就想再次看望你的母亲；只是我自己没有马，才没有去成。现在我可以去到那里，当你们四处察看、商定事情的时候，我陪你母亲坐几个钟头，然后我们一起回来，在这里吃一顿晚点正餐，或者就在索色顿吃饭，你母亲也许非常高兴大家在那里进餐。饭后，我们驱车赶回，作一次愉快的月夜旅行。我相信，克劳福特先生会让我的两个外甥女和我坐他的四轮马车。妹妹你知道，埃德蒙可以骑马，范妮留在家里陪你。”

贝特伦夫人未加反对，每一个被点名让去的人都争相表示同意，只有埃德蒙例外，他从头听到了尾，却一言未发。

第七章

“喂，范妮，你现在觉得克劳福特小姐怎么样?”第二天，埃德蒙自己对这个问题思索了一阵以后问道，“昨天你对她喜欢不喜欢?”

“很好——很喜欢。我喜欢听她说话。她使我感到快乐，她漂亮极了，我非常喜欢看她。”

“惹人爱的是她的容貌。她的面部表情非常活泼。不过，范妮，你没有发现她的话里有不很恰当的东西吗?”

“噢，我发现了，她不应该那样说她的叔叔。我很吃惊。她和她叔叔在一起生活了这么多年，而且，不管她叔叔有什么过错，他非常喜欢她弟弟，据说，待她弟弟完全像亲生孩子一样。她那样说她叔叔，我不敢置信。”

“我想你会听不惯的。她这样做很不对——很不合规矩。”

“而且，我认为，这是忘恩负义。”

“忘恩负义说得重了些。我不知道她叔父是否有恩于她；她婶婶肯定对她有恩。她对婶母的强烈感情把她错领到这一步。她的处境很难办。在这样强烈的感情下，再加上她又生气勃勃，就很难在正确对待克劳福特太太的感情的同时，不对那位海军上将有几分不满。我不能妄论他们之间的不和主要该怨谁，不过，这位海军上将的目前行为会使人站在他妻子那边。克劳福特小姐说她婶母一点儿没错，这是很自然的，并且也表明克劳福特小姐为人厚道。她的那些意见，我并不责怪，不过，她把这些意见说给外人听，肯定不恰当。”

“克劳福特小姐完全是克劳福特太太带大的。”范妮思索了一会儿说，“这种不恰当的行为，是克劳福特太太看法的反映。你不这样认为吗？关于这位海军上将的所作所为，克劳福特太太不可能给她灌输正确的看法。”

“这话说得公道。的确，侄女的过错我们必须看做婶母的过错，这使人更加感到她所处的环境不利。我认为她现在的这个家必然会给她带来好处。格兰特太太待人接物非常得体。克劳福特小姐讲到她弟弟时流露出的感情很有意思。”

“是的。只有讲到他给她的信写得那样短时除外。她讲得我差一点儿失声大笑。不过，一个当弟弟的，和姐姐分别之后，懒得给姐姐写封像样的信，他对姐姐的爱和好心肠，我不给予很高的评价。我相信，在任何情况下，威廉都永远不会这样对待我。她凭什么认为，如果你出门在外，你写的信不会长？”

“凭她那活泼的头脑，范妮，什么东西只要使她快活，或者使别人快活，她就不放过；只要脾气不坏，不粗暴，头脑活泼点儿倒也完全可以。从克劳福特小姐的容貌和言谈举止上看，她脾气一点儿也不坏，也不粗暴，她没有说过一句尖刻粗暴的话，也不曾粗声大气。除了我们刚才讲的那件事情以外，她的一言一行完全符合女性的特征。在刚才我们讲的那件事情上，不论怎么说，她都是不对的。你和我一样全都看了出来，这使我感到高兴。”

他向她灌输自己的思想，并且赢得了她的感情，因此，她对事情的看法完全有可能和他相同。不过，在这个阶段，在这个问题上，开始出现了看法不同的危险。他欣赏克劳福特小姐，发展下去，会有一天使范妮不同意他的看法。克劳福特小姐的魅力丝毫未减。竖琴运来了，她极其热情地弹给他们听，那表情、那风度都恰到妙处，每支歌曲弹完之后总有几句聪明得体的话说，因此，竖琴使她显得更加美丽，更加风趣，更加性情开朗。埃德蒙每天到牧师公馆去纵情欣赏他心爱的乐器，这位姑娘自然也愿意有个人听，因此，他今天上午听完又受到明天上午来听的邀请。两个人的感情于是很快发展起来。

一个聪明活泼的年轻姑娘，靠窗坐在竖琴旁，竖琴和她一样雅致，窗是落地大窗，窗子面向一小块草地，正值夏季，草地周围的灌木叶繁荫浓，这情景随便哪个男人都会为之魂销神荡。这个季节，这种景色，这样的空气，这一切都会使人变得温柔多情。格兰特太太在一旁刺绣也不无点缀作用。这一切都很协调。爱情一旦萌芽，样样东西都变得很有意思，甚至那个放夹心面包的托盘，以及分发夹心面包的格兰特博士，都值得一看。埃德蒙既未认真考虑，也不明白自己在干什么，但是，这样来往一星期以后，他开始坠入情网了。值得称赞的是，他不通达世故，不是长子，不会恭维，也不会说风趣的闲话，然而她开始觉得他可爱起来。这是她的感觉，不过，她事先并未料到，现在也不能理解，因为，按照常规来看，他并不讨人喜欢，他不会说废话，不会恭维人，他的意见他总要坚持，他虽意欲追求她，却态度平静，言语不多。也许在他的诚实、坚定和正直中有一种魅力，这种魅力，她虽不去分析，却能够感受。不过，她并不多去想它。现在他能使她欢心，她喜欢让他在自己身旁，这样也就行了。

埃德蒙每天上午去牧师公馆，范妮对此并不怀疑。如果不经邀请、不受重视可以去的话，她也会高高兴兴地去听竖琴的。晚上散步过后，克劳福特先生陪伴庄园里的太太小姐们，而埃德蒙却认为该由自己送格兰特太太和她妹妹回家，对此范妮也不怀疑，不过她觉得这样的交换很不好。如果埃德蒙不在场给她掺和水和酒，她宁肯不喝。她有点儿惊奇的是，他天天和克劳福特小姐在一起那么多小时，却再没有在她身上发现过他过去曾经看到过的错误，而当克劳福特小姐和她在一起的时候，这位小姐身上总有一种同样性质的东西使她想起那种错误。但是，他就是再没有发现过。埃德蒙喜欢对她谈克劳福特小姐，但是，他似乎认为克劳福特小姐再也没埋怨过那位海军上将。范妮未敢向他指出克劳福特小姐自己都说了些什么，怕他认为自己心地不够厚道。克劳福特小姐给她第一次带来的真正痛苦是由于想学骑马而引起的。这位小姐来到曼斯菲尔德不久，看到庄园里的小姐们都会骑马，便想学骑。埃德蒙和她熟悉后，鼓励她这种想法，主动提出，让她在初学期间，骑他那匹脾气温和的母马，说是两个马厩里的马中这一匹最适合刚学骑马的人骑。不过，他提这个建议的时候，无意使表妹痛苦，无意于伤她的感情。她还照常骑，一天也不受影响。那匹母马每天在她骑之前，只牵到牧师公馆骑半小时；这个建议刚提出的时候，范妮一点儿也没有受到冷遇之感，还因为他居然征求她的同意而几乎感激到于心不安的程度。

克劳福特小姐第一次学骑马很讲信用，没有耽误范妮。埃德蒙把马牵到牧师公馆，主持整个这件事情。他把马牵回的时间非常合适，不论范妮还是那位稳当可靠的老车夫还都没有做好出发的准备。她每次一个人骑马，而表姐们都不在场时，总是由这位车夫跟随着她。第二天的情况就不是这样无可指责的了。克劳福特小姐骑马骑得兴致勃勃，无意按时而止。她又活跃，又胆大，个子虽小一些，长得却很结实，她好像生来就适于做骑手。除了她对骑马本身所感到的乐趣外，也许还由于埃德蒙的跟随和指导，由于自信，进步很快。总的说来，她大大胜过其他女性。她不愿意下马。范妮已束装停当，在等待着，诺利斯太太开始在怪她为什么还不去骑马。但是，依然未听见传报马回，也没有埃德蒙出现。她走了出去，一是想避开姨妈，二是去找他。

这两家的住宅，虽然相距还不满半英里，却彼此不能相望，从过厅门口往前走五十码，她可以顺着花园往下看去，牧师公馆及其所有园地尽收眼底，它们就在村子里大路那边，地势微微隆起。她一眼看到这些人就在格兰特博士的草地上——埃德蒙和克劳福特小姐两个都骑在马上，并辔而行，格兰特先生、格兰特太太，还有克劳福特先生，带了两三个仆人站在那里观看。在她看来，这些人在一起很高兴——所有人的兴趣都集中在一个人身上。嬉笑之声甚至连她都能听到，毫无疑问，人人都很开心。埃德蒙居然忘掉了她，这使她想不通，使她痛苦。她不由自主地一直望着那片草地，不由自主地望着那里发生的一切。起初，克劳福特小姐和她的骑伴，徐步绕场而走——那一圈儿可不小。后来，显然是由于她的建议，他们催马小跑起来。范妮天生胆小，看到她骑得那么好，非常吃惊。几分钟后，他们都彻底站了下来，埃德蒙离她很近，他在对她说话，可以看出他在教她怎样控制马缰。他抓着她的手；范妮看见了，克劳福特小姐的手抓在埃德蒙的手里，或者说，由于非视力所及，她是借想象之力看见的。对所有这一切，她不应该想不通。不论对谁，埃德蒙都应该帮助，都应该心地好，这难道不是再自然不过的事情吗？她只是觉得，克劳福特先生完全可以代他效劳；他身为弟弟，要是他自己来给姐姐帮忙，那就尤其合适，尤其恰当。但是，克劳福特先生，虽然他的天性被吹得上了天，虽然他那么会骑马赶车，却对这个道理可能一点儿也不懂，和埃德蒙比较起来，他毫无助人之意。她开始觉得让这匹母马承受这样的双重负担，有点儿残酷。如果她自己已被人遗忘，这匹可怜的母马却还是应该受到惦记的。

她对这一位并为那一位所浮起的各种心情很快平静了一些，因为她看到草地上的人群散了，克劳福特小姐仍然骑在马上，埃德蒙步行跟着，穿过了一道门，走上了园外小道，走进了庄园，向她站的地方走来。这时她开始担心自己会显得没礼貌、不耐烦，因此，她异常兴奋地迎向前去，以免他们疑心。

“亲爱的普莱斯小姐，”克劳福特小姐一进入能够互相听到彼此讲话的距离便说，“叫你久等了，我是来向你道歉的——不过，我没有理由为自己辩解——我当时明明知道已经很晚，知道我那样做很不好。请你务必原谅我。你知道，自私应该永远受到原谅，因为自私是无法医治的。”

范妮的回答客气无比，埃德蒙又补充说他相信范妮不会着急。“我表妹即使今天比平时骑得远一倍，时间也用不完。”他说，“你让她动身晚半个小时，她倒因此更舒服了。云彩现在上来了，骑起来凉快了，如果半小时前出发，她就会被太阳晒得难受。但愿你今天骑了这么长时间没有把你累着。你还得走回去，要是不再走这一趟该多好。”

“我对你说实话：骑在马上一点儿也不累！”她一边在他帮助下跳下马背，一边说，“我很强壮。只要不是干我不愿干的事，不论干什么我都没有累过。普莱斯小姐，我让你久等很不礼貌。我衷心地希望你骑得快快活活，也希望这匹亲爱的、令人愉快的、美丽的马一切都好。”

老车夫一直牵着自己的那匹马在一旁等着，这时向他们走来，扶范妮上了她的马后，他们一起动身穿过庄园的另一部分。范妮回过头来，看到那两个人一起下坡向村子走去，她那沉重的心情因此而更加沉重。她的随从也没有使她的心情缓和。他夸奖克劳福特小姐学骑马是多么聪明能干。克劳福特小姐骑马的时候，他一直在一旁看着，那兴趣和她自己的兴趣几乎是不相上下。

“看到一个小姐骑马这样大胆，非常有趣，”他说，“我还没有见过有哪个小姐骑得这么稳当的。她好像心里一点儿也不怕。和你刚刚开始学骑马时可大不相同，小姐。从你开始学骑马那个时候起到下一个复活节，有整六年了。天哪，当托马斯爵士第一次把你放到马背上时，你抖得多厉害啊！”

客厅里也在赞扬克劳福特小姐。两位贝特伦小姐十分欣赏她那天生的气力和勇气。她像她们一样喜欢骑马：她学骑马很快便骑得很好，这一点儿很像她们，她们夸起她这一点来，兴致勃勃。

“我一开始就料定她会骑得很好，”朱丽叶说，“她天生适合骑马。她的身材和她弟弟的一样好。”

“是的，”玛丽亚补充说，“她的兴致也和他一样好，她和他同样精力充沛。我认为，骑马的好坏与一个人的精神有很大关系。”

夜里埃德蒙与范妮分手时问她是否想第二天骑马。

“不，我不知道。如果这匹马你要用，我就不骑了。”她答道。“我自己倒不用它，”他说，“不过，你下次什么时候不想外出的时候，我想，克劳福特小姐会想使用较长时间——具体说吧，用一个上午。她非常想一直骑到曼斯菲尔德公用草地上。格兰特太太多次对她说，那里风景很好，而且我毫不怀疑她完全可以骑过这段距离。不过，随便哪天上午都行。如果使你受到妨碍，她会十分不安。妨碍你是非常不对的。她骑马只是为了快乐，而你是为了身体。”

“确实，我明天不骑，”范妮说，“近来我常常出去，因此倒宁愿待在家里。你知道我现在身体很好，很能走路。”

埃德蒙满面高兴，范妮因此感到宽慰，于是，曼斯菲尔德公用草地之行第二天照办了。——去的人里边包括所有的年轻人，就是没有她。他们当时玩得非常高兴，晚上议论的时候更是加倍地兴高采烈。这类计划，一个成功之后，往往又引出第二个。他们到过曼斯菲尔德公用草地之后，人人又想在第二天去个别的什么地方。还有许多风景可供他们参观，尽管天气很热，但是到哪里去都有荫凉小道。一群年轻人总会找到一条荫凉小道的。一连四个晴朗的上午就是这样度过的：领克劳福特姐弟参观这个地区，观赏这个地区最美的地方。事事如愿；他们尽情玩耍，笑逐颜开，连天气的炎热也只当做笑料来谈。——这样一直到第四天。第四天，有一个人的快乐心情被罩上了浓浓的黑云。这个人就是贝特伦小姐。埃德蒙和朱丽叶接到邀请去牧师公馆吃饭，而她却被排除在外。这是格兰特太太的意思，是她安排的，她倒是一片好心，是为罗什渥兹着想，因为估计他有可能这天到庄园来。她的自尊心受到严重损害，极力靠她文雅的举止来掩盖她的苦恼和愤怒，直到回到家里为止。因为罗什渥兹并没有来，她更加气恼，她甚至不能显示一下自己对他的支配力量以求得一点儿安慰，她只能给母亲、姨妈和表妹脸色看，使正餐和水果吃得极其闷闷不乐。

在十点到十二点之间，埃德蒙和朱丽叶走进了客厅，夜晚的空气使他们肤色鲜艳，容光焕发，心情愉快，和在那里坐着的三位女士的样子完全不同。玛丽亚在一心看书，眼皮子不抬，贝特伦夫人半睡不睡，甚至连诺利斯太太也由于外甥女情绪不好而心绪不宁。她问了一两声有关宴会的问题，见无人答理，便也打定主意不再说话。兄妹俩一心在称赞这个夜晚，赞美天上的星光，几分钟之久，心里没有想到别人。但是，当话头第一次断下来的时候，埃德蒙环顾左右，问道："范妮呢？——她睡觉了吗？"

"没有，我不知道。"诺利斯太太答道，"刚才她还在这里。"

范妮自己的温柔的声音从房间的另一端告诉他们说她在沙发上，这个房间很长。诺利斯太太骂了起来。

"范妮，在沙发上把一个晚上混过去，这可是个坏习惯！你就不能坐到这里，和我们一样找点儿活儿干！如果你自己没有活儿干，筐子里的活儿干不完，我可以给你找活儿干。我们上星期买的新花布还都在这里，动也没动。我剪裁花布差一点儿把背都累断了。你应该学会想到别人。听我说，一个年轻人总是懒洋洋地躺在沙发上，这种习惯非常不好。"

她的话还没有说到一半，范妮已回到她在桌边的座位上，又做起活儿来。朱丽叶快活了一天，心情非常好，大声替她主持公道说："姨妈，我不能不说，范妮在沙发上坐的时间比这里的哪个人都少。"

"范妮，"埃德蒙注意地看了她一阵以后说，"我断定你的头痛病犯了。"

她不能否认，不过她说不很严重。

"你的话我不信，"他说，"我一看你的脸色就知道。你病了多长时间？"

"饭前不久开始的。没关系，是太阳晒的。"

"你在大太阳下出去了吗？"

"出去？她当然出去了。"诺利斯太太说，"这么样好的天气，你让她待在屋里吗？我们不是都出去了吗？连你母亲都在外边待了一个多小时。"

"是的，的确是这样，埃德蒙。"贝特伦夫人说道，诺利斯太太对范妮的厉声申斥已把她完全惊醒，"我在室外待了一个多小时。"

"范妮剪玫瑰花，我在花园里坐了三刻钟，确实非常惬意，但也很热。凉亭里还相当阴凉，不过，我说实话，当时我害怕再走回家。"

"范妮一直在剪玫瑰，是吗？"

"是的，我想这可能是今年最后的一批花了，可怜哪。她自己也觉得天热，但是花已盛开，不能再等了。"

"不剪是肯定不行，"诺利斯太太声音颇为柔和地说，"不过，妹妹，我怀疑她的头痛是否就是那时得的。站在大太阳下边，弯腰剪花拾花，最容易使人头痛。不过，我相信，明天就会好的。你把你的香醋给她喝些，我总是忘带香醋。”

“香醋已经给她了，”贝特伦夫人说，“她第二次去你家回来时，就给她了。”

“什么！”埃德蒙叫道，“她又剪花又跑路，在大太阳下穿过庄园到你家，并且跑了两次，太太？——怪不得她头痛！”

诺利斯太太在和朱丽叶说话，对埃德蒙的话置若罔闻。

“当时我怕她受不了，”贝特伦夫人说，“不过，当玫瑰花收齐之后，你姨妈想要，于是，你知道，必须把花送到她家去。”

“为什么要叫她跑两趟？有那么多花吗？”

“没有那么多。要把那些花放在那个空房间里去晾，范妮不幸忘了锁房门，还忘了把钥匙带来，因此她不得不再跑一趟。”

埃德蒙站了起来，在室内走来走去，说道：“除了范妮，再派不来人干这个差使了吗？说实话，妈妈，这件事办得非常不好。”

“我真不知道怎样做才算好，”诺利斯太太再也不能继续装聋了，她叫道，“除非是让我自己跑。但是我又不能把自己劈为两半，那时我正和格林先生谈你母亲牛奶房女工的问题，是她让我谈的。我还答应过约翰·格鲁姆替他给杰弗利太太写封信，讲讲他儿子的情况，他已经等了我半个钟头，而且他又那么可怜。我认为在任何事情上谁要是说我光支使别人干，他都不公平。但是，要叫我一双手同时做几件事，我的确做不到。至于让范妮替我到我家去一趟，那也不过走四分之一英里多一点儿，我认为，我要她去不见得就不合理。我常常不分早晚、雨淋日晒一天跑三趟，可我一句话也没有说过。”

“范妮的气力能顶上你一半就好了，姨妈。”

“范妮如果按时锻炼身体，坚持不懈，她也不会跑这么两趟就垮掉。她这么久没有骑马外出，我认为她不骑马的时候就该走一走。要是她天天骑马锻炼身体，我就不会要她走那一趟路。不过，我当时想，她在玫瑰丛中低头弯腰站了那么久，走一走反而会对她有好处，哪种活儿干累了，走一走最能提精神，而且，当时阳光虽强烈，但天气并不怎么热。你不要再对别人说，埃德蒙，”她意味深长地向他母亲那边点了点头，“这场不幸是剪玫瑰、在花丛间跑来跑去造成的。”

“我认为的确是这样的”，贝特伦夫人比较忠厚，她无意中听到了诺利斯太太说的悄悄话，“我非常害怕她的头痛病是摘玫瑰时得的，那里当时能热死人。我自己也是勉强支持。我坐在那里，叫住帕格①，不让它往花坛里钻，就连这个我几乎都应付不了。”

埃德蒙对两位太太不再答理，他一语不发地走向另一张桌子，桌上的晚餐托盘还没有撤走。他倒了一杯马德拉岛的葡萄酒端给范妮，再三劝她喝下大半杯。范妮本想推辞掉，但是，她百感交集，热泪盈眶，咽酒下喉比张口说话还容易些。

埃德蒙虽对母亲和姨妈不满，但他对自己更加愤恨。他自己没把她放在心上，这比她们的所作所为更坏。如果他适当地考虑到她，这类事情根本就不会发生。但他却让她一连四天没有选择伙伴的余地，也没有锻炼身体的机会，两个不讲理的姨妈不论叫她做什么事她都无法推托。他想到一连四天使她失去了骑马的权利，感到惭愧，因此狠狠地下了决心：这样的事情再也不让发生，尽管他不愿抑制克劳福特小姐的兴致。

范妮像她来到庄园的第一个晚上那样心事重重地上床了。她的心情可能也是她生病的原因之一。几天来，她一直感到受人冷落，一直在抑制自己的不满与妒忌。她躲到沙发上是为了不让人看见。当她靠到沙发上的时候，她心头的苦痛远远超过了她的头痛。埃德蒙的关心所带来的突然变化使她几乎不知道怎样支持自己。

①帕格，哈巴狗名。——译者注

第八章

就在第二天，范妮又开始骑马了。这天早晨使人感到愉快而清新，天气也没有近几天那么热，因此，埃德蒙心想，她在健康方面和快乐方面所受的损失很快会得到补偿。她走后，罗什渥兹陪着他母亲来了，他母亲是为礼貌而来的，特地来显示一下她多么懂礼。大家到索色顿做客的计划两星期前就提出来了，后来由于她不在家，计划一直搁置到现在。她这次来就是催促大家执行计划的。诺利斯太太和她的两位外甥女听到这个计划又重新提出都非常高兴，大家同意早日动身，并确定了日子。不过，得看这个日子克劳福特先生能否抽出身来。姑娘们并没有忘记罗什渥兹先生和克劳福特先生之间的约定。虽然诺利斯太太很想说克劳福特先生哪天可以去，但是，她们既不想让她随便做主，自己也不愿冒险胡说。最后，由于贝特伦小姐的暗示，罗什渥兹先生发现最好的办法是直接到牧师公馆拜访克劳福特先生，问一问礼拜三去对他是否合适。

克劳福特先生还没有回家，格兰特太太和克劳福特小姐进来了。她们出去了一阵，回来时和他走的不是一条路，因此，她们没有遇到他。不过，她们说克劳福特先生会回来的，使大家宽了心。当然大家又谈起索色顿之行。的确，任何其他话题都插不进来，因为，诺利斯太太对索色顿之行兴致非常之高，而罗什渥兹太太又是个心肠好、讲礼貌、套话多、讲排场的人，只要是与她自己和她儿子关心的事情有关，她都很重视。她还对贝特伦夫人劝个不休，硬要她和大家一块儿去。贝特伦夫人一直谢绝，不过，她的态度温和平静，罗什渥兹太太一直认为她是想去。后来，还是诺利斯太太用她那更多的话、更高的腔调才使她相信贝特伦夫人的话不是假客气。

“我妹妹受不了那样的辛苦，请相信我，亲爱的罗什渥兹太太，她一点儿也受不了。你知道，一去十英里，回来又是十英里。这一次你要原谅我妹妹，让我们的两个闺女和我自己去，不要让她去。索色顿是唯一这么远而她又想去看一看的地方，但是，实在不行啊！她有人做伴，就是范妮，你知道，因此，毫无关系；至于埃德蒙，他不在这里，无法发表意见，我保证他非常乐意和大家一起去。他可以骑马去，你知道。”

罗什渥兹太太只好表示遗憾，同意贝特伦夫人留在家里。“没有贝特伦夫人同去，使人泄气。普莱斯小姐从来没有去过索色顿，要是这个姑娘也能去的话，我会感到无比高兴。她不能去看看那个地方，真遗憾。”

“你的心肠非常好，好极了，亲爱的太太，”诺利斯太太大声说，“不过，说到范妮，她会有许多机会去看索色顿。她今后有的是时间，她现在去实在不行，贝特伦夫人离不开她。”

“噢，是的——我离了范妮就不行。”

罗什渥兹太太深信人人都必然想去索色顿看看，因此，下一步她开始把克劳福特小姐列入被邀请的名单。格兰特太太在罗什渥兹太太来到这里以后，没有拜访罗什渥兹太太。她客客气气地谢绝了对她本人的邀请，却高兴地为她妹妹谋求一切快乐，经过适当劝说，玛丽很快接受了邀请。罗什渥兹先生从牧师公馆胜利地回来了。埃德蒙露面的时候，正值礼拜三之行已经确定，大家送罗什渥兹太太起程。他把罗什渥兹太太送到车前，又陪格兰特太太姐妹二人走了庄园路程的一半。

他回到早餐室时，诺利斯太太正在议论克劳福特小姐一块儿去好还是不好，她弟弟的四轮马车再加上她是否坐得下。两位贝特伦小姐笑她操心过多，对她说，四轮马车，不算赶车人的座位，坐四个人就十分宽绰，而赶车人的座位上，还可以再坐一个人。

“不过，为什么要用克劳福特先生的车，为什么只用他的车？”埃德蒙问道，“我母亲的马车为什么不用？前些时第一次提到这个计划的时候，我就不明白自家人串门子为什么不坐自家的车。”

“什么!”朱丽叶叫道,“这么热的天,四轮马车里有空位不坐,却叫我们挤在驿车里!不,亲爱的埃德蒙,不行!”

“况且,”玛丽亚说,“我知道,克劳福特先生一心要我们坐他的车。根据当初的议论,他会认为这已是说定了的事情。”

“亲爱的埃德蒙,”诺利斯太太补充说,“一辆车坐得下却要用两辆车,是多此一举;还有一条请不要说出去,车夫不喜欢此地与索色顿之间的路;他常常痛心地抱怨那些狭窄的乡间小路两边的篱笆刮坏他的车,你知道,谁也不愿意亲爱的托马斯爵士回来的时候发现车上的漆都已刮掉。”

“这不是要用克劳福特先生马车的正当理由,”玛丽亚说,“不过,威尔考克斯这老汉呆头呆脑,不会赶车,这倒是个事实。我敢保险,礼拜三我们不会因为路窄遇到什么麻烦。”

“坐在赶车人的座上,”埃德蒙说,“我想,一路上会不舒服吧。”

“不舒服,”玛丽亚叫道,“噢,亲爱的,我相信人人都认为那是最好的座位。要看沿途风景,哪个座位都比不上它。很可能克劳福特小姐自己会挑那个座位。”

“那么,你们就没有理由不让范妮去。车上也就不会没有范妮的位置。”

“范妮!”诺利斯太太重复道,“亲爱的埃德蒙,我们没有考虑她跟我们去。她留下来陪二姨妈。我已经对罗什渥兹太太说过了。他们知道她不去。”

“妈妈,”他转向他母亲说,“除了为你自己,为你自己的舒适外,我想不出你会有什么理由不愿范妮和他们一起去。如果你离得开她的话,你不会希望把她留在家里吧?”

“当然不。不过,我离不开她。”

“如果我留在家里陪你,你离得开她的。我打算留下。”

他的话引起一片惊叫。“是的,”他接着说,“我没有必要去,我打算留在家里。范妮非常想去索色顿看看。我知道她非常想去。她很少有这样的快乐,我相信,妈妈,你会很高兴让她享受这次的乐趣。”

“噢!是的,非常高兴,只要你大姨妈认为可以。”

诺利斯太太立即说出她仅仅剩下的一条反对理由,即他们已经对罗什渥兹太太说定范妮不能去,如果带范妮去会使她感到是个奇怪的变化,因此,她觉得这件事很难办。这样的变动必然使人感到十分奇怪。这样做非常不合礼节,非常近似对罗什渥兹太太不恭，而罗什渥兹太太是教养与礼貌的典范，她自己都觉得确实不如人家。诺利斯太太任何时候都对范妮没有感情，也从来没想为她寻求什么快乐，不过，她这次所以反对埃德蒙的意见，主要因为这是她安排的，她偏爱她的计划。她觉得她已经把样样事情安排到不能再好的地步，任何变更都不如原来的安排。所以，当埃德蒙利用她愿意听他说话的机会告诉她说，她无须担心罗什渥兹太太会有什么意见，他送她走过前厅时曾利用那个时机向她提出普莱斯小姐很可能跟大家一起去，并且已经直接替他表妹接到了非常正式的邀请时，她非常气恼，不肯好声好气地认输，只是说："很好，很好，你想怎么样就怎么样吧，由你去决定，我想，我并不在意。"

"我觉得非常奇怪，"玛丽亚说，"不让范妮留在家里，你自己却留在家里。"

"我相信，她应该非常感谢你。"朱丽叶一边说一边匆匆离开房间，因为她意识到范妮自己应该提出留在家里。

"事情做得该她感激时她自会感激。"埃德蒙没再多说，这个问题就撇下不谈了。

范妮听到这种安排之后，感激的成分事实上大大超过她感到的快乐。她极其明敏地感受到埃德蒙的恩爱，感受之深非他所能体会，因为他没有察觉到她对他的依恋之情。不过，他为了她而放弃自己的游乐使她感到痛苦。没有他在场，她自己去看索色顿也不会感到什么乐趣。

曼斯菲尔德这两户人家第二次聚会的时候，对原来的计划又作了一次更改，这次更改得到大家一致的赞成。格兰特太太自己提出，到那天由她来陪伴贝特伦夫人，代替埃德蒙，格兰特博士来和他们共进晚餐。贝特伦夫人对这样的安排非常高兴，姑娘们又兴高采烈起来。连埃德蒙也由于这样的安排使他又能和大家同去而非常感激。诺利斯太太说，她认为这个计划很好，她本来一直想说的，她就要提出的时候，格兰特太太先说了。

星期三这天天气晴朗，早饭后不久四轮马车就到了，克劳福特先生赶的车，里边坐着他的大姐和二姐。人人都已束装停当，再没有什么要办的事情，只等格兰特太太下车，大家就座。那个最好的位置，那个人人眼红的座位，那个雅座，尚未坐人。谁会走运坐上那个位置呢？两位贝特伦小姐表面上尽量装作照顾别人，而心里却暗自盘算怎样把它弄到自己手里。这个问题被格兰特太太解决了。她下车的时候说："你们一共五个人，最好有一个人和亨利坐在一起。你们最近说希望自己会赶马车，朱丽叶，我想，这是你学赶马车的好机会。”

这一下，乐坏了朱丽叶，气坏了玛丽亚。前者转眼间已坐上驾驶座；后者面容阴沉、心情屈辱地坐进了车内的座位。马车在车旁的两位太太的送别声和巴儿狗在女主人怀里的汪汪吠声中驶走了。

他们路经一片令人心旷神怡的乡野。范妮骑马从来没有到过远处，因此动身不久，马车已越过她认识的地区范围。她看着种种新奇景色，欣赏着种种美妙风光，心里非常高兴。其他几个人不常拉她参加他们的谈话，她也不希望参加。她自己的思想和感受常常是她最好的伴侣。在观察乡野风貌、道路状况、土壤差异、收割情形、村舍、牲畜、孩子们时，她感到融融乐趣。要是有埃德蒙坐在身旁，听她诉说她的感受，那真要快乐到了极点。这是她和邻座的那位小姐唯一相像的地方。除了敬重埃德蒙外，克劳福特小姐处处都与她不同。她没有范妮那种细腻的爱好、思想和感情。她眼看着自然，无生命的自然，而无所觉察，她感兴趣的是男人和女人，她的才华表现在轻松活泼的生活上。然而，当埃德蒙落在她们后面一段距离，或者当埃德蒙在爬较大的山坡快要追上她们的时候，她们却团结一致，“他在那儿”的喊声同时从她们两人的口里喊出，并且不止一次。

在一开始的七英里路程上，贝特伦小姐心里很不舒服；她前边的风景常常被克劳福特先生和她的妹妹挡住，他俩并排坐着不断地说说笑笑。一看到他笑盈盈地转向朱丽叶时那富于表情的半个脸，或者一看到另一位的大笑不止的样子，她就恼火，这种满腔怒火只是怕有失体统才勉强未形诸声色。朱丽叶每次回过头来，总是容光焕发，每次向她们说话，总是兴高采烈地说“我这里看到的风光真迷人，我多么希望你们都能看见”等等。但是她只提过一次和别人换座位，那是他们爬上一个长坡之顶的时候，她向克劳福特小姐提出的，而且也只是说说：“这里突然出现一片美丽的景色，你要是在我这位置上该多好！不过，我断定你不会要我这个位置。你过来吧。”克劳福特小姐还没有来得及回答，他们又快速地前进了。

当他们进入索色顿的势力范围之后，贝特伦小姐的心情比原来好些了。可以说，她是一把琴弓两根弦。她的情肠一半属于罗什渥兹，一半属于克劳福特，来到索色顿附近以后，属于罗什渥兹的那部分情肠大大地作用起来。罗什渥兹的势力就是她的势力。她对克劳福特小姐说：“这些树林是索色顿的，”她说话时漫不经心，“我相信，现在路两边的一切都是罗什渥兹先生的财产。”她说这些话的时候，心里得意洋洋。愈接近代代相传的庄园公所——这个拥有庄园民事法庭和庄园刑事法庭权力的家族的邸宅，她愈加喜不自胜。

“现在，克劳福特小姐，我们再没有高低不平的路了，我们的困难过去了。剩下的路都很好。这路是罗什渥兹继承了这份房地产以后修起来的。村子从这里开始。那些茅屋的确不体面。人们都说教堂的那个尖顶很漂亮。这里的教堂离大厦不那么近，这使我很高兴。在别的古老庄园里，教堂常常紧邻邸宅，钟声的扰攘一定很可怕。那里是牧师公馆，房子显得很整洁，据我所知，牧师和他的妻子都是正派人。那是救济院，是这个家族的某个人盖的。右边是管家的住宅，这位管家是个非常值得尊敬的人。现在我们快到庄园的大门了，各个大门都设有门房看守。不过，我们差不多还得走一英里才能穿过庄园。这里的风景，你看，很不错吧？这片树林挺漂亮，不过庄园大厦盖的地点可很不好。我们下坡走半英里才能到，很可惜，要是这条路好一些，这地方倒不难看。”

克劳福特小姐也很会夸奖。她猜透了贝特伦小姐的心情，尽力促使她的高兴劲头达到顶峰。诺利斯太太喜不自胜，说个不停，甚至范妮也称赞几句，发出几声赞叹。她贪婪地欣赏着所能看到的一切，并且，于经过几番努力看到了大厦之后，她说：“这样的建筑物我一看见就肃然起敬。”她又说：“林荫路在哪里？我看出来了，这房子是面向西。因此，林荫路必然在房子的背后。罗什渥兹先生说过在西边。”

“是的，林荫路确实在大厦的后面，从离大厦一小段距离处开始，沿坡往上走半英里到达园地的尽头。你从这里可以看到一些——看到一些更远的树。那都是橡树。”

贝特伦小姐此时讲话表明她对一些情况已经了解，而这些情况，过去当罗什渥兹先生征求她意见时，她当时是一点儿也不知道的。当车驶到正门前的宽阔的石阶时，她的心由于虚荣与骄傲已高兴得飘飘欲飞了。

第九章

罗什渥兹先生站在门口迎接他的漂亮姑娘，并以合乎礼仪的殷勤欢迎每一个人。在会客室里，他母亲以同等亲热的程度接待大家。母子二人对贝特伦小姐格外亲热，一如她的希望。宾主见面应有的一番礼仪过后，首先需要吃饭。门霍地开了，让他们通过一两间相邻的房间进入指定的餐厅，那里已摆好丰富而讲究的茶点。说了不少应酬话，也吃去了不少茶点，一切都很称心。接着是讨论当天专门要办的那件事情。克劳福特先生想怎样察看园地，想怎样去？——罗什渥兹先生提出坐他的双马双轮小马车。克劳福特先生提出，最好乘一辆能坐两个人以上的车。“只有我们两人去，而不让其他人同去看看，听听他们的看法，那可能比失去现在的快乐还要令人遗憾。”

罗什渥兹太太建议把那辆轻便马车也驾去，不过，这个办法并不很受欢迎，姑娘们既无笑容，也一声不吭。她的第二个建议，即让没有来过的人参观一下大厦，却是比较受欢迎的，因为贝特伦小姐喜欢显示一下大厦的宽敞，其他人也都高兴有点儿事干。

于是他们全体站起身来，在罗什渥兹太太引导下参观了许多房间。这里间间是高房，其中有许多是大房间，房间按照五十年前的习尚铺着发亮的地板，布置着坚实的红木家具，铺着花纹富丽的台布的家具，大理石面的家具，镀金和刻花的家具，各有各的妙处。有许许多多的画，其中颇有一些好作品，不过，大部分都是家族画像；这些画像，除罗什渥兹太太外，谁也不知道画的是谁了。罗什渥兹太太的知识还是女管家教给她的，她下了一番工夫才把女管家所知道的一切记了下来。现在，她领人参观各个房间，并向人介绍里边的图画及设置，几乎和女管家一样熟练。这次参观，她主要是向克劳福特小姐和范妮介绍。不过，两人听取介绍的态度根本无法相比。克劳福特小姐见过的高楼大厦不计其数，从不将此放在心上，现在只是出于礼貌，装出用心倾听的样子，而范妮则觉得这里的样样东西既新奇又有趣，她诚挚地倾听罗什渥兹太太所讲的这个家族古往的一切，它的兴起，它的荣耀，家族的人们多少次入朝面圣，多少次为王室立功。她心情兴奋地把样样东西与学过的历史联系起来，重温她对古往种种场面的想象。

由于这所房子的地势不好，从哪个房间里都瞭望不到多少景色，因此，当范妮等人跟着罗什渥兹太太参观，听她讲解介绍的时候，亨利·克劳福特在这个窗口站站，于那个窗口瞧瞧，面色阴沉，不住地摇头。从西部正面的每一个房间望出去，都是一片草地，再往前去是高高的铁栏杆和庄园大门，大门外边是林荫路的起点。

他们又看了许多房间，这些房间你想象不出会有什么用场，只不过是多增加些窗子，让女仆们有活儿可干罢了。最后，罗什渥兹太太说：

“现在我们到了礼拜堂，按正规我们应该从上边往里进，从上往下看；不过，我们都是自己人，如果你们不见怪，我就从这里引你们进去。”

他们走了进去。范妮原来想象着里边会更加辉煌壮丽，原来却只是一个长方形的大房间，根据做礼拜的需要做了些布置而已——摆了许多桃花心木家具，祖先画像下的架子上铺有深红色的天鹅绒的垫子，此外再无什么更庄严、更引人注目的东西了。“我感到失望，”她悄悄地对埃德蒙说，“我想象中的礼拜堂不是这样的。这里没有什么让人望而生畏的东西，没有什么忧伤感人的东西，也没有什么非常庄严的东西。座位间没有走道，墙壁上没有拱形结构，没有碑文，没有旗帜。表哥，没有旗帜待‘天国的夜风吹动’①，没有迹象表明一位‘苏格兰的国君安息在下边’。”

“你忘记了，范妮，这一切建立得多么晚，与城堡、寺院里的古老礼拜堂相比，它的用途又是多么有限。这只是供这个家族私人用的。我想，他们都葬在教区的教堂墓地里。因此，你要想看他们的旗帜和他们的功绩，应该到那里去找。”

---

①引自英国诗人瓦尔特（1771—1832）的诗（最后一个吟游诗人之歌）。——译者注

“我这一切想法真傻，不过，我还是感到失望。”

罗什渥兹太太开始介绍了。“这个礼拜堂是詹姆斯二世①时期布置成现在这个样子的。我想，在这之前，是用壁板当座位，并且有理由设想，讲台和家族座位的衬里和垫子都不过是紫布，不过，这一点不能完全肯定。这个礼拜堂很漂亮，过去早晚都使用，无一天例外。许多人都还记得，家庭牧师常在里边念祈祷词。但是，已故的罗什渥兹把它废除了。”

“每一代都有所改进。”克劳福特小姐含笑对埃德蒙说。

罗什渥兹太太把她的那番话重复给克劳福特先生听去了，剩下埃德蒙、范妮和克劳福特小姐站在一起。

“这种风气，”范妮大声说，“可惜给断掉了。这是过去时代值得珍惜的一种做法。礼拜堂和牧师，听起来，使你觉得有些什么和这样大的邸宅、和你们想象中这种人家的应有气派非常协调。一家人按时聚在一起祈祷，可真好！”

“的确好得很！”克劳福特小姐笑着说，“这必然会给主人们很大方便，他们可以强迫所有的男仆女佣丢掉工作和娱乐，一天到这里做两次祈祷，而他们自己却找个借口不来。”

“这不是范妮心里所想的那种家庭聚会，”埃德蒙说，“如果男女主人自己不参加，这种习惯就是坏处大于好处。”

“反正在这类事情上，还是让人们自行其是的好。谁都愿意按照自己的意思去做——在什么时间以及以什么方式来表达他们的虔诚，由他们自己来选择。逼迫参加、拘泥形式、约束限制，每次又花那么长时间——总而言之，是件可怕的事情，是件人人反感的事情。过去那些跪在礼拜堂边座上打哈欠的规规矩矩的人们要是能预见到竟有这么一天，由于礼拜堂没有了，男男女女头痛脑涨地醒来的时候还可以在床上躺上十分钟而不受责备，他们会又高兴又妒忌地跳起来。这个罗什渥兹世家以往的美人们曾多次修盖这座礼拜堂，她们每次修的时候是多么不乐意，你难道想象不出吗？年轻的埃林诺太太们和布里杰特太太们，一本正经地装出虔诚笃信的样子，但心里却尽是别的念头——尤其是当可怜的牧师值不得一瞧的时候——我想，在那个年代，牧师甚至还远不如今天的牧师有身份。”

---

①詹姆斯二世（1633—1701），英王，在位期间为1685—1688年。——译者注

她说过之后，良久没有人接话。范妮脸红了，眼睛看着埃德蒙，气得说不出话来。而埃德蒙呢，也是经过一番镇静，才说：“你那活泼的头脑，连谈严肃问题的时候也严肃不起来。你给我们描绘了一幅有趣的图画，就人之常情而言，这幅画不真实。我们每一个人必然都会有时感到难于像我们希望的那样使思想集中，但是，如果你认为这种现象经常发生，也就是说，由于不加警惕，这种弱点变成了习惯，那么这些人在独自做祈祷的时候又是怎么样的呢？难道你认为在礼拜堂里做祷告的时候胡思乱想，在私人的密室里做祷告就会思想集中吗？”

“是的，很可能如此。至少有两点有利于思想集中。来自外部的分散注意力的事情较少，同时也不会把祷告的时间拖得那么长。”

“我想，一个人的思想在这种环境下不进行自我约束，在那种环境下也会飞到别的事物上去。由于环境的感染，别人诚心祷告的感染，你常常会产生比一开始更虔诚的心情。不过，我承认，礼拜天做祷告用的时间比较长，有时候思想难以集中那么久。人们希望它能早点儿结束——但是，我离开牛津还不算久，还记得礼拜堂祷告的情况。”

当他们正在进行这番议论的时候，其余的人走散在礼拜堂的各处。朱丽叶叫克劳福特先生注意她姐姐，对他说：“你好好看着罗什渥兹先生和玛丽亚，他们肩并肩站在那里，活像要举行结婚典礼。他们那副样子不是不折不扣地像是举行结婚典礼吗？”

克劳福特先生笑了一笑，表示同意。他走到玛丽亚跟前，说道：“我不愿意看见贝特伦小姐离圣坛这么近。”① 说话时声音很小，只有她一个人可以听到。

这位小姐吓了一跳，本能地挪开了一两步。不过，她很快便镇静下来，强颜作笑，问道：“要是你愿意把她交给新郎呢？”② 说这话时，声音比他大不了多少。

“让我来交，我恐怕会很不情愿。”他答道，同时意味深长地看了她一眼。

朱丽叶这时已来到他们跟前，把这个玩笑开了下去。

“说实话，不能现在就举行婚礼实在遗憾，我们就缺一张正式的结婚证。不然的

---

①双关语。按西方习俗，婚礼在教堂圣坛前举行。——译者注

②西方习俗，在婚礼上，由女方亲人把新娘的手放在新郎的手里，意思是把新娘交给新郎照管。——译者注

话，大家都在这里，真是再恰当、再有趣不过了。”她毫无顾忌地说笑着。罗什渥兹先生和他的母亲也听出了她在讲什么。于是，罗什渥兹先生对她姐姐说不完温情耳语，罗什渥兹太太面带恰到好处的微笑与适度的尊严说：不管什么时候举行，对她来说，都是一件最快乐的事情。

“要是埃德蒙已经当上牧师就好了！”朱丽叶大声说。同时，她跑到埃德蒙、克劳福特小姐和范妮站的地方，又说：“亲爱的埃德蒙，如果你现在已当上牧师，你可以立即主持婚礼。真不幸，你还没有接受圣职，罗什渥兹先生和玛丽亚却已经万事俱备。”

朱丽叶说此话的时候，克劳福特小姐的神色会使站在一边的第三者看了觉得很有意思。她听到这件从未想到过的事情后，差不多给吓得发呆。范妮对她怜悯起来，心想：“她听到朱丽叶刚才说的话以后该是多么灰心丧气啊！”

“接受圣职！”克劳福特小姐说，“啊，你要当牧师了？”

“是的，等我父亲回来，我很快就接受任命——大概在圣诞节。”

克劳福特小姐经过一番镇定，恢复了常态，只说了句“这件事情我要是早点儿知道，我刚才讲到牧师们的时候会更尊敬一些”，说罢便转入别的话题。

不久，大家都出来了。礼拜堂又恢复了它那整年很少受人干扰的一片寂静。贝特伦小姐生她妹妹的气，最先走出，其余的人好像也在那里待够了。

楼房的第一层已经完全让客人们看过了。罗什渥兹太太但凡陪客人参观她家的宅第，从来都不会厌倦，要不是她儿子怕时间来不及，予以阻止，她还要奔向中间的大楼梯，领客人们参观楼上的每个房间。“把整个房子都看遍用的时间太长，我们会没有时间做户外应做的事情。现在已经两点多了，我们是五点钟吃饭。”

罗什渥兹太太放弃了自己的打算。关于察看庭园的问题，怎样去，哪些人去，可能引起更热烈的争论。诺利斯太太已开始安排坐哪辆马车为好。而这时，年轻的人们已来到一个通向户外的门口。他们看见下了台阶便是草地、灌木林，以及乐趣种种的游乐场，而且门开着在引诱他们，便一起走了出去，好像同样地情不自禁，同样想换换空气，自由活动一阵。

“我们暂且从这里下去吧。”罗什渥兹太太说，她客气地顺从了他们的意思，跟他们走了出去，“我们的大部分花木就在这里，这里有最稀奇的野鸡。”

“请问，”克劳福特先生环顾左右说，“我们是否可以看看这里有没有什么地方需要改造，然后再往前走？我看这里大可改造一番。罗什渥兹先生，我们就在这块草地上开个会怎么样？”

“詹姆斯，”罗什渥兹太太对她的孩子说，“我想，那片荒地大家会觉得新鲜。两位贝特伦小姐还没有看过那片荒地。”

没有人提出不同意见，但是，好一阵，大家似乎既没有计划，也无意前进。起初都为花木或野鸡所吸引，接着都各行其是，高高兴兴地走散到各处。克劳福特先生第一个向前走去，他想看一看在房子的这头可以有什么作为。草地的四周有高墙围着，第十块花木区过去是玩滚木球的草坪，过了草坪是一条长长的阶梯走道，再过去是铁栅栏，越过栅栏可以看到紧挨着栅栏的荒地上的树梢。这是个察看庭园缺陷的好地方。克劳福特先生刚到不久，贝特伦小姐和罗什渥兹先生便跟了上来，很快其他人也汇集起来。埃德蒙、克劳福特小姐和范妮走在一起似乎也很自然，当他们来到阶梯走道的时候，克劳福特先生、贝特伦小姐和罗什渥兹先生正在那里热烈地讨论着。埃德蒙等三人听了一会儿他们的讨论，便离开他们，继续前走。其余的三个人——罗什渥兹太太、诺利斯太太和朱丽叶仍远远地掉在后面。朱丽叶的幸运之星已经不再当空照耀了，她不得不寸步不离地走在罗什渥兹太太的身边，她得耐着性子抑制住自己急欲加快行走的两条腿，来适应这位太太慢吞吞的步子。而她的姨妈又碰到了女管家出来喂野鸡，在后边和她聊了起来，迟迟不肯前进。可怜的朱丽叶，九个人当中只有她一个人不能如愿。她现在完全处于赎罪状态，与坐在马车驾驶座上时的那个朱丽叶相比判若两人。她自小受到对人要礼貌的教养，因此她不能逃开；而她又缺乏更高程度的自我控制，缺乏公正地为别人着想的意念，缺乏心灵上的自知，缺乏明辨是非的原则，这一切在她过去所受的教育当中都不曾占过重要位置，因此，她陪着罗什渥兹太太，心里又觉得委屈难过。

“热得叫人受不了，”当他们在阶梯走道上踱了一个来回，第二次走近面对荒地的中门时，克劳福特小姐说，“我们中间，不会有人反对舒服享受吧？这片小树林真好，要是我们能到那里去就好了。要是门没有上锁我们会多么高兴——但是，门当然是上了锁的。在这么大的庄园里，只有花匠可以随心所欲到处走动。”

然而，走到跟前一看，门并没有上锁，大家一起兴高采烈地折身走出门，避开那灼人的日光。下了一段长长的台阶，他们来到了荒地。这是一片两英亩左右的人工培植的树林，虽然主要的树木是落叶松和月桂树，山毛榉已被砍倒，虽然树林的布局过于整齐，然而与滚木球场及阶梯走道相比，这里一片阴凉，有一种自然美，人人为之精神一爽，一边漫步，一边欣赏。过了一阵之后，克劳福特小姐启问道："你要当牧师，贝特伦先生？这使我感到相当惊奇。"

"你为什么会惊奇？你应该想到我这个人总该有个职业，并且已经看出我既不是律师，也不是军人，又不是海员。"

"你说得不错；不过，一句话，我可没有想到过你会当牧师。你知道，叔叔伯伯或爷爷往往会给第二个孩子留下一笔财产。"

"这种做法很值得称赞，"埃德蒙说，"但是并不十分普遍。我就是一个例外，由于我是这样一个例外，我就得为自己做些什么事情。"

"不过，你为什么要当牧师呢？我过去以为，那只是弟兄们众多的情况下最小的弟弟所走的路子，因为那么多哥哥在他前边把路子都挑完了。"

"那么你认为教会这条路子从来没有人选择吗了？"

"'从来没有'这个词用得过分了一些。不过，也可以这样说吧。俗话说的'从来没有'的意思就是'不常有'，就此而言，我的确认为从来没有人选择。到教会去会干出个什么名堂呢？男子汉都喜欢崭露头角，干其他任何一行都有可能崭露头角，但在教会里就不能。牧师无足轻重。"

"我想，俗话说的'无足轻重'也和'从来没有'一样有程度上的不同。牧师不可能威风凛凛，衣着华丽。他不能做群众的领袖，也不能带头穿奇装异服。但是，我不认为因此他就无足轻重。他担负的责任，对人类来说，不论是从每个具体人来考虑还是从人类整体来考虑，不论是从眼前来说还是从长远来说，都具有头等重要的意义，他的责任是卫护宗教和道德，随而卫护由于宗教和道德的影响产生的言行规范。谁也不会把这种职务说成无足轻重。如果一个担任这种职务的人真正无足轻重，那是由于他自己玩忽职守，放弃了这种职务的重要作用，背离自己的身份，不像个牧师的样子。"

"你把牧师的作用看得太重了，谁也没听说过牧师这么重要，我也不能完全理解。人们在社会上不大看得出来这种影响和重要性。他们本身在社会上就是很少见的，他们怎会产生这种影响并且会这么重要呢？一个牧师一星期布道两次，即使他讲的值得一听，即使他头脑清醒，知道自己不如布莱尔①因而讲道时仿效布莱尔，这两次讲道怎么就能管得住广大人众其余几天的行为，使他们的言谈举止合乎规范呢？人们只是当他在讲坛上讲道时才看得见他，在别的地方很少看见他。”

“你说的是伦敦，我说的是全国的一般情况。”

“我想，在京城是这样，其他地方自然也是如此。”

“我想，就善与恶的比例而言，京城并不能代表全国。最高的道德，我们并不到大城市里去寻找。不论哪个教派的德高望重之人，他们的大德大善都不会是在大城市里行施的。牧师们的影响也不是在大城市里最能觉察到。优秀的牧师受到人们的爱戴和追随。一个好的牧师在他那范围不大的教区及邻近地区里之所以能起有益的作用，不完全是因为他讲道讲得好，还因为人们了解他的个人品德，看得到他的日常行为，而在伦敦就很少有这种情况。在伦敦，教区的居民人山人海，把牧师们都淹没了。大多数人只是听他讲过道而已。至于谈到牧师们对于公众言行举止的影响，克劳福特小姐不要误解我的意思，不要以为我是认为他们是教养良好的主宰，是谦恭文雅的管理者，是精通生活礼仪的大师。我所说的言行举止，更确切地说，也许可以叫做行为，是美好原则的产物，简而言之，是他们的职责应该传授宣扬的那些信条产生的结果，我相信，你走到哪里都会看到，牧师们能否恪尽职守，对其他国民的影响有好有坏。”

“肯定是这样的。”范妮温文而郑重地说。

“瞧，”克劳福特小姐叫道，“你已经把普莱斯小姐说得完全信服了。”

“我但愿也已使克劳福特小姐信服。”

“我想你永远说不服我，”她调皮地笑着说，“我还和刚听说时一样，为你想当牧师而想不通。你的确适合干个别的好一点儿的差事。听我说，改变你的主意吧。现在还不算太晚。到法律界去。”

“到法律界去！你说起来倒不费力气，就像是在劝我到这块荒地去一样。”

“你是想说，法律是两者中最荒芜的荒地，不过，我替你先说出来。记着，我已经替你说了！”

“你是怕我说出俏皮话，你不必慌，我根本就没有说俏皮话的天才。我是个一是

①布莱尔（Hugh Blair，1718—1800），苏格兰修辞学教授，善于讲道。——译者注

一、二是二、实话实说的人，想作个巧妙应答，即使搜索枯肠一连挤半个钟头也挤不出来。”

接着是一片沉默。每个人都在思索。范妮第一个打破沉默，说道：“光是在这树林里走，我想我会累的。我们再碰到座位的时候，如果你们不反对，我想坐一会儿了。”

“亲爱的范妮，”埃德蒙立即挎住她的臂膀，说道，“我多么不体谅人！把你累坏了。也许，”他转向克劳福特小姐说，“我的另一个伙伴会给我点儿面子也让我搀她。”

“谢谢你，不过，我一点儿也不累。”她嘴里虽这样说，手却挎住了他的胳膊。他见她依了他的话，并且是第一次感受与她这样的接触，心里非常高兴，因此把范妮有点儿忘掉了。“你很少碰过我，”他说，“你从来没给我派过用场。女人臂膀的分量和男人的是多么不同啊。我在牛津上学的时候，非常习惯于一个小伙子靠在我身上在街上行走，一走就是一条街那么远。比较起来你像只蝴蝶那么轻。”

“我的确不累。我有点儿奇怪怎么会不累。我们在这个林子里走的路该有一英里了。你不认为有这么远？”

“半英里都不到。”他语气决断地答道。他还没有爱得晕头转向，因此，衡量距离和时间还不像女人们那样漫无标准。

“噢！你没有想一想我们转了多少弯子。我们走的这条道曲曲折折的，这座林子本身从这边到那边的直线距离肯定有半英里，我们离开第一条大路到现在，还望不见树林的尽头。”

“不过，你该记得，在我们离开那第一条大路之前，我们就直接看到了林子的尽头。我们当时俯视那整片林景，看到了林子尽头的铁门，那至多也不过有一浪①地远。”

“噢！我不懂你说的一浪是多远，但我断定这座树林非常长，而且自从我们走进林子之后，一直在转来转去，因此，我说我们已经走了一英里，肯定没有说得过分。”

“我们来到这里不多不少有一刻钟了，”埃德蒙取出表来，说道，“你认为以我们

①浪（Furlong），长度名，220码，约合八分之一英里。——译者注

现在的速度能在一小时内走四英里吗?”

“噢!不要拿你的表来压我,表往往不是快就是慢。我不能够看到表上多少就相信是多少。”

又朝前走了几步,他们走出了树林,来到了他们刚才说的那条大路的尽头,路边林荫之下,有一条宽大的长凳,从那里可以越过暗墙观看庄园,于是,他们都坐了下来。

“我想你已经十分累了,范妮,”埃德蒙打量着她说,“你为什么不早点儿说呢?要是把你累得筋疲力尽,对你来说,今天的游玩就完全失去了意义。克劳福特小姐,范妮除骑马外,不论做什么活动,都会很快疲劳。”

“那么,上星期你让我独占她的马整整一个星期,该是多么可恶!我替你害臊也为自己害臊。不过,今后再也不让这种事情发生。”

“你对她这样关心和体贴,使我更加感到自己粗心大意。由你来关照范妮看起来还会关照得更好些。”

“不过,她现在感到劳累,我觉得不足为奇。我们今天上午干的这一切事情比干什么都累人——参观了一座大厦,从这间房子慢吞吞地晃到那一间——看得眼困神乏,听些自己听不懂的事情,夸赞那些自己并不爱看的东西。一般说来,大家都认为这是世界上最令人讨厌的事情,普莱斯小姐也有此感,不过,她过去可没有经历过。”

“我很快就会恢复过来,”范妮说,“在晴朗的日子里坐在树荫下,观赏这一片鹅黄嫩绿,最使人心旷神怡。”

坐了一会儿之后,克劳福特小姐又站了起来,“我必须活动活动,”她说,“我是越休息越累。一直隔着这堵暗墙往那边看都把我看腻了。我要去隔着铁门看这片景色,看一看隔着铁门是什么样?”

埃德蒙也离开了座位。“克劳福特小姐,顺这条路望去,你便会看出,这条路不会有半英里长,也不会有半英里的一半长。”

“我一眼就可以看出这条路很长。”她说。

他仍在与她辩论,但是辩论也没用。她不肯计算,也不肯比较。她只是笑着下断语。这倒比十分讲理的态度还要迷人,因此,两个人谈得都很愉快。最后双方同意,再在林子里走一走,好确定它究竟有多大。他们想顺着他们正走的路线(在暗墙的一边，顺着树林还有一条直直的绿荫夹护的小路）向林子的一头走去，需要的话，也稍微向别的方向走一走。他们说几分钟内就返回。范妮已经休息好了，也要活动活动，但是没有得到同意。埃德蒙非常殷切地劝她不要动，这番好意她不便相违。她一个人坐在凳子上，想到表哥对自己这样关心，因而感到快乐，但又为自己身体不够强壮而深感遗憾。她望着他们一直望到他们转过弯去，她听着他们边走边谈，一直到听不见一点儿声音。

第十章

十五分钟过去了，二十分钟过去了，范妮仍然在想着埃德蒙、克劳福特小姐和她自己，没有一个人来打断她的思路。她开始感到奇怪：他们为什么把她一个人撂到这里这么长时间？她侧耳倾听，急欲听到他们的话声、脚步声的到来。她听而又听，终于听见了。她听到话声与脚步声愈来愈近。但是，她只能聊以自慰。来的并不是她所盼的人，而是贝特伦小姐、罗什渥兹先生和克劳福特先生，他们从她走过的那条路上来到她的面前。

“普莱斯小姐孤零零一个人在这里！”“亲爱的范妮，这是怎么回事？”劈头而来的是这样一些寒暄语。她把事情本末告诉了他们。“可怜的小范妮，”她表姐嚷道，“她们竟然这样对待你！你原该和我们待在一起。”

然后，她坐了下来，两位书生分坐于她的两边。她又捡起了他们刚才讨论的话题，兴致勃勃地谈论庄园的改造。没有得出任何结论——不过，亨利·克劳福特出了不少点子，总的说来，不论他提出什么建议，都立即得到赞同，首先是她，接着是罗什渥兹先生。罗什渥兹先生的主要任务，似乎就是听别人出主意。他遗憾的是他们没有看过他朋友史密斯的庄园布局。除此之外，他几乎没敢提出任何自己的主张。

这样过了几分钟后，贝特伦小姐眼望着铁门，建议从铁门出去到园林里去看看，以便他们的看法和计划能够更全面。这正是其他三个人所希望的。在亨利·克劳福特看来，这样最好，只有这样才能有所帮助，他一眼看到了半英里外的一座小山丘，站在上边他们可以如愿地观察这座邸宅。因此，他们必须从这座铁门出去，到山丘上去。但门却是锁着的。罗什渥兹先生很后悔没把钥匙带在身边。在动身的时候，他曾想过是否要带钥匙。现在，他下定了决心，今后不带钥匙决不再来。但是这不能解决当前的问题。他们出不了铁门，贝特伦小姐要走出铁门的愿望依然强烈，结局是，罗什渥兹先生直截了当地宣布，他取钥匙去。于是，他走了。

“我们离大厦已经这么远，无疑，我们现在最好从这里去园林。”罗什渥兹先生走后，克劳福特先生说。

“是的，只能这样做。不过，说实话，你是不是觉得这座庄园从各方面来说都比你料想的要坏？”

“不，的确远不是如此。我觉得比我原来预料的更好，更气派，就这种风格的建筑来说更完美无缺，虽然这种风格可能算不上最好的。我对你说实话，”他把声音压得低低地说，“我认为，我以后看到索色顿的时候，再不会像这次这样有这么多的乐趣。这里以后的夏景，我觉得不会比现在更好。”

小姐一时不知说什么好，过了一会儿她答道：“你是个深懂世故的人，自然会随流顺俗。要是别的人觉得索色顿变得更好了，我料定你也会那样看的。”

“我想，就某些方面而论，我还没有世故到于己有利的程度。我的感情不像人们心目中老于世故的人们那样善变，我对往事的记忆也不像他们那样容易受别人的影响。”

接着是一阵短暂的沉默。贝特伦小姐又开始说话了：“今天上午你赶车往这里来赶得很开心。我看到你那样快乐非常高兴。你和朱丽叶笑了一路。”

“我们笑了一路？不错，我们是一路上都在笑，但是，为什么而笑，我一点儿也记不起来了。噢！我给她讲了一些我叔叔的爱尔兰老马夫讲的一些可笑事情。你妹妹爱笑。”

“你认为她比我更加快活。”

“更容易逗乐，”他答道，“因而，你知道，更适合做伴。我想，在三十英里的旅途当中，叫你听一些爱尔兰的奇闻不会使你开心的。”

“我相信，我生性和朱丽叶一样快活，不过，现在我的心事比她多。”

“你的心事肯定比她多——在有些处境下嘻嘻哈哈会意味着麻木不仁。不过，你的前景非常美妙，打不起精神是没有道理的，你前边是一片含笑似的景色。”

“你这句话该按字面理解还是另有含意？我想，是按字面理解吧。景色的确不错，阳光灿烂，园林赏心悦目。但是，不幸的是，这座铁门，这条暗墙，给我一种约束与棘手之感。正如八哥鸟说的那样：‘我无法飞出牢笼’。①”她面带表情地一边说着，一边向铁门走去，他跟在她的后边。“罗什渥兹先生取钥匙去了这么长时间！”

“没有钥匙，不经罗什渥兹先生同意，没有他的保护，你是说什么也不会出去的。不然的话，我想，有我的帮助，你不用费多大力气就可以从门边越过；你如果真的希望更加自由，如果真的认为并非违犯不得，我想你是可以这样做的。”

“违犯不得！什么话！我肯定可以从那里出去，我一定要从那里出去。罗什渥兹先生一会儿就会回来——他会看得见我们。”

“即使他看不见我们，普莱斯小姐也可以告诉他，到山丘附近——山丘上的橡树林里来找我们。”

范妮觉得这样做是不对的，不禁想予以制止。“你会受伤的，贝特伦小姐，”她叫道，“那些铁矛肯定会把你刺伤——你的衣服会撕破，你会掉到沟里去的。你最好不要过去。”

话音未落，她表姐已经平安无事地到了那边，并且由于成功而得意地笑着。她说：“谢谢你，亲爱的范妮，我和我的衣服都完整无缺，再见。”

范妮又一次孤独地被丢在那里，心情并不比原来好。她几乎对看到的和听到的一切都感到难过。贝特伦小姐使她吃惊，克劳福特先生使她恼怒。很快她便看不到他们了，他们说的是去山丘，却走了绕弯的方向，她觉得去山丘走这个方向令人无法理解。又有几分钟之久，她既听不到人声，也看不到人影。整个树林里好像就她一个人。她几乎感到，埃德蒙和克劳福特小姐都离开了树林。不过，埃德蒙不会把她忘得这么彻底。

突然而来的脚步声又一次把她从懊恼中惊醒，有人从主径上以快速的步子走过来了。她以为是罗什渥兹先生，事实上却是朱丽叶，她又热又累，喘不过气来，满脸失望的样子，一看见她便叫道：“嗨！别的人都到哪里去了？我原以为玛丽亚和克劳福特先生和你在一起呢。”

---

①引自英国小说家劳伦斯·斯特恩（1713—1768）所著《多情的旅途》。——译者注

范妮把事情的前前后后告诉了她。

“我敢担保他们是在捣鬼。我往哪里看都看不到他们。”她急切地向园林里用眼搜寻，“不过，他们不会离这里很远，我想，玛丽亚办得到的事情我也办得到，甚至不需要有人扶我。”

“不过，罗什渥兹先生马上就把钥匙取来。你就等等罗什渥兹先生吧。”

“说实话，要等也不该我等。我整个上午都在陪这家里的人，我已经腻了。我对你说，姑娘，我刚刚摆脱他那令人讨厌的母亲。你安安静静舒舒服服地在这里坐着，而我却一直在活受罪。当初完全可以让你干我干的这份儿差事，不过，你总是要心眼，避免这种场面。”

对范妮的这种责难极不公正，不过，范妮能够容忍，不与之计较。朱丽叶心情不好，而且是个急性子。她觉得朱丽叶的脾气很快就会过去的，因此未予理会，只是问了问她是否见到了罗什渥兹先生。

“看见了，我们看见他了。他在奔跑，好像性命攸关似的，只是仓促给我们说了声他去干什么，以及你们都在哪里。”“他白费这么大力气，让人过意不去。”

“这怨玛丽亚小姐。我可不为了别人的罪过而和自己过意不去。讨厌的大姨妈缠住那位管家婆东游西逛，弄得我甩不开他妈妈。这个儿子我可甩得掉。”

她立即爬过了栅栏，走开了，对范妮问她的最后一个问题——她是否看见了克劳福特小姐和埃德蒙，她未予理睬。不过，范妮坐在那里，由于担心看到罗什渥兹先生，不再像刚才那样一味地去想他们的久去不归。她觉得大家对他很不好。而刚才发生的事情还必须由她来告诉他，这使她感到十分难受。朱丽叶跳出栅栏后还不到五分钟，他来了。尽管范妮把刚才的事情讲得尽量缓和，但看得出来他感到的屈辱与气愤非同一般。一开始，他几乎什么话都没有说，只是脸上表现出极度的惊讶和烦恼，他走到铁门跟前，站在那里，仿佛不知道怎样才好。

“他们要我留在这里——我玛丽亚表姐让我转告你，叫你到山丘上或山丘附近去找他们。”

“我想，我一步也不往前走了，”他怒容满面地说，“我连他们的影子都看不见。等我赶到山丘的时候，他们也许又到别的地方去了。我走路已经走得够多了。”

他在范妮身旁坐下，面色阴沉异常。

“我替你难过，”她说，“太不幸了。”她很想能再说出一些类似的安慰话来。

一阵沉默过后，他说：“我想，他们完全可以在这里等我。”

“贝特伦小姐认为你会去找她。”

“要是她在这里等，我也就无须找她。”

他讲的这句话无法否定，因此，范妮没有回答。又停了一阵之后，他继续说：“普莱斯小姐，请你告诉我，你是不是也和有些人一样对克劳福特先生崇拜得五体投地？就我来说，我看不出他有什么了不起。”

“我丝毫不觉得他长得漂亮。”

“漂亮！谁也不会说这么个小个子男人漂亮。他还不到五英尺九英寸。我怀疑他不足五英尺八。我觉得这家伙并不好看。我认为，克劳福特这对姐弟完全是多余的。没有他们我们过得很好。”

范妮听到这里不由得轻轻地叹息一声，她不知道怎样反驳他。

“如果我提出过什么理由说是钥匙不好找，他们不等我还可以有个借口。但是，她一说要钥匙，我就赶忙去取的呀！”

“我认为，你的态度是再好不过的了，并且相信你在路上走的速度快得无以复加。但是，你知道，从这里到楼房，并且是到楼层的深处总还是有一段距离，人们在等人的时候，对时间就估计不准，每过半分钟就好像过了五分钟之久。”

他站起身来，又向铁门走去，嘴里说，他当时身上带有钥匙就好了。他站在那里，范妮看出他态度有所缓和。这使她受到鼓励，想再劝说一次，于是她说道：“你不去找他们，会使人感到遗憾。他们认为从园林的那一部分可以更全面地观察你家的邸宅，因此才去的，现在可能正在考虑怎样改进你家庄园的布局，你也清楚，没有你在场，任何这类事情都决定不了。”

她发现自己把同伴差遣走比把他留在身边要顺利一些。她对罗什渥兹先生的劝说发生了作用。“好吧，”他说，“如果你真的认为我还是去的好，我也不应该白取一趟钥匙。”他开门走了出去，没有再打招呼便走开了。

范妮的心思现在完全转到离她已久的那两位同伴的身上，她已经再也耐不住了，决定去找他们。她顺着林边小路，朝他们去的方向走去，刚转到另外一条路上，便听到了克劳福特小姐的话语声和笑声。声音越来越近，又转了几个弯，他们便出现在她面前。据他们说，他们是刚从园林回到荒野上来的。他们离开她后，没走多久，便遇到一个边门没锁，他们便情不自禁地走了出去。他们在林园里走了一阵，终于走上了范妮整个上午都在盼着的那条林荫大道，他们在一棵树下一直坐到要回来的时候。显然，他们玩得非常快活，忘掉了离开她已有多久。埃德蒙对范妮说，他非常希望当时她也和他们在一起，如果不是她已经走不动了，他肯定会回来叫她一块儿去的。这番话是对范妮的最大安慰。但是这不足以克服她的内心之苦，他们曾经说过几分钟内就会回来的，却把她撂到这里整整一个小时；这也不足以驱逐她的好奇心，她想知道，这么长时间他们一直在谈些什么。最后，使她失望和伤心的是，他们要回大厦去了，并且说是一致同意。

罗什渥兹太太和诺利斯太太走到阶梯走道的梯阶跟前，到达顶部，准备往荒野走的时候，她们已离开大厦足足有一个半小时了。诺利斯太太分心的事情过多，无法快走。尽管外甥女们都遇到了不顺心的事情，情绪受到影响，她却觉得这半天十分开心——女管家先就野鸡问题客气地向她介绍了一番，接着把她领到牛奶场，又把他们的奶牛情况全部作了介绍，招待她品尝一种有名的奶酪，朱丽叶离开她们之后，她们又遇到了花匠，和花匠的相识最使她满意。她为花匠判明了他孙子的病症，告诉他：他孙子的病是疟疾，并且答应给他一个治疟疾的符咒，为了报答她，花匠领她看了他所培育的奇花异草，并且实实在在地把一种非常稀罕的石楠送给了她。

相遇之后，他们都一起回到大厦里去了，坐在沙发上聊天，看《评论季刊》，借以消磨时间，等待其余的人回来，等候开饭。两位贝特伦小姐和两位书生回来时天色已晚，他们的出游看起来并不怎么愉快，也丝毫无助于这天原来的打算。根据他们自己叙述，他们一直在你找我我找你，最后虽然终于碰到了一起，但人人都承认，时间已经太晚，来不及做出关于改进庄园布局的任何决定，并且据范妮看来，也来不及恢复原来的和谐关系。她看了看朱丽叶和罗什渥兹先生，觉得怀着一肚子不满的并不止她一个人，他们两人的脸也都是阴沉沉的。克劳福特先生和贝特伦小姐要快活得多。范妮认为，吃饭的时候，克劳福特先生在煞费苦心地消除另外两个人对他的憎恨，想使席间的人人像往常一样笑逐颜开。

饭后不久，茶和咖啡便送了上来，回家要坐马车行走十英里，不允许耽搁过多的时间。从围席就座那个时候起，到马车开到门前为止，一连串的忙忙碌碌的无谓应酬进行得非常紧张。诺利斯太太四下张罗，从女管家那里弄到几只野鸡蛋和一包奶酪，又对罗什渥兹太太说了几番客气话后，便准备带头动身了。与此同时，克劳福特先生走到朱丽叶跟前说："如果来时和我坐在一起的人不怕在夜空气中坐在那么个无遮无挡的位置上，我希望回去时她还能和我坐在一起。”朱丽叶没有料到他会提出这个请求，但她和和气气地接受了。她这一天的结局大有可能和这一天的开始几乎同样愉快。贝特伦小姐原来另有打算，现在有点儿失望——不过，她心中深信克劳福特先生的真正意中人是她，这使她聊以自慰，并使她能以应有的态度接受罗什渥兹先生送别时的殷勤。毫无疑问，他扶她坐进马车要比扶她上驾驶座更加乐意，因此，这样安排正合他的心思。

“啊，范妮，我担保你这一天过得不错！”诺利斯太太在他们从庄园中驶过的时候说，“从清早到晚上大家一直在寻开心。我相信你会非常感激贝特伦阿姨和我，是我们安排叫你来的。这一天你玩得多尽兴啊！”

玛丽亚心中不满，直截了当地说：“我想，姨妈，你这一天才称心哩。你那怀里抱的大概都是好东西，我们两人之间放的这一篮子东西是什么？一直在碰我，碰得我的胳膊肘都受不了啦。”

“亲爱的，那不过是一小盆好看的石楠，是那位老花匠一定要我带的。要是妨碍了你，我马上把它抱到我的腿上。喂，范妮，你替我抱上那一包——小心——别掉了；里边包的是奶酪，就是我们今天吃饭时吃的那种高级奶酪。那位威太克尔老太太真好，非让我拿一包不行。我始终不肯，后来看到她快要急哭了才拿了一包。我知道我妹子会喜欢这东西。那位威太克尔太太真是个难得的管家！当我问她仆人们在饭桌上是否允许喝酒时，她都吓了一跳。有两个女仆就因为穿白长衫被她辞退了。小心奶酪，范妮。另外那个包和篮子由我来管。”

“你还抢了些什么？”玛丽亚说。索色顿受到如此照顾，使她颇感有趣。

“亲爱的，怎么能说是抢！不过是四个好玩的野鸡蛋。威太克尔太太硬要我拿，我不拿她不答应。她说，我孤零零的一个人生活，能养几只这种小生灵会给我带来乐趣，我想肯定会很好玩儿。我打算把它们交给牛奶房女工，一有母鸡抱窝，就塞进去。如果能抱出来，我就把它们取回家里，借个鸡笼。当我寂寞无事的时候，照看照看它们，会很有意思。如果我养得好，将来也给你母亲几只。”

当天的夜晚非常美好，温和而宁静，在这样宁静的大自然中坐车旅行真是再惬意不过了。不过，诺利斯太太一不说话，车里的人们便会感到这是一次完全沉默无语的旅行。他们都已精神怠倦——差不多所有的人都在思索这一天给他们带来的主要是愉快还是痛苦。

第十一章

在索色顿度过的这一天，尽管有种种不能令人满意之处，但对两位贝特伦小姐来说，比起嗣后不久从安第瓜寄回曼斯菲尔德的那些信件来，给她们带来的愉快要多得多。想亨利·克劳福特远比想她们的父亲更有意思。信上告诉她们，在多少天内她们的父亲要回到英国了，这是一件她们每想起来就最不高兴的事情。

十一月是个令人沮丧的月份，因为父亲已确定在这个月份到家。托马斯爵士写到这一点时，语气非常坚决。第一是根据经验，第二是因为归心似箭。他的事务几乎就要办完，他提出乘坐九月份的邮船是完全有根据的，因此，他也就盼着在十一月初能和他亲爱的妻子儿女重新团圆。

玛丽亚比朱丽叶更要可怜，因为，父亲回来她就得嫁人。父亲最关心她的幸福，回来后就会要她嫁给她原来为了这种幸福所选定的那位看上她的人。前景暗淡。她只能给前景蒙上一层迷雾，希望雾退之后能出现另外一种局面。父亲不会于十一月初回来吧，通常凡事都会有个耽搁，譬如航行不顺利或者出个什么事情。大凡不敢正视现实、不敢理解现实的人，都会幻上想着出个什么事情来给他们帮忙。至少得到十一月中旬吧。十一月中旬离现在还有三个月。三个月就有十三个星期。在十三个星期当中会发生许多事情。

托马斯爵士要是能知道他的两位姑娘对他回家一事所抱的想法的一半，就会把心伤透的。他要是知道他回来的消息在另外一位小姐心里引起的关注，他也不会感到安慰。克劳福特小姐和她弟弟来到曼斯菲尔德庄园作晚间消遣，听到了这个好消息。虽然她表面上只是一般地合乎礼仪地问了一问，并不显得分外关心，虽然她只是暗自庆贺，并未表露她的高兴，但是她却是聚精会神一字不漏地在听别人讲这个消息。诺利斯太太把信的内容详详细细地告诉了大家，然后才转变话题。但是，喝过茶后，当克劳福特小姐和埃德蒙、范妮一起站在敞开的窗口观看黄昏景色，而两位贝特伦小姐、罗什渥兹先生和亨利·克劳福特先生在钢琴旁边忙着点蜡烛的时候，她突然转身向着他们几个，捡起了原来的话题，说："罗什渥兹先生的脸上多高兴！他在想十一月呢。"

埃德蒙也转过身来望着罗什渥兹先生，不过，他没有什么话说。

"你父亲回来可是件大喜事。"

"的确如此。他离家这么久，不仅时间久，并且还担了那么多风险。

"这件喜事还会引出别的喜事来：你妹妹出嫁，你接受圣职。"

"不错。"

"说出来你不要生气，"她笑着说，"这件事的确使我想起了一些古代异教英雄，他们在国外立了大功，平安回来之后要贡献一些牺牲来祭神。"

"这件事情上没有什么要牺牲的，"埃德蒙严肃地笑着回答，同时向钢琴那里扫了一眼，"那完全是她自己乐意。"

"噢！是的，我知道她自己乐意。我不过是开个玩笑而已。她没有超出一般年轻姑娘做事的分寸，我毫不怀疑她快乐至极。我说的另外一桩牺牲你不了解。"

"我可以向你保证，我去当牧师和玛丽亚要结婚一样是自愿的。"

"幸好你的愿望和你父亲的需要这么样合拍。我听说，附近给你保留了一个收入很高的牧师职位。"

"你认为我就是因此才愿意当牧师的。"

"我知道他决不是为了这个原因。"范妮嚷道。

"谢谢你说这句话的好意，范妮，不过我自己可不敢这样断言。相反，也许就是因为我知道要给我提供这样一份生活保证，我才愿当牧师的。我觉得这也并不算错。这是自然而然的事情。一个人因为从小知道会有一个收入不错的牧师职位，长大后便成不了好牧师，我看，这种看法没有什么根据。有一双可靠的手在掌握着我，我想，我并没有受到错误的影响，我相信，我父亲对我非常负责，也不会让我受到错误的影响。我毫不怀疑，我之所以要当牧师是有个人的考虑，但我认为这是无可指责的。”

“这正如，”范妮在稍停之后说，“海军上将的儿子要参加海军，陆军将领的儿子要参加陆军一样，谁也不能说这种事情有什么错。谁也不会怀疑，他们应该到朋友们最能帮忙的那一行去，也不会认为到了这一行后，这行的热心朋友对他们就会不那么热心。”

“是的，亲爱的，从道理上说的确如此。根据职业的性质，不论是海军还是陆军，这样做是有道理的。这种职业，从各方面看来都支持这样做，它需要英勇精神，它有送命的危险，激励人心的场面，雄壮威武的打扮。陆军和海军一直受到上流社会的欢迎。男子汉参加陆军或海军，谁也不觉得奇怪。”

“但一个男子汉由于有把握被提拔才去当牧师，他的动机可想而知，你是这样想的吧？”埃德蒙说，“在你看来，要想证明自己动机纯正，他在当牧师之前，必须对当牧师之后有无俸禄毫无把握。”

“什么！没有俸禄去当牧师！不，那的确是发疯，是不折不扣的发疯！”

“我是否可以问你一个问题：有俸禄不去当牧师，没俸禄也不去当牧师，那么，教会的牧师从哪里来呢？我不能问这个问题，因为你肯定无法回答。不过，我想以你自己的话来为牧师们作个辩护。由于英雄主义、轰轰烈烈、衣着入时都与牧师无缘，由于他们不会受你所欣赏的那些引诱人们去参加陆军海军的种种想法的影响，他们选择他们这行职业，其诚意与真心就更不该受到怀疑。”

“噢！毫无疑问，对于选择一项现成的收入，而不去选择靠工作来挣个收入的麻烦，他的意非常诚；对于今后一生能够无所事事，光吃光喝，长得胖胖的，他的心非常真。说实话，贝特伦先生，那是懒惰！懒惰，贪图安逸——胸无大志，懒于应酬，懒于打扮，就是这些毛病使人们当了牧师。牧师邋邋遢遢，自私自利，读读报，看看天气，和妻子吵架拌嘴，除此之外便无事可做。一切活儿都是助理牧师干的，他自己的日常事务便是应邀吃饭。”

“这样的牧师肯定有，不过，我认为，人数并没有那么多。克劳福特小姐把他们的这种表现说成牧师们的普遍品行是不恰当的。你把他们说得这样一无是处，你这种庸俗的指摘——请允许我这样说——我怀疑，不是你自己的看法，而是和抱有偏见的人们在一起，耳濡目染，听信了他们的意见。你自己不可能通过自己亲眼观察对牧师们有多少了解。你这样无情责备的那类人当中，你本人不曾遇到几个。你讲的这番话是在你叔叔的餐桌上听来的。”

“是我所说的，我认为是大家的普遍意见。凡是大家的普遍意见，通常总是正确的。虽然，我没有亲眼看到牧师们的家庭生活，但是很多人都看到过，因此这些话自然可靠。”

“任何一个有文化的人们组成的团体，不管它属于哪个教派，如果有人对这个团体不加区别，认为人人糟糕，他的话就必然有不可靠的地方，或者（笑）有别的什么成分。你叔叔和他那些共事的将军们除了那些随军牧师外，对牧师们的情况并不了解。而且他们对随军牧师，不论是好是坏，概不喜欢。”

“可怜的威廉！他受到安特卫普号上的随军牧师很多的照顾。”范妮温柔地说。这句话即使与所谈问题无关，却是她心情的流露。

“我从没有听信我叔叔意见的习惯，”克劳福特小姐说，“我并不认为——你逼人太甚，我不得不说——我就毫无可能亲眼看到牧师们是什么样子的人。我眼下就在我姐夫格兰特博士家里做客啊！虽然他对我非常厚道非常好，虽然他是一个不折不扣的高雅人士，并且，我相信，还是个知识渊博的学者，为人聪明，讲道常常是动听的，非常受人尊敬，但是我看他是个懒惰、自私、讲究吃喝的人，凡事以吃为重，不肯为人帮忙，而且，要是厨子没把饭做好，他就对自己的那么好的妻子发脾气。对你们实说了吧，亨利和我今天晚上可以说就是因为在家里看不惯才出来的。一只鹅做嫩了，不合他的意，他就气个没完。我那可怜的姐姐不得不待在家里受气。”

“说实话，你的不满我能理解。他这是性情方面有很大缺陷，加上纵吃纵喝这种非常不好的习惯，性情就变得更坏了；像你这样心肠的人看到姐姐吃这种苦头，必然非常痛苦。范妮，我们不赞成这种行为。我们不会为格兰特博士辩护。”

“是的，”范妮说，“不过，我们不能因此就否定他干的这行职业。格兰特博士不管干哪一行，他都会把他的坏脾气带到那一行去，他不论是干海军还是干陆军，手下指挥的人都要比现在多得多。我想，他当海军军官或陆军军官，比他当牧师会使更多的人不幸。此外，我觉得，不论我们希望格兰特博士干的是别的哪一行，他在那紧张的世俗行业中会比现在更糟糕。在那些行业中，就比现在干这一行有更少的时间和义务来反省自己，他会逃避自我反省，至少，自我反省的机会少一些。而现在，自我反省他是逃避不掉的。像格兰特这样的一个人，像他这样有头脑，每星期都在教别人怎样做人，每个星期天去教堂两次，那样和颜悦色地讲道，而且讲得那样好，他本人就不会不因此变得更好些。这必然会使他有所考虑。我深信，他当牧师比干哪一行都更常进行自我约束。”

“当然我们无法证明相反的情况——不过，普莱斯小姐，我祝你的命运更好一些，而不要成为一个靠自己讲道才能做到脾气和蔼的人的妻子；因为，他虽然每个星期天可以借讲道使自己和和气气，但他从星期一到星期六晚上因为鹅肉做得太嫩而和你争争吵吵，也就够糟糕的了。”

“我想，谁要是常和范妮吵架，”埃德蒙友爱地说，“他就必然没有资格讲道。”

范妮转过脸去，探身窗外。克劳福特小姐快活地说：“我想，普莱斯小姐常常是应该受到称赞但却不习惯于被人称赞。”她刚刚说完，两位贝特伦小姐热切地邀她前去参加三重唱，她轻快地向钢琴走去，埃德蒙望着她的背影，对她那种种美妙，从谦恭和悦的礼貌到轻盈优美的步态，爱慕倾心，如醉如迷。

“我相信她的脾气一定好，”他紧接着说，“这样的脾气永远不会给人带来痛苦！她走起路来多妙啊！她对人多么随和啊！求她一起干个什么她马上就会答应。”“可惜呀！”他稍加思索之后又说，“她居然落在这样一些人手中！”

范妮表示了相同的看法。她感到高兴的是，他不去理会就要开始的三重唱，却继续和她一起留在窗前，并且很快和她一样把目光转向窗外的景色。在星光灿烂的夜色中，在浓黑的林荫的衬托下，一切都显得肃穆、可爱，并给人以慰藉。范妮开始抒发她的感受。她说道：“这一片景色多么和谐！多么恬静！比什么图画都美，比什么音乐都好。诗歌也难尽其妙。它能使你忘掉人间的一切忧虑，使你的心升到极乐境界。每当这样的夜晚我启窗外望的时候，我觉得世界上好像既不会有邪恶也不会有悲伤。的确，如果人们多留神大自然的崇高，多看看这样的景色而忘掉自我，这两样东西是会减少的。”

“我喜欢你这种纯朴的热情，范妮。今晚的夜景很可爱，那些没有受到这方面的教养，感受不能像你这样深的人们，至少那些少年时期没有受到爱好自然的培养的人们，非常可怜。有许多东西他们不会享受。”

“是你培养我这方面的思想感情的，表哥。”

“我教的这个学生非常聪明。那里是大角星，非常亮。”

“是的，还有大熊星。我希望能看到仙后星。”

“我们必须到草坪上去才能看到。你怕不怕？”

“一点儿也不怕。我们好久没观看星星了。”

“是的。我不知道怎么会这么久没有看。”三重唱开始了。“等她们唱完了我们再出去，范妮。”他说。此时他已转过脸去，背向窗户。她看到他也随着歌声在一点一点地向钢琴移动，这使她感到受遗弃似的羞辱。当歌声停下时，他已经走到歌手们的跟前，跟大家一起热烈要求她们重唱。

范妮一个人站在窗前叹息，直到诺利斯太太责备她，不让她站在那里，免得受凉，她才离开。

第十二章

托马斯爵士即将于十一月份回家，他的大儿子有事须提前赶回。九月份即将来临时，贝特伦先生发来了信息，首先是猎场看守人收到他的来信，接着埃德蒙也收到了一封，到八月底时他本人回来了。当场合合适的时候，或者克劳福特小姐要求之时，他谈赛马，谈威茅斯，谈他参加过的舞会和他交的朋友，轻松快活，娓娓动听，殷勤亲热一如从前。要是在六个星期以前，克劳福特小姐也许会感到一些兴趣，现在她经过实地比较，完全相信她应该钟情于他的弟弟。

事情确实令人烦恼，她也由衷地感到过意不去；但是事已如此。现在她已不打算嫁给老大，她甚至不想取悦于他，只不过由于意识到自己长得美丽，而把这种美稍加施展罢了。他远离曼斯菲尔德如此之久，心里只知寻欢作乐，遇事从不和她商量，这清楚地表明，他心中根本没有她。他对她的态度比她对他还远为淡漠，因此，她相信，即使他现在当上他迟早要当的曼斯菲尔德庄园的主人，成了不折不扣的托马斯爵士，她也不会同意嫁给他。

贝特伦先生为了赶上这个时令的活动回到了曼斯菲尔德，克劳福特先生为赶这个时令的活动而去了诺福克。埃弗陵翰的九月上旬不能没有他。他一去就是两个星期。这两个星期对两位贝特伦小姐来说，简直是百无聊赖，她们本该因此而自我警惕，朱丽叶虽然在为他而和姐姐争风吃醋，也应该认识到他的甜言蜜语完全不可轻信，并且希望他不再回来。在这两个星期当中，于打猎和睡觉之余，他尚有充分的闲暇，如果他善于反省自己的动机，考虑他一味虚荣而无所事事到底是为了什么，他会在这段时间里醒悟过来，知道不该急着回去。但是，阔绰的生活条件和坏榜样养成了他的自私和无所用心，他只贪图眼前快乐，不肯远虑。他已诸般玩腻，这两姊妹聪明、美丽，对他脉脉含情，使他感到开心。他觉得诺福克的一切都比不上在曼斯菲尔德和姑娘们厮混快活，因此，他在预定的时间满心欢喜地回来了。她们也同样满心欢喜地迎候他的到来。不过，他这次回来对她们将益发不加敬重。

在克劳福特先生回来之前，玛丽亚只有罗什渥兹先生一人围着她转，她耳边听到的尽是他翻来覆去地絮叨他白天参加的打猎活动，尽兴还是扫兴，他夸耀他的猎犬，妒忌他的邻居，怀疑他们的资格，追踪偷猎者——这些话题除非男方善于辞令，女方有几分感情，否则是不会拨动女人心弦的。因此，她非常想念克劳福特先生。朱丽叶呢，她既没有订婚又无事可干，感到她更加有权想念他。姐妹两人都认为自己才是对方的意中人。朱丽叶的这种想法可以格兰特太太的话为根据，话里听音，格兰特太太对此事的态度正应着她的心事。玛丽亚的根据是克劳福特本人流露的口风。一切都又回到他离开之前的原有轨道，他对她们两人都容光焕发，和蔼可亲，没有失去任何一个的欢心，而他对她们的态度又恰到好处，为了不引起大家注意，没有过分的纠缠和钟情，也不表现出过分的牵心和热情。

在这些人中间，只有范妮一人看破机关，有所厌恶。自从去索色顿那天以来，她每次看到克劳福特先生和两姐妹中的哪一个在一起，都不由自主地留心观察，常常感到怀疑，不以为然。如果她对自己的判断像在别的问题上那样充满自信，如果她能够断定她自己看得明白，猜得准确，也许她已经郑重其事地告诉了她那位通常与她无话不谈的人了。然而，事实上，她只是鼓起勇气暗示了一下，而她的暗示并没有起什么作用。“我感到有点儿奇怪，”她说，“克劳福特先生在这里住了那么久，足足有七个礼拜，而走了以后居然又回来这么快。就我所知，他非常喜欢改换环境，四处游逛，我原以为，他一离开这里，肯定会有什么事情把他吸引到别的地方去。他习惯于比曼斯菲尔德快活得多的地方。”

“他回来这么快是个好的表现，”埃德蒙答道，“我相信这会使他的姐姐快乐。她不喜欢他那东游西逛的习惯。”

“我的两位表姐多么喜欢他啊！”

“不错，他对妇女们礼貌周到，肯定会引起好感。我断定，格兰特太太怀疑他看中了朱丽叶，我还没有看到多少迹象，不过，我希望事情会是这样。他那些毛病，只要真的谈起恋爱来，是会改掉的。”

“要是贝特伦小姐还没有订婚，”范妮小心谨慎地说，“我有时几乎认为他对她的爱慕超过对朱丽叶的依恋。”

“也许正因为如此，他实际上最喜欢的是朱丽叶。这一点你可能不知道。我知道事情常常是这样的，男人们在打定主意爱一个女人之前，对她的姐姐或妹妹，或她的亲密女友，比对她本人还要好。克劳福特是个有头脑的人，如果他觉得自己与玛丽亚有坠入情网的危险，他就不会待在这个地方。根据玛丽亚到现在为止的表现，我对她也十分放心，她的感情并不脆弱。”

范妮心想必然是自己的看法不对，决心今后改变看法。但是，尽管她力求顺从埃德蒙的见解，尽管她有时也从别人的脸色与话音里边看出似乎他们也认为克劳福特先生中意的是朱丽叶，她自己却始终不知道怎样看才对。一天晚上，她听到了诺利斯姨妈在这个问题上私下里表示的愿望和想法，也听到了罗什渥兹太太私下里对类似问题表示的想法。她一边听，一边禁不住感到惊奇。她并不希望坐在那里听她们讲话，因为其他男女青年都正在跳舞，只有她一个人极不情愿地在炉边落座于陪伴青年男女来此的老太太们中间，盼着他表哥从舞池回来，他表哥是她唯一可以指望的舞伴。这是范妮的第一次舞会，不过，可不像许多小姐的第一次舞会那样准备充分、富丽堂皇。这是当天下午才想起来举行的，它的主体是仆从室里新近来的一位提琴手和五对舞伴。这五对舞伴包括格兰特太太和刚到达的贝特伦先生新交的密友在内。然而，这次舞会使范妮非常高兴，她一连跳了四场。她甚至轮空一会儿都感到遗憾。——就是当她等着，盼着，眼睛一会儿看看那些舞伴，一会儿看看门的时候，上述的两位太太的这番对话让她无意听到了。

“我想，夫人，”诺利斯太太说，她的目光注视着罗什渥兹先生和玛丽亚，他们两人第二次在一起跳舞，“现在我们又可以看到幸福的面孔了。”

“是的，夫人，您说得很对。”另一位庄重地假笑一下，“现在坐在一边看心里算有点儿安慰，刚才他们被拆开我觉得心里不是滋味。处在他们这种情况的年轻人没有必要死守那些老规矩。——我不明白我的孩子为什么不提出邀请。”

“我断定他是邀请了。罗什渥兹先生决不会怠慢人。不过，亲爱的玛丽亚严守规矩，眼下很少有人像她这样端庄稳重，她是想避免人们对舞伴挑挑拣拣啊，罗什渥兹太太！——亲爱的夫人，你只要看看此时此刻她那满面春风就明白了；这与刚才同别人跳那两场舞时是多么不同！”

贝特伦小姐的确是春风满面，快乐得两眼发光，说起话来兴致勃勃，这是因为朱丽叶和她的舞伴克劳福特先生紧靠着她，他们在一个圈子里。至于在这之前她脸上是什么样的表情，范妮已无印象，因为她自己当时在和埃德蒙跳舞，对她未曾留意。

诺利斯太太继续说：“太太，看到年轻人这样快活，这样般配，这样合适，实在令人高兴。我不由得想起托马斯爵士的快活心情。你觉得另外一对怎么样，太太？罗什渥兹先生已经树立了好榜样，这类事情有非常大的传染作用。”

罗什渥兹太太眼里只有她的儿子，因此茫茫然不明白她在问些什么。“上边那一对，太太你没有看出他们之间的迹象吗？”

“啊，朱丽叶小姐和克劳福特先生。不错，的确是非常合适的一对。他有多少财产？”

“每年四千镑。”

“还不错。一个人如果财产不能更多，便只能有多少就满足于多少。看起来这个年轻人有教养并且可靠，我想朱丽叶小姐会非常幸福。”

“这件事情还没有定下来，太太。我们只是在朋友间谈论谈论。不过，我毫不怀疑这件事会确定下来。他的殷勤用心已非常专一。”

范妮再也听不下去了。她不仅听不下去，并且中断了思索，因为此时贝特伦先生又来到了室内。虽然她感到能被他邀请是极大的体面，但她认为他必定会邀请她的。他来到了他们的小圈子内，但他并没有请她跳舞，而是拉了把椅子坐到她身旁，对她叙述一匹病马目前的病情，以及他刚从马夫那里来时听到的马夫的意见。范妮觉得他不会邀她跳舞了，但她天性谦恭，立即觉得自己本不该那样指望。他把马的事情讲完之后，从桌上拿起一张报纸，从报纸上方望着她，少气没力地说：“范妮，要是你想跳舞，我陪你跳。”她谢绝了他，话说得比他更有礼貌。她不想跳舞。“我为此而高兴。”他以振作得多的语气说，并且把报纸又撂到桌上，“因为我都快给累死了。我真不明白，这些人怎么会跳这么久。他们除非都已坠入情网，不然不会对这种蠢事感兴趣——我想，他们是在谈恋爱。——如果你对他们加以留意，你就会看出他们都是一对一对的情人——除耶茨和格兰特太太以外都是——这是咱们两个人之间讲的，她这个可怜的人，必然像他们所有的人一样需要一个情人。她跟博士在一起，生活一定非常枯燥。”他说此话的时候，使了个鬼脸，向博士的座椅示意。不过，由于博士就坐在他的肘旁，他改变了口风，换了个话题，应变之快使范妮禁不住要笑了出来。“美洲的事情真怪，格兰特博士，你认为怎么样？国家大事应当怎样看待我总是向你请教。”

“亲爱的汤姆，”不久他姨妈叫道，“你既然现在不在跳舞，就和我们一起打牌吧。”接着，她离开了座位，走到他跟前进一步撺掇，对他悄悄说道：“你可知道，我们想给罗什渥兹太太凑够一桌。你母亲很着急，但是她正在赶织她的围巾，没有时间参加。你、我再加上格兰特博士，刚好凑齐一桌。虽然我和罗什渥兹太太只赌半克朗①，你可以与格兰特博士赌半畿尼②。”

“我非常乐意，”他霍地跳了起来，大声答道，“这会使我感到极大的愉快——不过现在我要去跳舞。来，范妮，”他抓住了她的手，“别再闲坐着，舞会都快要结束了。”

范妮非常顺从地跟着走了。但她对大表哥并没有多少感激之意，她也弄不清楚是大表哥自私还是大姨妈自私。而他的心里却是十分清楚的。

“给我派的差事可真好！”他愤然说着和她一起走开，“想把我钉在牌桌上陪她自己，格兰特博士和那位爱管闲事的老太婆！她自己和格兰特博士一直吵个不休，而那位老太婆根本就不会打惠斯特③。我希望我这位姨妈能稍微安静一点儿！而且，她居然这样求我，当着他们的面，完全不是用商量的口气，想使我无法拒绝！我尤其恨她这一点。我最恨不过的事情就是有人假装着在求你，在征求你的意见，而实质上是非要你照他的意思去做不可——不论是让我去干什么，我都恨。要不是我灵机一动站起身来和你跳舞，我就逃脱不掉。这样是非常不好的。不过，我姨妈一旦起了什么念头，达不到目的她是决不肯罢休的。”

---

①半克朗：英币，值二先令六便士。——译者注

②畿尼：英国过去通用的金币，值二十一先令。——译者注

③惠斯特：一种牌戏。——译者注

第十三章

贵公子约翰·耶茨是我们初次见面的新朋友。此人衣着讲究，花钱大方，是一位勋爵的二儿子，却有一笔可观的财产，此外，他并没有多少可取之处。若是托马斯爵士在家，很可能不会欢迎此人被引进曼斯菲尔德。贝特伦先生和他是在威茅斯相识的，他们在那里一起参加了十天社交活动。由于贝特伦先生邀请他得便到曼斯菲尔德做客，他又慨然允诺，他们之间的友谊——如果可以叫做友谊的话——算正式建立了，并且进一步升格。最近他从威茅斯赶到另一个朋友家里参加一个人数众多的交游集会，由于与会人众骤然散去，他来到了曼斯菲尔德。贝特伦先生没料到他会来得这么快。他是扫兴而来的，满脑子尽是演戏的事情。原来那是一次戏剧集会，还安排有他的角色，两天内就要登台演出了，突然这家的一个近亲去世，于是计划撤销，演戏的人离去。眼看着一场欢乐就要到来，眼看着就要大出风头，眼看着康瓦尔郡拉文绍勋爵大人埃克利斯福特府上的这场业余戏剧演出就要见诸报端，受到记者们的捧场，至少要名噪一年，眼看着就要到手的东西却一下子丢掉了，这种憾事是久久难忘的，所以耶茨先生讲起话来总离不开这个话题。他一张嘴便讲埃克利斯福特及其剧场，演出的安排，角色的服装，他们怎样预演彩排，他们开过些什么玩笑。夸耀这已经过去的事情成了他唯一的安慰。也许是他走运吧，这里的这班年轻人都很喜欢戏剧，都跃跃欲试地想有机会演出，所以尽管他讲个没完，他的听众却也百听不厌。从最初选派角色，到最后的闭幕词，样样都使他们神往入迷，都巴不得自己一试身手，也充当其中的某个角色。那场戏是演《山盟海誓》①，耶茨先生演的角色是卡赛尔伯爵。“是个不重要的角色，”他说，“一点儿也不合我的口味。今后我肯定不会再同意演这样的角色，当时我只是不想给他们制造困难。只有两个角色值得我演，但在我到埃克利斯福特之前，就已经被拉文绍勋爵和公爵两人挑去了。拉文绍勋爵提出把他的角色让给我演，但是，你知道，我自然不便接受。我觉得他自不量力。他不配演男爵这个角色。个子那么小，声音又那么低，每次预演说不上十分钟就嗓子沙哑。如果演出的话，这出戏必然会因他而大煞风景。不过，我当时决心不给他们制造困难。亨利爵士认为公爵演不好福勒德利克，不过那是因为亨利爵士自己想演这个角色。而这个角色肯定由他们两人演最好。我万没有想到亨利爵士的演技那么蹩脚。幸亏并没有依靠他来排练这个剧。我们的阿佳萨演得妙不可言，许多人认为公爵演得非常出色。总的说来，如能正式演出，一定非常精彩。”

“我觉得没能演出实在不幸”，“还有，我为你万分惋惜”，在座的人们深表同情地说。

“倒也无须怨天尤人，不过，那位可怜的老寡妇死得实在不是时候；你不由得会想，要是她去世的消息根据我们的需要晚发表三天该有多好！只需要三天。而且，她不过是这家的外婆，又死在二百英里以外，我觉得把死讯压下三天不会有多大关系。据我所知，真有人提出了这个建议。但是，拉文绍勋爵不同意这样做。我想，他是全英国最讲究规矩的人们当中的一个。”

“演不成喜剧就演剧末余兴，”贝特伦先生说，“《山盟海誓》结束了，只剩下拉文绍勋爵和夫人自己在演《我的外婆》②。外婆的遗产会给他带来安慰。这是咱们朋友之间说的，也许他因为扮演剧中的男爵，怕演不好而丢面子，怕他的肺受不了，乐于撤销原来的计划。耶茨，为了给你补补委屈，我觉得，我们应该在曼斯菲尔德建立一个小小的戏院，并由你做我们的舞台监督。”

---

①《山盟海誓》是德国戏剧作家奥古斯特·弗里德利希·菲迪南·冯·科泽毕（1761—1819）写的德语剧本，由茵契鲍尔德夫人译成英语。——译者注

②《我的外婆》是 Prince Hoare 发表于 1793 年的一个闹剧。——译者注

这虽然是一时想出来的，但并非只是说说而已。经他这么一提，大家都产生了演剧的兴趣，而其中最想演的就是他本人。他现在是一家之主，而且有的是闲暇，几乎什么新鲜事都有助于他消磨时光，他还头脑活泼并且有喜剧素养，完全适合演戏。他的这一主意翻来覆去地总有人提出。“啊，要是能用埃克利斯福特的戏院和布景演演戏该是多好啊！”两个妹妹也有同感。亨利·克劳福特虽然经历过各种寻欢作乐的事情，但还没有尝试过这种趣事，因此，听到这一想法，他兴致勃勃。“我的确认为，”他说，“此时此刻我不知深浅，敢于扮演任何剧本里的任何角色，从夏洛克或理查德三世，到滑稽剧里的身穿红色外衣、头戴三角帽主唱的主人公。我觉得我演什么都可以，一切我都能演；演英国剧，无论是悲剧还是喜剧，无论是激昂陈词、吼骂咆哮、唉声叹气还是蹦蹦跳跳，我似乎都行。让我们选个剧目演一演。半个剧也行。一幕也行，一场也行，为什么不能演呢？我相信，总不会是我们这些人的长相不行吧。”说着，他把目光投向两位贝特伦小姐，“至于说戏院，要戏院干什么？我们只是为了玩，这座大厦里的哪间房子都足够我们用。”

“我们得弄个幕”，汤姆·贝特伦说，“买上几码绿缩绒做幕大概也就够了。”

“噢，完全够了！”耶茨先生叫道，“我们只需要布置一两个侧景，几个房间的门，三四场的布景就行了，演这么点儿戏再不需要什么。我们只是为了自己玩一玩，这就完全够了。”

“我认为我们还应该再简单一些，”玛丽亚说，“时间不多，而且还会遇到别的困难。我们必须采纳克劳福特先生的主张。我们的主要目的是演，而不是搞舞台布景。我们最优秀的戏剧中的许多地方都不是依靠布景。”

埃德蒙听到这里开始感到吃惊，说道：“不，我们不要办事不彻底。如果我们要演戏的话，那就找个正正规规的戏院去演，有正厅，有包厢，有楼座，并从头到尾完完整整地演上一个剧，不管演哪个德国剧，在幕与幕之间都要有幽默滑稽的剧末余兴，有花样舞蹈，有号笛，有歌声。如果我们演得还不如埃克利斯福特，那我们就什么都不要演。”

“唉，埃德蒙，不要拆我们的台。”朱丽叫说，“你比谁都喜欢看戏，为了看戏，叫你比别人多跑多远的路你也不会在乎。”

“不错，那是看真正的演出，看演技纯熟的真正演出。但是要让我看一群从未受过戏剧训练的少爷小姐们演蹩脚戏，即使在隔壁房间演我也不会过去看。他们过去受的教育及体面训练，在演戏时处处束缚着他们。”

不过，停了一会儿之后，这个问题又被谈了起来，劲头依然如故，人人都是越讨论越想干，由于听到其他人愿意，自己也就更愿意。汤姆·贝特伦要演喜剧，他的两个妹妹和亨利·克劳福特要演悲剧，想找一个人人同意的剧本比什么都难。不过，尽管没做出任何具体决定，但要演剧却是完全肯定了的，埃德蒙为此而感到十分不安。他下定决心，但凡可能，就要阻止他们。然而，他母亲也完全听到了这番饭桌边的谈话，却丝毫没有不赞成的表示。

就在这天晚上，他找到了机会来试试他有没有力量阻止。玛丽亚、朱丽叶、亨利·克劳福特和耶茨先生都在弹子房里。汤姆从他们那里回到了客厅。埃德蒙这时若有所思地站在炉火跟前，贝特伦夫人坐在不远的沙发上，范妮紧挨着她在安排她的针线活。汤姆进来的时候说：

“像我们这样又破又脏的弹子台，我相信天底下再找不到第二个。我再也不能容忍它，我想，我可以说，什么原因都不能诱使我再来打弹子。不过，我刚刚给它想出了个好用场。这间房子演戏正合适，形状和长度都正好。房间那头的几扇门互相连通，只需把我父亲房间的书橱移一移，五分钟内就可以布置好。如果我们决定演戏，这正符合我们的需要。我父亲的房间做演员休息室非常好。它与弹子房相通，好像故意适应我们的需要似的。”

“汤姆，你说要演戏，不会是当真吧？”当汤姆来到炉旁的时候，埃德蒙低声对他说。

“不会当真？告诉你，完全是真的。你有什么好奇怪？”

“我认为这样干非常不对。一般情况下，私人演戏就容易受人指责，我们家庭条件好，我认为我们去演戏尤其不慎重，而且还不只是不慎重而已。父亲不在家，并且时时刻刻都在危险中，我们演戏会让人觉得我们心中没有父亲，玛丽亚的情况也非常值得我们操心，把各种因素都考虑进去，极其令人不放心。因此，就玛丽亚而言，如果我们演戏，就是太欠考虑。”

“你把情况看得这么严重！好像我们在父亲没有回来之前每星期都要演三次，而且要邀请全国的人都来看似的！但是，我们并不是要那样做。我们只不过是自己之间玩一玩，调剂调剂生活，这是没有干过的事情，我们试试行不行。我们不要观众，也不去登报。我想，应该相信我们挑选的剧目会无可指摘。我认为，我们用某个令人敬重的作家写出的优美文字对话，比用我们自己的话闲聊，不会有更多的害处和危险。我是毫不担心，毫无顾虑。至于我们的父亲尚在海外未归。这决不应该成为反对演戏的理由，我认为我们因此而更应该演。母亲在此期间盼着父亲归来，非常焦虑不安，如果我们能在这几个星期当中使母亲忘却忧愁，得到快慰，心情开朗，我觉得我们的时光就会过得很好，而且，我相信，父亲也会这样想的。这是母亲最心急如焚的一段时期。”

他说到此处，两个人都往他们母亲的那个方向看去。贝特伦夫人正靠在沙发的一角，安然入睡了，那形象既健康，又富贵，又恬静，又无所忧虑。范妮正在替她做她那几件颇费工夫的针线活。

埃德蒙微微一笑，摇了摇头。

“我的天哪？这不算个理由。”汤姆开心地大笑着坐到一把椅子里，大声说道，“亲爱的妈妈，我说你心急如焚算我说错了。”

“怎么啦?”她以半睡半醒的沉重音调问道，“我没有睡着。”

“噢！亲爱的妈妈，没有人怀疑你睡着了。喂，埃德蒙，”一看到贝特伦夫人又开始打起盹来，汤姆又继续以原来的姿态和腔调谈起原来的话题，“不过，我们演戏并没有什么害处，我坚持我的看法。”

“我不同意你的看法，我相信若是父亲知道，他会完全反对你们这样做。”

“我相信事情会完全相反。父亲比谁都更加喜欢发挥年轻人身上的才能，并且提倡这样做。至于演戏、发表议论、背诵台词等等，我想他一向是很有见地的。我深信，我们小的时候，他是鼓励我们这方面的才能的。就在这间房子里，为了使他开心，我们多少次哀悼朱利亚斯·恺撒的遗体，多少次学哈姆雷特讲‘生存下去还是死亡’。我记得很清楚，每逢圣诞节的夜晚，就说‘我叫诺沃尔①’。”

“那完全是另一回事。你自己心里也清楚。那时我们都是小学生，父亲希望我们练练口才，但是他决不会希望他的已经长大成人的女儿们去演戏。他的规矩是非常严格的。”

“这一切我都知道，”汤姆不悦地说，“我像你一样了解父亲。我负责不让他的女

---

①“我叫诺沃尔”引自当时人们喜闻乐道的一部悲剧的开场白，剧名《道格拉斯》，写于1757年，作者为约翰·候姆。——译者注

儿们做任何使他生气的事情。你管住你自己好了，埃德蒙，家里的其他人由我管。”

“如果你一定要演，”埃德蒙坚持己见地答道，“我希望做得悄悄的，不要大张旗鼓。我主张不要布置什么剧场。父亲不在家，随便用他的房子不好。”

“这类事情一概由我负责，”汤姆口气决断地说，“他的房子我们不会损坏的。对他的房子我和你一样关心，至于我提出的那些小小的变动，挪个书橱，打开一扇门，甚至一星期不打弹子，把弹子房另作他用，如果你认为他会反对的话，那么，我想，我们在这间房子里比他在家时多坐一会儿，在早餐室里比他在家时少坐一会儿，或者妹妹的钢琴从房间的这边挪到了那边，你大概认为他也该反对的吧！纯粹是无稽之谈！”

“一番变动总要花钱，变动本身即使不算错，大量花钱总不对吧。”

“是啊，干这样的事是可以花掉很多钱的！也许可以花整整二十镑。毫无疑问，我们好歹需要一个剧场。但是我们可以尽可能地从简；一幅绿幕，一点儿木工活儿，只此而已。而那点儿木工活儿完全可以在家里让克利斯朵福·杰克逊自己去做。说花费多，这是胡说。只要活儿是让杰克逊干的，托马斯爵士什么意见都不会有。不要以为这家人就你一个人高明。你不喜欢演戏你自己不演就是了，别以为你能管得住大家。”

“我自己是不演的”，埃德蒙说，“我也完全反对你们演。”

汤姆没等他说完就走出了房间，剩下埃德蒙坐了下来，心事重重地拨动炉火。

这番谈话范妮都听到了，在整个过程中她一直赞成埃德蒙的看法，由于想给他一点儿安慰，此时她鼓起勇气说：“也许他们找不到合适的剧本。你哥哥和你妹妹们的趣味好像很不相同。”

“我不抱这种希望，范妮。如果他们打定主意要演，他们总会找到剧本的。我找两个妹妹谈一谈，劝她们不要演。这是我唯一能做的。”

“我想诺利斯姨妈会站在你一边的。”

“我相信她会站在我们一边，但是她对汤姆和我妹妹们都起不了任何作用。如果我自己不能说服他们，就由他们去，用不着让她去说。一家人争争吵吵是最坏的事情，我们说什么也不能打架。”

第二天早晨他找了个机会劝说他的两位妹妹。她们像汤姆一样丝毫不爱听他的劝告，一点儿也不接受他的意见，一心一意要寻欢作乐。母亲不反对他们的打算，他们也丝毫不怕父亲不赞成他们的行为。这么多体面的家庭，这么多的大家闺秀演了戏都没有什么。而他们只是兄弟姊妹加上熟朋友关起门来演演戏，又不让外人知道，如果认为这也不对，那简直是神经病。朱丽叶确实有意表明玛丽亚的情况需要特别谨慎、稳重——但这不能要求于她——她本人没有任何约束。玛丽亚则显然认为，正因为她订了婚，她更没有顾虑，比起朱丽叶来更不需要和父母商量。埃德蒙已没有多少指望，但他仍在劝说。这时，亨利·克劳福特从牧师公馆来了。他容光焕发地走进房间，叫道："我们演戏不缺人了，贝特伦小姐。我们也不缺演仆从的人。我妹妹求大家赏光，把她吸收到戏班子里来。年老的保姆，温顺的女伴，你们不愿演的角色她都乐意演。"

玛丽亚瞥了埃德蒙一眼，意思说："你现在还有什么话说？玛丽·克劳福特和我们持同样主张，你还能说我们不对吗？"埃德蒙沉默不语，内心不得不承认演剧的乐趣连心地明白的人也会神往的。他无限深情地久久地想着，她是多么乐于助人啊。

计划在向前推进。他反对也毫无用处。他原以为诺利斯太太会反对的，其实他估计错了。她怕她的大外甥和大外甥女，她刚提出了点儿疑问，不到五分钟便被他们说服了。事实上，她是非常乐意他们这样干的。整个这件事情，根据安排的情况，谁都花不了多少钱，她自己更是一个钱也不用花。在整个过程中，免不了要她张罗，显一显她的重要，想到这一点她心头乐滋滋的，另外，她还会马上得到一点儿便宜，她在自己的房间里已经住了一个月，吃的用的要自己花钱，现在为了随时给他们帮忙，可以搬到他们家里来住。

第十四章

看起来，范妮原来的估计比埃德蒙预料的要准确。事实证明，人人满意的剧本的确不好找。木匠已经接受了任务，丈量了尺寸，提出并解决了两堆难办的事情，显然计划得扩大，费用得增加。现在他已经动工了，而剧本还没有确定。其他准备工作也已经着手。一大卷绿色的缩绒已经从诺桑普顿买来，由诺利斯太太剪裁妥当(她精心计划，节余整整四分之三码)，并且已经由女仆女们做成了幕布。然而，剧本仍然没有找到。这样已经过去了两三天，因此，埃德蒙开始觉得他们也许永远找不到一个合适的剧本。

谈到剧本问题，有那么多事情需要考虑，那么多人得人人满意，剧中必须有那么多最好的角色，尤其难办的是，这个剧既得是悲剧又得是喜剧。因此，看起来，的确最后很难得出统一的意见。

主张演悲剧的有两位贝特伦小姐，亨利·克劳福特和耶茨先生；主张演喜剧的是汤姆·贝特伦。他倒并不完全孤立，玛丽·克劳福特出于礼貌不表己见，但也是想演喜剧的。他态度坚决，再加上他是一家之主，因此，他似乎并不需要同盟。除了这一不可调和的分歧外，他们还要求剧中的人物总数非常之少，而每个角色都得具有第一流的重要性，而且三个重要的角色得是女的。所有的优秀剧本都考虑过了，没有一本中意。无论是《哈姆雷特》、《麦克白》、《奥赛罗》，还是《道格拉斯》、

《赌徒》①，连几位主张演悲剧的人都不满意，而《情敌》、《造谣学校》、《命运的车轮》、《法定继承人》② 以及许多其他剧本，一个一个地遭到了更加激烈的反对。但凡提出一个剧本，总有人加以挑剔。不是这一方便是那一方总在重复这么几句话："噢，不行，这个剧绝对不能演。我们不要演那些装腔作势的悲剧。人物太多了。这个剧里没有一个像样的女角色。亲爱的汤姆，随便哪个剧都比这个好。我们派不出这么多角色。谁也不会演这个角色。从头到尾光是逗笑而已。要不是那些下流角色的话，这个剧也许还可以。如果定要我发表意见，我可以说，我一向认为这是一本最平淡无味的英语剧本，我不愿意给大家制造困难，派我演什么我都干，不过，我觉得我们选哪个剧本都比这一本好。"

范妮在一旁看着，听着。她看到他们人人自私而人人又在程度不同地掩饰自己的自私，不免感到有几分好玩。她在想他们会怎样收场。从感情出发，她倒是希望他们能找到一个剧演演，因为她这辈子连半场剧都没有看过。但是从更重要的方面考虑，她又不赞成演。

"这样可不行，"汤姆·贝特伦最后说，"我们这是浪费时间，令人厌恶之至。必须做出决定。随便什么剧本都行，只要定下来就好。我们不能那样挑剔。多几个人物用不着怕。我们可以一人演两个角色。我们必须降低一点儿要求。如果哪个角色不够体面，我们演得好就表明更有本事。从此时此刻起，我不再制造困难。只要是喜剧，你们要我演什么我就演什么。不过，我们要演喜剧，我只提这一个条件。"

接着，他差不多是第五次提出要演《法定继承人》，唯一拿不定主意的是，他究竟为自己挑选哪个角色好，是演杜柏莱勋爵呢，还是演潘格劳斯博士。他想使其余的人相信，在他挑剩下的人物中，有几个非常漂亮的悲剧角色，他费尽了口舌，但很不成功。

在这番无效的劝说之后，是一阵沉默，打破沉默的还是刚才那位讲话的人。他从桌上那许多剧本中拿起了一本，翻过来一看，突然叫道："《山盟海誓》！拉文绍家

①这都是当时受人欢迎的悲剧，前三部的作者是莎士比亚。《道格拉斯》的作者是约翰·候姆，《赌徒》的作者是埃德华·莫尔。——译者注

②四部都是当时流行的喜剧，前两部的作者足理查德·布林斯雷·谢尔顿，《命运的车轮》的作者是理查德·坎伯兰德，《法定继承人》的作者是乔治·科尔曼。——译者注

能演《山盟海誓》，我们为什么不能演？我们怎么会一直没有想到这个剧？我觉得这个剧非常合适。你们觉得怎么样？有两个好极了的悲剧人物由耶茨和克劳福特演，那位满口韵诗的男管家要是没人演的话，我来演吧。这是个不重要的角色，但我还愿意演这种角色，我刚才已经说过，我已经打定主意让我演什么就演什么，并且尽我最大的努力。至于其余的人物，谁愿意演都可以。只有加塞尔伯爵和安豪尔特……”

这个建议受到了所有人的欢迎。长时间的迟疑不决已经使大家感到厌烦。听到这个建议后，每个人都立即觉得在这之前提出的那些剧本没有一本比这本更可能适合每一个人。耶茨尤其高兴。他在埃克利斯福特的时候唉声叹气总想演男爵，拉文绍每次朗诵台词都使他感到嫉妒，他不得不跑到自己的卧室里也从头到尾去朗诵。通过演怀尔顿海姆男爵来大露一手，这是他演戏的最大愿望。有一半场数的台词他已经会背，这是他的有利条件。因此，此时此刻他迫不及待地提出要演这个角色。不过，说句公道话，他并没有下定决心非演这个角色不可，他记得弗勒德利克这个角色也有一些非常漂亮的激昂慷慨的长篇台词，所以他表示演弗勒德利克也同样愿意。这两个角色亨利·克劳福特也愿意担任。不论哪个角色，耶茨先生挑剩下的，都会使他完全满意。接着是互相谦让了一会儿。贝特伦小姐对演剧中的阿佳萨很感兴趣，主动替他们决定。她对耶茨先生说，在派他们两人角色的时候，应该考虑身高与身材，他个子最高，因此演男爵最为合适。他们认为她的意见完全正确，两人都接受了自己的角色，她为弗勒德利克有了合适的人选而放心了。除罗什渥兹先生外，已有三人派了角色，而罗什渥兹先生是什么都可以演，完全由玛丽亚做主。朱丽叶和她姐姐一样，想演阿佳萨，开始以克劳福特小姐为幌子，提出意见。

“这样做对不在场的人不好，”她说，“这个剧里女性人物不够。阿米丽亚和阿佳萨可以由玛丽亚和我来演，但是你姐姐却没有角色可演了，克劳福特先生。”

克劳福特先生希望大家不必为此事担忧：他深信他姐姐只不过希望能为大家起点儿作用，并不希望演戏，在这个剧里她不会让大家考虑她的。但是，汤姆·贝特伦对此立即提出了反对意见。他斩钉截铁地说，阿米丽亚这个角色，如果克劳福特小姐不反对的话，从各方面来看都应该由她来演。“阿佳萨由我的随便哪个妹妹来演，阿米丽亚派给克劳福特小姐，这都是理所当然，必须这样安排。”他说，“对我的两位妹妹来说，这样的安排算不得牺牲，因为这个角色是高度喜剧性的。”

接着是一阵为时不长的沉默。姐妹俩都神色不安，都觉得自己最适合演阿佳萨，盼着大家推荐自己。亨利·克劳福特这时已拿起剧本在看，好像无心似地翻了翻第一幕，很快把这件事情定了下来。

“我必须请求朱丽叶·贝特伦小姐不要演阿佳萨，不然的话我就会严肃不起来。你千万别演，的确，你千万别演这个角色（转向她）。你化装成悲伤惨淡的面容，我看了会无法控制我脸上的表情。我必然会想起我们常在一起嘻嘻哈哈的样子，弗勒德利克不得不背着他的背囊跑下台去。”

这番话说得既风趣又礼貌，但是朱丽叶注意的不是说话人的态度而是这番话的实质。她看到他说这番话的时候瞥了玛丽亚一眼，这就更加使她相信是有意牺牲她。这是耍阴谋，是捣鬼，他看上的是玛丽亚，她受到了冷落。玛丽亚欲加控制的胜利的微笑表明她也十分领会这番用意。朱丽叶正待镇静下来发表意见的时候，她哥哥又重重地给了她一棒。他说道：“啊，说得对！必须让玛丽亚演阿佳萨。玛丽亚演阿佳萨最好。虽然朱丽叶自以为喜欢演悲剧，但我不相信她能演好悲剧。她身上没有一点儿悲剧气息。她的样子就不像。她的脸就不是个悲剧演员的脸，她走路快，说话快，动不动还爱笑。她最好演那位乡村老太婆——那个村民妻；的确，朱丽叶，你最好演这个角色。你听我的，村民妻是个非常好的角色。这位老太太非常热心地接替她的丈夫做的善事，非常了不起。就把村民妻这个角色派给你吧。”

“村民妻！”耶茨先生大声说，“你在讲什么呀？那是个最卑微、最无价值、最没有意思的角色，平庸不堪，在全剧中没有一段像样的台词。叫你妹妹演这个角色！提这个建议是个侮辱。在埃克利斯福特，是让家庭女教师扮演这个角色的。我们当时大家都同意，这个角色不能派给其他任何人。领班先生，请你公正点儿。你要是对你这个戏班子的人才不能安排得当，你就不配当这个领班。”

“嗨，好朋友，至于我安排得是否得当，在我这个戏班子没有演出之前，谁也说不准。不过，我并非有意贬低朱丽叶。我们不能要两个阿佳萨，而且我们必须有一个村民之妻。我自己心甘情愿演那位老管家，我相信我是给她树立了一个遇事忍让的榜样。如果说这个角色不重要，能把不重要的角色演好，更说明她的演技高超。如果她坚决不愿意要一点儿幽默，那就让她说村民的台词，而不说村民妻的台词，把角色彻底换一换，我想，村民这个角色够严肃忧郁的了。这对整个剧没有什么影响。至于那村民，当他的台词改成他妻子的台词后，我诚心诚意地愿意担任。”

“尽管你偏爱村民妻这个人物，”亨利·克劳福特说，“你也不可能把她说得适合你妹妹去演。我们不能因为她的性情好就把这个角色强加给她。我们不能硬让她接受这个角色。我们不能看到她能够忍让就不慎重地对待她。演阿米丽亚这个人物就需要她的天才。这个人物甚至比阿佳萨还难演好。我认为，在整个剧本中，阿米丽亚是最难演的人物。要想把这个人物演得既快活纯真，又不夸张，需要很大的本事，很高的精确性，我见过某些优秀的职业演员演这个角色都没有成功。的确，几乎所有的职业演员都不善于表现人物的单纯。这需要腼腆稳重的感情，而她们没有。这需要一位大家闺秀来演——需要一位朱丽叶·贝特伦。我想，你愿意承担吧？”说到此处，他面带关切恳求的表情转向了她，这使她心里好受了一点儿。但是，正当她犹豫不决，不知道说什么好的时候，她哥哥又插了进来，坚持说克劳福特小姐更合适。

“不，不，朱丽叶不能演阿米丽亚。这个角色根本不适合她演。她不会喜欢演这个角色的。她演不好。她个子太高，身体太壮。阿米丽亚应该是个娇小、轻快、孩子气的蹦蹦跳跳的人物。这个人物适合克劳福特小姐来演，并且只有克劳福特小姐适合。她的模样就像这个角色，我相信她会演得惟妙惟肖。”

这番话亨利·克劳福特先生并没有理会，他仍在求朱丽叶。“你一定要给我们帮这个忙，”他说，“的确，你一定要答应。你研究了这个人物以后，肯定会觉得适合你演。你可能选择悲剧，但是，必然有这种情况——喜剧却选上了你。你将扤着一篮子吃的到监狱里来探望我，你不会拒绝到监狱里来探望我吧？我觉得我看到了你扤着篮子进来了。”

他的声音扣人心弦。朱丽叶动摇了。但是，他是否只是想安慰安慰她，使她不再介意刚才受到的侮辱？她不信任他。他刚才对她的冷落是再明显不过的了。也许他现在是不怀好意地拿她开心。她怀疑地看了看姐姐，从玛丽亚的面色中可以找出答案，如果她不高兴而且吃惊的话——然而玛丽亚的脸上非常宁静而自得，而朱丽叶非常清楚，在这件事情上，除非是捉弄她，玛丽亚是不会高兴的。因此，她勃然大怒，声音激动地对他说：“看起来，你并不怕我扤着一篮子吃的进来会使你无法控制你脸上的表情——我们以为你会恐怕控制不住——不过，我只有演阿佳萨才会有那么大的作用！”她不往下说了。亨利·克劳福特脸上傻了似的，好像不知道说什么才好。汤姆·贝特伦又开始说话了：

“克劳福特小姐必须演阿米丽亚。她会演得非常好。”

“别担心我要这个角色，”朱丽叶气得连珠炮似的说，“不让我演阿佳萨，我什么都不演。至于阿米丽亚，这是世界上我最讨厌的角色。我憎恶她到了极点。一个令人厌恶、疯疯癫癫、矫揉造作、厚颜无耻、又矮又小的女子。我从来就不喜欢喜剧，这是个最坏的喜剧。”她说完之后匆匆走了出去，在座的人不止一个感到尴尬，但是，除范妮以外，对她都不怎么同情，范妮刚才一直静静地听着，见朱丽叶被嫉妒搅得心烦意乱，对她甚为怜悯。

朱丽叶离去之后，全场沉默了一阵，但是，她哥哥很快便又谈起正事和《山盟海誓》来。他急切地翻看剧本，在耶茨先生的帮助下，确定需要些什么样的布景。与此同时，玛丽亚和亨利·克劳福特在一起悄悄地谈话，她首先说：“我相信，如果我是朱丽叶，我会非常心甘情愿地放弃这个角色。虽然我很可能演不好，但我相信叫她演她会演得更差。”她说过之后，自然受到了此话必然会引起的恭维。

这番情景持续了一段时间之后，几个人分道扬镳。汤姆·贝特伦和耶茨先生到那间现在改叫“剧场”的房子里进一步商量去了，贝特伦小姐决定亲自到牧师公馆邀请克劳福特小姐演阿米丽亚，范妮一个人留了下来。

剩下她一个人之后，她做的第一件事情便是从桌上拿起他们留在那里的那本书，亲自看一看他们一直谈论的那个剧。她的好奇心被彻底唤醒了。她急切地从头读到了尾，中间只是在吃惊的时候才稍有停顿。她感到惊奇的是，居然选上了这么个剧本，居然有人建议私人业余演这样的剧，并且居然有人接受！阿佳萨和阿米丽亚，她觉得这两个人物都不适合在家里演，她们各有各的不适合的原因。一个的身世状况，另一个的语言，都不适合于正派妇女来表现。她几乎不相信她的表姐们知道她们要演的是什么。埃德蒙肯定会出面反对的，她盼望着他能尽快使她们觉醒。

第十五章

克劳福特小姐非常顺当地接受了给她派的角色。贝特伦小姐从牧师公馆回来之后不久，罗什渥兹先生来到了，因此又派定了一个角色。他们让他演卡塞尔伯爵或者安豪尔特，一开始他不知道演哪个为好，要贝特伦小姐给他出主意。当他了解到这两个不同类型人物的各自特点之后，他想起，他曾经在伦敦看过这出戏，并且记起安豪尔特是个蠢货，因此，他很快便决定演伯爵。贝特伦小姐赞成他的决定。他需要背的台词越少越好。他希望伯爵和阿佳萨能一起出场，但她并无同感。他慢吞吞地一页一页翻着书，想找到这样的一幕，她在一边等着非常不耐烦。不过，她却很和气地把他的台词拿到手里，把他所要讲的话能缩短的都予以缩短，此外，还向他指出，他必须盛装打扮，挑选衣帽绶带。罗什渥兹先生一听到要披戴他那华丽的服饰便非常高兴，尽管他假装着瞧不起这些东西。他只顾想着自己在盛装之下是个什么样子，没有去想其他人，也没有看出问题，也没有感到不快，而玛丽亚对这个问题以及这种不快已经有了一半的精神准备。

埃德蒙整个上午都不在家，事情已经安排到这种程度，而他尚一无所知。当他在饭前走进客厅时，汤姆、玛丽亚和耶茨先生正在高声讨论。罗什渥兹先生兴高采烈地走向前来告诉他这个好消息。

“我们要演一个剧，”他说，“是《山盟海誓》。我演卡赛尔伯爵，先是穿一身蓝衣服出场，披一件红缎子斗篷，以后又换另外一身盛装，是猎服。我不知道我会不会喜欢这些打扮。”

范妮的目光跟随着埃德蒙，她听到这番话时为他而心里直跳。她看到了他的脸色，也看出了他的心情。

“《山盟海誓》!”他震惊地说道。这是他对罗什渥兹先生唯一的回答。他转向他的哥哥和两位妹妹，好像必然会遇到反驳似的。

“是的，”耶茨先生大声说，“我们争论了好久，遇到了许多难题，最后我们发现，《山盟海誓》最适合我们演，最无可非议。奇怪的是，一开始我居然没有想到它。我这个人可真笨。我在埃克利斯福特看到的一切有利条件这里都有。样样事情都很理想。我们差不多派定了全部角色。”

“姑娘们的角色你们是怎样安排的?”埃德蒙眼睛看着玛丽亚，面色阴沉地说。

玛丽亚不由得脸红起来，答道：“我演拉文绍夫人演的那个角色（眼神大胆了一点儿），克劳福特小姐演阿米丽亚。”

“我认为这个剧中的人物，从我们这些人当中不是那么容易找到演员的。”埃德蒙回答。他转身走到炉火边的妈妈、姨妈及范妮跟前，满脸苦恼地坐了下来。

罗什渥兹先生跟在他后边说：“我出场三次，说话四十二次。够意思吧？不过我不大喜欢打扮得那么漂亮。我穿一身蓝服装，披一件红缎子斗篷，会自己认不出自己来。”

埃德蒙无法回答。几分钟后，贝特伦先生被叫出去，解决木匠提出的一些问题，耶茨先生陪他一块儿出去，不久罗什渥兹先生也跟了出去。埃德蒙立即抓紧时机说：“我当着耶茨先生的面不便讲我对这个剧的看法，不然会有损他在埃克利斯福特的朋友们的名誉。不过，现在我不能不告诉你，亲爱的玛丽亚，这个剧极不适合亲友之间业余演出，我希望你不要演。我深信，你自己读过一遍之后便会放弃派给你的角色。你把第一幕读给妈妈或者姨妈听一听，看看她们是否赞成。我相信，用不着写信请父亲判断就能决定。”

“我们对事情的看法很不同!”玛丽亚叫道，“我告诉你，我对这个剧非常熟。只要把中间很少的几个地方删去，我看不出还有什么值得反对的，而那些地方，我们当然要删去。你自己知道，认为这个剧适合业余演出的年轻女人不止我一个人。”

“我为此而感到遗憾，”他答道，“不过，在这件事情上领路的应该是你。你应该树立榜样。如果别人错了，处于你的地位，你应该帮她们改正，让她们知道怎么样才算文雅端庄。在各种礼节规矩方面，你的行为必须对其余的人起到榜样的作用。”

玛丽亚最喜欢领导别人，因此，埃德蒙说她身份重要，对她起了点儿作用。她的心情比刚才好多了。她说：“我很感激你，埃德蒙。我知道，你的用心非常好。不过，我还是觉得你把事情看得太严重。在这么一件事情上，我的确不能大讲道理把她们都教训一顿。我想，那样做倒是最不合礼节规矩。”

“你以为我是想让你训斥别人吗？不是的。完全靠你的行为来说服她们。你就说，在研究了这个角色之后，你觉得你自己演不了。演这个角色要花很大的工夫并且要有足够的信心，而你却下不了这么大的工夫，也没有这么大的信心。说得坚决一些就行了。头脑清楚的人一听就会明白你的意思。这个剧就会放弃不演，你的贞静稳重将受到大家理所应当的敬重。”

“亲爱的，不要演有失体统的戏，”贝特伦夫人说，“托马斯爵士会不高兴的。范妮，摇铃吧，我要吃饭了。朱丽叶这个时候肯定已经换好晚礼服了。”

“妈妈，我相信，”埃德蒙阻止范妮摇铃，说道，“托马斯爵士会不高兴的。”

“喂，亲爱的，你听见埃德蒙的话了吗？”

“要是我拒绝演这个角色，”玛丽亚有点儿发火，她说，“朱丽叶肯定会承担起来。”

“什么！”埃德蒙叫道，“知道你不肯演，她还会去演？”

“噢！她会觉得她和我不同——她和我的情况不同。她会觉得她无须像我一样顾虑重重。我料定她会这样说的。不，你必须原谅我，我不能收回我的诺言。这是早就说定了的事，我变了卦，大家都会非常失望的。汤姆会大发脾气。我们要是这样挑剔，我们永远找不到一个可以演的剧本。”

“我也正想说这句话，”诺利斯太太说，“要是个个剧都要反对，你们就什么也演不成。那些准备工作前功尽弃，就等于白扔了那么多的钱，我认为那会成为我们大家每一个人的过失。我不了解这个剧。不过，正如玛丽亚说的那样，如果剧里边有些什么东西没有分寸的话，随便删掉就是了。大部分剧本都会有些这类东西。我们不能过分地求全责备，埃德蒙。既然罗什渥兹先生也参加演出，就不会有什么关系。我只是觉得，木匠们动工之后，汤姆对他们注意不够。做边门的时候，多用了半天工。不过，幕会做得很好。女用人们都在尽心工作，我想，我们可以省下几十个幕环退回去。没有必要搞那么密。我想，我在防止浪费、保证东西都能充分利用上，都能起点儿作用。这么多年轻人，总得有个老练的人在一旁监督。就在今天，我遇到了一件事情，我忘了告诉汤姆。我在养鸡场里四下观望，正往外走的时候，你猜我看到了谁？我看到狄克·杰克逊手拿两块枞木板向仆人厅的厅门走去。你一猜便知那是送给他爸的。原来是她妈偶尔有事派他给他爸送个信，他爸就叫他给他弄两块板子来，说是十分需要。我明白这是什么意思，因为，这时仆人们的开饭铃正在我们头顶上响。我不喜欢爱占便宜的人。杰克逊这家人非常爱占便宜，我常说，他们完全是见东西就拿的那种人。因此，我直截了当地对那个孩子说：‘狄克，我把板子给你爸送去，你快点儿回家去吧。’你知道，这孩子已经十岁，长得又大又蠢。他应该知道羞耻了。我相信我的话说得非常不客气，他一脸傻相，一句话没说就扭头走了。我料他一时不敢再来楼里边偷东西。你们父亲对他们这家人那么好，整年雇用他家男人。我恨他们这样贪心不足！”

谁也没有接她的话。不久，其他人都回来了。埃德蒙觉得，他无法再制止他们，唯一感到自慰的是，自己已劝说过一阵。

饭桌上的气氛非常沉闷。诺利斯太太把她对狄克·杰克逊取得的胜利又讲了一遍，但是无论是对演剧还是对剧场的布置工作，再也没有人提及。埃德蒙的反对甚至使他哥哥的情绪都受到了影响，尽管他哥哥不会承认这一点。玛丽亚由于没有亨利·克劳福特在场积极支持她，所以，觉得还是避开这个问题为妙。耶茨先生在尽力讨朱丽叶的欢心，他发现，谈他为她不能参加戏班子而感到的遗憾，更会使她面色阴沉。罗什渥兹先生呢，他心里只想着他自己的角色和他自己的服装，很快又谈到这两件事情上去了。

对演剧的议论只中断了一两个小时。还有许多问题有待解决，晚饭时喝的酒给他们增加了新的勇气，因此，汤姆、玛丽亚和耶茨先生，在会客厅刚一会齐，便单独围着一张桌子坐下，剧本摊开在面前，准备深入研究。就在这时，一件最受欢迎的事情发生了——克劳福特小姐和克劳福特先生走了进来。尽管夜色已浓，天空阴暗，路途泥泞，他们还是情不自禁地要来。他们受到了兴高采烈的而且带有感激心情的接待。

寒暄过后，接着便是如下的对话：“喂，你们进行得怎样了？”“你们解决了什么问题？”“噢，你们不在我们什么都干不成。”亨利·克劳福特很快和桌子边的那三个人坐在一起，他姐姐走向贝特伦夫人身边，以令人愉快的殷勤对她问候。“剧本选好了，说实在的，我应该向您祝贺。”她说，“尽管您以典范的度量在容忍我们，但我相信我们吵吵闹闹，互相争论，肯定会使您心烦。剧本定了下来，演员们可能高兴，但是旁观的人必然更加感激。夫人，还有诺利斯太太，以及所有受到同样干扰的人（说到此处，她半胆怯、半狡猾地越过范妮瞟了埃德蒙一眼），我衷心地祝您快活。”

贝特伦夫人非常礼貌地笑着谢了一番，但是埃德蒙一句话也没有说。他没有否认他只是一位旁观者。克劳福特小姐和炉子周围的人继续聊了几分钟，回到了桌子周围的那几个人那里，站在他们一边，似乎在听他们的安排。这时，她好像突然想起什么似的叫道：“朋友们！你们在非常沉着地研究那些农舍和酒店，里边怎么样，外边怎么样。不过，请你们同时让我知道我的命运。谁演安豪尔特？你们这几位公子中，我要和谁谈恋爱？”

一时没有一个人说话。接着，许多人异口同声地告诉她同样一件令人忧愁的事情：他们还没有安豪尔特。“罗什渥兹先生演卡赛尔伯爵，还没有人承担安豪尔特这个角色。”

“我已经选好了我的角色，”罗什渥兹先生说，“我觉得我最喜欢伯爵，虽然我并不很喜欢我要穿的豪华衣服。”

“我认为你选得很英明，”克劳福特小姐笑逐颜开地说，“安豪尔特是个很有分量的角色。”

“伯爵有四十二段台词，”罗什渥兹回答道，“很不轻松。”

“没有人演安豪尔特，”克劳福特小姐停顿了一下说，“我感到不奇怪。阿米丽亚命该如此。这姑娘态度这样主动，可能把男人们都吓怕了。”

“如果可能，我十分愿意演这个角色，”汤姆叫道，“但不幸的是，男管家和安豪尔特是同时出场的。不过，我不愿意彻底放弃这个角色，我看看有没有什么办法——我把剧本再看一遍。”

“应该让你弟弟演这个角色，”耶茨低声说，“你认为他会不肯演吗？”

“我才不去求他呢。”汤姆态度冷漠而又坚决地说。

克劳福特小姐又讲了些别的事情，不久，她又回到炉边的人群中。

“他们不希望我待在他们那边，”她说着，坐了下来，“我只会给他们小难题，他们还不得不客客气气地给我说应酬话。埃德蒙先生，你自己不参加演出，你的意见会是客观的。因此，我向你求教来了。安豪尔特这个角色没人演，怎么办？能不能叫他们哪个人同时演两个角色？你的意见怎么样？”

“我的意见是，”他冷静地说，“你们换个剧本。”

“我倒并不反对换剧本，”她说，“虽然我对演阿米丽亚并不特别反感，但是，如果大家都同意换剧本，也就是说，如果换个剧本一切就能顺利解决，我决不阻挠。不过，坐在那张桌边的人们（回头看一眼），你说话他们不肯听，因此这个建议肯定也不会采纳。”

埃德蒙没有应声。

“如果有哪个角色使你想演的话，我想，就该是安豪尔特。”这位姑娘稍停之后调皮地说，“因为，你知道，他是个牧师。”

“我决不会因此而愿意演这个角色，”他答道，“我不愿意由于自己演技不好而把他演成一个可笑的人物。要想把安豪尔特演好，使他不致成为一个拘泥古板的讲道人，那必然是非常不容易的。一个人选择了牧师这个职业，大概最不愿意到戏台上去演牧师。”

克劳福特小姐哑口无言，心头涌起几分愤恨和羞辱感。她把椅子大大地向茶桌移了一步，和坐在桌边的诺利斯太太应酬去了。

“范妮，”汤姆从另外那张桌边叫道，那边的小会在积极地进行着，话声一直没断，“我们需要你帮忙。”

范妮以为要差她做什么事情，立即站起身来。尽管埃德蒙一再劝告，人们还是习惯于这样使唤范妮。

“噢！你不必起身，我们不是要你现在就帮忙。我们要你参加演出。你要当村夫的妻子。”

“我！”范妮叫了一声，满面恐惧地又坐下了，“的确，你们不知道，我什么都不会演。不行，的确我不能演。”

“但是你必须演，你不演我们不答应。你用不着吓成那个样子。这是个很不重要的角色，完全不重要，一共才五六段台词。你说些什么，即使一个人也听不见都没多大关系。因此你声音小得像耗子也行，但是场上必须有你这个人出现。”

“要是五六段台词你都害怕，”罗什渥兹先生嚷嚷道，“叫你演我的角色你该怎么办？我要背四十二段台词呢。”

“并不是因为我怕背台词，”范妮此时看到全屋里只有她一个人在说话，觉得几乎每双眼睛都在盯着她，她非常慌恐，“而是我的确不会演。”

“会的，会的，你会给我们演好的。记住你的台词，其他事情我们教你。你只有两幕，村夫是我演，该上台的时候我领你上，出场后该往哪里走，我就推你。我保证你会演得很好。”

“的确不行，贝特伦先生，你无论如何要原谅我。你不了解我。我绝对演不成。如果我去演，我只会使你们失望。”

“嗨！别那么脸皮薄。你会演得很好。你演得怎么样我们都决不怪你。我们并不要求你演得十全十美。你要穿一件褐色的长袍；一条白围裙，戴一顶头巾式女帽，我们给你画几条皱纹，眼角那里画一点儿鸡爪纹，这样，你就非常像一个小老太婆了。”

“你必须原谅我，的确，你必须原谅我！”范妮叫道。她由于过分激动，脸越来越红，悲伤地望着埃德蒙。他亲切地望着她，但是怕哥哥发火而不愿介入，只是以笑鼓励她。她的恳求对汤姆丝毫不起作用，他只是把已经说过的话又说一遍。逼她演的还不只是汤姆一个，玛丽亚、克劳福特先生和耶茨先生都支持这一要求。他们都在胁迫她，只不过稍微温和一点儿，稍微讲点儿礼貌罢了。几个人加在一起胁迫她，她几乎无法支持。她还没有来得及喘口气，诺利斯太太又最后加上了一棒，她以故意让人听得见的耳语恶狠狠地说：“屁大点儿事费这么大周折！这么件小事你竟然这样为难你表哥表姐！他们待你那么好。我真为你害臊！我求你，顺顺当当地承担起来，让大家再不要议论这件事情了。”

“不要逼迫她，姨妈，”埃德蒙说，“这样逼迫她是不公平的。你看得出她不喜欢演剧。让她像我们大家一样自拿主意。我们可以完全相信她自己懂得好坏。再不要逼她了。”

“我不会去逼她，”诺利斯太太尖刻地说，“不过，她要是不肯做她姨妈、表哥和表姐希望她做的事情，我认为她就是顽固透顶，忘恩负义。想一想她是个什么样的人，就知道她的确是忘恩负义到了极点。”

埃德蒙气得说不出话来。不过，克劳福特小姐立即说话了。她以吃惊的眼神看了一会儿诺利斯太太，接着又看了看范妮，见范妮两眼已开始泪如泉涌。于是她带刺地说：“我不喜欢我这个地方，这地方温度太高，我受不了。”说着，她把椅子搬到桌子对面靠近范妮的地方，一边坐定，一边亲切地低声对她说：“亲爱的普莱斯小姐，不要在意，今天晚上是个易动肝火的晚上，人人都在发脾气，顶撞人，不过，咱们不要与他们计较。”尽管她自己心情不佳，却继续有意地陪她说话，想使她快活起来。她给弟弟递了个眼神，叫他们那个戏班子再不要向范妮提出要求。埃德蒙看到她这样一片好心，很快又恢复了对她已经丧失的好感。

范妮并不喜欢克劳福特小姐，但克劳福特小姐此时对她的关心使她非常感激。克劳福特小姐端详她的刺绣，说自己也能绣得这样好就好了。她向她要刺绣的花样，并且猜测说范妮正在为到社交场合出头露面作准备的，她表姐结婚之后，她当然要开始社交活动。谈了这些之后，克劳福特小姐进而问到她当海军的哥哥近来来信没有，并且说她很好奇，想见见他，在她的想象中，他是个非常漂亮的青年。她劝范妮，在她再次到海上去之前，找人把他的相貌画下来。所有这一切，虽都是恭维之词，范妮却不得不承认，人家说得非常令人愉快，因此，她不由自主地精神振奋地倾听着、回答着。这是她不曾想到的。

演剧的事情仍在商量之中。汤姆·贝特伦无限遗憾地告诉克劳福特小姐：他发现他同时演男管家和安豪尔特完全不可能，他费了很大心思，想同时能演这两个角色，但是演不成，因此不得不作罢。听了这番话后，克劳福特小姐才停止和范妮的交谈。“不过，补这个角色一点儿困难也没有，”汤姆补充说，“我们只要说一声，就有的是人让我们挑选。此时此刻，我就可以至少举出六个离我们不出六英里的年轻人，他们会巴不得参加我们的戏班子。其中不辱没我们的总该有一两个。我相信奥利弗弟兄俩和杰理·麻道克斯三人中随便哪个都能演得好。汤姆·奥利弗非常聪明能干，杰理·麻道克斯风度翩翩。明天一早我骑马到斯托克去一趟，和他们中间的哪个人商定。”

在汤姆说这番话的时候，玛丽亚不安地回头看了看埃德蒙。他们如果把外边的人也拉进来，这就违背了当初他们宣布的计划。因此，她以为埃德蒙必然会反对。但是埃德蒙没有吭声。克劳福特小姐想了一下，冷静地说：“就我来说，凡是你们大家认为合适的，我都不会反对。这几个年轻人中有没有我认识的？有的，杰理·麻道克斯先生就曾在我姐姐家里吃过饭，对吧，亨利？他是个表情沉静的年轻人。我还记得他。如果你们同意，就请他吧。对我来说，总比请一个完全不认识的人自在些。”

这样就确定请杰理·麻道克斯了。汤姆又说了一遍第二天一早他就动身。不过，一向不怎么开口的朱丽叶此时说话了。她先瞥了玛丽亚一眼，又看了埃德蒙一眼，挖苦道："曼斯菲尔德的业余演戏要把这整个地区大大轰动一番了！"埃德蒙仍然一言不发，只以坚定的阴沉面孔来表明他的想法。

"我对我们的剧不抱多大希望，"克劳福特小姐思索一阵之后，低声对范妮说，"在我们一起排演之前，我可以告诉麻道克斯先生我要缩短他的一些台词，并且把我的许多台词删掉。这次演出非常没意思，完全不符合我原来的期望。"

第十六章

克劳福特小姐的劝说与安慰并不能使范妮真的忘掉发生的事情。夜深就寝的时候，一切仍历历在目，她表哥汤姆在大庭广众之间如此毫不留情地欺侮她，这打击依然震荡着她的神经。她姨妈冷酷的指责和辱骂依然使她的情绪低沉。让人家这样当众使唤，听人家说无限糟糕的事情还在后头，被逼着去演剧，去做自己不可能做的事情，接着人家又骂自己顽固、忘恩负义，更加上人家又影射自己寄人篱下的身份，当场给她造成了这么大的痛苦，尤其是她还在担心着明天又会旧话重提，因此，现在当她只身一人的时候，她对这一切依然记忆犹新。克劳福特小姐只是当时保护了她。如果当外人不在，埃德蒙也不在的时候，他们又威临于她，逼她接受角色的时候，她又该怎么办呢？而这一点，汤姆和玛丽亚是完全做得出来的。她直到入睡也没有得出答案，第二天早晨醒来时，依然觉得这是个无法解答的难题，这个自她来到这里那一天起她就一直居住的白色小亭子间无力使她想出答案，她一穿好衣服，便去求助于另外一间许久以来差不多同样属于她的房间。这个房间比较宽敞，更适合于踱步、思考。这原来是她的教室，后来两位贝特伦小姐不让再把它叫做教室，住上了现在的主人。李小姐原来住在这里，她们在这里读书、写字、聊天、笑闹，直到三年前李小姐离开她们。那时，这间房子没有了用场，有一段时间除范妮外谁也没有去过。她那个小阁楼地方太窄，没有书架，她仍然把她的花养在那里，书放在那里，有时到那里看花、取书。渐渐地，由于她对花、对书感情的增长，她又添了花，添了些书，在这间房子里度过更多的时光。她占用这间房子的经过非常自然，非常正大光明，再加上于谁也无碍，现在大家已公认这间房子是属于她的。自玛丽亚十六岁那年起，这间房子一直被叫做“东室”，现在，这间“东室”几乎和那间白阁楼一样明白无疑地被看做范妮的房间。由于一间房子太小，占用另外一间就显然合理。两位贝特伦小姐自有优越感，她们自己的琴房自然处处优越，因此她们完全赞成范妮对那间房子的占用。诺利斯太太规定，不能在这个房间里为了范妮升火，在这个条件下，她也就容忍这间谁也不需要的房子由范妮去利用。不过，她有时说到范妮受到的这种纵容时，口气里暗含着一层意思，即这间房子是整个大厦里最好的一间。

房间面向非常有利的方向，再加上范妮偏爱，即使不升火炉，在早春和晚秋季节，她仍然有许多个上午可以待在这里。但凡有一线阳光，即使冬天已经来临，她也不希望完全离开这间房子。在她闲空无事的时候，这间房子是她极大的安慰。每逢她在楼下遇到不愉快的事情，她可以到这里来，作些消遣，想想心事，便很快得到安慰。她养的花，她买的书——自从她有权支配一个先令的第一天起她一直不断地买书——她的写字台，她为慈善事业做的活儿，她绣的花，都在她的手边。如果她没有心思做活儿，如果她什么都不想干，只想沉思默坐，她在房中看到的事事物物没有一样不给她带来愉快的回忆。每一样东西都是她的朋友，或者使她联想到她的某一个朋友。虽然有时候她遭受巨大的痛苦，虽然她的动机常常让人误解，她的想法别人不加理会，她的见解人家不予重视，虽然她饱尝了专横的嘲笑和冷漠，但是几乎所有这些往事的回忆又都引起了某种安慰：她的贝特伦姨妈曾经为她辩护，或者李小姐曾经给她鼓励，或者，更常发生并且更使她珍惜的是，埃德蒙替她打抱不平，对她友好。他支持她干的事情，解释她的动机，他劝她不要哭，或者向她证明对她的友爱，使她破涕为笑。这一切，由于时间已经遥远，非常和谐地融在一起，连每一桩痛苦的往事也带上媚人的色彩。这间房子对她来说比什么都宝贵。这个房间里的家具原来就平平常常，孩子们在这里上学的时候又胡乱糟蹋，然而，拿这座大厦里的最精致的家具来换，她都不肯。房间里的最高级的艺术品和装饰是朱丽叶画的一幅已经褪色的脚凳画，画得不好，不适于挂在客厅；在时兴雕花玻璃的时候为窗子下方的三个窗格制作的三块雕花玻璃，中间一块雕的是廷特恩教堂，两边的两块是意大利的一个窑洞和昆布兰的湖上月色；一组家族人物的侧面像，由于挂到哪里都不合适，才挂在这间房子的壁炉架上方；侧面像旁边的墙上，钉有一张素描，画的是一艘轮船，是四年前威廉由地中海寄来的，画的下方写着 H · M · S · Antwetp① 几个字，字母之大像主桅杆一样高。

范妮现在来到了这个安乐窝，试一试它对她激动不安的精神状态有无医治作用，看看埃德蒙的侧面像能否给她一点儿启发，给她的天竺葵换换空气，看自己是否也能吸进一点儿智慧。但是，她为自己的执意不从担起心来，她对自己应该怎么做开始动摇起来，她在房间里踱来踱去，越来越感到怀疑。那些她应该殷勤备至地对待的人这样强烈地要求她、盼望她做一件事情，而且这件事情对他们热衷的计划又是那么样重要，她居然不肯答应，这样做对吗？这是不是说明自己心地不善、自私自利，怕自己现丑？埃德蒙不赞成演剧，埃德蒙说托马斯爵士会反对演剧，难道就能证明她不管其他人的愿望而坚决拒绝是正确的吗？她把参加演出看得这么可怕，她有点儿怀疑自己是不是真的出于道德上的考虑。她环顾自己的周围，看到一件又一件表哥表姐们送给自己的礼物，更加觉得应该依照人家的要求感恩图报。两个窗子中间的桌子上放满了针线盒和编织盒，主要是汤姆前前后后送给她的。收了人家这么多的纪念品该欠下多少人情！她茫茫然不知如何是好。正在她思索着怎样对待她欠下的恩情时，敲门声使她惊醒。她以柔和的声音说了声“请进”，面前出现了她遇到疑难事情总是向之请教的人。她一看见是埃德蒙，眼睛便亮了起来。

“我可以和你谈几分钟吗，范妮？”

“当然可以。”

“我想向人求教。我想请你出个主意。”

“我出主意！”她叫道。这恭维使她心花怒放，但也使她不敢承当。

“是的，我需要你的建议，你的主意。我自己不知道如何是好。你知道，这次的演出计划愈来愈糟。他们选的剧本就已经够糟的了，现在，为了把人凑够，又要请一个我们都不怎么认识的年轻人来帮忙。这样一来，他们起初说的家里人业余自演的性质和合乎规矩就彻底没有了。我并没有听说过杰理 · 麻道克斯有什么毛病，但是叫他和我们一起演戏必然造成过分亲密，这是要极力反对的。还不只是亲密，还会形成一种放肆的关系。我想到这一点就不能容忍。我觉得这件事情非常严重，如

---

①H · M · S · Antwerp，英国船安特威普号。——译者注

果可能，要加以阻止。你是否也这样看？”

“我也是这样看，但是有什么办法？你哥哥那样坚决。”

“只有一个办法，范妮。我必须自演安豪尔特。我很清楚，别的任何办法都不能使汤姆罢休。”

范妮回答不出。

“完全不是我喜欢这样做，”他接着说，“谁也不喜欢被逼得做出这样反复无常的事来。大家都知道，一开始我就反对这件事情，现在当他们在各方面都要越出最初的方案时，我却参加了进去，看起来有些荒唐可笑。但是，我想不出别的办法。你能想出办法吗，范妮？”

“想不出，”范妮慢吞吞地说，“一下子想不出，不过——”

“不过什么？我明白你的看法和我不一样。仔细想一想吧。大概，对于这样引进一个年轻人会带来的祸害以及必然带来的不快，你不如我了解得深。他会像一家人一样和我们混在一起，随时都有权进我们的家门，突然使他和我们的关系变得毫无拘束。你只要想一想，每排演一次都会增加他的放肆！糟得很啊！你设身处地替克劳福特小姐想一想，范妮。想一想同一个不认识的人一起演阿米丽亚会是个什么滋味。她应该得到同情，显然她觉得大家应该同情她。她昨天晚上给你讲的话我听见了。她不愿意和生人一起演戏我能够理解。很可能她答应演这个角色时另有指望——也许她没有认真考虑这个问题，不知道会出现什么情况，在这种情况下叫她去遭这个罪我们就是遇难不救，是的的确确不应该。你是不是也这样想，范妮？你在犹豫？”

“我替克劳福特小姐难过，但是我更替你难过。你被卷了进去，做你原来反对的事情，做你认为姨父会不高兴的事情，而且大家都知道你是这样认为的。这对那些人来说该是多么大的胜利啊！”

“当他们看到我演得那么糟糕时，他们就不会有多少理由感到胜利了。不过，胜利是肯定会有的，胜利必须属于我。如果由于我的缘故，使这件事情不致大肆张扬，只在有限的范围内现眼，控制住我们的行为不至于放荡，我就取得了充分的报偿。像我现在这个样子，我说话没有人听，什么事也办不成，因为我得罪了他们，他们不肯听我的。但是，我做些让步，使他们高兴起来，我就有希望说服他们把演出的范围大大地缩小，要比他们现在谋求的范围小得多。这样我就取得了重大胜利。我的目标是把演出的范围限制于罗什渥兹太太和格兰特一家人。这样的胜利不值得争取吗？”

“是的，这意义重大。”

“但是，尽管如此，你没有表示同意。你能不能提出一个别的办法，使我达到这个目的？”

“提不出，我想不出别的办法。”

“那么，范妮，你就赞同我吧。没有你的同意，我于心不安。”

“噢，表哥！”

“如果你不同意我的意见，我就应该怀疑自己的看法——不过，决不能让汤姆这样干：骑着马四处去拉人来演戏，不管是谁，只要样子像个上等人，只要愿意来他就来。我原以为你会更体谅克劳福特小姐的心情。”

“毫无疑问她会非常高兴。这必然会使她大大地舒一口气。”范妮想表现得更热情些。

“昨天夜里她对你那么友爱，这在过去从未见过。我因此就非常想好好对待她。”

“她的确非常厚道，我很高兴能使她不和生人——”

她没有说完这句慷慨话。她的良心中止了她，但是埃德蒙已经感到满足。

“早饭后我立即到她那里去一趟，”他说，“我断定她会很高兴。好，亲爱的范妮，我不打搅你了。你刚才正想读书。但是我不说给你听，不做出决定，我一直心里不得安宁。整整一夜，不管是睡着还是睁着眼，脑子里尽是这件事情。这是件坏事，我这样做肯定会减少它的坏作用。如果汤姆已起床，我就直接去找他，把事情定下来，当聚齐吃早饭的时候，我们将人人因为大家能一致做蠢事而兴高采烈。我想，一会儿你要上路去中国吧？麦克阿特奈勋爵旅途顺利吗？①（他打开桌上的一卷书，接着又拿起了几本）你读大部头巨著读倦了的时候，这里还有克拉卜的《故事集》② 和《懒汉》③，可以随手拿来消遣。我非常羡慕你这个小小的书库。我一走，你就会忘掉演剧这件无聊的事情，平平静静地坐在桌边看书。不过，不要在这里待

①范妮大概正在读麦克阿特奈勋爵（1737—1806）所著《使华旅行记》（1807 年出版）。——译者注

②乔治·克拉卜（1754—1832），英国诗人，他的《诗体故事集》出版于 1822 年。——译者注

③《懒汉》是约翰逊博士（1709—1784）所著的散文集。——译者注

得太久，以免受凉。”

他走了。但是，范妮并没有看书，没有去中国，没有平静。他给她带来了最离奇、最不可思议、最坏的消息，她对任何别的事情都毫无心思。要去演戏！他不止一次地反对——反对得那样理直气壮，那样尽人皆知。她亲耳听到过他是怎么说的，亲眼看到过他当时的表情，并且完全清楚他心里当时是怎样想的。而现在他要去演戏！这难道可能吗？埃德蒙就这样反复无常吗？是不是他自己看不清楚？是不是他判断错误？啊！这完全是克劳福特小姐干的！她曾看到克劳福特小姐每句话对他的影响。她满腹愁苦。在埃德蒙没来之前，她曾经对自己的行为产生怀疑与惊恐，刚才由于听他说话，一时将其忘却，现在它们又出现于心头，但已经变得无足轻重了。更大的烦恼把它们淹没了。事情自会有它的结果。最后怎样，她已经毫不在乎。她表哥表姐可以逼她，但总不能一直缠她不放。她们拿她没办法，如果最后不得不屈服——没关系——比现在也惨不到哪里去。

第十七章

对贝特伦先生和玛丽亚来说，这的确是大获全胜的一天。对埃德蒙的条条框框取得如此大的胜利超出了他们的希望，使他们高兴万分。再不会有什么事情来干扰他们心爱的计划了。他们万事称心，百般如意，互相祝贺，他们把这一重大变化归之于嫉妒心。埃德蒙可以继续板着面孔，说他完全不喜欢演剧，又特别反对演这个剧，但是，他们的目的达到了，他将参加演出，他的演出完全是出于自私。埃德蒙从他平时坚守的道德高峰跌了下来，他的跌落不仅使他们俩一个比一个快活，并且还一个比一个更有身价。

不过，他们当面对他很注意顾全他的面子，脸皮上丝毫不流露内心的得意，似乎他们也认为能够防止杰理·麻道克斯闯入家门是件万幸的事情，好像他们叫他来并不是心里愿意，而是出于万不得已。“完全关起家门自己演正是我们希望的。让一个不认识的人夹在我们中间，会破坏掉我们的乐趣。”埃德蒙趁势暗示他希望对看戏的人加以限制，他们由于一时得意，提什么要求都满口应承。诺利斯太太主动提出帮他设计服装，耶茨先生向他保证安豪尔特和男爵一起演的那最后一幕可以有大量表演动作和激昂慷慨的叙述，罗什渥兹先生答应给他查一查他共有多少段台词。

“也许，”汤姆说，“范妮现在不那么反对给我们帮忙了。也许你能够说服她。”

“不，她非常坚决。她肯定不会演。”

“噢！那很好。”他再没多说。但是，范妮感到自己又有危险了。她原已横了心，把危险置之度外，现在又开始因危险而担起心来。埃德蒙态度改变之后，牧师公馆里的笑声并不比庄园里的少。克劳福特小姐笑得非常可爱，她又兴高采烈地参加到演剧活动里来。她闻讯而生的欢快引得埃德蒙说了一句话："我尊重这种愿望肯定是正确的，我很高兴做出了这样的决定。"这天上午是在快活中过去的，这种快活虽不十分彻底，倒也非常甜蜜，这件事给范妮带来了好处。由于克劳福特小姐恳切的请求，素来性情开朗的格兰特太太已经答应扮演他们要范妮扮演的角色。在这一天当中，只有这一件事情使她感到开心。即使是这件事情，当埃德蒙传达给她的时候，也给她带来了一些痛苦，因为，她还得感激克劳福特小姐，她还得感激克劳福特小姐为她做的好事，而且埃德蒙说到克劳福特小姐的这番功劳的时候表现得眉飞色舞。她现在算是平安无事了，但是平静的心境和平安无事在这里并不相关。她的心境离平静从来没有这么远过。她觉得她自己并没有做错事，但是在其他各方面她都无法平静下来。不论是从感情还是从理智出发，她都同样反对埃德蒙的决定。她不能原谅他的前后不一。他前后不一得到了快乐，却把她弄得凄凄惨惨。她心里充满了嫉妒和不安。克劳福特小姐满面春风地走来，她觉得这快活是对她的欺侮，克劳福特小姐亲热地和她说话，她几乎不能好声好气地回答。她周围的人个个都快快活活，忙来忙去，又能干又神气，人人都有自己感兴趣的目标，自己的角色，自己的服装，自己心爱的一幕，自己的朋友，自己的一伙，人人都参加议论，互相商量，或者从大家提出的开玩笑的想法中寻开心。只有她一个人郁郁不乐，而且无足轻重。什么事情都没有她的份儿，她可以留也可以走，她可以置身于喧闹声中，也可以退回到"东室"守着她的寂寞，她在，没人注意；她不在，没人去想。她觉得，随便什么样的情况都比她现在强。格兰特太太成了重要人物：她的和蔼受到了赞扬，她的见识和她的年纪受到尊敬，人们需要她到场，大家求教于她，围着她转，夸奖她。范妮一开始几乎要妒忌她所承担的角色。但是仔细反省之后，她心里清楚了一些，她感到格兰特太太是配得上尊敬的，而她永远也不会受到这样的尊敬。即使给她派了一个最重要的角色，她参加演出也不会自在，因为，只要她想到她姨夫，她就会认为演戏根本不应该。

在他们当中，心头沉重的决非范妮一人，这一点，范妮不久也于内心承认。朱丽叶也是一个尝到苦头的人，不过，她不像范妮这样毫无过错。

亨利·克劳福特冷落了她的感情，但是她长期以来接受亨利·克劳福特的殷勤，甚至追求亨利·克劳福特对她的欢心，是由于和她姐姐争风吃醋。这一点是完全可以理解的，因此她本应该抑制自己的感情。现在她看清楚了，他看上的是玛丽亚。她接受了这一现实，而且并没有因为玛丽亚早已订婚而吃惊，也没有努力去使自己靠理智平静下来。她不是阴沉沉地一言不发地坐在那里，紧锁在打不破的严肃之中，什么也不想打听，对什么尖俏话也无动于衷，便是听任耶茨先生向她献殷勤，对他一个人强颜欢笑，嘲笑别人的表演。亨利·克劳福特当众受到侮辱之后的那两天，他力求消除这个隔阂，照常向朱丽叶讨好、献殷勤。不过，他到底没有了那么大的心思，又碰到几次钉子之后便也不再坚持，不久他便忙着演剧，不去花时间反复向她调情。他已把这次争吵置之度外，甚至还认为这是一件好事，格兰特太太指望着他会向朱丽叶求婚，照原来的局面下去，要不了多久，就不止她一个人抱这样的打算。现在，这样的局面悄悄地结束了。格兰特太太看到朱丽叶没有被吸收进剧团，无人过问地坐在一边，她心里感到不快。不过，这件事情与她没有多大关系，应该由亨利自己做主。而且亨利已经含着感人的微笑向她说过，他和朱丽叶谁对谁都不是真正有意，因此，她只是又把朱丽叶的姐姐已订婚一事向他重提一遍，求他不要对她过分爱慕，以免自寻烦恼。接着她便高高兴兴地去参加各种能给这些年轻人们，特别是能给她特别亲近的那两位年轻人带来愉快的活动。

“我奇怪朱丽叶为什么没有爱上亨利。”她对玛丽说。

“我敢说她已经爱上了，”玛丽冷冷地说，“我以为姐妹俩都在爱着他。”

“都爱上了！不，不，可不能出这样的事情。可不要让他知道。要为罗什渥兹先生着想！”

“你最好告诉贝特伦小姐为罗什渥兹先生着想。这样做会对她有好处。我常常替罗什渥兹先生的财产和他那无忧无虑的闲散生活着想，觉得换上一个主人该有多好；不过，我从来未曾替他着想。一个人有这么多的地产就可以做一个郡的代表，他不用从事任何职业而可以代表一个郡。”

我相信他很快就会进国会。托马斯爵士回来后，我敢说他会代表某个市镇到国会去，但现在还没有人支持他。”

“托马斯爵士回来后会做出许多了不起的事情，”玛丽停顿了一会儿说，“你还记得豪金斯·布朗模仿波普①写的《烟草之歌》吗?”

神圣的叶片啊!
你芳香的气息,
能使圣殿骑士们彬彬有礼,
能使教区牧师们头脑清晰。

我开个玩笑模仿一下吧:

神圣的爵士啊!
你权势显赫的面容,
能使儿女们人人富有,
能使罗什渥兹头脑聪明。

“你听怎么样,姐姐?什么事情好像都要靠托马斯爵士回来。”

“我告诉你,当你看到他在一家人中间的时候,你就会看出他有威信是理所应当并且可以理解的。我认为,没有他,我们目前的情况就不会这么好。他举止又威严又文雅,适合做一家之主,有他在人人都安分守己。现在,贝特伦夫人比他在家时说话更没有人听,除了他,谁也制服不了诺利斯太太。不过,玛丽,不要认为玛丽亚·贝特伦在打亨利的主意。我知道朱丽叶是没看上他,不然的话,昨天晚上她就不会和耶茨先生调情。虽然玛丽亚和亨利很要好,但我认为,她非常喜欢索色顿,因此不会变心的。”

“在订婚证书没有签字以前,如果亨利插在中间,我不敢担保罗什渥兹先生会有希望成功。”

“你既然猜到了这一点,我们就不得不防。剧一演完,我们就和亨利正正经经地谈一谈,问问他到底是怎么想的。如果他根本无意,尽管我们舍不得离开他,也要让他到别的地方去住上一段时间。”

①波普(Alexander Pope,1688—1744),英国诗人。——译者注

不过，朱丽叶的内心是苦的，只不过格兰特太太没有看出，家里的其他人也都没有看出罢了。她爱上了亨利·克劳福特，并且依然爱着。由于她醉心的（尽管是不现实的）希望破灭，她感到痛苦。只是她脾气暴烈，性情骄傲，她能够怀着强烈的受辱感忍受下来。她心里无限恼火，她只会靠恼火来发泄。一向和她相处得不错的姐姐现在成了她最大的敌人。她们已相互疏远。朱丽叶希望那一对正在谈情说爱的人没有个好下场，并希望玛丽亚这种对自己以及对罗什渥兹先生都是可耻的行为得到个什么惩罚。这一对姐妹在没有利害冲突的时候，双方都还和气，意见很少分歧，因此彼此还非常要好；现在遇到了这样的考验后，她们都把感情抛到了一边，忘掉了做人的道德，彼此都狠起心来，不讲道理，面子与同情心都不要了。玛丽亚得意洋洋，追求着她的目标，不把朱丽叶放在心上。朱丽叶一看到亨利·克劳福特对玛丽亚献殷勤，就巴不得他们会引起嫉妒，最后出现一场大乱子。

范妮对朱丽叶的心理大体能够理解并且予以同情。但是，她们两人表面上没有什么交情。朱丽叶有话不给她说，范妮也不敢冒昧。他们各人独自咀嚼着自己的辛酸，或者只是范妮心里把两人联到了一处。

两位哥哥和大姨妈对朱丽叶的烦恼不加过问，他们对她烦恼的原因视而不见，完全是由于他们自己的心里已装满了事情。他们已心无余力。汤姆一心扑在演剧的事情上，与此无关的事情他一概看不见。埃德蒙夹在他扮演的角色和他的真正角色之间——夹在克劳福特小姐的要求和他自己的行为之间——夹在新爱与旧谊之间，同样不注意身边的一切。诺利斯太太忙着给剧团设计，指导各种一般的小东小西，监督他们各种服装的制作，为远在海外的托马斯爵士这里省半克朗、那里省半克朗，她这样节省虽然没有一个人感激，但她却觉得为人正直而沾沾自喜。她自然也就没有时间注意他的两个外甥女的行为，或者关心她们的幸福。

第十八章

现在，一切都在顺利进行着，剧场在布置着，服装在赶制着，男女演员们在练习着。但是，虽然尚未遇到其他大的问题，范妮在不久之后却发现班子里的人们并不是一直兴致勃勃，她起初几乎看不惯的那种抱成一团的欢乐劲儿也没有维持不变。每个人都开始有了自己的烦恼。埃德蒙生气的地方很多。他完全没有料到从伦敦请来了一个布景画家，已开始工作，这就大大增加了开支，更糟糕的是，使他们的活动大为张扬。他哥哥没有按照他的意见不请外人，相反，他发信邀请与他有来往的每一家人。汤姆本人呢，他为布景画家进度慢而苦恼，他等得不耐烦。他背会了他的角色的台词——可以说是他的每一个角色的台词，因为能与男管家合并的小角色他都承担了下来，因此，他急着演出。这样无事可干地每过一天，都会使他更加觉得他担任的所有那些角色没意思，后悔怎么没有选个别的剧来演。

范妮听别人讲话一向有礼貌，并且大家身边常常只有她一个听他们说话的人。她一来，他们差不多都向她诉苦。她听说，大家普遍认为耶茨先生的吼叫非常可怕；耶茨先生对亨利·克劳福特感到失望，汤姆说话太快，台下会听不懂；格兰特太太爱笑，影响了好多事情；埃德蒙还没有学会他的台词；罗什渥兹先生处处难办，他每次讲话都得给他提台词。她还听说，可怜的罗什渥兹先生很少能找到人和他一起排练，他向她诉苦，也到其他人面前诉苦。她清清楚楚地看到表姐玛丽亚在躲避他，而不必要地常和克劳福特先生一起排演他俩共演的第一幕，因此她很快便担心罗什渥兹先生还会提出其他方面的意见。她发现，远不是人人满意，个个高兴，而是每个人都想得到点儿自己需要的什么，而给其他人造成不满。每个人不是嫌自己的戏长就是嫌自己的戏短，每个人都不能严格按时到场，每个人都不去记自己从哪边出场，每个人只知埋怨别人，自己却不服从指导。

范妮深信，虽然没有参加演出，却从他们的演剧活动中得到了和他们同样的乐趣。范妮悄悄地走进剧场看他们排练第一幕，这对她来说是件愉快的事情。亨利·克劳福特演得很好，只是，在他叙述某些台词时对玛丽亚真的激起了感情。范妮认为，玛丽亚也演得好，非常好。经过一两次排练之后，观众席上只剩下范妮一个人，有时给他们提词，有时在一边旁观，常常很有用处。就她看来，克劳福特先生在所有演员当中远居第一。他比埃德蒙有信心，比汤姆能判断，比耶茨先生有天才和鉴赏能力。她不喜欢他这个人，但不得不承认他是最好的演员。在这一点上和她看法不同的人不多。的确，耶茨先生反对他，说他演得平平常常，淡而无味。终于，有一天罗什渥兹先生满脸怒容地转过身来对她说："你觉得他有哪点演得好？说实话，我不欣赏他。这是咱们两个说的，我认为，这样一个又矮又小貌不惊人的人被捧成好演员，实在令人好笑。"

从这时起，他以往的嫉妒心又来了，玛丽亚由于比以往更想得到克劳福特，也就很少去管他嫉妒还是不嫉妒，这样，罗什渥兹先生那四十二段台词就更难背会了。除了他妈妈以外，谁也对他能把台词背得像个样子不寄予多大希望。他妈妈的确认为他应该演更重要的角色。她要等多排练一些，她儿子演的每一幕都练过之后才来曼斯菲尔德，把她儿子演的每一幕都看一看。但是，所有的人只希望他能记住说白的接头语，记住他那段话的第一句，其余部分能够提一句说一句。范妮心肠软，可怜他，花很大气力教他背，尽自己所能从各方面帮助他、启发他，想编个法帮他记忆。结果，她把他的角色的每一句话都背会了，但仍不见他有多大长进。

她的确有许多不愉快的、不安的、忧心的想法，但是有这么多事情，而且还有其他事情要她操心，要她花时间。她发现她在他们中间决不是无事可干，没有用处，决不是只她一个人有所不安，也决不是没有人要占用她的一点儿时间，求得她的同情。她原先预料会在忧愁中度日，结果发现并不是这样。她常常对大家都有用处，她的心境也许和大家都一样平静。

而且，有许多针线活儿需要她帮忙。从话中可以听出，诺利斯太太也认为她和大家一样正过着痛快日子。“来，范妮，”诺利斯太太叫道，“这些天你可快活。不过，你不要总是这样从这个房间串到那个房间净在一旁看热闹。我这里需要你。我给罗什渥兹先生计划着就用这点缎子做斗篷，累得我站都站不住了。我想，你能给我帮个忙来拼拼凑凑。只有三条缝，你一下子就会缝好。要是光叫我做些管理工作，那我就算运气了。我可以说，你最快活不过。要是人人都像你做的事情这么少，我们就不会很快筹备好。”

范妮不想为自己辩护，一声不响地把活儿接了过来，但是她那位比较心善的贝特伦姨妈替她说话了。

“姐姐，范妮快活，这没有什么好奇怪的。你知道，她从来没有见过这场面。以前你和我自己都喜欢看演剧，而且我现在还喜欢看。我稍微闲一点儿，也要到里边去看她们排练。这个剧的内容是什么，范妮？你还从来没有给我说过。”

“噢，妹妹，请你现在不要问她。范妮不是那种嘴里说着话手里还能做活儿的人。剧的内容是情人们的誓言。”

“我想，”范妮对她的贝特伦姨妈说，“明天晚上要排练三幕，你到那里可以一下子看到所有的演员。”

“你最好等幕布挂上以后再去，”诺利斯太太插进来说，“再过一两天就要挂幕。演剧没有幕没有看头。过一两天去，那里还要结彩呢。”

贝特伦夫人似乎已甘心等待。范妮可没有她姨妈那样沉着。她心里非常关心明天的排练。如果明天排练三场，埃德蒙和克劳福特小姐就要第一次在一起演出，第三场有一幕是他们两人的戏，这一幕她最感兴趣，她既想看又怕看他们两人是怎样演的。整个内容都是谈情说爱——男的描述建立在爱情基础上的婚姻，女的差不多是在做对爱的吐露。

她已经怀着痛苦、惶惑的心情把这一幕读了一遍又一遍，她揪心地想着这件事情，等着看他们的演出。她不肯相信他们已经排练过，甚至背着人排练过。

第二天来到了，晚上的计划未变。范妮一想到晚上的排练，心头依然激荡不安。在她大姨妈的指挥下，她非常勤快地做着活儿，但是在勤快和沉默的掩盖下，她心神不安，并且已心不在焉。将近中午的时候，她拿起针线活儿逃回了东室，因为她听到亨利·克劳福特提出要排练第一场，而她，只关心着第三场，对另外几场戏不感兴趣，并且认为第一场最没有必要再排练。她逃离现场一方面是想不受干扰，同时也是避免看见罗什渥兹先生。她从厅里经过的时候，看到了那位太太和那位小姐从牧师公馆往这里来，但她没有改变要躲开众人的主意。她在“东室”里一边做活儿，一边沉思，周围没有任何干扰。一刻钟后，有人轻轻地敲门，进来的是克劳福特小姐。

“我没有走错门吧？对的，这就是东室。亲爱的普莱斯小姐，请原谅，我到你这里来是求你帮忙的。”

范妮感到十分惊奇，她客气了一番以表明自己是这个屋子的主人，不好意思地望着那空炉箅上发亮的铁条。

“谢谢你。我不冷，一点儿也不冷。请允许我在这里待一会儿，给我帮帮忙，听听我演第三场。我把书带来了，如果你愿意和我一起排练，我将非常感激。我今天到这里来是想和埃德蒙一起排练的——两人自己先练一练，为晚上作个准备，但是我没有碰到他。即使碰到他，我想，有些场面我也不好意思和他在一起排练，有一两段的确……你会帮助我的，对吧？”

范妮非常客气地答应了，不过声音不够坚决。

“我说的那一段你看过了吗？”克劳福特小姐打开书，继续说道，“就在这里。起初，我觉得没什么了不起——但是，天哪——瞧，你看这段话，还有这段，还有这段。我怎么能看着他的脸说出这些话来？你说得出吗？不过，你的情况和我还不同，他是你表哥。你务必和我练一练，我把你想象成他，逐渐地习惯起来。你的神气有时候的确像他。”

“我像他吗？我非常乐意尽我的最大努力。不过，我只能念，不能道白。”

“我想，你都会说的。书当然要给你。现在开始吧。我们身边要有两把椅子，你好往台子前边拿。那里有，上课用很好，我想，演剧用不是很合适。非常适合小姑娘们踢腾着两脚坐在上边学习功课。你们的家庭女教师和你姨夫要是看到我们把椅子拿来演戏用，他们不知道会说些什么？要是此时此刻托马斯爵士能看见我们，会把他气坏的。我们把他的家到处都变成了戏台子。耶茨在餐厅里大喊大叫，我上楼时听见的。剧场肯定是那两位不知疲倦的角色在占着，阿佳萨和弗勒德利克。他们要演不好，我就想不通了。顺便告诉你，我是五分钟前进去看见他们的，正好他们在抑制自己不相互拥抱，罗什渥兹先生还在我身边。我觉得他的脸色不大对头，就尽量把这件事情岔开，低声对他说：‘我们将有一个非常好的阿佳萨，她的一举一动中有很浓厚的母性，她的声音和面部表情都是母性十足。’我做得对吧？他一下子高兴起来。现在我练独白吧。”

她开始了。范妮配合她练的时候，由于想到自己代表埃德蒙，不由得感到自己非常谦恭稳重，但是她的声音、面貌完全是女性的，因此，不是个很好的男人形象。然而，面对这样一位安豪尔特，克劳福特小姐的胆子却大了起来。她们刚练完半幕，听到有人敲门，便停了下来。埃德蒙进来了，紧接着，她们的排练完全停止了。

不期而遇使他们人人又惊又喜并且有知己相遇之感。埃德蒙来到这里的目的和克劳福特小姐完全一样，因此，他们的知音之感和心情的愉快不会转瞬即逝。他也带了书来找范妮，要她和他一起排练，帮他为晚上的排练作准备。他不知道克劳福特小姐在曼斯菲尔德庄园。他们在这里碰到了一起，互相介绍自己的计划，同声赞扬范妮好心的帮忙，高兴之至，兴奋之至。

她可没有他们的兴致那样高。在他们的心情沸腾之际，她的心情在下沉。她觉得，她自己对他们两人来说，变得几乎没有一点儿分量，因此，尽管两个人都是来找她的，她并不因此而感到安慰。现在，自然是他们两人一起排练了。埃德蒙先提出来，他催促，并请求。那位小姐起初不很愿意，后来不再拒绝。范妮的用场只是给他们提词，看他们排练。的确，交给她的任务是在一旁审查，提意见，他们恳切地希望她这样做，给他们指出每一个缺点。但是她面对这一任务，整个心灵感到畏缩——她不能不愿，也不敢这样做。即使她有评论的水平，她的良心也制止她贸然提出批评意见。她觉得自己心里太乱，具体意见不会客观、可靠。给他们提提词就已经够她干的了，并且有时候她还未必能干得好，因为她不能时时刻刻都把心用到书上；她看他们排练的时候忘掉了自己。埃德蒙态度的兴奋使她心里感到震动，有一次正当他需要提词的时候，她却把书合了起来，转过身去。她解释说这是由于疲倦。这个理由倒是非常可以理解的。他们感谢她，怜悯她。但是，他们怎能猜到她应该得到多么大的怜悯啊！这一幕终于练完了，两人互相夸奖，范妮也强打精神把两人都称赞了一番。人走后，她回顾了刚才的一切。认为，从他们今天的表演看来，他们的演出肯定会给他们赢得好评，却会使她看了被深深刺痛。不论结果如何，那一天她还必须再一次忍受这样沉重的打击。

前三场的第一次正规排练已肯定要在晚上进行。格兰特太太、克劳福特兄妹已约定吃过晚饭就来参加，其他有关的人也急切地盼着晚上的到来。这一天，人人都喜笑颜开。汤姆为大功即将告成而高兴，埃德蒙由于上午的那场练习而精神大爽。人们心里的小小不然的烦恼似乎都驱除净尽，所有的人都活跃起来，个个迫不及待。不久，小姐们就起身了，男人们很快也跟她们去了，除了贝特伦夫人、诺利斯太太和朱丽叶以外，都提前来到了剧场，点燃蜡烛，照亮了尚未竣工的舞台。一俟格兰特太太和克劳福特姐弟到来，排练就要开始。

他们没等多久克劳福特姐弟就来了，但格兰特太太却没有来。她来不成了。格兰特博士说他病了，他的漂亮的小姨子帮不了忙，因此他不放他的老婆来。

“格兰特博士病了，”她装出一副严肃的样子说，“今天的野鸡他不吃，从那以后他就病了。他说野鸡没有烧烂，把盘子推到了一边，一直到现在还说他不舒服。”

这太煞风景！格兰特太太不来实在不幸。她那令人愉快的风度及随和快乐的性格平时就受欢迎，今天更是完全离不开她。她不来，大家就演不好，排练不好。整个晚上的乐趣受到了破坏。怎么办？汤姆是演村夫的，一筹莫展。在惶惑中过了一阵之后，有几双眼睛转向范妮，有一两个说：“不知道普莱斯小姐肯不肯给读读她那个角色的台词。”请求之声从四面八方袭来，人人都在求她，连埃德蒙都说：“范妮，如果你不十分反感的话，就念吧。”

但是范妮依然畏缩不前。她不敢想象这件事情。为什么大家不去求克劳福特小姐？为什么她不早点儿回到她自己的房间里去，那里她认为是最安全的地方，而她却要来看排练？她明明知道来这里看排练会生气，情绪会受打击。她明明知道自己不应该来。她现在受到惩罚一点儿也不枉屈。

“你只要读读这个角色的台词就行了。”亨利·克劳福特又一次提出请求。

“我相信她每句话都会背，”玛丽亚补充说，“前天她至少给格兰特太太纠正了二十处。范妮，我相信你会这个角色的台词。”

范妮不能说她不会。大家都在执意请求，埃德蒙也在重复他的愿望，满面疼爱之情，对她的心肠显出深深的信赖。她不得不服从。她要尽她最大的努力。于是人人满意。别人在准备开始，而她那颗心在惶恐地急速跳动。

他们正式开始了。他们一心热热闹闹地演戏，没有去注意从大厦的另外一部分传来的一阵子不平常的忙乱声。门豁地开了，朱丽叶站在门口，大惊失色地叫道：“我父亲回来了！他现在在过厅里。”

第十九章

这群人惊慌失措的狼狈局面该如何描写？大部分人觉得这是个可怕之至的时刻。托马斯爵士已回到家里！大家对这个消息立即深信无疑。不可能是讹传，也不可能是谁在有意欺骗。从朱丽叶的表情中即可明显看出这已是不可辩驳的事实。在最初的一阵惊恐乱叫之后，有半分钟的光景没有一个人说出一句话来。每个人都面孔失色地望着另外一个人的面孔，几乎人人都觉得这是一个最坏的、最不合时宜的、最吓人的消息。耶茨先生也许认为只不过是晚上的排练给打断了，感到讨厌；罗什渥兹先生或许认为这是个福音。但是其余的人个个沮丧，他们心里都有几分悔不该如此之感，人人惊恐万状。他们都在盘算："我们会落个什么样的下场？现在该怎么办？"一阵可怕的沉默。证实这消息的楼下开门声，来来往往的脚步声，人人为之丧胆。

朱丽叶第一个移动步子，又第一个开口说话。嫉妒和愤恨的心情曾一时收起，由于共同的患难忘掉了自私。但是当她在门口出现的时候，弗勒德利克正万般钟爱地在倾听阿佳萨的叙述，把她的手压在自己心上。她一看到这个场面，并且看到尽管她已经宣布了这个可怕的消息，他却仍然保持着他的姿势，不肯松开她姐姐的手，她那受伤的心灵又感到了刺痛，刚才吓白了的脸又气得通红，她转身走出房间，嘴里说："我用不着害怕见他。"

一见她走，大家如梦方醒，也动了起来。兄弟俩同时站了出来，觉得不能总在这里待着。形势容不得闹什么分歧，他们几句话便商定：他们必须马上到客厅里去。

玛丽亚抱着同样想法跟他们一起动身，不过此时此刻在他们三人中她还算勇气最足。把朱丽叶气得转身便走的那个场面，对她倒是最甜蜜的支持。在这样一个时刻，在这样一个特殊考验的重要时刻，亨利·克劳福特依然紧握着她的手不放，足以打消她长期以来的怀疑与不安。她觉得这是最坚决、最严肃的定情誓言。她心花怒放，连她父亲她也不怕去见了。他们动身走了，罗什渥兹先生反复问他们："我也去吗？我是不是最好也去？我去合适吗？"他们理也不理。但是他们刚走出门去，亨利·克劳福特便来回答他这几个急迫的问题，再三鼓励他赶紧去向托马斯爵士致意，于是他便满心欢喜地紧跟着他们出了门。

除了克劳福特姐弟和耶茨先生外，这里只剩下范妮一个人了。她的表哥、表姐们完全没有管她，她自己也不敢指望托马斯爵士会对她像对自己的孩子们一样恩爱，所以她也乐于留在后边，喘一口气。尽管事情完全不能怪她，但她生性正直，比其他人还要忐忑不安，提心吊胆。她几乎要昏过去。过去她对姨父习惯性的惧怕现在复苏了，同时，想到他面前事态的发展，既同情他，又同情几乎所有这帮人，她为埃德蒙所担的忧愁更是无法形容。她捡了个座位，在这种害怕的心情下不住地发抖。而另外那三个人此时已无所顾忌，在发泄他们的牢骚。他们在埋怨托马斯爵士不该回来这么早，说这是一件最不幸的事情。他们毫不怜悯他，恨不得他在路上多走一倍时间，或者还没有离开安第瓜。

克劳福特姐弟们比耶茨先生更了解这家的情况，更清楚他们的计划会受多大影响，因此，谈起这个问题来，他们比耶茨先生更恼火。他们知道，剧是肯定演不成了，他们感到，他们的计划马上就会被彻底打消。而耶茨先生认为这只是暂时中断，只是这天晚上的一场灾祸而已。他甚至建议，在迎接托马斯爵士的忙乱场面结束之后，在喝过茶后，当他可以从容观赏时，还会继续排练。克劳福特兄妹听了禁不住大笑。姐弟两人一致认为现在最好是不声不响地走掉，让这一家人自己闹去，他们建议耶茨先生同他们一起回家，在牧师公馆度过今天晚上。但是耶茨先生过去交往的人中，没有一个把父亲的约束或家人之间的信任当过一回事，因此，他看不出有溜之大吉的必要。他谢绝了他们的邀请，他说：他哪里也不去，既然这位老先生回来了，他要大大方方地向他表示一番敬意；何况，不辞而别是对人家的不尊重。

当他们三人作此番议论的时候，范妮逐渐恢复了平静。她觉得继续待在这里不动似乎有些不敬。姐弟们托她代为道歉，她便于他们动身之际离开这个房间，去履行那可怕的任务——见她的姨父。

客厅的门今天怎么这么近，她恨不得再远一些。她在门外停了一会儿，想镇定一番，鼓鼓勇气，但她自己心里也清楚，勇气是来不了的。她硬着头皮扭开了门，客厅的明灯蜡烛，以及聚在一起的一家人，一下子都出现在她的眼前。她进来的时候，正好耳朵里听见了自己的名字。这时，托马斯爵士正在环顾四周，问："范妮呢？我怎么没有看见我的小范妮？"——在看到她之后，他非常亲切地向她走来，她感到受宠若惊，周身激动。他把她叫做他的亲爱的范妮，亲热地吻她，喜形于色地说她长了这么高。范妮说不清自己心里是什么滋味，眼也不知道往哪里看是好。她一时心里千头万绪。他以往从来没有对她这样好过，没有对她这样亲热过。他的态度好像变了，他由于高兴，说话也快了，他过去威严的时候身上存在的种种可怕的东西，现在似乎都不见了，只让人感到温柔慈爱。他把范妮领到烛火附近，又一次端详她——特别问了问她的健康状况，接着他又自我纠正，说他问得没有必要，因为范妮的外表可以充分说明问题。她进来时的那副苍白的脸上泛起美丽的红霞。爵士的看法一点儿也不错，她不仅增进了健康，同样也增加了美丽。接着爵士又问到她一家人的情况。他的种种慈爱使范妮深为感动，她责备自己为什么过去不爱这位老人，并且把他的海外归来看做一种不幸。当她有了勇气仰视老人的面孔的时候，她看到他比以前瘦了，由于劳累和热带气候的缘故，他黑了，憔悴了。她对他疼爱起来，并且替他难受，心想，他还不知道有多少让他发火的事情在等着他。

一家人按照托马斯爵士的吩咐围着炉火就座，他不折不扣地成了在座人群的灵魂。他最有权利滔滔不绝地说话；久离家园，现在又回到自己家中，又回到自己的家小当中，兴奋之情使他的话特别多了起来。他想把自己漂洋过海的见闻都讲给大家听，乐于回答两个儿子提出的每一个问题，几乎是没等提问就已经回答。他在安第瓜料理的事情后来进展得迅速而顺利，他没有等着坐班轮，碰到一条私人轮船来利物浦，便抓住机会动身起航。他现在是直接从利物浦回来的。他坐在贝特伦夫人身旁，环视周围的一张张面庞，感到由衷地喜悦，他一口气讲他办的大大小小的事情，他的来来去去。不过，在叙述的过程中，他不止一次地夹上两句：尽管他事先没有通知，但回来后看到一家人都在家里，他在路上虽然盼望如此，但不敢抱这样的希望。他也没有忘记罗什渥兹先生，他非常友好地接待他，和他热情地握手，对他着意关照，把他看做与曼斯菲尔德关系最亲近的亲朋之一。罗什渥兹先生的外表没有令人望而生厌的地方，托马斯爵士已经对他产生好感。

在这一圈人当中，在听他叙述的过程当中，没有一个人像他妻子那样一直保持着不折不扣的高兴心情。她看到他回来的确高兴至极。他的突然到达使她几乎欢喜到二十年来不曾有过的激动程度。头几分钟她几乎是高兴得不知如何是好，过后她依然十分兴奋。她收拾起针线活儿，推开身边的巴儿狗，把沙发上余下的地方全部腾给丈夫，并把注意力也全部集中到丈夫身上。她对任何人都没有忧虑，因此她那愉快的心情没有一点儿阴影。丈夫在海外期间，她自己的时间都过得无可指摘，她织了不少毛毯，还织了许多码花边。如果托马斯爵士问到他不在家时他们的情形，她不仅会毫不犹豫地担保她自己，而且还会担保每一个年轻人都是行为端正，干的都是有益的事情。她现在和他重逢，听他讲话，悦耳赏心，感到十分惬意，因此，她开始觉得他不在家时她的日子是多么可怕，如果推迟归期，那日子又是多么难忍。

诺利斯太太的心中绝对不如她妹妹那么快乐。她并非担心家里弄成这个样子，托马斯爵士知道后会责备。她盲目自信，失去了判断能力，因此，当她妹夫进来的时候，她只是本能地把罗什渥兹先生的红缎子斗篷赶紧收起，此外她几乎再无其他惊慌的表现。不过，他回来的方式却使她气恼。她被完全撇开，没起作用。应该先请她从演剧的房间出来，第一个看见他，然后由她把这个令人高兴的消息告诉全家，但是，托马斯爵士大概是相信妻子儿女们的神经吃得起一惊，回来后先找的是管家，几乎是和管家同时进入客厅。诺利斯太太一向深信，不管是他回到家来还是在外边死亡，消息总得先经过她而后让大家知道。现在，她觉得她的这个作用给剥夺了。她想张罗张罗，但是已经无事需要她张罗。她想显示她在这里的作用，但是什么都不需要，需要的只是安静与沉默。托马斯爵士要是同意吃饭，她就会去找女管家，下达复杂的命令，并且给男仆们布置任务，叫他们东跑西踮。但是托马斯爵士坚决不吃晚饭，他什么都不要吃，要到喝茶的时候才吃，他要等到喝茶的时候吃些茶点。但诺利斯太太还是不时地插嘴劝他吃这吃那。当他正讲到他回归英国途中最精彩的阶段——他们的船得到警报可能遇到一艘法国武装民船的时候，她突然插进来要他喝汤。“亲爱的托马斯爵士，你喝碗汤要比喝茶好得多。你就喝碗汤吧。”

托马斯爵士依然无动于衷。“亲爱的诺利斯太太，你还是关心大家的要求吧，”他答道，“的确，我只等着喝茶，别的什么都不要。”

“那么，好，贝特伦夫人，你就叫上茶吧，你叫巴德雷快一点儿。今天晚上他好像上茶上得晚。”她的这个意见得到采纳，她便不再干扰，让托马斯爵士讲了下去。

最后，爵士一时能够想到的话讲完了，他便停顿下来，满意地环顾周围，时而看看这个亲人，时而看看那个。但是沉默的场面很快被打破了，贝特伦夫人由于兴奋，一时话多起来。她说道：“托马斯爵士，他们这些年轻人近来在寻开心，你觉得怎么样？他们在演剧。我们大家都在为演剧张罗。”她说这些话时，真不知道她的儿女们该是怎么样的心情！

“真的吗？你们在演什么剧？”

“噢！他们会统统告诉你的。”

“很快会统统告诉，”汤姆赶紧叫道，面上显出关心的样子，“不过，用不着现在向我父亲唠叨。我们明天给您详细讲一讲。我们只不过在上个星期由于没事可干，为了使母亲散心，排演了几场，实在算不了什么。自从十月以来，一直下雨，我们可以说是连日闷在家里。从三号到现在，我们几乎没有动过一支枪。月初那头三天还多少有点儿活动，但是以后什么活动都没有。第一天我去曼斯菲尔德树林里，埃德蒙去伊斯顿那边的矮树丛中，我们打回了六对野鸡。我们一个人就可以打六倍这么多，不过，我们听您的话，爱护您的野鸡，我想，您会发现林子里的野鸡决不比以往少。我还从来没有见过曼斯菲尔德树林里的野鸡像今年这样多。我希望你最近去打一天猎。”

眼前的危险算是过去了，范妮也稍微放了心。但是，不久茶上来之后，托马斯爵士站起身来，说他一定要看一看他自己的房间，于是人人又紧张起来。房间里的变化还没有来得及给他说一声，使他有个精神准备，他已经去了。他离开客厅后，客厅里一时陷入恐怖的寂静。埃德蒙第一个开口。

“不能光这样等着。”他说。

“得想想我们的客人们。”玛丽亚说，她仍然感到自己的手被按在亨利·克劳福特的心上，其他任何事情她都不怎么在乎，“范妮，你把克劳福特小姐留在哪里了？”

范妮讲了讲他们是如何走的，并把他们的话转告了一下。

“只剩下可怜的耶茨先生一人！”汤姆叫道，“我去把他领来。事情完全露馅儿的时候，他也许还能帮我们解围。”

他向剧场走去，他到的时候刚好看到他父亲和他朋友初次见面的情况。托马斯爵士看到自己房间里烛光辉煌，往四下一看，但见家具乱摆，房间里有种种近来被人占用的迹象，他不由得大吃一惊。最引他注目的是弹子房门前的书橱给挪走了。他对这一切惊犹未定，紧接着听到弹子房里传来了人声，他更加大为惊奇。有人在那里大声说话；他听不出是谁的声音——不完全是说话——好像是在打招呼。因为有门相通，他想过去看看里边是谁。于是，他向门走去。他把门一开，发现自己出现在剧场的舞台上，迎面站着一个年轻人，洪门大嗓地在练台词，那样子好像要把他打翻在地。

就在耶茨先生看到托马斯爵士，并且表演得比历次排练都要好的时候，汤姆·贝特伦从房间的另一头进来了。他生平还不曾这样难以做到面不改色。他父亲有生以来第一次上戏台，又惊又气，慷慨陈词的威尔顿海姆一下变成了文质彬彬笑容可掬的耶茨先生，忙不迭地鞠躬道歉，姿势与神态都活像真的演戏一样。这如果真是戏中的一幕，他会觉得非常可贵，决不肯从戏中删掉。这是最后的一幕，完全可能是这个舞台上最后的一幕。不过，他相信这是精彩无比的一幕。这一幕会博得雷鸣般的掌声。

不过，他没有那么多的时间去作那些愉快的想象。他还必须走上前去，进行介绍。尽管他内心非常狼狈，他还得尽量把事情做得得体。托马斯爵士满面堆笑地和耶茨先生握手寒暄，但这只是出于他的为人之道，实际上，他一点儿也不喜欢以这样的方式与人初次见面，也根本不喜欢被迫和这个人认识。汤姆对他父亲说耶茨先生是他特别要好的朋友——他特别要好的朋友已有上百个。托马斯爵士非常了解耶茨先生的家庭及他的亲朋，听说是他，无限反感。托马斯爵士在自己家里这样受人捉弄，在乌七八糟的戏剧环境里演了这样可笑的一幕，在这样不幸的时刻被迫去认识一个他不喜欢的年轻人，只是由于他刚回到家中正在兴头之上，对什么事都能多忍耐三分，才没有发作起来。而耶茨先生却毫不在乎，话说没个完，在不到五分钟的时间里，他似乎比托马斯爵士更像这家的人。

汤姆知道他父亲在想些什么，但愿父亲的心情能永远良好，不要彻底发作。他现在才看清楚，确有让他父亲生气的地方，父亲注视天花板和墙上的灰泥并非没有原因。他父亲微皱眉头以好奇的口吻问了问弹子台到哪里去了。只有几分钟的工夫，双方的心情都不愉快起来。耶茨先生热切地请求参加他们合家的快乐聚会，托马斯爵士勉为其难地冷冷地说了几句话表示同意。于是三个人一起回到客厅。爵士本已郁郁不乐，现在更加不见笑容。

“我是从你们的剧场回来的，”他坐下时平静地说，“我没有料到会走到戏台上。紧挨着我的房间——不过我完全出乎意料，我一点儿也没有想到你们演得这样郑重其事，就烛光下我能看到的情况看来，布置剧场很下了一番工夫，我的朋友克利斯朵夫·杰克逊给你们干得不错。”说完后，他本想换换话题，心平气和地边喝咖啡边聊些和平气氛的家庭事务。但是，耶茨先生没有眼力，他不明白托马斯爵士的意思。他置身在人家一家人中间毫无冒昧唐突之感，他毫不羞怯，不体谅别人，说话没有分寸，他一味讲个不停。他不让托马斯爵士讲别的事情，他继续谈演戏的事情，并且拿这方面的问题纠缠他，最后还把他在埃克利斯福特演剧时碰到的扫兴事原原本本都讲给他听。托马斯爵士非常有礼貌地听着，但觉得此人很不懂道理，越听越加深对他的恶劣印象。听完之后，他只是微微一躬，算是表示同情。

“的确，我们演剧就是由此引起的。”汤姆经过一阵思索，说道，“我的朋友耶茨把埃克利斯福特的传染病带到这里，传染了我们——您知道，这类事情总是要传染的——从前您常常在这方面鼓励我们，因此对我们的传染就更快。这好像轻车走上熟路一样。”

耶茨先生迫不及待地把这个话题从他的朋友那里抢了过来，立即把他们已经做过的和正在进行的事情都对托马斯爵士叙述了一番。他告诉他，他们的计划是怎样逐步扩大的，他们起初遇到的困难是怎样圆满解决的，目前的事情已经办到多么有希望的地步。他讲得那样兴致勃勃，对周围的一切似乎已视而不见，他不仅没有注意到在座的许多朋友不安地动来动去，面色忽红忽白，坐立不安，吭声不断，而且，连他目不转睛望着的那副脸上的表情他都视而不见——看不见托马斯爵士在紧蹙着眉头以急切的询问目光注视着他的两个女儿和埃德蒙，尤其是埃德蒙。这目光像是一种语言在申斥，在责备他们，埃德蒙心里完全领会。范妮的不安不亚于埃德蒙。她悄悄地把自己的椅子移到了姨妈的沙发后面，避开人们的注意，但看见了面前发生的一切。她从没想到会目睹埃德蒙被他父亲用这样的责备的目光来对待。她认为根本不应该这样对待他，并为他遭到这样责备而窝火。托马斯爵士的目光是在说：“埃德蒙，我原靠你拿主意的，你在干些什么?”她的心灵跪倒在姨父面前，气鼓鼓地说：“噢，不要用这样的目光对待他！拿这种目光对待其他所有人，但不要这样对待他。”

耶茨先生的话仍没有说完。“托马斯爵士，说实话，今天晚上你回来的时候，我们正在排练。我们先排练完前三幕，总的说来，还不算不成功。克劳福特姐弟已经回家去了，现在我们的班子已经聚不齐了，今天晚上再也演不成了。不过，明天晚上你如果能赏光看我们排练，我想效果一定会好。我们都是年轻人演戏，我们请求您的包涵。我们请求您的包涵。”

“我会包涵的，”托马斯爵士板着脸回答，“不过，再不要排练了。”为了缓和空气，他又笑了笑说：“我回到家来就是为了快活，因此，自会包涵。”然后他转过脸去，似向某个人又像是向全体平静地说：“你们从曼斯菲尔德寄给我的最后几封信中都提到了克劳福特先生和克劳福特小姐。你们觉得和他们交往愉快吗?”在场的人当中只有汤姆能痛痛快快回答这个问题。他对两个人并不特别关心，不论在爱情上还是演技上对他们都不嫉妒，因此他可以把两个人都大夸一番。克劳福特先生举止非常文雅，绅士气派十足；他姐姐是个温柔漂亮、文雅活泼的姑娘。”

罗什渥兹先生再也不能沉默了。“我无意说他没有绅士气派，但是，你应该告诉你的父亲，他的个子不会超过五点八英尺，不然的话，你父亲会以为他的样子还很不错呢。”托马斯爵士不十分理解这话是什么意思，带着几分莫明其妙的神情望着说话人。

“如果要我有什么就说什么，”罗什渥兹先生继续说，“我个人认为，总在那里排练是一件非常令人讨厌的事情。好东西吃多了也会腻的。我对演戏已没有起初那么大的兴趣。我觉得，我们舒舒服服地自己人坐在这里，什么也不做，要比演戏好得多。”

托马斯爵士又看了看他，赞许地笑着说：“我很高兴发现我们在这个问题上看法如此一致，这使我由衷地感到满意。我应该谨慎，看问题敏锐，考虑到许多我的孩子们考虑不到的事情，这完全是理所应当的。同样理所应当的是，我应该远比他们重视家庭的平静生活，重视家中不搞兴师动众的娱乐。你这样的年龄能有这些想法，这对你个人来说，对每一个与你有关系的人来说，都是一个非常有利的因素。有这么样一位和我志同道合的人，我感到对我很有意义。”

托马斯爵士本想用更漂亮的词汇赞扬一下罗什渥兹的见解，一时想不出适当的词可用。他意识到对罗什渥兹先生的才华也不能抱很大希望，但是他非常器重他，觉得他是个明白是非、做事有一定规矩的年轻人，口才虽然谈不上好，但头脑却很清楚。在座的不少人听了止不住想笑。罗什渥兹先生听了这番赞扬几乎不知所措。他喜形于色，一言不发，尽情玩味得到的好评。

第二十章

埃德蒙第二天早晨的第一个目标是去和父亲单独谈话，公公正正地把整个演剧计划告诉他，就自己头脑清醒之后的认识为自己在里边起的作用进行辩护，同时也坦率地承认由于他让步的结果，招来不少坏处，使他原来的看法变得十分可疑。当他为自己辩护的时候，他并不急于说任何人的坏话。他们之中只有一个人，其所作所为无须他来辩护或掩饰。“我们都多多少少应该受到责备，”他说，“我们中的每一个人都应该，但范妮不包括在内。只有范妮一个人始终没错。她始终坚持正确意见。自始至终她一直反对演戏。她从没忘过对您应该怎样尽心。您会发现范妮样样都好。”

托马斯爵士完全明白这样一群人在这样一个时期演这样一个剧是件极不正经的事情，他反感之深，完全像他的二儿子原先预料的一样。这对他是个沉重的打击，他气得说不出话来。他和埃德蒙握了握手，想要房子里勾起这段记忆的事事物物被消除，原有的秩序得到恢复之后，尽量抹去这不愉快的印象，尽快忘掉他不在期间他们对他的遗忘。他没有开口去责怪他的那三个儿女，他情愿相信他们会认识自己的错误，不想去对他们的错误盘根问底。叫他们立即停止，把准备演剧用的一切物品统统清理掉，也就行了。

不过，在这座大厦里有一个他不能只用自己的行动来向她表明自己心情的人。

他不能不用言语向诺利斯太太点明，他原希望她能够劝阻她明知不对的事情。这几个年轻人制订计划时有欠考虑，他们自己应该能做出恰当一点的决定，但是他们都很年轻，而且，他认为，除埃德蒙外，都是没有定见的人。因此，她默许他们做这样的错事，支持他们去做招惹是非的寻欢作乐活动，比他们做这样的事情、搞这样的活动还要使他吃惊。诺利斯太太有点儿心慌意乱，几乎被说得哑口无言。她不好意思说她对这件事的不当看得没有托马斯爵士清楚，她也不愿说她没有那么大的影响——她即使劝阻也没有人听。她唯一的指望是尽快撇开这个话题，把托马斯爵士的注意力纳入一个比较愉快的渠道中去。她可以举出大量事情来自我表扬，例如，她对他一家人的利益与安乐处处关心，大冬天不能在家里烤火取暖天天出来为他们家奔忙，费尽了力气吃尽了苦头，她向贝特伦夫人和埃德蒙提过许多非常好的建议，叫他们注意哪些仆人手脚不够干净，叫他们节约开支，就是由于她的建议，他们节省了大量的钱，查出了不止一个仆人的问题。不过，她的主要本钱是在索色顿。她最大的仗恃和最大的功劳是攀成了罗什渥兹家这门亲事。在这个问题上她是坚不可摧的。她把罗什渥兹先生对玛丽亚的倾心完全写在自己的功劳簿上。“要不是我爱多管闲事，”她说，“处心积虑地去认识他的母亲，然后又说服我妹妹先去拜访人家，我敢百分之百地断定，就决不会有这样的结果。要知道，罗什渥兹先生属于那种非常温文腼腆的年轻人，女方必须给予非常明显的鼓励。如果我们无所作为，有的是姑娘在打他的主意。不过，我没有白下工夫。我拼上老命也要说服我的妹妹，最后我终于把她说服了。你知道从这里到索色顿有多远，正值隆冬季节，路几乎都不通，但是我真的把她说服了。”

“我知道贝特伦夫人①和她的儿女们多么听你的话，而且他们也该听，正因为如此，我才认为谁更应该……”

“亲爱的托马斯爵士，您要是看到那天路上是什么样子就知道多不容易！当时我想，尽管我们有四匹马拉车，也无法把我们拉到那里。可怜的老车夫出于他的忠心和好心肠，一定要给我们赶车。他有关节炎，自从米迦勒节②到那个时候我一直在给

---

①那个时期比较重视头衔，夫妇之间亦常如此，故托马斯·贝特伦称自己的妻子为贝特伦夫人，而他的妻子称他为托马斯爵士。——译者注

②米迦勒节是英国四大结账日之一，时为九月二十九日。——译者注

他治疗，驾驶座上他几乎不能就座。现在我已经给他治好了。但整个一冬他病得很厉害。——那天天气那么糟糕，在出发前我不由己地到他家里去了一趟，劝他不要冒这个风险。他当时正往头上戴假发。我对他说：‘车夫，你最好不要去。你们的女主人和我不会出什么问题的。你知道斯蒂芬很稳当，查理近来也常骑先导马。因此，我相信不会有什么意外。’但是，我很快发现我说不服他，他执意要去。我不喜欢让人觉得我啰唆、好事，因此我就不再说了。但是，每次车一颠，我的心都替他难过。当我们走上斯托克附近的坎坷不平的狭路时，石头路面上又是霜又是雪，你想象不到有多么糟，那时，我非常心疼他，还心疼那些可怜的马。我都不敢看它们苦撑苦拉的那个样子。你知道，我一向心疼马。当我们到了桑德克洛夫特山脚下的时候，你想我怎么啦？不怕你笑话，我下了车徒步往山上走去。我真是走上去的。可能我这样做减轻不了它们多少负担，但总减轻了一点儿吧。我不能心安理得地坐在车上让这些高尚的动物费力往山上拉。我得了重伤风，但是我不在乎。我达到了这次访问的目的。”

“我希望我们会永远认为这家人值得我们费这么大力气去结交。罗什渥兹先生的言谈举止倒没有什么不凡之处，但是他昨天晚上对那个问题的看法使我们很欣赏。他毫不含糊地赞成一家人安安静静地过生活，不赞成沸沸扬扬地演剧。他的见地难能可贵。”

“是的，的确如此，你越了解他，你就会越喜欢他。他不是个光彩夺目的人物，但他有上千条好的品质。他对你那么敬仰，人家都在笑我，认为是我教他那样的。‘我敢担保，诺利斯太太，’格兰特太太前天说，‘即使罗什渥兹先生是你自己的儿子，他对托马斯爵士的敬仰也不能超过现在的程度。’”

托马斯爵士被她的甜言蜜语解除了武装，被她绕来绕去地绕了进去，他放弃了自己的观点，而认为，虽然她纵容她喜爱的这些年轻人从事这样的娱乐活动，那是因为她有时候辨别不出是非，她的心却是好的。

这天上午他很忙。他和他们中的任何人都只谈很短一段时间。他要恢复他在曼斯菲尔德的生活中对各种事物习惯性的关心，他得去看他的管家和土地代理人，去查一查，算一算，在办理事务的间隙去看看他的各个马厩和各个花园，以及距离最近的各个种植园。由于他勤快并且办事得法，在他又坐在一家之主的位置上吃晚餐之前，他不仅办完了上述所有事情，还让木匠拆去了新近在弹子房搭起来的种种东西，而且解雇了布景画师，有一点可以看出解雇之快，即这位画师现在至少已到了诺桑普顿。

布景画师走了。他来这里弄脏了一个房间的地板，毁掉了车夫的所有海绵，使五个干粗活儿的仆人无活儿可干，心中不满。托马斯爵士希望再有一两天就把演剧留下的一切痕迹全部清除，甚至毁掉房子里的所有尚未装订的《山盟海誓》，他自己现在见一本烧一本。

耶茨先生现在开始明白了托马斯爵士的意图。不过，他依然毫不理解这是出于什么原因。大半个上午他和他的朋友背着枪出去了，汤姆利用这个机会向他解释了他父亲为人苛求，可能会发生什么事情，并且向他作了适当的道歉。耶茨先生感到沉重的打击。连续两次同样的扫兴是件非常不幸的事情。他心里非常窝火，如果不是替他朋友和他朋友的小妹妹着想，他相信他肯定会攻击从男爵做事荒唐，并要和他好好评理，叫他多少懂点儿道理。当他们在曼斯菲尔德森林里的时候，以及在他们回来的路上，他一直怒气冲冲地这样想着，但是当他们围着同一张桌子吃饭的时候，托马斯爵士身上有一种东西使得耶茨先生觉得还是不问为好，由他自行其是，自识其愚。他认识许多令人讨厌的为父亲者，常常为他们对儿女们的种种阻挠而吃惊，但是，他有生以来，还没有见过一个人像托马斯爵士这样顽固透顶，这样暴虐无道。要不是看在他儿女们的面上，这样的人是不能令人容忍的。耶茨先生还愿意在他的家里住几天，那只是由于他的女儿朱丽叶长得漂亮。

这天晚上，表面上看来过得平平静静，但是没有一个人心里舒畅。托马斯爵士叫他的两个女儿弹琴，琴声有助于掩盖实际上不和谐的气氛。玛丽亚异常焦虑不安。对她来说至关重要的是，克劳福特先生应该赶紧表明自己的态度。她担心时间白白过去而事情没有进展，即使白过一天她也提心吊胆。她整个上午都在盼他来，整个晚上仍在盼他。罗什渥兹先生带着这里的重大新闻一早动身往索色顿去了。她天真地希望克劳福特先生态度立即明朗，免得罗什渥兹先生再往这里来。但是他们不见牧师公馆的任何人到来，一个活物都没来。他们也没听到那边的任何消息，只收到格兰特太太给贝特伦夫人送来的一封信，是向她祝贺并且向她问候的。多少个星期以来，两家完全分开这还是第一天，自从八月初起，从没有一天他们不以这种方式或那种理由聚到一起。这一天是个令人郁郁寡欢、焦虑不安的日子，第二天带来的不幸虽有所不同，但程度并不稍轻。片刻的欢喜若狂紧接着是几个小时的急剧痛苦。

亨利·克劳福特又来了。格兰特博士急欲来看望托马斯爵士，他是同格兰特博士一起走来的。一早他们便被引进早餐室，一家人大部分都在这里。不久，托马斯爵士出现了，玛丽亚看到自己的意中人被介绍给自己的父亲，心里又高兴又激动。她的心情难以形容，她在嗣后几分钟内的心情也一样无法推述。亨利·克劳福特坐在她与汤姆之间的那把椅子上，她听到他低声问汤姆，在他们的演剧计划被“喜事”冲断（他说到这里有礼貌地瞥了托马斯爵士一眼）以后，是否打算继续排演。如果继续排演，什么时候需要他，他就赶回曼斯菲尔德。他马上就要动身了，要去巴斯会他的叔父，不能耽搁。不过，如果《山盟海誓》将来还有可能再演，他就坚定不移地承担义务，他将撂下一切事情前来，他要和叔父谈定，什么时候需要他，他就什么时候来和他们一起演出。不能由于他不在这里就不再演剧。

“不管我在哪里，不论在巴斯、诺福克、伦敦还是约克，”他说，“我在英国的任何地方，收到通知，一个钟头内就会动身来参加你们的演出。”

还好，当时该由汤姆回答而不是他妹妹。他立即轻松流利地说：“你要走，使我感到遗憾。至于我们的剧，那已经完了——彻底结束了（他意味深长地望父亲一眼）。画师昨天已经给打发走了，剧场明天差不多就拆光了。我一开始就知道会这样。现在去巴斯还早，你去了见不到人。”

“我叔父常在这个时候去。”

“你想什么时候走?”

“我想今天赶到斑柏里。”

“你在巴斯用谁的马厩?”这是汤姆的第二个问题。当他们讨论这个问题时，玛丽亚准备以适当的冷静态度来参加谈话，此时她既鼓起了骄傲，又下了狠心。

不久，他向玛丽亚转过脸来，说的话大部分都是刚才对汤姆说过的，只不过神态柔和，脸上有更多的遗憾表情罢了。但是神态和表情有什么用呢?他就要走了。虽然是别人叫他走的，但他自己也愿意离开这里。这里面也可能有他叔父的意思，但他的一切约会都是由他自己做主的。他说是不得已才走，但她知道他不受制于人。把她的手压到他心上的那只手啊！那只手和那颗心现在都冷僵了，消极被动了！她出于好强还硬撑着，但她的内心却十分痛苦。她不曾料到他言行不一，她还得在社交礼貌的约束之下抑制住自己翻腾着的心潮，因为他还要应酬在座的所有人，他很快便抛开了她。这时他已公开说明他是来告别的，这次告别性的访问很快便结束了。他走了——他最后一次触了她的手，他向她行过了告别时的鞠躬礼，她只能从孤独中求得安慰。亨利·克劳福特已经离开了，已经离开了这座大厦，两个小时内还要离开这个教区，他那自私的极欲显示自己手段的虚荣心在玛丽亚·贝特伦和朱丽叶·贝特伦心里搅起的希望就这样统统结束了。

朱丽叶因他离走而庆幸。他在他们中出现已经使她感到讨厌。既然玛丽亚没有得到他，她也冷静了下来，不再想报复玛丽亚。她不想在人家遭到遗弃之后还要揭人家的伤疤。亨利·克劳福特走了，她甚至可怜起姐姐来了。

在听到这个消息之后，范妮以更纯洁的心情感到高兴。她是在吃晚餐时听到这个消息的，她认为这是一件好事。而其他人提到他时都依依不舍，从埃德蒙到他的妈妈，都程度不同地夸赞他，埃德蒙出于偏爱，是诚心诚意地称赞。母亲是个无所谓的人，她只是人云亦云。诺利斯太太环顾左右，为他和朱丽叶的恋爱未成感到纳闷。她担心是自己没有尽心促成这桩事情；但是，她有那么多的事情要操心，即使她积极助人，她也不可能把想办的事情样样都办到。

又过了一两天，耶茨先生也走了。他的辞别使托马斯爵士最感称心。托马斯爵士喜欢自己一家人关起门来过日子，即使是一个比耶茨先生强的客人住在这里，也会使他感到厌烦，何况耶茨先生这个人啰唆、自负、懒散、挥霍无度，他住在这里简直使爵士厌烦透了。耶茨先生本来就是个令人厌烦的人。作为汤姆的朋友和朱丽叶的求爱者，他更使托马斯爵士反感。克劳福特先生是去是留，托马斯爵士毫不在乎；但是，当他把耶茨先生送出房门，祝他一路平安的时候，他可实在高兴。耶茨先生亲眼看到了曼斯菲尔德演剧的一切准备工作已被取消，演剧用的每一样东西已被清除，他走的时候，这家人已经严严肃肃地过着正常生活。托马斯爵士看到他走出门去，认为是清除了与演剧有关的一个最坏的对象，清除了最后一个使他联想到在此演过剧的东西。

诺利斯太太动了动脑筋，把一件惹他生气的东西从他眼皮子下边搬走了。她大显才能精制细做的幕布被她拿回家去了，据她说，她目前特别需要绿色的宿绒。

第二十一章

托马斯爵士回家不仅使《山盟海誓》停演，而且使家里的风气发生了显著的变化。在他的管理之下，曼斯菲尔德变成了另外一个地方。他们这个小团体中，有的人被打发走了，另外有不少人情绪低落，与过去相比，阴沉呆板、千篇一律，一家人死气沉沉的，很少有喜笑颜开的时候。他们和牧师公馆已不怎么来往。托马斯爵士平时就不愿意和外界保持亲密关系，现在尤其不愿和任何人交往，但有一个地区例外。他唯一想使他的家庭与之来往的是罗什渥兹一家人。

埃德蒙对于他父亲的这种态度并不感到奇怪，他也没有什么不满，只是他觉得不该和格兰特一家人断绝来往。“但他们，”他对范妮发表意见说，“是应该来的。他们好像就是我们的自己人，他们好像是我们的一部分。但愿父亲能够更多地了解他不在期间他们对母亲和妹妹们关心备至的情况。我担心他们会觉得我们瞧不起他们。不过，实际原因是，我父亲不怎么了解他们。他离开英国的时候，他们来还不满一年。他要是对他们更了解一些，他会赞成和他们来往的。其实，他们正是他希望的那种人。我们自己之间有时有点儿缺乏生气，我的两个妹妹无精打采，汤姆肯定也心神不宁。格兰特博士和格兰特太太会给我们带来生气，使我们晚上的生活过得更加愉快，甚至我父亲也会感到愉快。”

“你这样想吗?”范妮说，“我认为，我姨父不喜欢任何外人来。我认为他重视的就是你所说的安静，他自己的家庭小圈圈能够安安静静地过生活是他唯一的要求。

我觉得我们并不比过去更加严肃——我是说比我姨父到海外去以前。根据我的记忆，差不多一直是这样的。有他在场，从来没有人大说大笑过。如果说现在有什么不同的话，我想，那也只是他长期不在家刚刚回来造成的，必然都有些怯生。不过，我记得从前，除非姨父去了伦敦，我们晚上也并不寻欢作乐。我想，有大家敬仰的人在家，没有哪个年轻人会在家里寻欢作乐。”

“我想你说得对，范妮。”他思索了一会儿后说，“我相信，我们晚上的生活应该说是恢复了以往的样子，而不是有了新的特点。前阶段的新鲜就在于生动活泼。然而，只有几个星期，给人留下的印象却是多么深刻！我感到好像我们以往从来没有那样生活过。”

“我想，我比别的人古板，”范妮说，“晚上的时间我不觉得难熬。我喜欢听姨父讲西印度群岛上的事情。我可以一连听他讲一个小时。这比许多别的事情都更使我快乐。不过，我想，我和别人不一样。”

“你为什么竟然这样说?”（笑）“你是不是想让我告诉你，你和别人不一样只在于你比别人聪明、稳重？不过，你，或者任何人，什么时候听到过我的恭维？你要想听恭维话，到我父亲那里去。他会使你满足的。问问你姨父他是怎么想的，你就会听到许多恭维话。尽管主要是对你外表的恭维，你必须听进去，并且相信他已看出你的心灵同样美好。”

这样的话对范妮来说十分新奇，她感到十分尴尬。

“你姨父觉得你非常好看，亲爱的范妮。这就是问题的实质。任何人处在我的位置上都会更加重视这件事。任何人处在你的位置上都会因为过去大家认为你不很漂亮而生气。实际情况是，你姨父以往从来不觉得你好看，现在他觉得你好看了。你的颜色比从前大有改进，你的容貌变得如此漂亮，你的身材——不，范妮，不要不好意思——他是你姨父嘛。如果姨父的欣赏你都受不了，你将怎么办呢；你必须学得大方一些，觉得自己值得别人去看。不要在乎自己已经长成了一个漂亮的女人。”

“啊，不要说这种话，不要说这种话!”范妮叫道。她的伤感之深，他是体会不到的。不过，他看到她不高兴，便停止了这个话题。只是更认真地说：

“你姨父在各方面都喜欢你。我但愿你能多和他说话。晚上我们在一起的时候，有的人说话太少，你是其中之一。”

“不过，我和他说的话比从前多。我相信比从前多。昨天晚上你没听见我向他打听贩卖奴隶的事情吗?”

“我听见了，并且当时希望别人也跟着问这个问题。如果能进一步问下去会使你姨父高兴的。”

“我是想问下去的，但是大家都一声不吭。表哥表姐坐在一边一句话不说，似乎对这个问题丝毫不感兴趣，我也就不愿问了。他肯定希望他自己的女儿们对他讲的事情好奇，感兴趣。我要是表现出好奇与兴趣，我想，别人就会觉得好像我在牺牲他们，显示自己。”

“克劳福特小姐前几天说到你，她说，别的女人们生怕别人冷落自己，而你好像非常怕别人注意自己、夸奖自己。她说得很对。我们是在牧师公馆里谈到你的，这就是她当时说的。她很有眼力。我认识的人当中还没有一个比她更能判断人。年纪这么小就这样有眼力，真不简单。可以肯定，她比大部分和你相识这么久的人对你都更加了解。至于对其他一些人，从她偶尔一时高兴给我的暗示，或者不注意时流露出来的话中，我可以看出，如果不是有所顾虑不便直说，她会同样准确地说出许多人的性格特点。我不知道她对我父亲是怎样看的。她肯定会赞赏他，觉得他漂亮，很有绅士风度和尊严，一贯文质彬彬。不过，由于她见到他的机会不多，也许会觉得他为人矜持，有点儿讨厌。他们要是能有更多的机会在一起，我相信他们会相互喜欢的。他由于她性格活泼和她在一起会感到快活，她有识人之明会尊重他的才干。他们要是能常见面该是多好啊！我希望，她不会以为他不喜欢她。”

“她肯定知道其他人都看重她，”范妮略带感叹地说，“因此她不会有那种顾虑的。托马斯爵士只想和一家人单独聚会，这是因为刚从海外回来，是很自然的一件事情，她不会有什么怨言。过上一段时间，我相信我们又会像以前那样见面了，只不过那时换了季节。”

“她长这么大，这还是她在乡下过的第一个十月。我认为顿桥和切尔顿翰算不得乡下。十一月景色就更加萧条了。我看得出来，随着冬天的来到，格兰特太太非常担心她会觉得曼斯菲尔德单调乏味。”

范妮本来有很多话要说，但是觉得最好还是什么也不要说，不去议论克劳福特小姐的机智、教养、兴致、自命不凡以及她的朋友们，免得哪句话说得不当显得自己没有礼貌。何况克劳福特小姐对她自己看法很好。出于感激应该宽恕人家。因此，她把话转到了别的事情上。

“我想，明天我姨夫要到索色顿去赴宴，你和贝特伦先生也去。家里就剩下我们寥寥几人。我希望我姨夫对罗什渥兹先生能继续喜欢下去。”

“这不可能，范妮。明天拜访过后，他就不会那么喜欢他了。明天他要陪我们五个小时。我担心这一天会过得枯燥无聊，更糟的是，托马斯爵士会因此而留下不好的印象。他不会长期自我蒙蔽下去。我为他们几个人感到遗憾。当初罗什渥兹先生和玛丽亚就不该认识。”

托马斯爵士在这个地区的确感到了失望。尽管他对罗什渥兹先生有心友善，尽管罗什渥兹先生对他毕恭毕敬，但他还是很快便对真实情况看出了几分——罗什渥兹先生是个低能的年轻人，无论书本知识还是事务知识，他都是什么都不知道，对什么事情都没有主见，而且，看起来，他对自己的这些缺点似乎无所察觉。

他原以为女婿完全是另一个样子。他开始为玛丽亚的缘故心情沉重起来。他想了解她是怎样想的。稍微作了一点儿必要的观察之后，他发现，她至少是对他没有感情。她对罗什渥兹先生漫不经心，态度冷淡。她不会喜欢他，也真的不喜欢他。托马斯爵士决定严肃地和她谈一谈。尽管两家联姻对他家会有好处，尽管订婚时间已经不短而且尽人皆知，但是不能因此而牺牲她的幸福。她大概是和他认识不久就同意订婚的，后来对他进一步了解之后，她后悔了。

托马斯爵士又严肃又和气地和她谈了一次话。他讲了讲他的忧虑，问了问她的愿望，要她怎么想就怎么说。他对她说，如果她觉得这桩婚事将来会使她不幸，他要克服一切障碍，予以彻底废除，他替她办这件事，使她得到解放。玛丽亚在听的过程中思想斗争了一会儿，也只是一会儿，她父亲一说完，她便立即明确地作了回答，看不出情绪上有什么波动，她感谢他对她如此关心，感谢他给予她的父爱。不过，她对他说，他完全误会了，自从订婚以来，她丝毫无意要解除婚约，并且她的心一点儿也没有变迁。她对罗什渥兹先生的人品及性情高度尊敬，毫不怀疑将来和他在一起的幸福。托马斯爵士的心得到了满足。他把事情促成到他所希望的程度，实在高兴。这门亲事，他若放弃，肯定会痛心的。他这样想：罗什渥兹先生年纪尚轻，还会长进，罗什渥兹先生在和高雅人士的交往中肯定会有长进，既然玛丽亚这样决断地说她和他在一起会幸福，她这样说又不是出于盲目的爱与偏见，就应该相信她的话。也许她的感情不怎么强烈，他也从不曾认为她对他会有强烈的感情，但是她的福分却并不因此而减少。只要她不求她的丈夫能力过人、才华压众，其他事情会使她样样如意。一个心地好的年轻女人，如果结婚不是从爱情出发，往往更依恋自己的家庭。索色顿离曼斯菲尔德这样近，必然对她是个极大的引诱，结婚之后会不断给她那无比善良、无比纯洁的心灵带来乐趣。类此种种，便是托马斯爵士心里盘算的道理。他由于避免了女儿婚姻破裂以及婚姻破裂必然招致的惊奇、议论和责难等令人尴尬的后果而高兴；他由于巩固了一桩会大大增加他的体面、势力的亲事而高兴。他一想到女儿性情这么好，使这桩婚约能顺利保持，更是万分欢喜。

这次谈话的结果，女儿和他一样满意。女儿心里高兴的是：她对自己的前途有了绝对的把握，她下了决心要再去索色顿，克劳福特再不会由于能支配她的行动、毁掉她的前景而得意洋洋。她怀着骄傲的决心回到自己的房间，决定今后对待罗什渥兹先生谨慎一些，免得父亲又生疑心。

如果托马斯爵士是在亨利·克劳福特刚走的那三四天里向他的女儿提出这个问题，那时她的感情还没有平静下来，对他尚没有彻底断念，或者说还没有横下心来将就着嫁给他的情敌，她的回答会完全不同。但是，又过三四天，他人未回，信未来，也没个消息，没有一点儿回心转意的迹象，没有因为分手而产生思念，于是她的心冷了下来，鼓起骄傲，决心报复，以此来自慰。

亨利·克劳福特破坏了她的幸福。但是不能让他知道他能破坏她的幸福；不能因为他而表现异常，相反，她仍要照样喜笑颜开，照样和大家来往。他休得以为她在曼斯菲尔德乡下眼巴巴地盼着他，为了他而放弃索色顿和伦敦，放弃巨大的家业和荣耀。她现在更感到自己须有巨大的家业，她如今在曼斯菲尔德更加感到自己没有独立的家业是多么不便。她越来越受不了父亲给她的约束。他到海外那个时期，她所享受的那种自由，现在成了她绝对不能缺少的了。她必须尽快逃离他，逃离曼斯菲尔德，她要过有钱有势的生活，她要交际应酬，她要开眼界见世面，为她那受到伤害的心灵寻求安慰。她的主意已定，决不更改。

有了这些想法之后，她再不愿迁延时日，甚至不愿耽搁时日多作婚礼准备。罗什渥兹先生也不如她现在这样急于结婚。她在精神上的重要准备已经完成：她恨她的家，恨在家里受到的约束，恨家里没有生气，她由于情场失意，由于她想嫁的人对她的蔑视而悲愤。由于这一切，她准备嫁人。至于其他事情，可以往后再说。新马车削家具，可以待来年春天，当她更懂得好坏的时候，到伦敦去做。

这方面的主要问题都定下来了，婚前必要的安排几个星期内便可完成。

罗什渥兹太太非常乐意隐退，为她亲爱的儿子挑选的这位幸运的年轻女人腾出位置。十一月份刚到，她便带着她的男女仆人，坐着她的四轮轻便马车，完全依照寡妇的规矩迁到了巴斯，在那里她每天晚上向客人们夸耀索色顿的美妙，像过去她在这里住的时候那样，在牌桌提供的兴致之下，和她的客人们十分相得。在这同一个月的月中之前，婚礼已经举行，索色顿有了新的主妇。

婚礼十分得体。新娘打扮得雍容华贵，两位女傧相逊色得恰到好处；她父亲把她交付给新郎，她母亲手握着盐站在那里，准备着激动一番，她姨妈在酝酿眼泪，格兰特博士把婚礼程序朗诵得感人至深。邻近地区后来议论起这次婚礼，都认为，除了把新郎、新娘和朱丽叶从教堂门口拉到索色顿去的那辆马车罗什渥兹先生已经用过一年外，没有什么可以挑剔的。那天的仪式，在其他方面都经得起最严格的检验。

婚礼结束了，人已经走了。托马斯爵士感到了为父亲者必然会感到的不安，他妻子原以为自己会激动而并未激动，他现在却大为激动起来。诺利斯太太这一天在高高兴兴地帮忙，她在庄园里安慰妹妹，为给罗什渥兹夫妇祝酒额外多喝了两杯。她快乐到了极点。婚事是她促成的，一切都是她的功劳。从她那信心十足、得意洋洋的样子中，谁也看不出她这辈子还听说过婚姻也有不幸的，看不出她根本不了解在她眼皮下长大的外甥女的脾气。

几天之后，这对年轻夫妇按计划去布赖顿，在那里租一幢房子小住几个星期。每一个公共场所都是玛丽亚没有见过的，布赖顿的冬季几乎和夏季一样欢快。当一切新鲜的游乐都尝过一遍之后，她又去伦敦大开眼界。

朱丽叶陪他们前往布赖顿。两姊妹之间的敌意已消，她们逐渐地恢复了以往的相互谅解，至少是在这个时期非常愿意彼此做伴。对罗什渥兹先生的太太来说，除了罗什渥兹先生外，能有另外一个人相伴是头等重要的事情。至于朱丽叶，她和玛丽亚一样向往新奇和快乐，不过，她不一定会为了追求新奇和快乐去克服那么多的内心矛盾，她甘愿居于现在这种从属地位。

他们的出游在曼斯菲尔德又引起了一次重大变化，遗留下来的缺陷需要一段时间才能弥补，这个家庭小圈大为缩小。虽然这两位贝特伦小姐近来很少给家里增添快乐气氛，但她们走后，家里人依然在想她们。连她们的母亲都在想她们。她们那心肠柔软的表妹更是多么地想啊！她在房子里走来走去，思念她们，情意绵绵地因见不到她们而伤心，而她们从来没有对她这么好过。

第二十二章

两位表姐走后，范妮的身价提高了。客厅里只剩下她一个年轻女子，在家中这个重要的房间里，她以往一直属于第三名的寒碜地位，现在成了唯一的占有者，因此，她必然比以往更多地被人注目，被人想到，被人关照。于是，“范妮到哪儿去了”已成为一个屡屡听到的问题，即使对她没有什么用场可派的时候也是如此。

她的身价不仅在家里提高了，在牧师公馆里也提高了。过去，自从诺利斯先生去世以后，她一年到那里去不了两次。现在，她在那里成了一个被欢迎的受邀之客，在十一月的一个阴雨天，她受到玛丽·克劳福特的由衷欢迎。她到那里做客，开始是由于偶然的机会，后来是由于受到邀请而继续下去。格兰特太太实际上是急于给妹妹安排消遣，但常常自我蒙蔽，认为自己常常敦请范妮前来是为范妮做一件极大的好事，给她提供最重要的机会来培养她。

事情原来是这样的：有一次范妮受诺利斯姨妈的派遣，到村子里办什么事情，在牧师公馆的附近遇上了一阵大雨。他们从窗子里看见她在他们院外凋零的栎树枝叶下避雨，便邀她进去。她不便推却，只好勉强进去。先是一个仆人非常客气地劝她，她谢绝了。但后来格兰特博士本人拿了把伞走出来，使她非常不好意思，她便赶快进去了。可怜的克劳福特小姐正在心情沮丧地看着窗外的凄雨秋风，哀叹当天上午户外活动的计划受到破坏，二十四小时以内除自己家里人以外再也见不到另一个人，这时她听到了前门口有人声，接着看到普莱斯小姐浑身滴水走进了门廊。她感到非常高兴。乡下阴雨天能有个客人实在难得。客人硬被带到她面前。她一下活跃起来，积极关心范妮，指出她的衣服到处已经湿透（她起初不肯承认），给她拿出干净衣服，范妮只好接受这一番关照，任凭两位女主人和女仆们帮自己更换衣衫，在回到楼下之后，又不得不在他们的客厅里坐上一个钟头以待雨停。这一桩悦目慰心的新鲜事持续了这么久，克劳福特小姐的冲冲兴头足可维持到更衣吃正餐的时候。

姐妹俩对她非常好，非常和气。范妮若不是想着自己在打扰别人，若能预见到一个小时后天气就会放晴而不至于难为情地让人家用格兰特先生的马车把自己送回家去（他们一再说要用马车送她），对自己在这里做客会感到称心如意的。至于这么样的天气她被隔在外边家里会不会着急，她倒无须放在心上，因为只有两位姨妈知道她出来，她们两人谁也不会替她担心。诺利斯姨妈不论说她会躲在哪座房子里避雨，贝特伦姨妈都会确信不疑的。

天色开始变晴，这时，范妮看见房子里有只竖琴，便随口问了几个问题。不一会儿，在问答中她承认非常想听一听，并且承认，很难使人相信，自从竖琴运到曼斯菲尔德以来她还从来没有听过。范妮本人觉得这是件很简单、很自然的事情。自从竖琴到后，她很少去牧师公馆，同时她也没有去的理由。但是克劳福特小姐记起了当初曾表示过要弹给她听，现在为自己的疏忽而感到不安。她马上和颜悦色地问道："我现在弹给你听好吗？""你要听什么？"

她按照范妮的意思弹了起来。她很高兴有一个新的听琴人，一个满面感激之情、对她的技艺赞叹不已而自己又不乏素养的听琴人。她一直弹到范妮的眼睛向窗外望去。这时显然已经天晴，范妮说她必须告别了。

"再等一刻钟，"克劳福特小姐说，"我们再看看天气怎么样。不要雨刚停就走。那几块云彩看起来真吓人。"

"不过，那几块云彩已经过去了，"范妮说，"我一直在注意它们。这场雨完全是从南边来的。"

"不管它是从南边来还是从北边来，带雨的云彩我一看就认得。在这样不保险的情况下你不能走。而且我想再弹点儿东西给你听，一只非常好听的乐曲，你表哥埃德蒙最心爱的乐曲。你必须待下去，听听你表哥心爱的乐曲。"

范妮不想马上走了。无须听这句话，范妮的心里就在想着埃德蒙，不过，听到这句话后，她尤其浮想联翩。她想象着，他一次又一次地坐在这间房子里，也许就坐在她现在坐的这个地方，百听不厌地听这位小姐弹奏他心爱的这只乐曲，在她的想象中，给他弹时，琴声更美，弹琴人表情更加优雅。尽管她自己也喜欢听这只乐曲，并且很高兴和他喜爱同一件东西，但是当一曲奏完之后，她比刚才更加急着要走。克劳福特小姐看到她执意要走，便非常友好地邀她再来，当她散步时能走他们这里就走他们这里，再来听她弹琴，情意之切，使她感到只要家里不反对，她必须再来。

这种亲密关系就是这样开始的。这发生在两位贝特伦小姐走后半个月内。这主要是由于克劳福特小姐想有些新鲜事情，范妮也不是真有什么感情。范妮每隔两三天去一次。她像中了邪似的，不去就心里不安。但她并不爱她，也和她想不到一块儿去，请她来她也无感激之心，因为现在没有旁人可请，和她谈话也只是偶尔觉得好玩，并没有太大乐趣。一时高兴谈到她所尊敬的人和看重的事物，她还得屈从她几句。然而，她还是到这里来。天气该冷了，但却不平常地温和。她们在格兰特太太的灌木林里一起漫步，常常一走就半个小时，有时甚至不顾季节已凉，一起坐在已经没有浓荫覆罩的凳子上，良久良久。有一次，正当范妮以柔和的声调谈论着秋长可爱之时，突然一阵冷风吹落她们周围枝头的最后几片黄叶，她们冷得一跳而起，为使身体暖和又起身散步。

“这里很美，非常美。”有一天她们这样一起坐着的时候，范妮环顾周围，说，“我每次到这里来，都感到树木又长了，林子更美了。三年以前这里只不过是地边上的一排不像样子的树篱，谁也想不到会成个什么景色，现在变成了一个优美的散步场所。很难说它的可贵是因为它提供了方便还是因为它美化了环境。也许，再过三年，我们会忘掉——或者记不清楚它原来是什么样的。多么奇妙啊！时间的作用、思想的变化是多么奇妙啊！过了一会儿，她顺着后一条思路补充道：“如果我们的哪一种天然官能可以被看得比其他天然官能更奇妙的话，我的确认为那就是我们的记忆力。我们的记忆力能强能弱，这个事情上强，那个事情上弱，强弱不定，比起我们的其他智慧似乎更加不可思议。我们的记忆力有时那样牢固、那样有用，对我们那样顺从，有时又那样糊涂、那样虚弱，有时又那样残酷、那样不听控制。当然，我们的哪个方面都是奇妙的，但我们的记忆力和遗忘力似乎更奇妙无比。”

克劳福特小姐无动于衷也未加注意，没话可说。范妮看了出来，把自己的思想又拉回到她会感兴趣的事情上来。

“也许我不懂行，不过，我的确佩服格兰特太太在这方面所表现的审美素养。散步场所设计得这样幽静淳朴，没有一点儿过分的地方!”

“是的，”克劳福特小姐漫不经心地说，“对这么样一个地方来说这样安排是很好的。人们在这里也不求什么内容。这是我们之间说的，在我来曼斯菲尔德之前，我没有想到过一个乡下的牧师还会想到搞个矮树林之类的东西。”

“我看到这里的冬青长得这么好，非常高兴。”范妮接她的话说，“我姨父的园丁常说这里的土质比他那儿的好，从月桂树和冬青的普遍长势看起来的确如此。这些四季常绿的树木多么好看、多么喜人、多么美妙啊！我们细想一下，它的这种天性多么令人惊奇！在我们知道的一些地区长这种叶子的树木都是这个品种。但是我依然感到奇怪，在我们这里，同一块土地、同样的阳光，养育出来的植物会在生存的根本规律上不同。你会以为我在发狂，不过，每当我来到户外，特别是当我在户外静坐的时候，我很容易思考起这类问题来。即使是最平常的自然产物，你仔细观察它，总会为你漫无边际的幻想提供食粮。”

“说实话，”克劳福特小姐答道，“我有点儿像路易十四宫廷里的那位有名的总督，可以说从这灌木林中看不出任何奇妙的东西。要是在一年以前谁对我说这个地方会成为我的家，并且我会像现在这样在这里一个月又一个月住下去，我肯定不会相信。我在这里居住快有五个月了，这是我有生以来度过的最单调的五个月。”

“单调得使你受不了，我相信。”

“从理论上讲我会这样想，不过，”说到此处她的眼睛明亮起来，“整个说来，我从来还没度过这么快乐的夏天。但是以后，”此时她更加忧郁地压低了声音，“真难说这样下去以后会怎么样。”

范妮的心跳得快了起来，她不敢猜测她往下讲些什么，也不敢求她再往下讲。但是克劳福特小姐很快又生气勃勃地说了下去：

“我感到，对于乡下生活，我比我原来想象的要能够适应得多。我甚至觉得在乡下住上半年还有点儿意思，并且在某种条件下还非常惬意。一座雅致的大小适度的房子，四面八方都有亲戚，大家不断往来，支配着附近的第一流社交界人士，比更加富有的人还要受人敬仰，这样游兴过后，还至少能和自己最投机的人促膝谈心。我描绘的这张图画中没有什么可怕的东西，对吧，范妮？有了这么样一个家的时候，就不必羡慕刚出嫁的罗什渥兹太太了。”“羡慕罗什渥兹太太?”这是范妮唯一想说的一句话。“嗨，我们不能刻薄地看待罗什渥兹太太。我在盼着将来她给我们组织许多快乐的盛会呢。我估计再过一年我们都会到索色顿住上很长时间。贝特伦小姐这桩婚事对大家都是个福音，因为罗什渥兹先生的妻子的第一乐趣必定是招来满座宾朋，举行乡下最高级的舞会。”

范妮没有接话，克劳福特小姐兴头过后进入沉思状态。几分钟后，她突然抬起眼来，叫道:“啊，他来了!”不过，这不是罗什渥兹先生，而是埃德蒙。他和格兰特太太一起正向她们走来。“是我姐姐和贝特伦先生。你大表哥不在我非常高兴，这样他又可以当贝特伦先生了①。‘埃德蒙·贝特伦先生’听起来太刻板、太可怜，也太像个老二、老三的名字，我不喜欢这样叫。”

“我们的想法是多么不同啊!”范妮叫道，“我觉得‘贝特伦先生’听起来那么冷漠，那么干巴巴的，没有一点儿温暖，也没有什么性格。听到后只知道是个男人，只此而已。但是埃德蒙这个名字听起来有高尚的味道。它代表着英雄气概和名望，是国王们、亲王们、爵士们用过的名字，念起来好像吸进了武士精神和温馨的感情。”

“我承认这个名字本身很不错，并且加上‘勋爵’或者‘爵士’这类头衔，是很好听的。但是，给它降低一下，只加个‘先生’，那么‘埃德蒙先生’就比‘约翰先生’和‘托马斯先生’强不到哪里去。好了，我们这个季节坐到外边，趁他们还没有骂，赶紧站起来吧，叫他们少骂几句。”

埃德蒙遇到她们非常高兴。埃德蒙听说她们两人关系开始更加亲密，心里非常满意。但见到她们两人在一起，这还是第一次。两位他所心爱的姑娘之间能够友好，对他来说，的确是求之不得的。由于情人(权且这样说)能知己，埃德蒙认为，她们两个友好，范妮决不是唯一的受益者，也不是主要的受益者。

“喂，”克劳福特小姐说，“你不会骂我们不慎重吧?我们一直坐到外边就是等着挨训的，等着请我们、求我们下次再不要这样。你觉得怎么样?”

“要是你们两个人中随便谁一个人坐在这里，”埃德蒙说，“我也许会骂的。但是

---

①在奥斯丁的著作里，大儿子、大女儿的名字用的是姓，汤姆是老大，故称贝特伦先生，玛丽亚是大女儿，故称贝特伦小姐。其他子女概用教名。——译者注

你们是错在一起，我就不那么认真了。”

“她们在这里坐的时间并不长，”格兰特太太叫道，“我到楼上拿披肩的时候，我从楼梯上的窗户里看到了她们，那时她们还在散步呢。”

“说实话，”埃德蒙补充说，“天气这样温和，你们在外边坐几分钟算不得不慎重。我们的季节不能总是靠日历来衡量。我们在十一月份有时可以比在五月份更随便些。”

“哎呀，”克劳福特小姐叫道，“你们俩真是少有的令人失望的、对人漠不关心的朋友。你们丝毫不替我们担心。你们不知道我们身上多么难受，冻成了什么样子。不过，我早知道贝特伦先生是一个最不易上女人们当的人。我一开始对他就不抱什么希望。但是你，格兰特太太，我的姐姐，我的亲姐姐，我以为我会吓你一下子的。”

“别自以为是了，我亲爱的玛丽。你吓不住我的。我有我担心的事情，但完全不在你这里。如果天气冷，就会有刺骨的东风①一直吹你，叫你坐不住。但我有几盆花，因为夜里还不冷，罗伯特坚持不让往屋里搬。我知道结果会怎么样。会意料不到（至少罗伯特意料不到）地突然变冷，降一场重霜，我的花会给统统冻死。更糟的是，厨子刚刚告诉我火鸡已放不过明天了，而我原希望无论如何放到礼拜天拾掇拾掇再吃，因为我知道，礼拜天那天，格兰特博士劳累一日，会吃得特别香。这些事情才值得愁一愁，我为这些事情才觉得天气热得反常。”

“在乡下经管家务真有趣！”克劳福特小姐调皮地说，“把我介绍给苗木培养工或者家禽贩子吧。”

“亲爱的妹妹，你先把格兰特博士介绍给威斯敏斯特教堂或者圣保罗教堂做教长，我就把你介绍给苗木培养工或者鸡贩子。不过，在曼斯菲尔德我们没有这号人。你要我干什么吧？”

“噢，除了你在干的事情外你什么都干不了：常常受气，但是永不发火。”

“谢谢你。但是，不论你住到哪里，玛丽，这些小的烦恼总是避免不了。你在伦敦安家之后，我会去看你。我敢说，尽管你有苗木培养工和家禽贩子，我会发现你也有你的烦恼，也许他们还常给你带来烦恼。他们住得远，来得不守时，或者要价

---

①在英国，春季刮西风，秋冬刮东风。——译者注

太高，骗你的钱，这些都会使你叫苦。”

“我的意思是要十分有钱，对这类事情不在乎。一笔大的收入是保证幸福的最佳药方。能保证你需要的常绿树桃金娘和你们要吃的火鸡。”

“你想非常有钱?”埃德蒙问。在范妮看来，他那眼神非常严肃认真。

“当然。你不想有钱？我们哪个不想有钱?”

“我办不到的事情我一概不想。克劳福特小姐可以选择她要富到什么程度。她只需确定要几千几万，无疑都会到来。我自己的愿望是只要不穷就行。”

“靠生活适度和厉行节约，量入为出等等。我理解你。对于一个像你这样的年纪，收入有限，社会上又没有重大靠山的人来说，这是个非常恰当的计划。你除了维持过得去的生活外还会需要什么？你平时没有那么多的时间，你的亲戚们不是给你帮不了忙，就是以他们的钱财和势力把你衬得寒酸。尽可能地做一个正派的穷人——不过，我不羡慕你。我甚至认为我还不怎么尊敬你。我对那些正派的富人要尊敬得多。”

“你对为人正派者尊敬的程度，富的怎样或者穷的怎样，我都不关心，我也不是要去做穷人。贫穷我是绝对不愿意的。我唯一希望于你的是不要瞧不起那些介于二者之间的、世俗条件中等的正派人。”

“如果他们能向上而不向上，我就是瞧不起。可以荣耀而甘愿默默无闻的，我一概瞧不起。”

“但是怎样向上呢？一个正派人怎样变得荣耀呢?”

这个问题不那么容易回答，这位漂亮的小姐沉吟良久才说：“你应该到国会去，要不，你应该十年前就去参军。”

“现在说这话已经没用。至于到国会去，我想，我必须等到有一个特别国会，专让没钱的小儿子们的代表参入其中时才能去。不，克劳福特小姐，”他以更严肃的声音补充说，“是有一些荣耀，如果我认为我没有机会——没有一点儿机会或者可能去得到它，我会感到伤心，但这些荣耀是另外一种性质的。”

克劳福特小姐听后大笑，她那眼神、态度似乎表示对埃德蒙的意思已有领会。范妮看到这种情景，感到伤心。她现在是坐在格兰特太太身边听他们讲话。她觉得她无法再陪她坐下去了，差不多已下了决心马上就走，只等着鼓起勇气说出来，这时曼斯菲尔德庄园里的大钟响了，时已三点，这使她感到自己这次在外边待的时间的确比平时长得多，于是，刚才内心的自我问答——是否应该立即告别，怎样说告别的话——很快有了结果。她以明朗的坚决态度立即向她们告别，这时，埃德蒙也记起了他母亲在找她，他是到牧师公馆里来找她回去的。

范妮更加着急起来。她丝毫没指望埃德蒙会陪她回去，原打算一个人匆匆走开。但是大家都加快了步子，陪她一块儿走进必须穿过的房子。格兰特博士正在过厅里，当大家和他说话的时候，她从埃德蒙的态度中看出他是真的打算和她一块儿走。他也在向他们告别。她心中感激的心情油然而生。告别的时候，格兰特博士邀请埃德蒙第二天过来和他一起吃羊肉。范妮在这种情况下心里不很舒服，但是，就在此时，格兰特太太突然记起了她，转过身来邀她也来吃饭。范妮在自己的生活中还未曾这样被人厚待过，她惊奇万分，不知所措。她喃喃地说她十分感激，说她做不了主，同时望着埃德蒙征求他的意见和帮助。埃德蒙很高兴她受到邀请，看了她一眼，用短短的一句话向她表明，只要她姨妈不反对，她没有什么不能来的，而且他觉得他母亲也决不会拦她，因此，他明确地建议她接受邀请。范妮甚至在得到他的鼓励之后也不敢贸然自己做主。不过，很快这样决定下来：如果听不到相反的消息，就意味着她会来。

"你们知道明天你们会吃到什么吧？"格兰特太太带笑说，"火鸡，而且是很不错的一只火鸡。亲爱的，"她转向丈夫，"厨子坚持明天要剖洗那只火鸡。"

"很好，很好，"格兰特博士大声说，"这样更好。我很高兴家里有这么好的东西。不过，我相信，普莱斯小姐和埃德蒙·贝特伦先生不会挑剔的。我们谁也不想听菜单。我们心里想的是一次朋友之间的小聚会，而不是大摆宴席。火鸡也行，鹅也行，羊腿也行，随你和你的厨子决定。"

表兄妹一起走回家去。一出门，他们谈起了明天的约会。埃德蒙说，她和他们亲近使他非常愉快，这次请他们吃饭，对于两边的友好来往是件难得的事情。除此之外，两人一直默默地走着，因为，在谈论过这件事情之后，他沉思起来，不想谈别的事情。

第二十三章

“不过，格兰特太太为什么要请范妮呢?”贝特伦夫人问道，“她怎么会想到请范妮呢？你可知道，范妮从来没有这样去那里吃过饭。我不放她去，我相信她自己也不想去。范妮，你不想去，对吧?”

“你要是这样问她，”埃德蒙不等范妮回答便叫道，“范妮马上会说不想去。不过，亲爱的妈妈，我断定她愿意去。我看不出有什么理由使她不愿去。”

“我猜不透格兰特太太为什么想起来请她？她过去从来没有请过她。她不时地请你妹妹们，可从来没请过范妮。”

“如果你离不开我，二姨——”范妮自我克制地说。

“不过，我母亲愿意让我父亲陪她一晚。”

“当然，我愿意。”

“您是否听听我父亲的意见，妈妈。”

“这个建议提得好。我就这样做，埃德蒙。托马斯爵士一来我就问他我离开范妮行不行。”

“您怎样问由您自己决定。不过，我的意思是让您问一问父亲按照礼貌应该不应该接受邀请。我想他会认为，这是第一次邀请，应该接受，不仅范妮应该接受，并且也是替格兰特太太着想。”

“我说不上。我们可以问问他。不过，他会感到非常奇怪，格兰特太太怎么请起范妮来了。”

在未见托马斯爵士之前，再也没有什么话可说，说也不能解决问题。不过，这个问题会影响到贝特伦夫人第二天晚上的安逸，她心里非常重视。半小时后，托马斯爵士从种植园回更衣室去，路过的时候，进来看了看。他已经走出去并且门就要关上的时候，她又把他叫了回来：“托马斯爵士，你停一停，我有话给你说。”

她说话从来不肯抬高声音，听起来平平静静，少气无力。但是只要她一张口，托马斯爵士总是倾耳聆听。因此，他又回到了客厅。她开始讲起来了。范妮马上悄悄地走了出去。姨妈和姨父讨论的事情与她有关，她坐在一旁会受不了。她也很关心这件事情，并且关心得还有点儿过分，这一点她自己也清楚。因为，他们如何讨论，毕竟关系到她能不能去的问题。不过，她姨父要是迟迟不语，板着脸，并且目光严肃地叶着她，而且最后做出不利于她的决定，她会很难不流露出自己的不满与计较。这时，关于她的问题，正顺利地谈判着。由贝特伦夫人开始，她说：“我有件你想不到的事情告诉你。格兰特太太请范妮去吃饭。”

“哦。”托马斯爵士好像尚未听出有什么值得惊奇，在等她继续往下说。

“埃德蒙想让她去。但是，我怎么离得开她？”

“她会回来得晚一些，”托马斯爵士取出自己的表来，“你的困难在哪里？”

埃德蒙觉得自己不能不开口，把他母亲讲的这件事情补充齐全。他原原本本地说了一遍，她只插了一句：“真奇怪！格兰特太太从来没有请过她。”

“不过，”埃德蒙说，“格兰特太太想给她妹妹请来一位这么令人喜欢的客人，这不是很自然的吗？”

“这是再自然不过的事情了，”托马斯爵士略加思索后说，“即使不涉及她妹妹，我认为这件事情也是极其自然的。格兰特太太对普莱斯小姐，对贝特伦夫人的外甥女表示礼貌，这实在无须解释。我唯一感到奇怪的是她现在才第一次对她这样礼貌。范妮没有当场做出完全肯定的答复，做得很对。不过我认为，年轻人总喜欢和年轻人在一起，因此她必然心里想去，我看不出有任何理由不让她去。”

“但我离得开她吗，托马斯爵士？”

“其实，我认为你是离得开她的。”

“你知道，我姐姐不在这里的时候，茶点总是她准备的。”

“你姐姐大概会答应在我们这里待一天，而且我又肯定在家。”

“很好。那么，范妮可以去，埃德蒙。”

这个好消息很快传给范妮了。埃德蒙在回自己房间的路上，敲了敲她的房门。

“喂，范妮，已经圆满解决了。你姨父丝毫没有犹豫。他只有一个意见：你应该去。”

“谢谢你，我非常高兴。”范妮本能地回答。不过，当她转过身来将门关上之后，她不禁在想：“然而，我为什么要高兴？我难道不是明明知道在那里会耳闻目睹一些使我感到痛苦的事情吗？”

然而，想虽这样想，心里却还是高兴的。这样的约会，在别人看来，实在算不得什么，但在她的眼里，既新鲜又了不起。要知道，除了去索色顿那天外，她可以说从来还没有在别人家吃过饭。这一次去赴宴虽然得走半英里路，并且等待她的只有三个人，然而这总还是出门赴宴吧。而且，动身前的一些细小有趣的准备工作本身也给她带来了快乐。那些本应该为她高兴，指导她如何收拾打扮的人既不同情她，也不帮助她。贝特伦夫人从来没有想过去帮助别人；诺利斯太太呢，她是第二天一早由托马斯爵士登门请来的，她这一天脾气很不好，好像只想尽可能地减少她外甥女的愉快——现在的和将来的。

“说实话，范妮，你这样受抬举，真是天大的运气。你应该感谢格兰特太太能想到你，感谢你二姨妈放你去，你应该把它看做一件非同小可的事情。我希望你心里放明白，的确没有理由让你这样去做客，或者让你到外边去吃饭。你不要以为还会有第二回。你也不要以为人家请你是对你特别抬举，人家是冲着你二姨父、二姨妈和我的面子才请你的。格兰特太太为了结交我们才对你稍加另眼看待。不然的话，她怎么也不会想到请你。我向你担保，如果你朱丽叶表姐在家，请的就绝不会是你。”

现在诺利斯太太这一番妙语把格兰特太太的盛情美意给冲得荡然无存。范妮料到自己该有所表示，她只说了她非常感谢贝特伦姨妈放她去，她要尽力把贝特伦姨妈晚上需要的东西给安排就绪，免得姨妈由于她不在而有什么不便。

“噢，你放心吧，你二姨妈完全离得开你，不然的话就不会让你去。我在这里，因此，你可以丝毫不必为你二姨妈担心。我希望你今天过得非常愉快，高兴万分。不过，我不能不说，五个人坐在一起吃饭，这个人数最不合适；我奇怪，格兰特太太这样讲究的人怎么就没想得更周到些。而且是围着他们的那么宽的一张大桌子！

那张桌子把一间房子都占了。博士要是趁我不在家借用一下我的那张饭桌，而不用他那张不伦不类的新饭桌，会大为得体，也会更受人尊敬。他那张饭桌比你们这里的这张还要宽，的确比这张还要宽。谁要是做事不合自己身份，就绝不会受人尊敬。记住这句话，范妮。五个人——那么大一张桌子才坐五个人。我敢说，十个人的饭都摆得下。”

诺利斯太太喘了口气，又说了下去。

“有些人，超越自己身份，做出自己不配做的事情，这是愚蠢、无聊。因此，我提醒你，范妮，你是一个人出去做客，我和你二姨都不在场，我求你不要疯疯癫癫，不要随意说话、发表意见，好像你是你的哪位表姐，好像你就是亲爱的罗什渥兹太太或者朱丽叶。我告诉你说，那样可不行。你要记住，不论你到哪里，你都是身份最低，位置最后。尽管克劳福特小姐在牧师公馆里不算客人，但你也不能坐她该坐的位置。至于夜里什么时候动身回家，埃德蒙叫什么时候动身你就什么时候动身。这一点由他来决定。”

“是的，大姨妈，我不该有别的想法。”

“我想很可能要下雨，我从来还没有见过像今晚这么阴沉的天空。如果下雨，你必须尽量克服困难，不要指望着派车来接你。我今天晚上肯定是不回去了，因此，不会为我套马车。你要有个防备，该带的东西都带上。”

外甥女觉得大姨妈的这番话完全有理。她的要求甚至和大姨妈给她规定的一样低。过了不久，托马斯爵士推开门来，未等进屋便说：“范妮，你需要马车什么时候来送你？”范妮惊奇得说不出话来。

“亲爱的托马斯爵士！”诺利斯太太气得满面通红地大声喊道，“范妮可以走去。”

“走去！”托马斯爵士向前走了几步，用毋庸置疑的庄重声调重复了一句，“叫我的外甥女在这个季节步行去赴宴！四点二十来送你可以吗？”

“可以，姨父。”范妮怯生生地回答，心里觉得像是对诺利斯太太有罪似的。她不敢和诺利斯太太留在一起，怕人家觉得她得了胜洋洋得意似的。她姨父刚一出去，她便跟着出去了，只听得诺利斯太太气得激动地说：

“完全没有必要！心肠好得太过分了。不过，埃德蒙要去的。不错，是为了埃德蒙的缘故。星期四那天晚上我听到他嗓子哑着呢。”

不过，范妮并不相信。她觉得，马车是专为她派的。她姨父正好是在她大姨妈数落她的时候来关心她的。当她一个人的时候，她想到此番情景，不禁流下了几滴感激之泪。

车夫按时将马车赶到，车一停，埃德蒙跳下车来。范妮做事谨慎，非常担心迟到，因此她已提前许多分钟坐在客厅等候马车。托马斯看到他们依照他平时遵守时间的习惯准时出发了。

“范妮，我看看你，”埃德蒙面带友爱的哥哥般的微笑说，“我不能不对你说我是多么喜欢你。即使车里边看不清楚，我也能看出，你的确非常好看。你穿的什么衣服？”

“表姐结婚时，姨父给我买的那套新衣服。我希望别人看起来不觉得过分华丽。不过，我觉得我应该抓紧时机穿，不然的话，整个冬天我不会再有机会穿它。我希望你不觉得我穿得过分华丽。”

“女人们一身着白在任何情况下都不会过分华丽。不华丽，我看你穿得不华丽，完全相宜。你的长袍看起来很漂亮。我喜欢这上边的闪闪发光的花点。是不是克劳福特小姐有一件和你这件差不多的长袍。”

当他们快到牧师公馆时，他们从马厩的院子和车库的一旁经过。

“嗨！”埃德蒙大声道，“还请了别人来，这里有一辆马车！他们请谁来陪我们？”他把车窗玻璃放下，仔细辨认。“是克劳福特的，我断定！是克劳福特的四轮马车！他的那两个仆人在把马车往过去他存车的那块地方推。肯定是他来了！范妮，这真是万万没有料到的事情。我非常高兴能见到他。”

范妮没有机会也没有时间说明她的心情和他是多么不同。但是，一想到又多了一个人在注意她，当她在履行那步入客厅的可怕仪式的时候，本已胆怯的心情，变得更加忐忑不安。

克劳福特先生的确就在客厅里，并且来得很早，已做好吃饭的准备。另外三人满面笑容地围着他站着，表明他在离开巴斯之后到他们这里来住几天的突然决定多么受欢迎。他和埃德蒙亲切地互相问候了一番。除范妮外，人人都心情愉快。他参加今天的晚宴，甚至对范妮也会有些好处。宴会上每增加一个人都会进一步使她不受大家的注意，而默默不语地坐着，这正是她最喜欢不过的事情。她很快也意识到了这一点。虽然她本着自己对礼貌的理解，不得不违背诺利斯太太的劝告，勉强自己去适应做宴会上最主要的女士的身份，以及由于这种身份而受到的一些细小的与众不同的照顾，但是，在坐定之后，她发现其余的人都在互相兴高采烈地侃侃而谈，并没有人要求她参加他们的谈话——姐弟之间有那么多关于巴斯的话要说，两个年轻人之间有那么多关于打猎的话要说，克劳福特先生和格兰特博士之间有那么多关于政治的话要说，而克劳福特先生和格兰特太太之间更是天南海北谈个不完，这样她就只需悄悄地坐在那里听别人谈话，惬意地度过自己的时光。格兰特博士建议克劳福特先生在曼斯菲尔德多住些日子，并派人到诺福克郡把他的猎马都运来。埃德蒙劝他这样做，他的两位姐姐更是热烈地敦促他这样做，他很快也就动了心。他似乎还希望范妮也鼓励他做出这样的决定。然而范妮对于他的这种打算没有表示丝毫兴趣。他问她，在她看来，晴朗的天气还能继续多少天，她只是在礼貌允许的范围内给了他一个极短的、极其淡漠的回答。她不希望他在这里住下去，并且也不愿意他找她说话。

看到他后，她心里不断想起两位出门在外的表姐，特别是玛丽亚。但是，他却依然说说笑笑，对往事的回忆并没有给他带来任何不安。他又回到了以往种种事情发生的这块土地上，看起来，没有两位贝特伦小姐，他也一样愿意住在这里，一样快活，好像他从来不知道曼斯菲尔德有过那两位小姐一样。在重新回到客厅之前，她只听到他平平淡淡地提到过她们。回到客厅后，埃德蒙和格兰特博士到一边全神贯注地谈什么正经事情去了，格兰特太太在茶桌旁专心致志地品茶。这时，他和他的姐姐较认真地谈起她们来。他意味深长地笑着说："这么说，罗什渥兹和他的漂亮新娘现在布赖顿，这个人真幸福！"范妮看到他那笑的样子就讨厌。

"是的，他们到那里大约已有半个月了，对吧，普莱斯小姐？朱丽叶和他们在一起。"

"我想，耶茨先生也离他们不远。"

"耶茨先生！噢！我们一点儿也没有听说耶茨先生的消息。我猜想，曼斯菲尔德庄园收到的来信中不会大讲耶茨先生，你是否也这样想，普莱斯小姐？我想，我的朋友朱丽叶头脑清楚，不会拿耶茨先生使她父亲开心。"

"可怜的罗什渥兹先生和他那四十二段台词！"

克劳福特先生继续说，"我们谁也不会忘掉他背台词的那个情景。这家伙真可怜！他下的那番苦功和他那种令人绝望的笨劲儿，我现在仍历历在目。如果他的可爱的玛丽亚会在什么时候希望他向她讲那四十二段台词那样的话，那就算我说错了，”他严肃了一会儿，补充说，“她太好了。他配不上——实在配不上。”接着，他又换成了微带殷勤的腔调，转向范妮说：“你那时是罗什渥兹先生最好的朋友。你不怕厌烦地想帮他记他的台词，想给他一个他生就没有的头脑，想用你那用不完的智慧给他制造点儿智慧，你那忠厚的心肠和你那不倦的耐心，在场的人是永远不会忘的。他本人没有头脑，可能不会赏识你心肠之好，但是，我敢说，其他人无不感到敬佩。”

范妮脸红了，没有作答。

“真像梦一样，像一场愉快的梦！”他经过一阵思索，又开腔叫道，“我将来永远怀着愉快的心情来回忆我们的业余演出。周围弥漫着那样的兴致、那样的生气、那样的洋洋喜气。人人都感觉得到。我们每一个人都活跃了起来。一天当中，我们时时刻刻都有事干，都抱着希望，都有所操心，都在奔忙。我们在不断地克服一些小小的阻力，解除一些小小的疑虑，解决一些小小的疑难，我从来没有那样快乐过。”

范妮满肚子怒气，沉默不语，只是心里在说：“从来没有那么快乐过！——从来没有像你做你自己明知不正经的事情那样快乐过！——从来没有像你做无情无义、卑鄙无耻的事情那样快乐过！噢！这人的思想是多么腐朽啊！”

“我们不走运，普莱斯小姐，”他没有觉察出她的心情，为怕埃德蒙听见，压低了声音继续说，“我们当时的确是运气不好。我们再有一个星期的时间，只需再有一个星期，就够了。我想，要是我们有呼风唤雨的本事，要是秋分时的风雨归曼斯菲尔德掌管一两个星期，情况就不同了。并不是要兴起一场狂风暴雨使他的安全受到威胁，只是要一场不停的速度均匀的逆风，或者是不刮顺风。普莱斯小姐，我想，那时候只要大西洋能有一个星期不刮顺风，我们就可以尽兴演完了。”

他似乎定要她回答。范妮转过脸去，以少有的坚定口气说：“就我而言，先生，我不愿意他晚回一天。我姨父一回来就坚决反对。我认为，我们在每件事情上都已经做过了头。”

她还从来没有对他一次说过这么多话，生平还没有对任何人这样气愤地说过话。话说完后，她为自己的冒失而发抖、脸红。他感到出乎意料。不过，在不言不语地对她琢磨了一阵之后，他以较为平静的、严肃的口吻说：“我认为你说得对。我们是只求快乐不顾规矩。我们闹得太厉害了。”话说得好像很坦率，好像很信服。接着，他转变方向，想和她谈些别的事情，但是她每次回答都非常羞怯，非常勉强，因此，在任何问题上，他都无法和她谈下去。

克劳福特小姐一直在不住地注视格兰特和埃德蒙。这时，她说道："那两个人在讨论的问题一定非常有意思。"

"世界上最有意思的事情，"她弟弟接她的话说，"是怎样挣钱，怎样使已经不错的收入变得更好。格兰特博士在教他怎样去担任他即将担任的教区牧师职务。我发现，再过几个星期他就要当牧师了。他们刚才在餐厅里谈论的就是这件事情。贝特伦将要过非常好的生活，我为他感到由衷的高兴。他将有一笔非常可观的收入供他挥霍，而且这笔收入挣得不费多大力气。据我估计，他一年的收入不下七百镑。对一个小儿子来说，一年七百镑就很不错了。而且，他肯定还在家里吃住，这笔收入只供他个人花销。而他只需在圣诞节和复活节各讲一次道完事。"

他姐姐不以为然地笑着说："自己比别人阔得多，却轻松地说别人富有，我觉得最可笑不过。如果你的娱乐花销被限在一年七百镑之内，你就会茫然不知所措。"

"也许我会那样。不过，你说的这一切都是比较而言的。这要由生来的权利和习惯来决定。对一个小儿子来说，即使父亲是从男爵，有贝特伦这笔收入也肯定是很富裕的了。当他到二十四五岁的时候，他一年将要收入七百镑，并且得来毫不费事。"

克劳福特小姐本想说，挣这笔钱是要费些事的，并且还要吃些苦头，她认为并不轻松。不过她抑制了自己，没有接过他的话。过了一会儿，那两个人也过来了，她尽量摆出一副平静、漠不关心的面孔。

"贝特伦，"亨利·克劳福特说，"我决定到时候来曼斯菲尔德听你第一次讲道。我特意来鼓励一位初试锋芒的年轻人。什么时候讲？普莱斯小姐，你不和我一起鼓励你表哥吗？你是否打算去听他第一次讲道，眼睛一直盯着他，一字不漏地听，只在记录特别漂亮的句子时眼睛才不看他？我可是要这样做的。我们要准备一些拍纸本和一支铅笔。什么时候讲？你可知道，你应在曼斯菲尔德讲，这样，托马斯爵士和贝特伦夫人可以听你讲。"

"克劳福特，只要我办得到，我决不让你听，"埃德蒙说，"你比谁都更可能使我心慌。我最不愿意你来。"

"他想不到这一点吗？"范妮心想，"是的，他不会想到他应该想的任何事情。"

这时，人们都已聚到了一起，话多的人们互相吸引着，她依然安静如故。茶点过后，打起惠斯特①来——尽管没有明说，实际上是体贴入微的格兰特太太为使丈夫开心组织的——克劳福特小姐弹起了竖琴。范妮没事可干，只有听琴。克劳福特先生不时地问她一个问题，或者向她发表个什么意见，她免不了得回答几句。除此之外，她的平静整个晚上没有受到干扰。晚上听说的事情使克劳福特小姐无限烦恼，除了音乐之外，她无心干任何事情。她弹琴招待朋友，同时也是借琴解愁。

埃德蒙不久就要当牧师的消息，对她是一个沉重的打击。原来这件事还在悬着，她还希望是件为时尚早并未肯定的事情。今晚听到这个消息，她又恨又感到羞辱。她对他感到满腔怒火。她过高地估计了自己的影响。她原已开始对他倾心，她觉得她对他本来几乎主意已定，十分郑重其事，但现在她也要和他一样冷静地来与他相处。他明知道如果走这条道路她就决不会屈就他，但他还是执意要走，这就表明，他并没有认真考虑他们两人之间的事情，对她并非真正依恋。她要学会以同样无动于衷的态度来还报他。从今以后，他那边殷勤，她这边逢场作戏。既然他能控制他的感情，她也决不做感情的奴隶。

①一种四人玩的牌戏。——译者注

第二十四章

亨利·克劳福特第二天早晨下定了决心，在曼斯菲尔德再住上半个月。他写了封信叫人把他的猎马赶来，并给海军上将在信中写了几行字作一番解释。信封好后，交付来人。这时，他回过头来，看了妹妹一眼，见周围没人，笑着说道："你知道我不打猎的时候准备怎么消遣吗，玛丽？我已经不那么年轻了，一星期只能最多打猎三次。不过，对中间的那些日子我有一个计划，你知道我是怎么安排的吗？"

"肯定是和我一起散步、骑马。"

"不完全这样。这两件事我倒是非常喜欢的，不过，那只是活动我的身体，我还要注意我的精神。而且，散步、骑马完全是无所事事的消遣，没有一点儿需要动脑筋的有益的辛苦因素，我不喜欢过无所事事的生活。不！我的计划是让范妮·普莱斯小姐对我钟情。"

"范妮·普莱斯！胡说！不行，不行。有她那两位表姐你该满足了。"

"没有范妮·普莱斯我就不会满足，不给范妮·普莱斯的心灵上挖开个小洞洞我就不会满足。你大概没有觉察出她的可爱。昨天晚上我们谈论她的时候，你们好像谁也没有注意到在过去六个星期当中她的容貌发生了多么奇妙的变化。你天天见她，习以为常，没加注意，但我告诉你，她和秋天时相比完全换了个人。她那时只是一个话不多、腼腆稳重、样子不算难看的姑娘，但现在变得漂亮极了。我过去认为她颜色既不好看，表情也很呆板。但是，在她那柔软的皮肤上，就像昨天晚上那样，常常带着一点儿红晕，里边的确有美丽存在。而且，根据我对她的眼睛和嘴的观察，我不认为，当她心有所动的时候，不会不表露感情。还有，她的神态、她的风度、她的一切都完全变了。十月以来，她一定长高了两英寸。”

“得了吧。这只是因为昨天晚上没有高个子女人在场和她比，因为她换了件新衣服，你从前没有见到她打扮得这么好过。请你相信我的话，她依然是十月份那个样子，一丝不差。实际原因是，在场的只有她一个姑娘你可以注意，而你又总需要有个人和你相好。我一向认为她好看——不是光彩夺目的那种好看——而是人们所说的‘相当好看’，是人身上发展着的一种美丽。她的眼珠还不够黑，但是她笑起来很甜蜜。至于你说的这种奇妙的变化，我想可以归结为衣服穿着合体，你又没有别的人可看。因此，如果你真的要对她下工夫，我永远不会相信你是因为她长得美丽。我认为你是出于无聊和愚蠢，再不会有别的原因。”

她弟弟听了这番批评，一笑置之。过了一会儿，他说：“我并不完全清楚范妮小姐是怎么样个人。我不了解她。昨天晚上我看不出她在想些什么。她的性格如何？她是不是爱一本正经？她是不是古怪？她是不是有点儿造作？她为什么要畏畏缩缩，板着脸看我？她对我几乎是口都不开。我这一生中还不曾碰到过一个这样的姑娘，和她在一起这么久，求她欢心，而这样不成功。我还从来没遇到过一个姑娘这样板着脸对待我。我一定要扭转这个局面。她的表情在告诉我：‘我不喜欢你，我决不喜欢你。’但是我要说，我会让她喜欢我的。”

“傻瓜！她所以能吸引你，原因就在这里！正是由于她看不上你，你才觉得她皮肤柔软，个子大大长高，那么媚人，那么优雅！我诚心诚意地要求你不要把她弄到十分不幸的地步。燃起一点点爱情也许能给她带来朝气，带来好处，但是我不许你让她陷得太深。她是个非常好的小姑娘，感情很丰富。”

“只有半个月，她不会陷得太深的。”亨利说，“如果半个月就能要她的命，那说明她必然是弱不禁风，即使不去惹她，她也活不了。不，我不会害她的，她这个可爱的小鬼。我只是要她以友好的眼光看我，为我脸红，还要对我微笑，我要她不论我们在什么地方，都在她身旁给我留一把椅子，当我坐在她身旁和她说话的时候，她要兴致勃勃，我要她和我想到一处去，对我的财产、我的享受感兴趣，想让我在曼斯菲尔德更久地住下去，我要她感到我一走她就永远不再快活。我的要求只此而已。”

“要求真不算高！”玛丽说，“我现在没有顾虑了。好，你有的是机会去争取她的好感，因为我们常在一起。”

她没有进一步表示反对，便丢下范妮不管，任凭命运去考验她。幸亏范妮的心灵受到一种克劳福特小姐猜测不到的保护，不然的话，她会有点儿招架不住的。虽然确有一些不可征服的十八岁姑娘（不然的话，她们也就不会变成作家笔下的人物）任凭你用尽心机，卖弄风采，殷勤体贴，甜言蜜语，都无法使她们违背自己的理智而坠入情网，但是，我并不认力范妮是这样的姑娘。如果她的感情不是另有归属，遇到克劳福特这样的人追求时，尽管他原来留给她的印象不好，尽管追求的时间只有两个星期，我认为她这个性情温柔、深谙情趣的姑娘很难芳心不乱。虽然对另外一个人的爱和对他的睥睨在牢靠地守卫着她的心灵，范妮在这种进攻下仍然心境平静，但是克劳福特持续不断地对她殷勤体贴——持续不断但却保持分寸，并且越来越适应她那温文尔雅腼腆稳重的性格——不久便使得她对他的厌恶感减轻了。她决没有忘记过去，她对他依然看法不好，但是，他的本事对她已有所影响：他非常有趣，他的言谈举止有了重大变化，非常客气，客气得规规矩矩，无可指摘，因此，她也不能不客气地对待他。

几天的工夫便达到了这一步。这几天刚过，发生了一件使她万分高兴的事情，使她见谁都喜笑颜开，因此，也就更有利于他进一步讨得她的好感。威廉——她的哥哥，她那久在海外的亲爱的哥哥——又回英国了。她自己收到了他的一封信，那是当他们的军舰进入英吉利海峡后匆匆忙忙写的，是报告好消息的，只有几行。安特威普号军舰在斯皮特赫德抛锚后，他把信交给从船上放下的第一艘小艇送到朴茨茅斯。克劳福特手拿报纸走来，原希望把这一重要消息告诉她，但他看到她手拿着信纸高兴得发抖，容光焕发地怀着感激的心情在听她姨父极其镇静地口述回信，向威廉发出热情的邀请。

克劳福特只是在前一天才对这件事情有了充分了解，才知道她有这样一个哥哥，她哥哥在这么一艘军舰上。当时一听到这个情况，他很感兴趣，打算一回到伦敦就打听安特威普号军舰可能什么时候回国的消息。第二天早晨他在读报纸上的船舶消息时，碰巧看到了这条消息。这真是上天不负有心人，这个好运好像是在报答他用心之苦，居然想出这个法子来讨她欢心，也是在报答他对海军上将的一片孝心。多年来他订这份报纸就是因为上边登有海军的最新消息。然而，他来迟了。他原想由他来激起她第一阵美妙的狂喜心情，但在他来的时候，这种心情早已沸起。不过，他的关心、他的一片好意还是得到了感激，并且是十分热情的感激，因为，由于她内心洋溢着对威廉的爱，她越过了平时思想上的羞怯的界限。

她的亲爱的威廉很快就要来到他们中间了。毫无疑问他会很快请准假的，因为他仍然只是一个海军候补生。他父母就住在当地，必然已经见到了他，并且也许天天在见他。按道理，他请准假之后会直接来看他的这位妹妹和他的姨父。在漫长的七年当中，妹妹给他写的信最多，姨父也在尽最大努力帮助他，替他争取前程。因此，她给他写的回信很快得到了他的回信，确定了日期，要尽快到这里来。自从范妮心情激动地第一次在外边做客吃饭那天起，过了还不到十天，她又怀着更加激动的心情在过厅里、在门廊下、在楼梯上等待着倾听着她哥哥的马车到来的第一声。

马车在她的等待中欢乐地来到了。他一走进房子她便扑到了他的身边，既不经什么礼数，也不怕拖延与家人见面的时间，那最初几分钟强烈的感情表现既没有人打断，也没有人看见，如果说有人的话，那也只是那些只顾打开各道门的仆人们。这种场面正是托马斯爵士和埃德蒙不谋而合地安排的。他们出于同情，都劝过诺利斯太太，叫她听到马车到达的声音后，待在原地，不要跑到过厅里去。

不久，威廉和范妮来到了大家面前。托马斯爵士看到七年前他给装备起来的被保护人现在完全变了样子，已经出落成一位开朗、愉快、坦率、自然，但又恳切、知礼、对人友好敬重的青年。他愉快地接待他。

范妮过了很久才从那三十分钟的期待和最初会见的激动的快活心情中恢复过来。甚至过了许久她的这种快乐才可以说真的使她感到快乐，她那由于见到的已非原来的威廉而感到的失望才逐渐消失，她才在他身上看到原来的威廉，像多年来她所盼望的那样和他谈心。不过，这样的时刻还是逐渐到来了。这是由于他这方面和她的感情一样热烈，也是由于她那讲究文雅和缺乏自信的心理状态所造成的障碍在逐渐消失。她是他第一个爱的对象，只不过，他意气高昂、脾气刚强，他爱得坦然，也表达得自然。第二天，他们在外边一起漫步的时候才真正领略相逢之乐，以后他们天天都在一起谈心。托马斯爵士没等埃德蒙告诉他就已经看在眼里，他感到莫大的欣慰。

除了在过去几个月当中，埃德蒙对她的一些明显的、她不曾料到的体贴给她带来特大快乐外，范妮这一生还不曾经历过这次与哥哥兼朋友的无拘无束、平等无虑的交往中所感到的这样大的幸福。他对她倾诉心中的一切，把他长期梦寐以求得来不易、理当珍惜的提升职务的喜事告诉妹妹。他还说，在未提之前，他是怎样在希望，在担心，在奋斗，在期待。他对她讲他亲眼见到的爸爸、妈妈、弟弟、妹妹们的详细情况，而她过去很少听到他们的消息，他关心地倾听妹妹讲述她在曼斯菲尔德，在她这个家里过的舒适生活和各种不愉快的小事；他赞成她对这个家里每一个人的看法，只是在谈到诺利斯姨妈时，他比她稍欠考虑，多骂了几句，他同她一起回忆他们童年的好坏表现（也许这是他们谈起来没完没了的最心爱的话题），一起缅怀以往共同经历过的痛苦和快乐。他们越谈越亲。这种兄妹情谊甚至夫妇也无法与之相比。一个家庭、一个血缘，幼小时共同经历的往事和共同养成的习惯，使得兄弟姊妹在一起能够感到的那种快乐，是从夫妇亲朋关系中得不到的。只有在外来的不断挑拨下，在关系破裂而又没能重归旧好的情况下，这些保留下来的儿时的可贵情谊才会被彻底忘却。唉，这种事情多么常见啊！骨肉之间的爱有时是胜过一切，有时是一文不值。但是，在威廉和范妮·普莱斯之间，这种感情依旧鲜艳如初，没有受到利害冲突的伤害，没有因各有所恋而变得冷漠，时间的影响和长久的分离反而使它更加增进。

兄妹间这样亲切相爱使每一个珍惜美好事物的人都对他们更加仿重。亨利·克劳福特也像其他人一样深受感动。他欣赏这位年轻水手对妹妹的强烈感情和毫不掩饰的喜爱。他将手伸向范妮的头说："你可知道，我已经开始喜欢这种奇怪的发式。当初我第一次听说英国有人梳这样的头时，我简直不信。当布朗太太和别的女人都梳着这种发式来到驻直布罗陀专员家里的时候，我认为她们疯了。但是，范妮能使我对任何事情都看得惯。"他看到，范妮听她哥哥叙述海上遇到的突如其来的危险或可怖的情景时，容光焕发，两眼发亮，兴致勃勃，精神贯注，感到异常羡慕。

这种形象，亨利·克劳福特从道德的角度感到欣赏。范妮的吸引力增加了——增加了两倍。多情本身就能够吸引人，它使她的颜色变美，使她的面容光艳。他再不怀疑她是会钟情的。她有感情，有纯真的感情。能受到这么样一位姑娘的爱，能使她那年轻的质朴的心灵产生初恋的热情，是一件难能可贵的事情。他对她的兴趣超出了他的预料。两个星期太短。他要不定期地在这里住下去。

姨父常常要威廉给大家讲他的见闻。他讲的事情本身托马斯爵士就听得津津有味，不过，他要他讲的主要目的是要了解他，是要通过这个年轻人的经历来了解这个年轻人。他听着他简单明了地对他的详细经历所作的生气勃勃的叙述，感到十分满意。从这些经历中，他可以看出他行为检点，熟悉专业，有精力、有勇气，性情愉快，还有其他一切使他能够得到并且应该得到重用的理由。尽管他还很年轻，但他已有丰富的阅历。他在地中海待过，在西印度群岛待过，后来又到了地中海。舰长喜欢他，每到一地，常常带他到岸上观光，七年当中他经历了大海与战争共同给他带来的种种危险。由于他有这么多不平凡的经历，讲起话来自然值得一听。在他叙述轮船遇难或者海上战争的时候，尽管诺利斯太太不时走动，打扰别人，一会儿问这个要一段线，一会儿又问那个要一个衬衫扣子，但其他的人都在聚精会神地听讲。连贝特伦夫人听到这些可怕的事情时也为之震动，有时停下手中活计抬眼说道："天哪！多叫人担心啊！我不明白为什么会有人去当水手。"

亨利·克劳福特听后想法大不相同。他但愿自己也当过水手，见过这些场面，干过这些事情，受过这么多苦难。他心潮澎湃，他想象力飞腾，他对这个还不到二十岁就已经备尝艰难困苦、充分显示出聪明才智的小伙子感到无限敬佩。在他那光辉的英雄气概、服务精神、艰苦奋斗和吃苦耐劳的精神对比之下，他自己一味吃喝玩乐显得卑鄙可耻。他但愿自己也是一个威廉·普莱斯这样的人，充满着自尊和快乐的热忱，靠自己奋斗来建功立业，而不是自己这个样子。

这种愿望虽然来得急切，但并不持久。埃德蒙问到他第二天的打猎怎样安排，使他从回顾往事的幻梦中以及由此而产生的悔恨中惊醒。他觉得做一个有马车仆从的有钱人也是蛮不错的。就某方面来说，这还要更好，因为，你想对谁照顾的时候，你有施惠于人的物质条件。威廉一向对什么事情都兴致勃勃、无所畏惧，欲求一试，他表示想参加打猎。对克劳福特来说，给威廉准备一匹打猎的坐骑可以说是不费吹灰之力。他只需要消除托马斯爵士的顾虑。因为托马斯爵士要比自己的外甥更了解这样一匹马的价值；还需要说服范妮不要担心。她不放心威廉。他对她讲了他在多少国家骑过马，他参加过哪些骑兵队，他骑过多少脾气暴烈的骡子和马，有多少次多么危险他都没有掉下马来，但是她依然不相信他能驾驭一匹膘肥体壮的猎马在英国猎狐。同时，在她哥哥尚没有平安无事地打猎回来之前，她始终认为不该冒这样的危险，同时，她也不感激克劳福特借马给她的哥哥。而他原打算求得她的感激的。不过，事实证明威廉并没有出事，这时，她才感到借马是对威廉的关照。马的主人提出让他下次再骑，接着又极其亲热、盛情难却地把马完全交给了他，叫他在诺坦普顿郡做客期间一直骑用。这时，她甚至向他报以微笑。

第二十五章

在这个时期，两家之间的交往差不多又像秋季那样频繁，这是这些老相识中谁也不曾料到的事情。亨利·克劳福特的返回及威廉·普莱斯的到来对此起了很大作用，但是，这在很大程度上也是由于托马斯爵士对与牧师公馆之间的友好往来已经通融，并且比通融还更进了一步。他现在已经解脱了当初心头的烦恼，有心观察自己周围的一切。他发现，格兰特夫妇和他们的两个年轻伙伴的确值得来往。虽然完全没有考虑自己的儿女和这家的小姐少爷结亲（尽管结亲对他们家有利，尽管明显地存在着可能），甚至谁要是在这件事情上眼快，看出了些问题，他都不以为然，但是，他不须注意就可以看出克劳福特先生对他的外甥女的态度有些与众不同。大概就是由于这个原因，每逢那边邀请，他无意之间就更欣然同意。

牧师公馆里经过多次讨论、多次犹豫才终于决定把这里的老老少少都请去吃饭。他们曾怀疑这样做好不好，“因为托马斯爵士好像不怎么乐意，而贝特伦太太又懒于出门”。然而，托马斯爵士欣然接受了邀请。不过，他接受邀请完全是出于礼貌与友好，和大家一起快活快活，而与克劳福特先生丝毫无关。他还是在这次做客当中，才第一次心想：任何人在一旁观察，都会认为克劳福特先生看上了范妮·普莱斯。

在这次聚会上，爱讲话的人和不爱讲话只爱听的人比例适当，因此，人人感到惬意。按照格兰特家的平时待客之道，饭菜既讲究又丰盛。饭菜很多，大家无暇他顾，只有诺利斯太太一人例外。她一会儿嫌饭桌太宽，一会说菜不必这么多，每逢仆人们从她的椅子背后过去，她总要挑些毛病。离席之后她还发表了一条意见：这么多盘菜肴，有些必然会凉。

到了晚上，大家发现，按照格兰特太太和她妹妹的预先安排，组成一桌惠斯特后，剩下的人可以玩一种不限人数的牌戏。在这种场合下自然是人人都要参加，没有选择的余地。当即决定，一桌打惠斯特，一桌玩投机①。不久，贝特伦夫人发现自己处于为难的境地。她们请她自己选择，是打惠斯特，还是玩投机。她犹豫不决。幸好托马斯爵士就在身旁。

“我打什么，托马斯爵士？惠斯特和投机，哪一种更有趣？”

托马斯爵士经过思索，建议她玩投机。他自己是个惠斯特爱好者，他大概是怕和她一起打牌没有意思。

“很好，”她满意地回答，“那么，格兰特太太，我就玩投机吧。我一点儿也不会，范妮得教教我。”

范妮一听赶忙声明她也丝毫不懂，她长这么大还没有玩过也没有见人玩过这种牌戏。于是，贝特伦夫人一时又犹豫起来了。但是，人人都在向她保证这比什么都容易，是牌戏中最容易的一种，而且亨利·克劳福特走上前来，热情地要求坐在她和普莱斯小姐中间，同时教她们两人，于是，问题得到了解决。托马斯爵士、诺利斯太太、格兰特博士和格兰特太太几位既老练又尊严的人围坐一桌。剩下的六人，在克劳福特小姐的安排下围着另一张桌子坐下。这种安排使亨利·克劳福特极为满意，他挨着范妮坐着，忙得不可开交，既要管自己的牌，又要照看另外两个人的牌。尽管不到三分钟范妮已经完全明白了牌的打法，但是他还要鼓足她的勇气，激励她的贪心，要她心狠手辣。不过，她并不是很容易就接受他的意见的，在和威廉竞争的时候尤其如此。至于贝特伦夫人，整个晚上他都得对她的胜负输赢负责。一发牌不等她看他就替她起到手里，从头到尾出每一张牌他都要指导。

他兴致勃勃，一举一动都如鱼得水，牌翻得活泼，也出得敏捷，胆大有趣，总之，在打牌上样样都很突出。与另外那张稳稳当当、默不作声的牌桌比较起来，这张圆桌上的气氛快活极了。

---

①一种牌戏，玩法是各打各的，相互之间买牌卖牌，最后拥有点数最多者胜。——译者注

托马斯爵士两次询问她的夫人打得是否开心，输赢如何，但是都没有问出个结果，因为每场牌过后停顿的时间都十分短暂，容不得他那样慢条斯理地打听。在第一局打完，格兰特太太到她跟前恭维她时，大家才知道她的情况。

“我想，夫人，您喜欢这种游戏吧！”

“噢，亲爱的，是的。的确很有意思。一种非常奇怪的玩法。我不知道到底是怎么打的。我根本就看不到我的牌，都是克劳福特先生替我打的。”

“贝特伦，”过了一阵，克劳福特趁打牌打得有点儿倦意的时候说，“我还没有对你说过昨天在我骑马回来的路上发生了什么事情。”他们原来在一起打猎，并且正在纵马驰骋，到了离曼斯菲尔德相当远的一个地方时，发现他的马掉了一个马掌，亨利·克劳福特只得半途而废，抄近路回来。“我对你说过，由于我一向不爱问路，过了周围种有紫杉树的那座旧农舍就迷了路。但是，我没有对你说过，我正好走到了我原想前往一游的那个地方。我一向是走运的，做了错事也总会屈中有补。转过一块陡坡地之后，我一下子来到了两边小山缓立的一个幽静的村庄中，前面是一条须涉水而过的小溪，右边的岗上有一座教堂，这座教堂在这个环境里显得又大又漂亮，非常醒目。除了离那座山岗和教堂一箭之地有一幢上等人家的房子外，周围看不到一处甚至半处上等人家的房子。看到的那座房子估计是牧师公馆。一句话，我发现我到了桑顿拉塞。”

“可能是那个地方，”埃德蒙说，“不过，你过了西威尔的农舍之后是往哪条路转的？”

“这种不相干的要心眼的问题我不回答。即使你问我一个钟头，即使对你的问题我都回答，你也无法证明那不是桑顿拉塞——因为那地方肯定就是桑顿拉塞。”

“那么说，你向人打听了？”

“没有，我从来不向人打听。不过，我对一个正在修篱笆的人说那是桑顿拉塞，他表示同意。”

“你的记忆力真好。我都记不得给你说过这个地方。”

桑顿拉塞是他即将就任的教区，这一点，克劳福特小姐是非常清楚的。她此时对争夺威廉·普莱斯的“J”增加了兴趣。

“那么，”埃德蒙继续说，“你喜欢那个地方吗？”

“说实在的，很喜欢。你这个人很走运。至少得干五个夏季，那地方才能住。”

“不，不，没有那么糟。我向你保证，那个农家场院肯定要迁移。其他一切，我都不在意。那座房子决不算坏，待农家场院迁走后，就会修一条像样的路通到那里。”

“场院必须彻底搬走，要多种些树把那些铁匠铺子遮开。房子要由面北改为面东，我的意思是房子的正门和主要房间必须面向风景好的方向，我相信这一点能做到。你的那条路应该就修在那里，让它穿过花园现在坐落的地方。在现在的房子背后修一个新花园，坡向东南，这样一来，它的外观就奇妙无比，庭园与房子非常相配。我顺着教堂和住宅之间的那条狭道骑马往上走了五十码，想向四周瞭望一下，看一看怎么改造为好。我看非常容易。现在这座花园以及将来新修的花园外边的那些草地，从我站的那条狭道向东北，也就是说，直到穿村而过的那条主要道路，要统统连成一片。这些草地在那些树林的点缀下非常漂亮，我想，这些草地是属于牧师薪俸之内的，如果不属，你必须把它们买下。还有那条小河——对那条小河也必须加以利用，不过我还拿不出个固定意见。我有两三个想法。”

“我也有两三个想法，”埃德蒙说，“一个想法是，你关于桑顿拉塞的这套计划，我不会照办。我应该满足于朴实无华。我认为，不需要花很多钱就可以把这座住宅弄得舒适，一看就知道是个上等人家住的地方。这就使我感到满足，而且，我希望，也会使所有关心我的人感到满足。”

他在最后一句中说到他的希望的时候，他的语气，他好似无意而又有意的眼神，使克劳福特小姐意识到这话是在影射她。她恼怒起来，匆匆地结束和威廉·普莱斯的牌斗，一把抓过了他的“J”，叫道：“嗨，我要当个有魄力的女人，把最后的老本都拼上。我不会瞻前顾后。我生就这样一个人，不会坐在那里无所作为。即使要输，我也得拼一拼。”

这一局是她赢了，但赢来的筹码还抵不上她付出的老本。又一局牌在进行着。克劳福特又开始谈论桑顿拉塞。

“我的计划也许不是最佳方案，当时我没有那么多时间去从容考虑。不过，你自己要好好下番工夫。那地方值得你下番工夫，如果你工夫下得过少，你自己也会不满意的。（对不起，夫人，您不要看您的牌。对，就让它们在您面前扣着。）那地方值得下番工夫，贝特伦。你谈到要使它像个上等人家的住宅。要想做到这一点，必须把那个农家场院去掉。我从来没有见到过一座和农家场院建在一起的住宅像个上等人家的。这类住宅一看就知道只不过是一座牧师公馆，里边住的人一年只有几百镑的收入。一座上等人家的住宅不是把一些又低又小的单个房间拼凑在一起，弄得房顶和窗子一样多。也不是土里土气，那么不开阔，像座农舍一样。上等人家的住宅应该是看起来坚固、宽敞，像座官邸，让人一看就觉得里边住的是一个德高望重的古老世家，世代相传，至少在里边已住了二百年，现在每年的开支达两三千英镑。”

克劳福特小姐听着这番议论。埃德蒙对这番议论也表示同意。“因此，只要你对它下点儿工夫，你就会使它看起来像上等人家的宅第。但是，你还有可能把它改造得比一般上等人家的住宅好得多。（让我看一看，玛丽·贝特伦夫人出一打要这张‘Q’；不，不，这张‘Q’值不了一打。贝特伦夫人不出一打。她不要这张牌。过，过。）你如果采取我的某些建议来进行改造，就会把它改得比一般上等人家的宅第好。我并不是要你完全照我的建议去做，不过，我不相信谁还能想出更好的改造计划。如果改造得当，就不只是像一个普普通通的上等人家住宅，而且像一座有学识、懂情趣、举止高雅、结交不凡的人家的住宅。这一切都可以由宅第标志出来。每一个从这里路过的人一看这所房子的气派就会认为这一家是这个教区的地连千亩的主家。尤其是，附近并没有真的大地主的宅第与它相比，这是你我之间说的，这对于保持特权与我行我素大有好处。你同意我的想法吧？（以柔和的声音转向范妮）你去过那个地方吗？”

范妮匆忙给了个否定的回答，把注意力转向他的哥哥，以掩饰对他们所谈问题的兴趣。他哥哥正在讨价还价，拼命劝她达成交易，但克劳福特紧跟着说：“不，不，你的‘Q’不能卖。你买下它的时候付价太高。你哥哥出的价钱还不到它的价值的一半。不卖，不卖，先生，松手，松手。你妹妹不出这张‘Q’。她拿定了主意。这一盘是你的。”说着又转向她：“肯定是你赢。”

“范妮情愿让威廉，”埃德蒙对她笑着说，“可怜的范妮！想故意打错还不成！”

“贝特伦先生，”几分钟后克劳福特小姐说，“你知道，亨利是个非常了不起的环境改造家，没有他的帮助，你在桑顿拉塞就休想做任何这类事情。你想一想他在索色顿起了多么大的作用！想一想我们在八月份大热天大家一起坐车在庭园里到处转悠，看他施展他的天才，他取得了多么了不起的成绩！我们跑到那里，又从那里回来。到底干出了什么，却没法告人说！”

范妮的目光落在克劳福特身上，表情非常严肃——甚至带有申斥意味。但是，不久一和他的目光相遇，她立刻把目光收回。他似乎意识到了姐姐话中的意思，对姐姐摇了摇头，笑着答道："我不能说我在索色顿干了多少事情。不过，当时天气很热。我们都在步行着你找我我找你，弄得稀里糊涂的。"一时大家议论起来，他在嘈杂的人声掩护下，借机悄悄地专对范妮说："以索色顿那一天判断我的设计才能，使我感到遗憾。现在我对事物的见解与那时大不相同，不要以我在那时的表现来看待我。"

索色顿这几个字最能引起诺利斯太太的注意。这时，她和托马斯爵士刚刚靠巧计赢了格兰特博士和格兰特太太的一手好牌，情绪正高，听到这几个字后，她兴冲冲地叫道："索色顿！说得对，那的确是个好地方。那一天我们在那里过得真痛快。威廉，你来得真不巧。你下次来的时候，我想，亲爱的罗什渥兹先生和罗什渥兹太太不会再次外出。我想，我可以担保他们两人都会盛情接待你。你表姐们都不是会忘掉亲戚的那种人，而罗什渥兹先生又顶顶和气，他们现在布赖顿，住的是最上等的房子。罗什渥兹先生有的是钱，住得起。我不知道布赖顿与朴茨茅斯之间的确切距离，如果不太远的话，你回到朴茨茅斯后应该去看看他们。我有一个小包要给你的两位表姐，你顺便给我带去。"

"大姨妈，我倒是非常愿意去。不过布赖顿几乎紧靠着滩头堡，如果我跑到那里去，我想，我这个小小的海军候补生在那么个时髦的阔地方不会受欢迎。"诺利斯太太急切向他担保，他可以放心，他肯定会受到热情接待。不过，她刚一开始说，托马斯爵士便打断了她。他以权威的口气说："威廉，我劝你不要去布赖顿。我相信你们不久就会有更方便的见面机会。不过，我的女儿们在任何地方见到她们的表弟、表妹都会高兴。你也会发现罗什渥兹先生完全把我们家的亲戚当做他自己的亲戚。"

"我但愿发现他能当上海军大臣的私人秘书。"威廉悄悄地说了一声，意欲不让别人听见。他再没多说，这个话题于是到此为止。

到现在为止，托马斯爵士还没有看出克劳福特先生的行为中有什么值得注意的事情。但是，当第二局胜负已定，惠斯特牌组已经解散，只剩下格兰特博士和诺利斯太太在为上一盘争论的时候，他在一边观看另外一桌牌，看出他的外甥女是殷勤致意的对象，或者，更加确切地说，是甜言蜜语讨好的对象。这种殷勤与甜言蜜语所指向的目标相当明确。

亨利·克劳福特刚刚又想出了一个改造桑顿拉塞的方案。因为引不起埃德蒙的兴趣，他正在眉飞色舞地向他的漂亮的邻座详细描绘。他的计划是在下一个冬季他自己把那座房子租下来，这样他在附近地区就可以有一个自己的家。他租房子的目的不光是像刚才说的那样为了在打猎季节用一下。当然，用来打猎也是一个重要的因素，因为，他觉得，尽管格兰特博士为人非常厚道，但是他连人带马住在人家家里总会给人家带来巨大的不便。他租这座房子还有另一个原因。他爱上这个地区并不是只为了打猎，只为了一个季节。他想在这里有一个安身之地，他想来随时可来，有自己可以支配的马厩，一年的假日都可以来这里度过，并且可以和曼斯菲尔德庄园的一家人继续保持、增进他愈来愈加珍惜的友谊，使这种友谊登峰造极。托马斯爵士在一旁听着，并不感觉刺耳。这个年轻人的话里并没有轻薄之词，范妮的态度也无可指摘，她端庄、稳重、冷静、淡泊。她的话很少，只是偶尔对这句话或那句话略表同意。她听了恭维没有丝毫当之无愧的表情流露，听他夸奖诺坦普顿郡也不去随声附和。亨利·克劳福特这时才发现托马斯爵士在一旁注意自己，便转过身来就这个问题和他攀谈，语气较前平淡，言词依然多情。

“我想做您的邻居。我刚才告诉了普莱斯小姐，您可能已经听见了。您是否同意，是否能允许您的孩子接受这么个房客?”

托马斯爵士客气地颔首答道：“你要在附近定居，和我们家长久为邻，我非常欢迎。只是，租房的事情，另作别议。我想，并且我也相信，埃德蒙就要住进他在桑顿拉塞的那所房子。埃德蒙，这句话我该不该说?”

埃德蒙听到父亲问他，先得了解他们刚才谈的是什么。不过，一了解清楚，他马上便作了答复。

“当然，我已打定主意住到那里。不过，克劳福特，虽然我拒绝把房子租给你，但欢迎你作为朋友到我那边来。每年冬季你都可以把这座房子当做一半属于你，我们将根据你的修改后的计划增加马厩，并根据你这个春季可能想出的修正方案进行一些改造工作。”

“受到损失的是我们，”托马斯爵士接着说，“他要走了，虽然离我们只有八英里，但对我们这个家庭来说仍然是个损失。不过，我随便哪一个孩子如果做不到这么一步，我会感到很大的耻辱。当然，克劳福特先生，在这个问题上你不会想这么多。一个牧师如果不经常住在教区，他就不知道教区需要的是什么，有什么样的要求。靠代理人是了解不到那么多的，埃德蒙当然可以既履行他在桑顿拉塞的俗话所说的职责，即做祷告、讲道，同时又不放弃曼斯菲尔德庄园，他可以每星期天骑马到他名义上的住宅去一次，领着大家做一次礼拜，如果他心安理得的话，他可以每七天去当上三四个小时桑顿拉塞的牧师。但是他不会心安理得的。他明白，人类的天性所需要的教导不是每星期一次讲道所能解决的。他知道，如果他不生活在他的教区居民中间，经常关心他们，以此来表明他是他们的朋友，并且一心为了他们好，那么，他给他们和自己都带来不了多少好处。”

克劳福特先生点头表示同意。

“我再说一遍，”托马斯爵士补充说，“在附近地区，桑顿拉塞是唯一的一所我不赞成克劳福特先生占有的房子。”

克劳福特先生点了点头。

“毫无疑问，”埃德蒙说，“托马斯爵士了解教区牧师的职责。我们应该希望他的孩子能表明自己也懂得这种职责。”

托马斯爵士的简短训话对克劳福特先生究竟能起多大作用，且不去管它，却使在座的两个人，两个最注意听他讲话的人，感到局促不安。其中一个从来没有想到桑顿这么快就要彻底变成埃德蒙的家，因此，耷拉着眼皮在思索不能天天见到埃德蒙该是个什么滋味。另外一个，听了弟弟的那番描述之后，原还抱着醉心的幻想。在她对桑顿的未来憧憬中，教堂被排除在外，牧师也撂却自己的职责，桑顿成了一所高雅讲究的、现代化的、一位富贵人士偶尔来住几天的住宅。现在，她被托马斯爵士的一番话从梦幻中惊醒，她那幅心目中的图画也随着破灭。她认为这一切都是他毁灭的，于是对他怀着满腔敌意。他的性格和他的那副面孔，令她生畏，她不得不隐忍，她不敢说任何话放肆地嘲笑他的主张。这使她尤其感到痛苦。

她今晚的如意投机已经过去。由于耳边有不断的说话声，牌也无法再打下去。她很高兴能站起身来，换个地方，换个人坐在一起，使自己的心情得到恢复。

大部分人围着火炉散乱地坐着，等待着最后散场。威廉和范妮不爱随人亦步亦趋，依然一起坐在散掉了的牌桌边，愉快地聊天，忘掉了其余的人，直到其余的人想到了他们。亨利·克劳福特第一个把椅子转向他们，他默默不语地坐在那里观察他们好几分钟，同时，托马斯爵士一边站在那里和格兰特博士闲聊，一边在观察他。

“今夜该开舞会，”威廉说，“我如果在朴茨茅斯，也许我会参加。”

“不过，你不会希望你此刻身在朴茨茅斯，威廉。”

“是的，范妮，我不会希望。如果没有你在场，我不会留恋朴茨茅斯，我也无心跳舞。我知道，我去参加舞会也没有什么意思，因为我可能连个舞伴都找不到。朴茨茅斯的姑娘们只瞧得起当官的。当个海军候补生比当什么都不如。的确，比当什么都不如。你记得格列果里那家的姑娘们吧？她们都已经长大成人，出落得光艳照人。但是她们见了我都不爱答理，因为，正在追求他们家露茜的是一位少尉。”

“噢！可耻，可耻！不过，你不要放在心上，威廉。（说到此处她自己的脸却气得发红）值不得放在心上。这对你不会有什么影响，那些最伟大的海军将领们年轻时多多少少都经历过这类事情。你不要去想它，你不要把它看做每个海员都会遇到的不如意事情，就像恶劣的天气和艰辛的生活那样，这些不如意事情也有它们的好处，那就是它们总有结束的时候，总有一天你们再也不会有这类事情叫你们去忍受。等你当上少尉的时候再看吧！威廉，你想想看，当你当上少尉的时候，这类无聊事情就无须你去计较。”

“我觉得我永远当不上少尉。每个人都晋升为军官了，就是我没有。”

“噢！亲爱的威廉，别这样说；别这样灰心丧气。姨夫虽然没有说出来，但我相信他会尽他的一切力量使你得到提拔，他和你一样清楚这是多么重要的一件事情。”

她一转眼看到姨夫离他们比她原以为的要近得多，便赶忙收口。两人谈起别的事情来。

“你喜欢跳舞吗，范妮？”

“喜欢，非常喜欢，只是跳不上一会儿就感到累。”

“我想和你一块儿参加舞会，看看你跳得怎么样。你们诺坦普顿没有举行过舞会吗？我想看你跳舞，如果你愿意，我陪你一起跳，反正这里没有人认识我。我再次给你做舞伴。小时候我们一起跳来跳去跳过多少次，你还记得吧？那是当街上响起手摇风琴的时候。我跳得相当好，独具一格，不过，你比我跳得还要好。”这时他们的姨父已经来到他们跟前，他转向姨父说：“范妮跳舞跳得很好吧，姨父？”

这个突如其来的问题吓坏了范妮。她不知道眼睛往哪里看好，也不知道姨父会说出什么话来。她想姨父肯定会严厉地申斥一顿，至少会给个颜色看看，那会使她哥哥难堪，使她自己也无地自容。然而，与她担心的相反，他只不过说：“很遗憾，你的问题我无法回答。范妮从小到现在，我从来没有见她跳过舞。不过，我相信，她一旦跳舞，也会十分稳重，像个大家闺秀，这一点你和我都可以放心。也许不久我们就有机会看她跳舞。”

“普莱斯先生，我见到过你妹妹跳舞，”亨利·克劳福特探身说道，“你有什么问题尽管问我好了，我负责回答，保证你完全满意。不过，我认为（看到范妮面带难堪的表情），必须以后找个时间再说。在座的人们当中，有一个人不喜欢普莱斯小姐被说来说去。”

他曾经看到过范妮跳舞，这是千真万确的，同样千真万确的是，他只记得她安详地以轻盈优美的步态在场子里走动过，但是，实际上他根本记不起她跳舞跳得怎么样，可以说，他只记得她到过舞场，别无其他记忆。

不过，他夸她舞跳得好，夸过之后，并没有人仔细追问。而且，托马斯爵士并没有因此感到丝毫不悦。相反，他继续谈论舞蹈。他兴致勃勃地描绘安第瓜的舞会，听他的外甥叙述他见到过的各种舞蹈，仆人们通报他的马车已到他都没有听见。看见诺利斯太太在张罗他才知道。

“喂，范妮，你在干什么？我们走了。你没有看见你二姨妈已经起身了吗？快，快！叫威尔考克斯老汉一直在外边等，我可过意不去。你要替车夫着想，替马着想。亲爱的托马斯爵士，我们已经决定让马车下一趟来接你和埃德蒙、威廉。”

托马斯爵士不能不表示同意，因为这原是他的安排，事前告诉他的妻子和大姨子的。诺利斯太太似乎忘记了这一点，自以为这一切都是由她决定的。范妮这次做客临走时的心情不够愉快：埃德蒙不声不响地从仆人手里接过披肩，过来给她披上，却被克劳福特先生手快抢了过去，尽管这是更加露骨地在向她献殷勤，她还不得不表示感激。

第二十六章

威廉希望看范妮跳舞，这件事他姨夫牢记在心。托马斯爵士既然已答应给他一个机会，便想尽早实现，免得他挂在心头。他已经打定主意满足威廉对妹妹的这种亲切感情，满足其他想看范妮跳舞的人们的愿望，同时给所有年轻人一次娱乐的机会。经过考虑，他暗自作了决定。第二天早晨吃早饭的时候，他把外甥的话提了出来，并加以表扬。接着，他补充道："我要你在离开诺坦普顿郡之前参加一次这种活动。这样，我也可以有机会看看你们兄妹俩跳舞。你上次提到过诺坦普顿的舞会，你表哥表姐们去参加过。不过，那里的舞会现在对我们并不完全合适。你姨妈的身体会吃不消。我们不要去考虑诺坦普顿什么时候举行舞会。我们在家里开个舞会我看更好；要是——"

"啊，亲爱的托马斯爵士！"诺利斯太太打断了他的话，"我知道下边是什么。我知道你下边要说的是什么。要是亲爱的朱丽叶在家，要是亲爱的罗什渥兹太太在索色顿，使我们有理由举行这样的活动，你就会在曼斯菲尔德给年轻人们开个舞会，我知道你会这样做的。要是她们两人在家为舞会增色，这个圣诞节你就会举办舞会的。谢谢你的姨父，威廉，谢谢你姨父！"

"我的女儿们，"托马斯爵士严肃地反驳道，"在布赖顿自有她们的娱乐活动，我想，她们玩得非常快乐。我想在曼斯菲尔德举办的舞会是为她们的表弟、表妹举办的。如果全家人都在，肯定我们会更高兴。但是，我们不能因为有的人不在家就不让其他人组织娱乐活动。”

诺利斯太太再没有说话。她从他的脸色上看出他主意已定。她又惊奇，又恼火，几分钟后才平静下来。怎么在这个时候举办舞会！他的姑娘们都不在家，事先也没有征求她的意见！不过，她很快便自我宽解。一切必然要由她经办。贝特伦夫人当然不会去费心费力，整个这件事情都会落在她的身上。舞会将由她主持。想到这里，心情立即大为好转。大家表示快乐和感谢的话还没有说完，她已经和大家一起说说笑笑了。

埃德蒙、威廉和范妮正如托马斯爵士所希望的那样，都喜笑颜开，感激不迭，不过他们高兴的原因还有所不同。埃德蒙是为他们两人感激父亲。以往他父亲做的好事，或者对人的帮助，从来没有使他这样高兴过。

贝特伦夫人满意地静静坐着，她没有任何意见。托马斯爵士向她保证舞会给她增加不了多少麻烦，她也向他保证她不怕麻烦。实际上，她也想象不出会有什么麻烦。

诺利斯太太殷勤主动地建议他用哪些房间举办舞会，但发现没等她建议，舞场问题已安排妥当，她想在日期上发表个意见，举办舞会的日期也已经定好。托马斯爵士怀着愉快的心情亲自制订了一个周密的计划。根据路程远近是否来得及通知，根据十二对或十四对年轻人的规模，他拟订了一个准备邀请的家庭名单。他把舞会的日期定在二十二号。诺利斯太太一安静下来，愿意听他介绍他的计划，他便让她看了看名单，并给她介绍了把日期定在二十二号的理由。威廉二十四日就得身在朴茨茅斯，因此，二十二号是他来这里探亲的最后一天。同时，时间本已仓促，也不宜把日期定在二十二号以前。诺利斯太太听过之后说，这正符合她的想法，她自己本来也打算建议把日期定在二十二号，她说她认为那一天最为恰当。

举办舞会的事情已完全议定，黄昏未到，有关的人已人人皆知。请帖已迅速发出。不少姑娘和范妮一样当晚就寝的时候心里都在做着各种快乐的考虑。范妮的考虑有时几乎要越出快乐的范围。她年纪小、没经验，她没有多少东西供她挑选，对自己的眼光也没有信心，“我怎样打扮”成了她伤脑筋的问题。威廉从西西里岛给她带回的一个非常漂亮的琥珀十字架可以说是归她所有的唯一的装饰品。而这件装饰品给她带来的苦恼却很大。这是因为，她没有别的东西系这个十字架，只有一条缎带。过去她虽然这样戴过，但是，这一次来的小姐们戴的都必然是贵重装饰，她这样戴，置身在她们中间，行吗？那么，不戴怎么样？威廉原还想给她买一个金项链配这个十字架，他的钱不够才没有买。不戴这个十字架会使他伤心。这重重顾虑使她焦灼不安。尽管即将到来的舞会主要是为她举办的，她也打不起精神。

事先的准备工作同时在进行着，贝特伦夫人依然坐在她的沙发上，不须她操心。她的女管家到她这里多来了几趟，她的使女在为她赶制新装：托马斯爵士下命令，诺利斯太太跑腿。但是，这一切并没有给贝特伦夫人带来任何麻烦，像她预料的那样："其实，这件事情没有什么麻烦。"

埃德蒙在这个时期心事特多。他忙于考虑即将面临的决定他一生命运的两件事情——接受圣职和结婚——两件事情都很重大，其中一件舞会过后就要来临，因此，他不像家里的其他人把舞会看得那么重要。二十三号他就要到彼得镇附近去找一个和他情况相同的朋友，在圣诞节前后那一个星期里一起去接受教会的任命。那时，他的命运即可决定一半，另外的一半不一定能顺利求得。他的职责将确定下来，但是，分担他的职责，使他在履尽职责当中享受到快活与安慰的妻子却可能到不了手。他知道他自己的思想，但是克劳福特小姐是怎么想的，他有时并无把握。有些问题他们的看法不一，有些时候她似乎并不顺遂。尽管他完全相信她的感情，决定（差不多决定）一旦他面前的种种事情安排完毕，一旦她知道他都有些什么可以奉献给她，便很快向她求婚，但是，他对后果如何仍然常有疑虑，放不下心来。有时候，他深信她对他有意，他回想起她长期以来对他流露的感情，而且她对他的依恋完全不是从金钱地位出发。但是，有的时候，他的希望当中又混杂着疑虑与担心。他想起，她公开表示不愿意隐居山林乡野，她要过伦敦生活。这不是对他断然拒绝是什么？也许他做出自我牺牲，不干他要干的这一行，她才会接受他，但他的良心又反对他那样做。

整个事情的关键取决于一个问题。她是否十分爱他，为了他而放弃那些非得照办不可的条件？他是否十分爱她，由于爱情，这些条件不再那么重要？他经常拿这个问题自问自答。虽然他的回答常常是肯定的，但有时也会是否定的。克劳福特小姐很快就要离开曼斯菲尔德了，因此，最近肯定和否定在轮流交替。她收到朋友来信，请她到伦敦住上一段很长的时期，亨利答应在这里一直住到元月，以便把她送到伦敦。她提到她朋友的这封信及亨利的这番深情厚谊时，他看到她眼睛里闪烁着喜悦的光芒。她谈到伦敦之行的快乐时，他从她兴奋的语调中听出了否定。不过，这只是在做出这样决定的第一天发生的，并且发生在得到这可喜的消息后的一个钟头之内，那时，她心目中只有她要去看望的朋友们。但是，自那以后，他听到她话已说得不同，感情亦有所不同，心情更加矛盾。他听到她对格兰特太太说离开她感到舍不得；她不相信她将要去看的朋友、将要去寻求的快乐能赶得上她将要告别的朋友们，尽管她是非去不可，并且，知道离开这里之后日子会很快活，但是她已在盼着重返曼斯菲尔德。这一切不也包含有肯定的因素吗？

由于有这样一些问题要考虑，要反复安排，埃德蒙也就不十分关心一家人兴奋地盼望着的那个夜晚。他之所以还重视这次的舞会，只是为了他的表弟和表妹的缘故。否则，他会把它看得还不如两家人的其他聚会。往昔每次聚会的时候，他都有希望受到克劳福特小姐进一步向他表白的情意。而这次舞会上，纷纷攘攘的舞场大概不利于她产生和表白这样的感情。他提前和她约定同她跳头两场舞，算是这次舞会给他个人带来的全部快乐，也算是当别人从早到晚忙忙碌碌为舞会做准备工作的时候，他自己做的一点儿准备。

舞会定在礼拜四举行。礼拜三早晨范妮还拿不准她应该穿什么衣服。她决心征求一下更有见识的人们的意见。她想去请教格兰特太太和她的妹妹。这两个人的见识是大家公认的。按照她们的意见去办，肯定会十分得体。同时，埃德蒙和威廉到诺坦普顿去了，她猜测克劳福特先生也不会在家。因此，她向牧师公馆走去，心想，不会找不到机会和她们姐妹们秘密商量。对于范妮来说，这次求教的秘密性是十分重要的，因为，她对自己这样操心打扮也颇有几分害羞。

她在离牧师公馆几米远的地方碰到了克劳福特小姐。克劳福特小姐刚刚走出门来，要去看她。范妮觉得，她的朋友昼然不得不坚持折回去，但并不乐意失去散步的机会。因此，她立即向她说明来意，说道，如果她肯于帮忙，给她出出主意，在户外说和在家里说都是一样的。克劳福特小姐见她向她求教，感到高兴，想了一会儿之后，更加亲热地邀请范妮进去。这时格兰特夫妇都在客厅里。为了不打扰他们，她建议到楼上她的房间里去。在那里，她们可以从容密谈。这正符合范妮的心思。她如此亲切使她非常感激。她们走进房内，上了楼梯，不久便进入了这个问题。克劳福特小姐乐于范妮向她求教，尽力把自己的见识传授给她，给她出主意，使样样事情都由难变易，并且给她鼓励，使样样事情都带上快乐的色彩。大件服装方面的问题已经解决——“不过，你戴什么作项链呢？”克劳福特小姐问，“你戴不戴你哥哥给你的十字架?”她一边说一边解开一个小包。这个小包，她们在门外相遇的时候，范妮曾看见她在手里拿着。范妮向她说明了自己在这件事情上的希望和疑虑。她不知道是戴好还是不戴为好。她得到的回答是，一个小小的首饰盒摆在了她的面前，里边有几条金链子和金项链，请她任选一条。这就是克劳福特小姐拿的那个小包里的东西。她要去看范妮为的就是把这些东西送去。现在，她要范妮自己挑一条作为留念，来配她的十字架。范妮一听吓了一跳，脸上露出了惊恐的神色。她再三好言相劝，帮她打消顾虑，态度极其亲切。

“你看我有多少条!”她说，“我连一半都用不上，平时都把它们忘了。我又不是给你新买的，我只不过送你一条旧项链。你应该原谅我的不恭，给我点儿面子。”

范妮仍然拒不肯收，并且是表里如一。礼物太贵重了。但是，克劳福特小姐也不肯作罢，她情笃意真地给她述说理由，叫她替威廉着想，为她的十字架、为舞会着想，并替她自己着想，最后才算胜利。范妮怕落个瞧不起人，不够朋友，及其他类似的罪名，不得不顺从下来。她有几分勉强地答应了她，开始挑选。她看来看去，在猜测哪一条价钱最便宜。其中一条她最常见，最后便选中了这一条。这是条精致的金项链。范妮觉得一条比较长的、没有特殊花样的金链子更适合配她的十字架，不过，她选了这一条，她以为这一条克劳福特小姐最不希望保存。克劳福特小姐笑了笑表示完全赞成，赶紧把项链戴在她的脖子上，就算把礼物送定了，并让她对镜子看看戴起来多么合适。范妮觉得戴在脖子上非常好看。得到这么样一件合适的东西，她感到高兴。不过，她的顾虑还没有完全消除。她觉得，这份人情若是欠了别的什么人的，或许好些。但她不应该这样想。克劳福特小姐事先替她考虑，想到了她的需要。她对她这么好，已证明是她的真正朋友。“当我戴着这条项链的时候，我会永远想着你。”她说，“记着你对我是多么好。”

“你戴上这条项链的时候，还应该想起另外一个人，”克劳福特小姐说，“你应该想起亨利。一开始是他买来的。他给了我，我现在把项链转赠给你，就由你来想着原来的赠链人吧。这算是我们家里给你的纪念物。想到姐姐也要想到弟弟。”

范妮听后惊慌失措，要立即把礼物归还。去拿别人受之于人的礼物，并且是弟弟赠的！绝不能这样做！绝对不行！她急忙把项链又放回它的棉花垫上，似乎下决心再换一个，或者一个也不要。她那慌乱的样子使她的伙伴觉得很好玩。她觉得她还从来没有见过这么自觉的人。“亲爱的姑娘，”她大笑道，“你怕什么？你以为亨利见了会说这条项链是我的，你是用不正当的手段弄到手的？或者你以为，亨利看到这条项链戴在这么漂亮的脖子上，会过分高兴？要知道在他见到这么漂亮的脖子时，项链已买来三年了。要不——”她调皮地看了范妮一眼，“你大概是怀疑我们串通一气，我事前告诉了他，并且是奉他之命吧？”

范妮面红过耳，连忙声辩说她决没有这样想。

“那么，好吧，”克劳福特小姐更加认真起来，对她的话不肯相信，“为了证明你不怀疑我是捣鬼，对我的好意像往常一样信任，你就把项链拿去，什么话都不要再讲。我告诉你，不会因为这是我弟弟送给我的我就不能送人，同样，也不会因为这是我弟弟送我的，我再送你的时候你就不能接受。他经常送我这个，送我那个。他给我的礼物数不过来，我不可能样样都当做宝贝，他送过些什么，他自己也大都忘了。至于这条项链，我想我戴了六次都不到。这条项链是很漂亮，但是我从来没有把它放在心上。虽然首饰盒里的条条链子和项链你挑哪一条我都欢迎之至，但是，说心里话，你碰巧挑上了我最舍得送人并愿你挑去的一条。我求求你，再别说什么了。这么件小事值不得我们费这么多唇舌。”

范妮不敢继续反对，又重新道谢，接受了项链。不过，她已不似起初那样高兴，因为克劳福特小姐的眼神中有一种表情使她看了不悦。

克劳福特先生态度上的变化，她自然有所觉察。她早已看了出来，他显然想讨她的欢心。他对她殷勤，用心有点儿像过去对她的两位表姐那样。她推测，他是想像耍弄她们那样耍弄她。这条项链与他有没有关系？她不相信与他无关。克劳福特小姐虽然是个关心弟弟的姐姐，但却是个粗心的女人，不会那么体贴人的朋友。她在回家的路上想来想去，满腹疑云，感到有了自己朝思暮想的东西之后并不真正快乐。来时路上的重重忧虑现在并没有减少，只不过换了性质罢了。

第二十七章

范妮一回到家里，便匆忙上楼，把这意外得来的东西，这副可疑的项链往东室里一个专门保存她心爱的小东西的盒子里存放。但是，她一开门，惊奇万分，看到埃德蒙表哥在桌边写些什么。这情景过去从来没有发生过，可以说她感到又惊又喜。

“范妮，”埃德蒙一看见她，便撂下笔，离开座位，手里拿着什么东西迎了上来，“请原谅我走进你的房间。我是来找你的。我等了你一会儿，以为你会回来。我正给你留话说明我来的目的。条子的开头你自己可以看到。不过，我现在可以直接告诉你我来此的目的。我是来求你接受这点儿小小的意思，一条系威廉送你的十字架的链子。本来一个星期前就该让你收到的，但是我哥哥到伦敦比我预料的晚了几天，给耽搁了。我刚才从诺坦普顿取来。我想你会喜欢这条链子，范妮。我是根据你讲究朴实来选择的。反正，我知道你会谅解我的用心，把这条链子看做你的一位老朋友的爱的象征。实际上它也就是这种象征。”

说完，他便匆匆走开。范妮悲喜交加，千种思绪涌上心头，一时说不出话来。但是，在一个最重要的希望催逼之下，她叫了出来：“噢！表哥，等一等，请你等一等！”

他转过身来。

“我不知道怎样谢你才好，”她非常激动地继续说，“我无法表达我是怎样地感激。你这样替我着想，你待我的好处超过了——”

“如果你就只是为了说这些，范妮——”他笑了笑，又掉头要走。

“不，不光是为了这个。我想和你商量事情。”

此时她几乎是无意识地解开了他刚才放到她手里的小包，看到小包包得非常细致，这只有珠宝商人才能做得到。小包里放着一条没有花饰的金链，又朴素，又精致。她一看见，不禁又叫了出来：“噢，真美！这正是我所希望的！这是我唯一想要的装饰。配我的十字架非常合适。这两样东西应该戴在一起，我要把它们戴在一起。而且，它来得正是时机。噢，表哥，你不知道我现在多么需要它！”

“亲爱的范妮，你把这些东西看得太重了。这条链子能为你喜欢，并且不耽搁你明天戴，我非常高兴。不过，你实在不必这样谢我。请相信我，我最大的快乐就是能给你带来快乐。是的，我可以肯定，再没有任何快乐如此彻底，如此纯真。它连一点儿不纯的因素都没有。”

范妮听到这样的感情表白，久久说不出话来。等了一会儿，埃德蒙又问道：“你想和我商量什么？”这才把她那飞往天外的心灵叫了回来。

她说是关于那条项链的事情。她现在想马上把它退回去，希望能得到他的同意。她把刚才去牧师公馆的经过告诉了他。埃德蒙听后心弦震荡，克劳福特小姐的行为使他高兴万分，他由于两人的行为不谋而合喜不自胜，范妮感到他快乐到不能自抑的程度，不过，这种快乐有他的私心在内。良久他没去注意她在继续讲些什么，也没有回答她的问题。他沉浸在醉心的往事中，只是偶尔说上一句半句赞扬的话。但是当他如梦方醒，明白了她在说些什么之后，他坚决反对她把项链退回。现在，范妮的狂喜可以说是已经过去了。

“退项链！不，亲爱的范妮，说什么也不能退。那样会严重伤害她的自尊心。世界上最令人不快的事情就是你好心好意给朋友送件东西，满以为他会高兴，结果他却给退了回来。她的行为应该得到快乐，我们为什么要使她扫兴呢？”

“如果当初就是给我的，”范妮说，“我不会想到要退给她。但是，这是她弟弟给她的礼物。她现在看到我已经不需要了，就收回去，这不是理所当然的吗？”

“她不会想到你不需要它，至少她不会想到你要退给她。是她弟弟给她的也没有关系。她不能因此就无权送给你，你也不能因此就不能接受。因此，这并不妨碍归你所有。肯定比我送给你的漂亮，更适合戴到舞场上去。”

“不，并不比你的漂亮，就它本身来说绝不比你的漂亮。就对我的用场来说，适合我的程度还不到你给我的这条的一半。你这条链子配威廉的十字架非常合适，那条项链无法和它相比。”

“即使戴她的不如戴我的，你也戴上一个晚上，范妮，就戴一个晚上——我相信，你在慎重考虑之后，会将就一个晚上，而不去使一个这样对你关心的人伤心。克劳福特小姐对你的热情还没有超过应有的程度，我认为她对你怎样热情你都可以当之无愧。不过，她的态度是始终如一的。我相信，你的天性不会让你这样去报答她。因为，这会让人感到是忘恩负义。当然，你的本意决不是如此。明天晚上，按照原来的计划，戴那副项链。至于这副项链，本来就不是为这次舞会定做的，你把它放起来，在较普通的场合戴。这是我的建议。我和你们两人的亲密关系给我带来极大的愉快，你们两人的性格又非常相像，都是心地忠厚，天生地体谅别人，虽然处境有一点点不同，但并不妨碍做知心朋友。因此，我不愿你们两个之间出现一丝淡漠的阴影。我不愿，”他声音稍微低沉地重复说，“一丝淡漠的阴影出现在世界上我最心爱的两个人之间。”

他话未说完便走开了，剩下范妮一个人在尽力抑制自己的心情。她是他最心爱的两个人之一——这当然会给她安慰。但是，另外一个是占第一位的！她还从来没有听到他这样直言不讳地说过。尽管他所说的原也是她早就看出来了的事情，但是，这仍然使她感到刺痛。因为，这说出了他的信念、他的看法。他的看法已十分明确。他要娶克劳福特小姐。尽管这早已在意料之中，听到后对她依然是个打击。她茫茫然一遍又一遍地重复着她是他心爱的两个人之一，自己却不知道自己在念叨些什么。要是她认为，克劳福特小姐真的配得上他，那就会——噢，那就会多么不同——她在感情上就会好受得多。但是，他并没有看透她，他给她加上了一些并不存在的优点，而她的缺点却依然如故，但他已视而不见。她为他识人不透痛哭了一场，心情才抑制下来。为了摆脱接踵而来的沮丧情绪，她只好借助于拼命地为他的幸福祈祷。

她要尽量克服自己对埃德蒙的感情中的一切过分接近自私的成分。她认为她应该这样做。她如果把这件事情叫做或者看做自己的不幸和失望，她觉得那就会是非分，是不自觉。她谦卑的天性不允许她那样做。自己不应该像克劳福特小姐一样期待于他，不然自己就是发疯。在任何情况下自己都不应该打他的主意，他至多只能做自己的一个朋友。为什么自己竟想入非非？应该受到责备，应该禁止。这种非分之愿根本就不应该进入自己的心灵。她要努力使自己头脑清醒，有能力去判断克劳福特小姐的为人，并且理智地、无私地真正关心他。

她有坚守节操的英雄气质，决心履行自己的义务，但也有许多符合年轻人天性的感情。因此，毫不奇怪，在下了这一切难能可贵的自我控制的决心之后，她还一把抓起了埃德蒙给她没有写完的那个纸条，当做从天而降的宝贝，怀着最温柔的情肠读着上边的话："我非常亲爱的范妮，你一定要赏光接受——"她把它和链子一起锁了起来。她把这个纸条看得比链子还要宝贵。这是她从他那里收到的唯一的一件类似信的东西，她可能再也收不到第二件。不可能再有第二件从意义到形式都这样使她无限喜爱的东西①。最杰出的作家的笔下从来也没有出过比这更加受到珍视的短短的一句话。最痴情的传记作家也没有这样珍视过自己收集到的资料。一个女人的爱的强度甚至要超过传记作家。对她来说，不论内容是什么，这行字的手迹本身就是一件神圣的事物。尽管埃德蒙的那笔字极为平常，但是，人类中间还没有一个人能写出这样受到珍视的字来。尽管这行字是匆匆忙忙写的，但写得没有一点儿毛病，而且头八个字那样协调，"我非常亲爱的范妮"安排得那样协调，她真想永远看下去。

她以自己的理智夹杂着自己的弱点清理好自己的思想、安慰了自己的感情之后，按时走下楼，在贝特伦姨妈的身旁做起自己日常的针线活儿，对她顺依恭敬一如既往，看不出情绪受过任何影响。

星期四来到了。这一天对范妮来说比这类执拗的、无法控制的日子开始得要吉利一些。早饭后不久，克劳福特先生给威廉送来一个非常友好的便函，说他第二天早晨必须到伦敦去几天，他想邀一个人做伴，如果威廉愿意比原计划提前半天动身，可以顺便乘他的马车。克劳福特先生打算在他叔父傍晚吃正餐的时间赶到伦敦，要威廉和他一起在海军上将的家里吃正餐。这个建议威廉本人非常高兴。想到和这样一位性情开朗、讨人喜欢的朋友，乘着四匹驿马拉的马车一路飞奔，他大感兴趣。他觉得这等于坐一辆专用马车回去，既快乐又体面，立即表示赞成。范妮也非常高兴，不过，她高兴的原因有所不同。按照原来的计划，威廉得在第二天夜里乘邮车从诺坦普顿动身，在坐进朴茨茅斯的公共马车之前，连一个小时的休息都得不到。克劳福特先生的建议虽然使威廉提前离开她许多小时，但是，却可以使他免去旅途

①在那个历史阶段的英国，未订婚的男女一般是不能通信的。——译者注

劳顿，她为此而高兴，其他再不计较。托马斯爵士由于另外一个原因也赞成这样做。他外甥被介绍给克劳福特海军上将会对他大有好处。他相信，海军上将门路广大。总的来说，这封信令人非常愉快。半个上午范妮都为此事喜不自胜，她的部分欢喜是由于写这个便函的人自己也要走了。

至于这眼看就要举行的舞会，由于她过分激动，忧虑重重，她想到舞会的时候，兴致还不到应有的一半，或者说，还不到许多姑娘们认为她应有的兴致的一半。这些姑娘们和她一样在盼望舞会。她们的处境比她安逸，不过，在她们的心目中，这件事对范妮来说更为新鲜，更有意义，更值得特别高兴。普莱斯小姐这个名字，应邀的人们当中只有一半知道，现在她要第一次露面了。她必然被宠为当天晚上的女中之冠。有谁能比普莱斯小姐更幸福？但是，普莱斯小姐生来从未学过如何初次进入社交界这门功课。她如果知道她和这个舞会怎样被人看待，她就会更加担心自己的举止不当，更加担心那睽睽众目，因此，也就大大减少她的快乐。跳舞的时候能够不过分受人注意，能跳得不过分疲惫，自己的精力能维持半场舞会，半场舞会当中能次次都有舞伴，能和埃德蒙跳上一阵，能和克劳福特先生不跳过多，能看到威廉跳得开心，能甩开诺利斯姨妈，这是她最大的愿望，似乎也是她最大的幸福。这既然是她的最大希望，这些希望必然就不能一直紧抱不放。这个漫长的上午她主要是在两位姨妈身边度过的，她常受到远不是那么乐观的看法的影响。这是威廉在这里的最后一天，他要好好玩一玩，因此出外打鹬去了。埃德蒙呢，她料定在牧师公馆。剩下她一个人来忍受诺利斯太太给她的烦恼。由于女管家坚持按自己的意见安排晚饭，诺利斯太太在发脾气。女管家可以对她敬而远之，范妮却避不开她。范妮最后被折磨得情绪丧尽，觉得有关舞会的样样事情都成了不幸。最后，被打发去换衣服的时候，她万分苦恼，少气无力地向自己的房间走去。她觉得自己不可能快活起来，好像快乐与她无缘似的。

她一步一步地走上楼梯时，想起了昨天的情景。昨天大约就是这个时候她从牧师公馆回来，发现埃德蒙在东室。“但愿今天又碰到他在那里！”她沉溺在如意的幻想之中，自言自语地说。

“范妮，”此时在离她不远的地方有一个声音说。她吃了一惊，抬眼望去，但见她刚刚到达的小厅的对面，在另一个楼梯的梯头上，站的正是埃德蒙。他向她走来。“你看起来疲惫不堪。你走路走得太多了。”

“不，我根本就没有出去。”

“那么你就是在室内累着了，那更糟糕，还不如出去的好。”

范妮是个不爱叫苦的人，她觉得最好还是不答话。尽管他还像平时一样友爱地看着她，但是，她相信，他已很快忘掉了她的面色如何。他的情绪也不高。大概一件与她无关的事情没有办好。他们的房间在上边同一层楼上。他们一起走上楼去。

“我是从格兰特先生家来的，”埃德蒙没等多久便说，“你会猜到我去那里是干啥的，范妮。”他的表情蛮有把握似的。范妮想他去那里只能为一件事情，因此，心里很不是滋味，一时说不出话来。“我想事先约定，和克劳福特小姐跳头两场舞。”这是他接着给的回答。范妮听了之后，又恢复了精神，她发现埃德蒙在等她说话，便说了句什么，像是打听他约克劳福特小姐的结果。

“约好了，”他答道，“她已经和我约定了。但是（勉强地一笑），她说这将是最后一次和我跳舞。她不是当真说的。我认为，我希望，我断定她的话并不当真。不过，我不喜欢听到这样的话。她说，过去她从来没有和牧师跳过舞，今后，也永远不会和牧师跳舞。若为我自己考虑，我但愿现在不要举行舞会——我的意思是不要在这个星期，不要在今天举行舞会：明天我就要离开家了。”

范妮强打精神，说道：“你遇到不顺心的事情，我感到非常遗憾。今天应该是个快乐的日子。这是我姨父的意思。”

“噢，是的，是的！今天会过得很快活的。最后一切都会很好。我只是烦恼一阵。其实，并不是我认为舞会安排得不是时候。这是什么意思？不过，范妮，”他拉住她的手，低声严肃地说，“你知道这一切是什么意思。你看得清楚，能告诉我我为什么而烦恼，也许比我说得更清楚。你听我给你稍微讲讲。你心肠好，能耐心地听。她今天早晨的态度使我感到痛苦，我不能平静下去。我知道她的气质像你的一样甜美，无可指摘，但是由于受到以往她所接触的人们的影响，她看起来好像——她说起话来，她发表意见，有时候有欠妥当。她心里并没有坏想法，但她却说在嘴上，开玩笑也说在嘴上。虽然我知道只不过是戏言，但却感到非常伤心。”

“过去受的教育的影响。”范妮柔和地说。

埃德蒙不得不表示赞同。“是的，有那么一位婶婶，那么一位叔叔！他们损害了一颗最美好的心灵。范妮，我对你说实话，有时候这不只是表现在态度上，似乎心灵本身也受到了污染。”

范妮猜想这是要她说出她的看法，因此，她思索了一会儿之后说道："表哥，如果你只是要我听一听，我尽量满足你的要求。但是，我不适合给你出主意。不要叫我出主意，我不能胜任。"

"范妮，你不肯帮这个忙是完全对的，不过，你用不着担心。在这样的问题上，我永远不会征求别人的意见，在这样的问题上别人的意见也最好不要征求。我想，除了想接受一些违背自己良心的影响，很少有人征求别人的意见。我只是想和你谈一谈。"

"我再说一点。请原谅我直说，对我说话要慎重；不要给我说任何今后你悔不该说的事情。迟早——"

她说此话的时候，脸红了起来。

"最亲爱的范妮！"埃德蒙叫道，同时把她的手摁在自己的嘴唇上，几乎像对待克劳福特小姐的手一样热烈，"你处处都在替人考虑！但是，在这件事情上没有必要。那一天永远不会到来的。你暗示的那一天不会到来的。我开始感到这是件最不可能实现的事情。可能性越来越小。即使将来有那么一天，不论是我还是你，对今天我们谈的话也没有什么可后悔的，因为，我永远不会觉得我自己的顾虑有什么可耻。回顾过去的缺点只会更加提高她现在的人品。只有看出她的变化，才能打消我的顾虑。世界上只有你一个人会听到我刚才说的这番话，而你又一向知道我对她的看法。你可以为我作证，范妮，我从来没有盲目。有多少次我们在一起谈她的小毛病！你用不着怕我。我几乎已不再认真考虑她。在任何情况下，我想到你对我的好处，给我的同情，我一想到都会由衷地感激。否则，我就是个十足的傻瓜。"

十八岁的经验经不住这番话的震撼。她心里感到近来不曾有过的快慰，脸上也出现了近来不曾有过的容光。她答道："是的，表哥，我相信你一定会这样，尽管有的人可能做不到这一步。你说什么我都不怕听。你就说下去吧，想说什么就说吧。"

他们现在处于三楼之上，由于女仆的出现，他们没有再谈下去。就范妮现有的快乐来说，这次谈话可以说是在高潮的时候戛然而止。如果再让他说上五分钟，说不定他会把克劳福特小姐的缺点和他自己的灰心丧气说个不休。不过，尽管他们没有再说下去，分手的时候，他面带感激，含情脉脉，她的脸上也流露出一种非常可贵的感情。几个小时以来，她心里从没有这样好受过。自从克劳福特先生给威廉的信最初带给她的欢欣逐渐消退以来，她一直处于完全相反的状态：从周围得不到安慰，自己内心又没有什么希望。现在，一切都喜笑颜开了。威廉的交运又回到了她的心头，似乎比当初更加可贺可喜。还有，舞会——一个多么快乐的夜晚就在她的眼前！现在它才真正成为使她兴奋的力量。她怀着姑娘们参加舞会前的如飞如跃的兴致，开始打扮起来。一切都很如愿。她觉得自己并不难看。当她该戴项链的时候，她的好运似乎达到了顶峰，因为，试验的结果，克劳福特小姐赠给她的那副项链怎么也穿不过十字架上的小环。原来，看在埃德蒙的面上，她已经决定戴它，但是，它太大，穿不上去。因此，必须戴他给她买的。她心花怒放地把链子和十字架——她最亲爱的两个人的纪念物，从实物到意义如此相配的两个最宝贵的标志——穿在了一起，戴到了脖子上。她觉得这两件礼物戴在身上已充分表达了她和威廉、埃德蒙之间的感情，于是，也就毫不勉强地决定把克劳福特小姐的项链一起戴上。她认为应该这样做。克劳福特小姐的情谊不应该拂却。她的情谊现在已经不再干扰、妨害另一个人的更重的情谊和更真实的友情，因此，范妮此时已可以公正地看待她，甚至这样做还感到快乐。这副项链的确好看。范妮最后走出自己房间的时候，心情舒畅，既对自己满意，也对周围的一切满意。

第二十八章

范妮走下楼来的时候，她姨父和两位姨妈都在客厅。她已得到姨父的欢心。他看到她体态优雅，美貌异常，心里感到高兴。当着她的面，他只能夸奖她的衣着雅致得体，但不久，她刚一出去，他便毫不含糊地夸奖她的美丽。

“是啊，”贝特伦夫人说，“她很好看。是我派柴普曼太太到她那里去的。”

“好看！噢，是好看！”诺利斯太太叫道，“她有那么多的有利条件，当然应该好看。这个家庭把她抚养成人，有她两个表姐的言谈举止供她学习。你想一想，亲爱的托马斯爵士，经你和我的手，给了她多么大的好处。你刚才看到的这件长袍就是你在亲爱的罗什渥兹太太结婚的时候慷慨送给她的礼物。要不是我们把她要来，她现在会是个什么样子？”

托马斯爵士不再多言。但是，当他们围桌坐定之后，他从两位青年的眼神中看出，一旦女人们离席，他们可以更顺利、更含蓄地来谈这个问题。范妮看得出自己深受赏识。由于意识到自己好看，面容就更加光艳。她高兴的原因有多种多样，很快她会变得更加高兴。她跟随两位姨妈走出客厅，埃德蒙在给她们开门。当她从他身旁经过的时候，他说：“范妮，你一定要和我跳舞。你一定要为我保留两场，除了头两场外，哪两场都行。”她感到心满意足，再无其他要求。她有生以来还很少这样接近过欣喜如狂的程度。她的两位表姐以往要去参加舞会时那样的欢乐，她现在已不再感到惊奇。她觉得的确是令人陶醉。她趁诺利斯姨妈在聚精会神调理、压低男管家升的熊熊炉火之机，在她注意不到的时候，在客厅里真的练起舞步来。

时间又过了半个小时，别人已不堪等待。但是，范妮的兴致依然未衰。她在回味她和埃德蒙之间的谈话。而诺利斯太太是怎样坐立不安！贝特伦夫人是怎样哈欠连连啊！

男人们也到她们这里来了。不久，大家开始盼望车马声的到来。这时，似乎有一种消闲、快乐的气氛扩散到每一个人身上，他们四处站着，又说又笑，每分钟都有它的乐趣，它的希望。范妮觉得埃德蒙的快乐下面必定有勉强成分，但是，看到他隐藏得这么成功，倒也感到宽慰。

当真的听到车马声时，当客人们真的开始聚集时，她心灵上的轻快之感却大大消退了。看到这么多生人，她又被逐回到原来的自我。初来的一大批人，都板着面孔，十分拘谨，托马斯爵士和贝特伦夫人的言谈举止也无助于消除这种气氛。除此之外，范妮时而还得容忍更糟糕的事情。他姨父一会儿把她介绍到这里，一会儿介绍到那里，她被迫听人家的废话，给人家屈膝行礼，再对人家说话。这是个苦差事，她再次被唤走的时候，总要回顾在他们后面消闲漫步的威廉，盼着能和他在一起。

格兰特夫妇和克劳福特姐弟的到场是一个有利的转折。他们的洒脱不羁和亲密气氛的增加很快驱散了会场上的拘谨。人们三三两两地分散开来，人人都感到自在。范妮深受其惠。她从没完没了的应酬礼节中解脱了出来。若不是她止不住自己的目光在埃德蒙和玛丽·克劳福特之间流盼，她又会十分快乐起来。克劳福特小姐的模样儿可爱极了——她怎会不情场如意呢？克劳福特先生在她面前的出现打断了她的思索，他还没说两句话便约她跳头两场舞，把她的心思引入另一个轨道。在这次舞会期间，她的心情可以说阴晴不定，变化多端，安排得非常巧妙。能预先有人约定跳舞，她一开始觉得是件头等好事——因为舞会眼看就要开始，而她对自己又没有信心，她认为如果不是克劳福特先生事先约请她，必然会是姑娘们都被请完还轮不到她，只有经过一连串的打听、奔跑和干扰别人才能得到个舞伴，那情景实在太可怕了；但同时，他约她跳舞时的态度有欠含蓄，使她不悦，而且她看到他的两眼含笑——她觉得他在笑——瞥了一阵她的项链，她不禁脸红起来，而且感到狼狈。虽然他没有再看她的项链来搅乱她的心情，虽然他当时的用心似乎是不声不响地向她讨好，但是，她的不安始终平静不下来，并且由于想到他注意到了她的不安而更加不安。直到他走开去找别人谈话，她才定下心来。这时她才逐渐地真正感到有了舞伴——一个志愿的舞伴的愉快。

当人都进入舞厅之后，她第一次和克劳福特小姐相遇。她像她弟弟一样，毫不迟疑、毫不含糊地含笑把目光投向她的项链，并开始议论起她的项链来。范妮恨不得马上结束这个话题。她匆匆忙忙地说明了第二副项链——那副真正的链子的来历。克劳福特小姐仔细听着，她原来准备好的对范妮的恭维和暗话都忘掉了：只有一件事情在拨动她的心弦；她那原来已够明亮的眼睛变得更加明亮了。她情急心切、高兴之至地叫道："真的吗？真的是埃德蒙送的吗？他是会这样做的。别人不会想到这样做。我对他佩服得无法用言语表达。"她环顾四周，想把这番话说给他听。他不在附近，他在舞厅外和一群太太、小姐们在一起。格兰特太太来到这两个姑娘跟前，一手搀了一个，同其余人一块儿跟上前去。

范妮意气沮丧。不过，她没有过多时间去品味克劳福特小姐的心情。她们身在舞厅之内，提琴响着，她心绪浮动，不可能把注意力集中在任何一个严肃的问题上。她必须注意总的安排，留心件件事情在怎样进行。

几分钟后，托马斯爵士来到她身边，问她是否已有人预约。她答道："有，是克劳福特先生。"这正符合托马斯爵士的心愿。克劳福特先生就在不远的地方，托马斯爵士把他领到她跟前，交代了几句，意思是要她领舞。这是她从未想到过的事情。在此之前，每当她想到晚上的具体安排的时候，她总觉得由埃德蒙和克劳福特小姐领头起舞是理所当然。她已经形成固定印象，因此，尽管是她姨父亲自说由她开舞，她也不禁惊叫，表示她不合适，甚至请求饶掉她。托马斯爵士的意志是违抗不得的，不然就是越轨。但是，他刚提出来的时候，她由于过分惊恐，居然两眼望着他的面孔请他另作安排。然而，说也无用。托马斯爵士笑了笑，以示鼓励，然后板起面孔，斩钉截铁地说："不能更改，亲爱的。"于是，她再也不敢多说。紧接着，克劳福特先生领她到舞厅的上首，站在那里，等待其余众人形成伴对，跟他们起舞。

她简直不敢相信。她居然被安置在这么多漂亮小姐之上！这个荣誉太大了。这是把她和她的表姐们一样看待！于是，她的思想飞向两位身在外地的表姐。她们不能在家庭占据她们在舞厅中应有的位置，共享会使她们十分开心的乐趣，她由衷地情真意切地为她们感到遗憾。她过去常听她们说，她们盼着能在家里举办个舞会，认为那是最大的快乐。现在舞会举办了，她们却离家在外——却由她来开舞——而且还是和克劳福特先生一起开舞！她希望她们不会嫉妒她现在的荣誉。但是当她回顾秋季的情况，回顾有一次在这座房子里跳舞时她们彼此之间的态度的时候，目前的这种安排她自己几乎无法理解。

舞会开始了。对范妮来说，感到的是荣耀而不是快乐，至少跳第一场时她是这样的。她的舞伴喜气洋洋，并且在尽力鼓舞她的精神，但是她极度恐慌，没有心思领受这番快乐，直到她猜想人们已不再盯着看她，情况才有所好转。不过，由于她年轻、标致、文雅，动作即使不那么老练自如，也显得优美可爱。在场的人很少不打心底里赞赏她。她美丽动人，温柔端庄，她是托马斯爵士的外甥女，并且不久又听说她还是克劳福特先生爱慕的对象。这一切使她处于样样有利的地位。托马斯爵士本人无限欣慰地注视着她翩翩起舞，他为自己的外甥女感到骄傲。他并没有把她的美貌归功于自己把她收养到曼斯菲尔德的结果，但是，却也由于给她提供过教育、教给她礼貌等等，而感到欣慰。

克劳福特小姐看出了托马斯爵士的心思，尽管他对自己不那么理解，但她很想使他对自己产生好的印象，于是，她找了个机会走到他那里，去说一些范妮的好话。她这边热情称赞，他那边，正如她希望的那样，无不同意，并且在规矩、礼貌允许的范围内，慢吞吞地跟着她一块儿夸奖。在这个问题上，他要比他的夫人热情得多。玛丽和托马斯爵士刚夸过范妮，看到贝特伦夫人就坐在附近的沙发上。她走了过去，趁她还没有起身跳舞的机会，向她夸奖普莱斯小姐好看，以讨她的欢心。

“是的，她的确好看，”贝特伦夫人平静地回答，“是柴普曼太太帮她打扮的。我让柴普曼太太到她那里去的。”她所以高兴并不真正是由于范妮为人人瞩目，而是由于她始终忘不掉，范妮好看是亏了她，是由于她给她派去了柴普曼太太。

克劳福特小姐非常了解诺利斯太太，知道向她夸不得范妮。在这个场合下，她对她说的是：“啊！太太，今天晚上我们是多么需要罗什渥兹太太和朱丽叶在场啊！”尽管诺利斯太太给自己安排了许多差事，她组织打牌，提示托马斯爵士，并且还在把小姐们带来的女伴们往舞厅的合适角落里调动，但她听了克劳福特小姐这番议论之后，还是在百忙中抽出工夫，对她频频微笑，客气话说个没完。

克劳福特小姐想讨好范妮本人却犯了最大的错误。头两场舞过后，她向她走去，挑逗她那颗小小的心灵，使她为自己的幸福处境高兴。她看到范妮脸红，自以为得计。她表情意味深长地说：“我想你可以告诉我我弟弟明天为什么要去伦敦吧？他只是说他在那里有事要办，但却不肯对我说究竟是什么事情。他不肯告诉我他的秘密，这还是第一次。不过，我们都有这一天。每个人迟早都要被人取代。现在，我必须从你这里打听消息。请告诉我，亨利去干什么？”

范妮非常难为情，以坚定的口吻声明自己丝毫不知。

“那么，好吧，”克劳福特小姐大笑道，“我想，必定是专程送你哥哥，顺便也谈论谈论你。”

范妮心慌意乱起来，这种慌乱是由不满引起的，然而克劳福特小姐却还在为她不露笑容纳罕，她以为她过分牵心，以为她为人古怪，对她作种种判断！唯独没有想到亨利的煞费苦心并没有引起她的兴趣。这天晚上范妮感到说不尽的快乐，但是，这与亨利的殷勤体贴并没有多大关系。他请过她之后马上又去请她，倒使她有点儿反感。他事先向诺利斯太太打听晚饭时间，也许是为了在晚饭时间快到的时候去把她抢到手，想到这一点她也感到有点儿不悦。但是，这又回避不得。由于他的殷勤致意，她才为人人瞩目。而且，他做得不乏风趣，既不轻狂，也不虚夸。有时候，当他谈到威廉时，他还的确给人好感，甚至表明有一副热情的好心肠。但是，他的种种殷勤仍然构不成她快乐的成分。每当利用那五分钟的间歇，她和威廉一块儿漫步，听他讲他的舞伴的时候，她看到他兴致勃勃，因而感到快乐。她明白大家对她赞赏，因而感到快乐。舞会上的大部分时间，人人都急欲和她跳舞，埃德蒙和她预约的没定时间的两场，在不断推后；她有这两场舞在望因而感到快乐。当轮到她和埃德蒙跳的时候，她也感到快乐，她所以快乐并不是由于他兴致很高，也不是由于他又流露出早晨对她表现得脉脉温情。他的精神已经疲倦，她所以感到快乐是由于他把她当做朋友，在她这里可以得到休息。“我已经应酬得疲惫不堪，”他说，“我无话找话，不停地说了一个晚上。但是，范妮，和你在一起，我就可以得到安宁。你不会要我说话。让我们享受一下无言的安静。”范妮连表示同意的话都免掉不说。他的厌倦情绪在很大程度上，可能是由于早晨他承认的那些想法引起的，他极需她的关注。他们两人跳他们那两场舞的时候，都严肃、平静。旁观的人们认为，托马斯爵士收养这个姑娘并不是要她给二儿子做媳妇。

这次的晚会没有给埃德蒙带来多大愉快。克劳福特小姐和他跳一场舞的时候，倒也欢欢乐乐，不过，她的欢乐于他并没有什么补益，不仅没有增加他的喜悦，反而给他多添了苦恼。后来，当他又抑制不住自己去找她的时候，她议论起他即将从事的职业，那言语和口气使他伤透了心。他们谈论，他们沉默，他辩解，她嘲讽；

最后是不欢而散。范妮难免不对他有所观察，她看到的情景颇使她满意。当埃德蒙痛苦的时候她自己却心头高兴是残忍的。然而，由于知道他吃了苦头，必不可免地会有些高兴。

当她与他预约的两场舞跳过之后，她既无心思也无气力再跳下去。托马斯爵士看到在那愈来愈短的舞队中，她的手垂着，气喘吁吁，不是跳而是在走，便命她坐下彻底休息。从这时起，克劳福特先生也坐了下来。

“可怜的范妮!”威廉叫道，他按着与舞伴的预约，在不要命地跳舞，这时是过来看她一会儿，“她这么快就累垮了！嗨，才刚刚跳上劲儿来。我希望我们再好好地跳两个钟头。你怎么会这么快就累了?”

“这么快！我的好朋友，”托马斯爵士小心翼翼地掏出他的表来说，“已经三点钟了，你妹妹从来没有睡这么晚过。”

“那么，范妮，明天我走之前你不要起床。尽管睡，不要管我。”

“噢！威廉。”

“什么！她还想在你动身之前起床吗?”

“噢！是的，姨父。”范妮叫道，她急忙起身，靠近姨父，“我必须起来和他一起吃早餐。您知道，这是最后一次，最后一个早晨。”

“你最好不要起来。他九点半吃过早餐就动身。克劳福特先生，我想你是九点半来叫他吧?”

然而，范妮心头过于急迫，满眼都是泪水，说不出不同意的话来。最后，她出于礼貌，说了个“好，好”，表示同意。

“是的，九点半，”当威廉就要离开时克劳福特对他说，“我可以准时动身，因为我没有这么个好妹妹为我起床。”他压低声音对范妮说：“明天我动身时家里会鸦雀无声。你哥哥明天会发现我和他的时间概念完全不同。”

托马斯爵士略经思考，提出，克劳福特第二天清早不要一个人吃早饭，过来和他们一起吃。他自己也来作陪。克劳福特答应之快，使他相信他原来的猜测是有充分根据的。他自己心里明白，他所以要举办这次舞会，主要就是因为这种猜测。克劳福特先生爱上了范妮。托马斯爵士对事情的前景打着如意算盘。然而，她的外甥女对他刚才的这番张罗并不感激。因为是最后一个早晨了，她要单独和威廉在一起。那样，才可以略慰非言语所能表达的依依别情。尽管她的愿望被推翻了，心里并无怨言。相反，她从来没有以自己的乐趣为中心，从来没有要任何事情随己所愿，所以，听了这种不同的安排之后，觉得这是对自己主张的进一步加码，内心更多的不是埋怨情绪，而是诧异与高兴。

过了不久，托马斯爵士又对她进行一次小小的干涉。他建议她立即去睡。虽说，他用的是“建议”二字，但是这是绝对权威的建议，她只好起身。克劳福特先生亲热地向她说过再见之后，她悄悄地走去。在她走到门口的时候，像布兰克休姆大厅的女主人①那样，她“只求再站上一会儿”，回望那快乐的场面，最后看一眼场上的那五六对不知辛苦决心跳到底的青年男女。然后，她一步一步地爬上正楼梯，乡村舞仍萦回于脑际，希望与担心，汤与酒都使她心魂摇荡，她脚痛体困，不安，激动，然而，她觉得舞会的确是件快事。

把她打发走后，托马斯爵士大概想到的还不只是她的健康。他可能觉得克劳福特先生在她身旁坐得为时不短，或者，他可能向他表明她的温顺听话以推荐她做他的妻子。

①引自英国诗人司各特的《最末一位行吟诗人之歌》。——译者注

第二十九章

舞会过去了，早饭不久也吃过了，最后的亲吻也给过了，威廉走了。克劳福特先生果然非常准时。这顿饭为时很短，很惬意。

等到看不见威廉的时候，范妮才心情沉重地回到早餐室，为物是人非而悲哀。她姨父出于好意，听任她在早餐室里静静地哭泣。他大概是认为，两个年轻人刚刚坐过的位置会引起她一番柔情，威廉盘子里剩下的冷猪排和芥末，只不过分散一点儿克劳福特先生盘子里的蛋壳在她身上引起的感触罢了。她正如她姨父所希望的那样坐在那里痛哭，但她哭得悲痛只是因为走了哥哥，并不为别的什么人。威廉走了，她觉得，她那些无谓的与他无关的忧心与自私的烦恼，辜负了他在此逗留的一半时日。

范妮天性敦厚，甚至每当她想到诺利斯姨妈住着那么一所郁郁寡欢的小屋的时候，还要责备自己上次和她在一起时对她不够热情，现在，想到自己对威廉的一言一行、一思一想，更觉得自己做得不够。

这一天是个沉重的、沮丧的日子。午饭吃过不久，埃德蒙向他们告别，骑马去彼得区，一个星期后才能回来。于是，人都走了。昨夜的一切只剩下回忆，而这些回忆又无人可以共语。她讲给贝特伦姨妈听，她必须讲给参加舞会的人听；但是，她的姨妈看到的很少，也不怎么感兴趣，和她谈没有多大意思。贝特伦夫人只记得自己穿的什么，晚餐时自己坐在哪里。别人的服装、别人的座位她是记不清的。“我记不起别人对我议论了哪位麦道克斯小姐的一些什么事情，也记不起普列斯科特夫人对范妮作了些什么评论。我记不清哈里森是说克劳福特先生还是说威廉是舞厅里最漂亮的年轻人。是谁悄悄地对我说了些什么，我忘了问一问托马斯爵士那句话是什么意思。"这算是她最长的语言、含意最清的话了。其余的都只是没精打采的"是的，是的。很好，你真是这样？他真是那样？我没有看到。我不知道这两者有何不同"。这实在令人扫兴。只比诺利斯太太的刻薄回答好一些。诺利斯太太已回家去了。所有剩下的肉冻都被她拿去了。说是要照顾一个生病的女仆。她不在，这个小小的集体别的方面虽没有什么可以夸口的，但至少是安安静静、和和气气。

这天的晚上像白天一样郁郁寡欢。"我不知道怎么啦，"茶具撤去之后，贝特伦夫人说，"我觉得昏昏沉沉的。必定是因为昨天晚上睡得太迟。范妮，你要想办法别让我睡着。我做不成活儿。取牌来。我觉得这么头昏。"

牌取来了，范妮陪姨妈玩克里贝治①一直玩到就寝的时候，托马斯爵士在默默地看书，一连两个小时，除了算分的声音外，再没有别的声响。"这就够三十一分；手里四张，下边八张。该你发牌了，姨妈；我替你发吧？"这个房间，以及这所房子的整个区域在二十四小时内发生的变化，范妮在翻来覆去地想着。昨天夜里，客厅内外以及各个地方，都是希望和笑脸，熙熙攘攘，人声鼎沸，灯火灿烂。现在，是死气沉沉，一片寂寞。

一夜充分的休息使她的精神好了起来。第二天，她想起威廉的时候，情绪已不那么低沉。而且，这天上午她和格兰特太太、克劳福特小姐在一起，有了机会好好地谈一谈星期日晚上的那场舞会，她们纵情地想象，她高兴得大笑。这对舞会过后的感伤是多么重要啊！嗣后，她很容易地便恢复了平时的心情，适应了这一星期的寂静生活。

一整天来，她觉得家里人从来没有这样少过。每次家庭聚会，每次在一起吃饭，她所以感到欢乐、愉快，主要是因为有他在场，而他现在不在了。她必须努力去习惯这种状况，因为，不久他就要经常离家在外。现在她怀着感激的心情和姨父坐在同一间房子里。她现在听到他的声音、听到他向她提问，甚至在回答他的问题的时候，已不像以往那样忐忑不安了。

---

①一种牌戏，用木板记分。——译者注

"我们的两个年轻人走后，我们很不习惯，"一连两天，当这个大为缩小了的集体晚餐后坐在一起时，托马斯爵士都这样说。第一天，看到范妮眼泪汪汪，他话不多说，只建议为他们的健康干杯。但在第二天，谈的事情就多了一些。他夸奖威廉，认为他会晋升。"我们有充分的理由相信，"托马斯爵士补充说，"现在，他可以常到我们这里来。至于埃德蒙，我们必须习惯于他的不在。今冬以后，他就不属于我们这个家了，这是他离家之前的最后一个冬季。"

"是的，"贝特伦夫人说，"不过，我希望他不要远去。我觉得，他们都要远走高飞。我希望他们能待在家里。"她最后一句话主要指的是朱丽叶，朱丽叶请求和玛丽亚一起去伦敦的时候，托马斯爵士觉得这对两个姑娘都有好处，便同意了。贝特伦夫人天生一副好脾气，自然不会阻拦。但是，按照规定的日期，朱丽叶已经该回来了，贝特伦夫人在埋怨她不该改变归期。托马斯爵士尽量好言相劝，想使他的妻子对这些安排想得通，他说她会体贴儿女，说她性情好，心疼儿女，让儿女们快乐生活。贝特伦夫人每听一句，便平静地说一句"是的"。她默默地想了一刻钟后，自发地说道："托马斯爵士，我一直在想——我很高兴我们把范妮要了过来，现在，他们都远走高飞，我们感到我们这件事是做对了。"

托马斯爵士立即进一步肯定："你说得完全对。我们当面夸她，使她知道在我们的心目中她是多么好的一位姑娘。现在，她是一位非常可贵的伙伴。我们对她好，现在她对我们也十分重要。"

"是的，"贝特伦夫人紧接着说，"想到她会永远和我们在一起，令人感到快慰。"

托马斯爵士稍加停顿，微笑着看了外甥女一眼，然后心情沉重地答道："我希望她永远不离开我们，直到另外有个比我们更能使她幸福的家庭把她请去。"

"这不太可能，托马斯爵士。谁会请她呢？玛丽亚会非常高兴地偶尔请她去索色顿做做客，但不会想到要她长期在那里住下去。我相信，她在这里比去哪里都好，而且，我也离不开她。"

在曼斯菲尔德的大厦里，这个星期过得平平静静。但在牧师公馆里，情况却大大不同。至少是，这两家的两位姑娘的心情十分不同。使范妮感到心境宁静，感到欣慰的事情，却使玛丽感到厌烦、苦恼。部分原因是由于性情不同，习惯互异。一个是很容易满足，另外一个是遇事不能容忍。更主要的原因是境遇不同。在某些利害问题上，她们两人恰恰完全相反。范妮觉得，埃德蒙的离家外出，就其目的和意图来说，的确令人宽慰。而玛丽却为此感到无尽的痛苦。她几乎是每天、每小时都因为不能和他相聚而痛苦，因此，一想到他这次外出的目的，就恼火起来。她弟弟走了，威廉·普莱斯也走了，他也偏要在这个星期外出，使他们这个生气勃勃的小团体彻底崩溃。他想抬高他的身份也不能这样做！她感受极深。现在，剩下他们凄凄惨惨三个人，被不停的雨雪关在家里，无事可做，也没有任何新鲜事可盼。虽然她恨埃德蒙坚持己见，恨他行事违反她的意愿（她由于愤恨不已，在舞厅里和他可以说是不欢而散），然而，于他离家之后，她依然不由己地一直在想念他，回味他的种种好处和他对自己的温存，又盼着能像过去那样和他天天聚会。他没有必要出去这么久。值此她即将离开曼斯菲尔德之际，他本不应该外出，不应该离家一个星期之久。接着她又怪起自己来。在最后的那次谈话中，她不应该那样言词激烈。她觉得，在讲到牧师的时候，她不该使用那些刺激性的轻蔑的语言。那样做是不对的，是没有教养的表现。她对这些话由衷地悔恨。

一个星期过去了，但她的烦恼并没有过去。这一切本已够她心烦的了，现在，还要她愁上加愁。星期五又来到了，埃德蒙却没有回来，星期六也到了，埃德蒙依然没有回来，星期天通过与他家的一点儿联系，她听说，他有信到家，居然要推迟他的归期，已答应在他的朋友那里再住几天。

如果说，她已经感到不堪等待，感到悔恨——如果说她已经为自己的那些话感到后悔，担心会对他刺激过分，那么现在她的悔恨与担心又增加了十倍。而且，她还得和一种她完全不曾体会过的不愉快的心情——嫉妒作斗争。他的朋友欧文有妹妹，他会受到她们的吸引。不管怎么说，在她按照原先计划该要去伦敦的时候，他却待在外乡，这总意味着些什么，使她受不了。如果亨利如他说的那样走后三四天便回来的话，她现在就会离开曼斯菲尔德的。她必须去找范妮，从她那里再了解点儿情况。她不能再一个人这样愁苦下去。她向庄园走去，只是为了再听到一点儿消息，为了至少能听到他的名字。在一个星期以前，她是不会仅仅为此跑这么一趟的。

头半个小时白白地过去了，因为范妮和贝特伦夫人在一起。除非她和范妮单独在一起，她什么也别想指望。不过，贝特伦夫人终于出去了，这时，克劳福特小姐迫不及待地以尽可能适当的腔调说：

“你埃德蒙表哥离家这么久，你觉得怎么样？家里只剩下你一个年轻人，我认为你最为痛苦。你必然在想他。他推迟归期你未曾料到吧？”

“我说不上，”范妮迟疑地说，“是的，我没有料到。”

“也许他将来总是不能说什么时候回就什么时候回。青年男子们一般都是这样。”

“以往他只去过欧文先生家一次，那一次并没有逾期不归。”

“现在不同了，他发现那家人比以往可爱了。他自己也是一个非常惹人爱的年轻人，我不由得担心，在我去伦敦之前再也见不到他了。现在看来，肯定会是这样。我现在每天在盼着亨利回来。他一回来，曼斯菲尔德就再也没有什么事情能拦住我不走了。我承认，我想再见他一次。你必须代我向他表示敬慕之意。是的，我想应该是敬慕。普莱斯小姐，我们的语言里是否缺少一个适当的词来表达介乎敬慕与……与爱慕之间的一种关系——表达我们一起友好相处的那种关系？我们在一起相处了这么多个日子！不过，这里用个敬慕也许就够了。他的信写得长吧？他是否详细告诉了你们他在干什么？他待在那里是否为了欢度圣诞节？”

“信是写给我姨父的，内容我只听说了一部分。不过，我相信写得很短，说实在的，我料定只有寥寥几行。我只听说他朋友定要他多住几天，他已经答应了。是多住几天还是多住些天，到底信上是怎么说的，我不能十分肯定。”

“噢！要是给他父亲写的——不过我原以为可能是写给贝特伦夫人或者你的。如果是写给他父亲，自然非常简短。谁给托马斯爵士写信会有那么多话说呢？要是写给你，就会写得详细，会给你讲到舞会、宴会。他会把件件事情、个个人物都给你描述一番。欧文家有几位小姐？”

“已经长大了的有三位。”

“她们爱好音乐吗？”

“我不知道。我从来没有听说过。”

“你知道，”克劳福特小姐想装出快活的、若无其事的样子，“每个喜欢乐器的妇女打听别的妇女时，首先问的就是这个问题。不过，去打听年轻小姐们——去打听刚刚长成的三个姊妹，实在没有必要。不打听就可以知道她们的确切情况。个个都多才多艺，令人喜爱，其中一个还非常漂亮。每家都有一位美人，这是个规律。两个弹钢琴，一个弹竖琴。人人都会唱，或者如果有人教的话都会唱，或者正因为没人教而唱得更好。等等。”

“对于这几位欧文小姐我是一无所知。”范妮淡淡地说。

“常言说，不知少牵心。这话说得实在好。的确，对于你从来没有见过的人，你怎么会在意？唉，等你表哥回来，他会发现曼斯非尔德安静异常。爱说爱笑的人，你哥哥、我弟弟和我都走了，现在临近行期，我一想到要和格兰特太太分手心里就不好受。她不想让我走。”

范妮觉得自己不得不说几句。“你可以相信，你走后想你的人会很多，”她说，“大家会非常想念你。”

克劳福特小姐转眼望着她，像是想听她说下去，或者更多地看到些什么，接着笑道：“噢，不错！大家想念我就像闹闹嚷嚷的坏事被取消之后为人想念一样。那是因为，大家感到了一种巨大的差异。不过，我不是在探你的口气，你不要恭维我。如果大家想我，到时候会看得出来的。谁想见我都可以找到我。我不会住在任何神秘的、远不可及的地区。”

范妮此时没有心思接过她的话，克劳福特小姐感到失望。她原以为对方深知她的魅力，会说上一些悦耳的话对她加以恭维，现在她的心头又蒙上了阴影。

“那几位欧文小姐，”不久她说，“倘使其中的哪一位在桑顿拉塞安定了终身大事，你觉得怎么样？已经出现了更加稀奇的事情。我相信，她们在力争这件事。她们完全应该争，对她们来说，这是一份很不错的家业。我理解她们，不怪她们。人人都有权利为自己这样做。托马斯爵士的公子算得上一个人物，现在，他已经进入她们的那一行。她们的父亲是牧师，她们的哥哥是牧师，他们是牧师相逢。他是她们的合法财产；于理他应该属于她们。你说是不是，范妮·普莱斯小姐？你是明知不说。不过，现在请你说实话，这不是你意料中的事情吗？”

“不，”范妮口气坚决地说，“我根本没有作这样的预料。”

“根本没有？”克劳福特小姐紧接着叫道，“我不能理解。但是，我敢说，你完全知道——我一直认为你——也许你认为他可能根本不要结婚——或者目前不要结婚。”

“是的，我是这样想。”范妮信心不足地说。她既不希望自己判断错误，也拿不准该不该承认自己的看法。

她的伙伴目光犀利地看着她，很快双颊飞红，精神一振，说了句“他过得可真不错”，接着转变了话题。

第三十章

这次谈话大大减轻了克劳福特小姐心头的不安，她在回家的路上，心情轻松，即使再有一周阴雨，即使仍像现在这样只有寥寥数人为伴，她都会经受得了。不过，她已经无须经受进一步的考验，因为就在当天晚上，她弟弟又从伦敦回来了，像平时一样兴高采烈，甚至比平时还要高兴。他仍然不肯把他此行的目的告诉她。不过，她因此而更加兴奋。若是在一天以前，这会使她生气的，但现在却成了有趣的玩笑。她猜想，所以不告诉她，一定是一件使她喜出望外的事情。第二天的确发生了一件奇事。亨利原说他去向贝特伦一家人问问好，十分钟后就回来。但是他去了差不多一个半钟头。她姐姐一直在花园里等他陪她散步，终于在坡形地带遇到了他。她非常不耐烦地叫道："亲爱的亨利，你到哪里去了这么半天？"他只好说，他是在陪贝特伦夫人和范妮。

"陪她们坐了一个半小时！"玛丽叫道。

但这还只是令她感到惊奇的事情的开始。

"是的，玛丽！"他挎住了她的胳膊，身忘其境地顺着坡地走着，"我走不开；范妮的模样那么可爱！我已经打定主意，玛丽。我的决心已经下定了。你会吃惊吧？你不会的。你必定觉察到我已下定决心和范妮·普莱斯结婚。"

现在，惊奇已经达到无以复加的地步。尽管她知道他在这方面的一些想法，但做梦也没有料到他会有求婚的打算。他看到她的确是惊奇不解，便不得不更加充分、更加严肃地把刚才讲过的事情又讲了一遍。她在闹清他真的做出了这样的决定后，觉得这个决定并非不可取。在惊奇的同时她甚至还感到高兴。她由于和贝特伦家结成了亲戚而满心欢喜，弟弟的这桩婚事虽然有点儿低就，她也并不在意了。

“是的，玛丽，”亨利最后说道，“我完全坠入了情网。你知道，我一开始是打些什么无聊的主意，但是最后却是这样一个结果。我自以为已使她增加不少对我的好感，但我对她的感情已完全肯定。”

“幸运啊，幸运的姑娘！”玛丽心情稍定便叫道，“这对她来说，是攀了一门多么好的亲事啊！亲爱的亨利，这是我的第一个感觉。但我的第二个感觉是，我由衷地赞成你的选择，我预见到你会像我希望的那样幸福无穷。这完全是我的内心话。你将有一位温柔可爱的娇小妻子，对你无限感激、无限忠诚。她和你正是佳偶。她会多么感到意外啊！诺利斯太太常说她运气好，她现在又会怎么说啊！的确，这是他们全家的喜事。在这一家当中，她有一些真正的朋友。他们该多么高兴啊！你从头到尾给我讲一讲。什么都不要瞒我。你是什么时候开始认真地考虑她的？”

这种问题是最乐意让别人问，却又最难对别人讲的。他说不出来“那令人陶醉的烦恼是怎样偷偷地来到了我的心上”。他用稍加变化的措辞反复表达这同一句话的意思。她姐姐还没等他重复第三遍的时候，便迫不及待地打断了他：“啊，亲爱的亨利，你就是为这去伦敦的吧？这就是你所说的事务吧！在你没做出决定之前，你要去和海军上将商量。”

但他坚决否认了这一点。他了解他的叔父。他不会拿婚姻问题去征求他的意见。海军上将憎恨结婚。一个有独立财产的年轻人要结婚，他认为永远不能原谅。

“一旦他知道范妮，”亨利继续说，“他会宠她的。她正是一位能够破除海军上将这种人的种种成见的女人，她正是一位他认为世上不会有的女人。如果他现在真的有微妙的语言来表达出他的思想，她正是他描述的不可能存在的女人。不过，在没有彻底决定下来之前——在木已成舟、无法干涉之前——不能给他走漏一点儿风声。玛丽，你刚才猜错了。你还没有猜出我去伦敦办的是什么事情。”

“行了，行了，我已经心满意足了。现在我已经知道事情与谁有关了，其余的我不急于要知道。范妮·普莱斯！妙啊，妙极了！曼斯菲尔德居然为你起了这么大的作用，你居然在曼斯菲尔德找到了你的命运！不过，你做得完全对。你选得再好不过。世上再没有比她更好的姑娘，而且你又不需要财产。至于她的亲戚们，他们是不能只用一个‘好’字所能形容的。贝特伦家无疑是这个国家的上等人家。她是托马斯·贝特伦爵士的外甥女，即此一点就会为人另眼看待。往下说，说下去。再告诉我些什么。你是怎么计划的？她知不知道她自己大喜临门？”

“她还不知道。”

“你还在等什么？”

“等——等个稍微适当点儿的机会。玛丽，她可不像她的表姐们，不过，我想我提出来不会碰钉子。”

“噢，不会的！你不会碰钉子。即使你不这么可爱——即使她还没有爱上你（不过，我相信她已在爱着你，并且对此毫不怀疑），即使那样，你也会万无一失。她性情淑雅，知恩图报，你一旦提出，她就会完全属于你。我内心里认为，她对你没有爱情是不会愿意嫁给你的，那就是说，如果世界上还有一个姑娘不为虚荣所动的话，我认为那就是她。不过，求她爱你，她狠不起心肠拒绝你。”

她激动过后，静了下来。这时，他高高兴兴地讲给她听，她高高兴兴地听他讲。这一番谈话，不仅她，而且他本人也深感兴趣。不过，实际上，他除了自己的感情以外，并没有什么可讲，除了范妮的妩媚之外，并没有什么可论。范妮的美貌与美妙的身材，范妮的举止文雅和心地善良，成了谈不完的话题。她性格的文雅、贤淑和温柔被热情地夸来夸去。这种温柔，在男人们的眼里是女人们可爱品质的主要部分，即使不值得一爱的女人，有了它也会博得男人们的倾心。至于她的脾气，他有充分的根据去信赖，去赞扬。他常看到她的脾气经受考验，在这一家人当中，除了埃德蒙以外，哪一个不是在不断地这样那样地考验着她的耐性和度量呢？她的感情，可以看出是非常丰富的。你看她对哥哥多么好！这不是最能证明她的心肠不仅温柔而且也十分多情吗？一个眼看就可以赢得她的爱情的男人，对他来说，这不是最大的鼓励吗？此外，她的智力也毋庸置疑，聪慧明敏。她的言谈举止反映出她稳重而有教养。还不止这些。亨利·克劳福特虽然不习惯于认真严肃地思考问题，不能一一举出做妻子的种种德行的名称，但他为人聪明，却知道妻子身上的好德行的价值。他知道她有高度的道德原则，有虔诚的宗教信仰。他谈到她行为坚定，不移不迁，谈到她高度的自尊自重，谈到她严守礼仪。这一切可以使你充分信赖她对丈夫会笃情坚贞。

“我可以完全、彻底地信任她，”他说，“我要的正是这一点。”

她姐姐认为他对范妮·普莱斯的这种种夸奖并没有过分，展望前景，高兴异常。

“这件事我越想，”她叫道，“越觉得你做得完全对。虽然我从不曾认为范妮·普莱斯在姑娘们当中最能使你神魂颠倒，但现在我却完全相信她最能使你幸福。你原来要手腕想挑逗她、寻开心，结果却变出了一个十分明智的好主意。这样做对你们两人都大有好处。”

“当初我对这样好的人存心不良，实在太糟糕了。不过，那时我还不了解她。我一定要使她没有理由怨恨我的当初。我一定要使她非常幸福，玛丽，比她以往任何时候都幸福，比她看到过的任何人都幸福。我不带她离开诺坦普顿郡。我要把埃芙陵翰租出去，在这个地区租个地方，也许租斯坦威克斯宅第。我要订一个租约把埃芙陵翰租出去七年。我只要一开口，就会找到一个非常好的房客。现在我就知道有三个人，既愿满足我的条件，又会感谢我。”

“哈哈！”玛丽叫道，“住在诺坦普顿郡！那太好了。那样我们大家都在一起。”

话出口后，心神一定，她有点儿后悔。不过，她也没有必要心慌。她弟弟认为她的意思是她仍住在曼斯菲尔德的牧师公馆，因此，听了之后只是非常亲热地邀她到他家里做客，并且要她首先满足他的要求。

“你必须把你的一半以上时间划归我们，”他说，“我不允许格兰特太太同范妮和我权利相符，因为我和范妮对你各有一份权利。范妮会是一位诚心诚意待你的弟媳。”

玛丽只有表示感激，并泛泛作了许诺。但她内心里既不愿长期在姐姐家里客居下去，也不愿在弟弟家里久住。

“你打算每年在伦敦和诺坦普顿郡各住一个时期吗？”

“是的。”

“应该这样。你在伦敦自然要自己租一幢房子，不再和海军上将住在一起。亲爱的亨利，趁你的教养还没有受到海军上将的破坏，趁他那些愚蠢的见解还没有传染给你，趁你还没有学会一味地讲吃讲喝的时候，赶紧离开他，这对你有好处。你还不明白对你的好处，因为，你对他的崇拜使你瞎了眼睛。但是，在我看来，你早一点儿结婚对你可能是个挽救。看到你逐渐地一言一行、姿势神态都像起海军上将来，会使我心碎的。”

“好啦，好啦，在这个问题上，我们的看法不完全一样。海军上将有他的缺点，但是他为人很好，他对我的恩情超过生身父亲。很少做父亲的会像他这样，我干什么他都支持我。你不要用偏见影响范妮。我应该使他们彼此相爱。”

玛丽觉得，世界上再没有任何两个人像他们两个这样，从品格到礼貌教养都格格不入，但她没有说出口来。时间会使他明白这一点的。但是，她却禁不住讲出她对海军上将的想法。“亨利，我认为范妮·普莱斯非常好。要是我认为下一位克劳福特太太会受到我那可怜的婶母所受的一半虐待，会像我那可怜的婶母一样憎恨这个名称的话，但有可能，我就会阻止这桩婚事。不过，我了解你。我知道，得到你爱的妻子会是最幸福的女人，即使你的爱情已经消退，她仍然会在你的身上看到一位仁人君子的宽厚与教养。”

他口若悬河地作了回答。说的自然是，世上但凡能使范妮·普莱斯幸福的事情，他决不会不做，他对范妮·普莱斯的爱不可能会有个竭日。

“玛丽，”他接着说，“你要是看到今天上午她那样无限温柔无限耐心地对待她姨妈的种种愚蠢要求，陪她姨妈做活儿，替她姨妈做活儿，俯身做活儿时两颊飞起美丽的红霞，之后又回到她的座上继续替这位蠢女人写信，她做这一切的时候都百依百顺，极其自然，似乎她不需要有一点儿时间归自己支配，她的头发总是梳得那样纹丝不乱，她写信的时候一卷秀发轻落前额，不时地被她甩回，在这整个过程中，她还抽空和我说话，或者听我说话，好像我说什么她都爱听。你要是看到这种种情景，玛丽，你就不会想到有朝一日她对我的心灵会失去魅力。”

“亲爱的亨利，”玛丽叫道，她突然停住，对他笑了起来，“我看到你这样钟情，多么高兴！这使我万分欢喜。不过，罗什渥兹太太和朱丽叶又会说些什么呢？”

“她们说什么，想什么，我都不管。她们现在会看出什么样的女人才能为我、为一个有头脑的人依恋。我希望这一发现会给她们带来一些好处。她们现在和将来看到她们的表妹受到了应该受的待遇，我希望她们会诚心诚意地为自己以往可恶的傲慢与冷酷行为感到羞愧。她们会恼怒的，”他于沉默片刻之后，以较冷静的口吻补充说，“罗什渥兹太太会怒火万丈。这对她来说是一粒咽不下喉的苦药。也就是说，像别的苦药一样，要苦上一阵子，然后被咽了下去，被忘掉。我不是一个没有头脑的花花公子，尽管我是她钟情的对象，我并不认为她的感情会比别的女人们更长久。是的，玛丽，我的范妮将感到一种实实在在的变化，每天、每时都感到她身边的人态度上发生了变化。一想到这都是我引起的，是我把她的身份抬高到她理当有的高度，我的快乐将达到无以复加的程度。而现在，她寄人篱下，无依无靠，无朋无友，不被人放在眼里，为人遗忘。”

“不，亨利，并不是人人都不把她放到眼里，不是人人都忘掉了她，不是没有朋友，不是为人遗忘。她埃德蒙表哥永远不会忘掉她。”

“埃德蒙！不错，一般说来，我认为他对她还不错，托马斯爵士以他的方式对她也算好。但是，这是一个有钱有势、啰啰唆唆、一意孤行的姨父的做法。托马斯爵士和埃德蒙两人加在一起为她的幸福、快乐、社会地位和尊严能够做到的事情、真正做到了的事情，比起我将要为她做的事情来，又算得了什么？

第三十一章

亨利·克劳福特第二天上午又来到了曼斯菲尔德庄园，并且比平常串门做客的时间要早。两位女眷都在早餐室里。幸运的是，当他进来时，贝特伦夫人正要离开早餐室。她这时几乎已走到门口，她无意白走这么远再折回去，因此，她客气地打了个招呼，说了句自己有事先走，并吩咐仆人"禀报托马斯爵士后，便继续外走"。

亨利见她要走喜不自胜，躬身一礼，目送她走去，便抓紧时间，立即折身走到范妮跟前，掏出了几封信，满面春风地说道："我必须承认，无论谁使我有此机会与你单独相见，我都无限感激。你想不到我是怎样在盼望着这样一个机会。我了解你做妹妹的心肠，不希望这一家的任何人和你同时得到我现在给你带来的消息。他已经晋升了。你哥哥当上少尉了。我以无限高兴的心情向你祝贺你哥哥的升迁。这是这些信上说的。这些信刚刚收到。也许你想看看吧?"

范妮说不出话来，不过，他也不需要她说。但看她的眼神，她脸色的变化，她心情的演变，由怀疑到不知所措，到幸福，但看这一切也就够了。她把信接了过去。第一封是海军上将写给侄子的，只有几句话，告诉他侄子，他把提升小普莱斯的事情已经办成。里边还附有两封信，一封是海军大臣的秘书写给海军上将委托的朋友的，另一封信是这位朋友写给海军上将本人的。信中说，海军大臣非常高兴地批阅了查理爵士的推荐信；查理爵士非常高兴有这么个机会向克劳福特爵士表明自己的敬意；威廉·普莱斯先生被任命为英国沿海炮舰"画眉鸟"号的少尉这一消息传出之后，不少要人都为之高兴。

她的手在信纸下边发抖，她的眼睛从这封信看到那封，她的心充满了强烈的感情。此时，克劳福特情急心切地继续表明他在这件事情上所起的作用：

“我不想谈论我自己的幸福，”他说，“尽管我自己幸福之至。因为我想到的只是你的幸福。与你相比，谁还配得上幸福？我不愿意先你而知道这件你应该最先知道的事情。不过，我接信后一分钟也没耽搁。在这件事情上我是怎样焦急、怎样不安、怎样发狂，我不打算描述。由于在伦敦期间还没有办成，我感到多大的屈辱，多么残酷的失望！我待在那里一天又一天就是盼望办成这件事情。如果不是为办这样一件我极为重视的事情，我决不会离开曼斯菲尔德一半这么长的时间。但是，尽管我叔父满足我的要求，极其热情地立即办理我要他办的事情，但是，依然存在着困难，一个朋友不在家，另一个朋友又赴约会去了。我等他赴约回来，等了几天，最后再也等不下去了。我知道事情已经托给可靠的人，便于星期一动身回来了，相信回来后要不了几天就会收到信。我叔叔是世上第一个好人，不出我的所料，他见到你哥哥之后便尽力给他帮忙。他喜欢他。昨天我控制住自己，不告诉你他是多么喜欢他，也不泄露他怎样夸奖他。我要等到他的夸奖被证明是来自朋友的夸奖。今天算是得到了证明。现在我可以告诉你，连我都没有料到，自从那天晚上他们相会之后，威廉·普莱斯会引起我叔父那么大的兴趣，使他对他的事情那么热心，对他又是那样地称赞。这一切都是我叔父极其主动自愿的。”

“那么，这一切都是你给活动的吧？”范妮问道，“天哪，你给我们的帮助多么大啊！你真的——真的是你提出来的吗？请原谅，我糊涂了。是克劳福特海军上将申请的吗？是怎么办成的？我想不清楚。”

亨利兴致勃勃地说了个明白，从更早一步说起，着重解释了他起的作用。他这次去伦敦并没有别的事情，为的就是把她哥哥引进希尔街，求海军上将尽量运用他的面子帮他晋升。这事情就是他办的。他对谁都没有说，甚至对玛丽他都只字未提。他当时还不能肯定结果如何，因此未敢过早高兴。不过，这事情就是他办的。他那么热情冲动地讲他多么关心这件事情，用了那么热情的词汇，谈了那么多的“最深刻的关心”，“两重目的”，“不便说出的目的和愿望”，如果范妮注意听的话，是不会一直听不出他的意思的。但是她的心情无暇他及，她的理智依然惊奇若果，连他讲到威廉的时候，她都听不完全，当他停下来时，她只是说：“多好的心啊！多么好的心啊！噢，克劳福特先生，我们对你无限感激！亲爱的，亲爱不过的威廉啊！”她霍地站起，匆匆向门口走去，叫道：“我找我姨父去。应该尽快告诉我姨父。”但是，不能让她走。这是个难逢的良机，他的心情也迫不及待。他立即跟了上去：“你不能走，你必须再给我五分钟。”他抓住了她的手，把她领回她的座位。他又解释了一阵，她还没有明白不让她走的原因。然而，当她明白之后，当她发现对方在说她已引起了他从不曾有过的感情之后，当她明白他为威廉所做的一切都是由于他对她的无限的、无可比拟的爱恋之后，她感到了极大的痛苦，很久说不出话来。她认为这一切都荒唐无聊，只不过是欺骗一时的殷勤、小惠。她感到这是用不正当的、不正派的手法对待她。对她这样的人，不该如此。不过这完全符合他的为人，与她已经观察到的他的过去的行为如出一辙。但她抑制住自己，不使自己的不悦流于言表。她感恩于他，不论他怎样不洁不雅，她仍然重视这番恩情。她的心这时依然在为威廉的缘故欢乐地、感激地跳动，任何仅仅伤害她自己的事情，她都不会真正恨得起来。于两次缩回手来，两次想摆脱而脱不开之后，她站了起来，非常激动地说：“不要这样，克劳福特先生，请你不要这样。我求你不要这样。我非常不喜欢这样谈话。我必须走。我不能容忍。”但是，他还在说下去，描述他的感情，求她以李报桃，最后，话已说得十分露骨，连她也完全明白：他要把他本人，他的一生，他的财产，他的一切，都献给她，要她接受。就是这样说的。他已经说了出来。她愈来愈感到惊讶，愈来愈心慌意乱。虽然还摸不准他的话是真是假，她几乎已站立不住。他催她答复。

“不，不，不！”她掩起面孔叫道，“这统统都是无稽之谈。不要使我痛苦。我再不要听这些。你对威廉的好处使我无法形容我对你的感激。但是，你这类话我不想听，我受不了，我听不得——不，不，不要转我的念头。不过，你不是在转我的念头。我知道，这都是闹着玩呢。”

她已经挣脱了他。这时，听到托马斯爵士在向他们这个房间来的路上正对一个仆人说话。他不得不和她分手。他过分乐观、自信，认为他追求的幸福即将到手，她只不过是在故装娇羞。此时分手对他来说太残酷了。然而他已来不及再诉爱求怜。她姨父要从这个门进来，她从对面那个门冲出去。托马斯与客人寒暄未完，或者说他的客人刚刚开始向他报告他带来的喜讯，她已经跑到了东室，在东室里心情极其慌乱、极其矛盾地走来走去。

她在思索、考虑着桩桩事情，桩桩事情都使她发抖。激动，快活，愁苦，无限感激，极度的恼火。这一切都令人无法相信。他不可原谅，不可理解！不过，他做的任何事情都有不良成分，这已是他的习惯。他先使她成为最快乐的人，现在他又欺侮了她。她不知道说什么好，不知怎样分析，怎样看待。她想把他看做不是当真，但若是戏耍，为什么要说这样一些话，这么样向她许愿？

但威廉已成了少尉，这已是毋庸置疑的而且毫不掺假的事实。她愿牢记这一点，其余的一切统统忘掉。克劳福特先生肯定再不会对她说这类话，他肯定已经看出她是多么不欢迎他这样做。若是如此，她该为了他对威廉的友谊多么感激他啊！

在她确知克劳福特先生已经离开这座房子之前，她活动的范围不超过从东室到中间楼梯的梯口。但当她确信他已经走后，她便急忙走下楼去，到姨父那里，和他一起欢乐，听他讲或者听他猜测现在威廉会去往什么地方。托马斯爵士高兴之至，他非常慈爱，非常乐于和她聊天。她和他谈威廉谈得非常投机，发生的令她烦恼的事情她都忘掉了。但当谈话快要结束的时候，她发现克劳福特先生已约定当天回到这里吃晚餐。这是个非常讨厌的消息。虽然他可能不把已经过去的事情放在心上，但是这么快又见面使她感到十分别扭。

她尽量使自己的心情适应这件事情。当晚餐的时间就要到来的时候，她尽量使自己的心情及表情像平常一样，但是当客人进屋时，她完全由不得自己，表情极不自然、极不愉快。在听到威廉晋升的第一天，会有什么事情使她感到如此痛苦，这是她万万没有想到的。

克劳福特不只是进了室内，而且很快来到了她的身旁。他将他姐姐的一封信转交给她。范妮没有抬眼看他，但从他的声音中已听不出上次说的那类蠢话。她立即将信打开，很高兴能有件事情做做。她诺利斯姨妈也来这里吃饭。她不停地动来动去，使范妮有了点儿遮挡，范妮读信的时候，聊以自慰。

我的亲爱的范妮——为了我从现在起可以永远这样称呼你，使我的舌头得到彻底解放，再不像过去至少六个星期当中，笨笨拉拉地叫普莱斯小姐，我必须写上几句话叫我弟弟带给你向你表示热烈的祝贺，并且万分高兴地表示我的赞同与支持。勇往直前，我亲爱的范妮，不要顾虑。没有什么了不起的障碍。我自度我表态赞成会起一定作用，因此，今天下午，你就对他拿出你那最甜蜜的微笑吧，让他回来的时候比去时更幸福。

——你的亲爱的

玛·克

这些话对范妮没有丝毫帮助。她读得很快，心情惶惑不安，没有明确猜透克劳福特小姐的意思，但是，可以看出，她是在祝贺她赢得了她弟弟的钟情，其至想使她信以为真似的。她不知所措，莫衷一是。一想到这是当真，便感到愁苦不堪。她处处迷惑不解，事事都使她忐忑不安。每当克劳福特先生向她说话的时候，她都感到烦恼，而他又那么爱说给她听。她感到，他对她说话的时候，声音里与态度上有一种什么东西，与他对别人说话的时候大不相同。她这天吃饭的情绪被破坏净尽，几乎是什么都吃不下去。托马斯爵士开玩笑，说她是高兴得吃不下饭。她羞得满面通红，生怕克劳福特先生来一番解释。他就坐在她的右手。虽然她一眼不肯看他，但她觉得，他的眼睛却贪婪地在盯着她。

她比任何时候都更加话少。甚至当谈到威廉的时候，她也很少开口，因为威廉的任命完全是坐在右手边的这个人活动来的。一联想到这一点，她就感到几分痛苦。

她觉得贝特伦夫人比哪次坐席都久，担心这次的宴会永远不会散席。但终于他们都起身到客厅里来了。来到客厅坐定之后，两位姨妈以她们的语言与观点谈起威廉的任命，这时，范妮才有机会去想自己愿想的事情。

诺利斯太太所以对这件事情十分高兴，除别的原因外，还因为给托马斯爵士节省了开支。“现在威廉可以维持自己的生活了，这对他二姨父来说是个大变化。谁也不知道，他二姨父为他破费了多少。说实在的，我今后也可以少送东西了。我很高兴，这次他走的时候给他送了些东西。我手头不宽裕，那时候能给他送了些像样的东西，我的确为此高兴。对我来说，很像样，因为我家资有限。现在，他布置他的船舱，这些东西都有了用场。我知道他要花些钱，他要买不少东西，虽然他的父母会帮他把每件东西买得非常便宜，但我很高兴我也尽了点儿心。”

“我很高兴你给他那么多东西，”贝特伦夫人平静地完全信以为真地说，“我只给了他十镑。”

“真的吗！”诺利斯太太脸红起来，说道，“我敢担保，他走的时候，钱装满了几口袋，而且，去伦敦的路上也不要他花钱。”

“是托马斯爵士对我说给他十镑就够了。”

诺利斯太太无意深究十镑够还是不够，她开始从另外一个角度谈这个问题。

“把他们抚养成人，帮他们进入社会，”她说，“为这些年轻人，他们的朋友们要花多少钱！真令人吃惊！他们很少去想这些钱加起来有多少，很少去想，他们的父母、姨父姨妈，一年当中为他们花多少钱。现在，就拿我普莱斯妹妹的孩子们来说，把他们加到一起，我敢说他们一年花托马斯爵士的钱之多，谁也不会相信，且不说我给他们的帮补。”

“你说的全是实话，姐姐。不过，孩子们也可怜。他们也是没办法。而且你知道，这对托马斯爵士来说，也算不了什么。范妮，要是威廉到东印度群岛去的话，叫他别忘了给我带条披巾。有什么别的好东西，我也托他买。我希望他去东印度群岛，这样就可以给我买披巾。范妮，我想要两条披巾。”

在这段时间里，范妮只是在不得已时才说话。她在急于弄明白克劳福特姐弟打的是什么主意。除了他的话和他的态度外，从哪方面来看，他们俩都不会是真心实意。从他们的习惯、他们的思想方法以及从她自己所有的不利条件，从哪方面看来，这件事都不自然、不可能、不合常理。他见过那么多远远胜过她的女人，受到过那么多远远胜过她的女人的爱慕，同那么多远远胜过她的女人调情！甚至别人费尽心机想取悦于他，都给他留不下多少印象；他把这类问题看得那样淡薄，那样满不在乎，那样无动于衷。人人都觉得他了不起，他似乎也瞧不上任何人。她怎么会激起这样一个人的诚心诚意的眷恋？而且，他姐姐在婚姻问题上讲究门第，看重利益，怎么能设想她会认真促成这件事情？从两方面看来，这件事情都极不合常情。因而范妮越想越感到羞愧。样样事情都有可能，唯独他真心依恋不可能，他姐姐真心赞成爱她不可能。在托马斯爵士和克劳福特先生和她们汇合一起之前，她已经完全得出这样的结论。克劳福特先生进来之后，她已经难于绝对保持这种结论，因为有两次他射向她身上的眼光，她无法把它们归到普普通通的意思上去。至少，若是别人这样看她，她会说，那意思非常真切，非常明确。但她仍在尽力把它看做只不过是他对她的两位表姐和五十位别的女人们常常施展的手段。

她感到他一直想背着别人对她说话。她觉得，整个晚上每当托马斯爵士出去的时候，或者每当托马斯爵士聚精会神和诺利斯太太说话的时候，他都一直在寻找这样的机会。她谨慎地防着他，不给他任何机会。

最后——似乎也是范妮神经不安的一个终结，不过这个终结来得不算太晚——他提出要走了。这句话她听后本来如释重负，但是，他紧接着转过脸来对她说："你没有什么东西要捎给玛丽吗？你不给她回封信？她什么都收不到的话，会失望的。请给她写个回信，即使只有一行也好。"

"噢，是的！当然，"范妮说道，同时匆忙站起身来，她是要匆忙摆脱这种窘困的环境，要匆忙走开，"我现在就去写。"

于是她去到她常替姨妈写信的那张桌子边，提笔准备写信，但又根本不知道说什么好。克劳福特小姐的信，她只看过一遍。要答复这种不怎么理解的东西实在令人伤透脑筋。她完全没有写过这类信，如果她来得及对信的格调产生疑虑的话，她会有重重疑虑。但是必须马上写出些什么东西来。她只有一个明确的想法，那就是希望让人读过之后不会觉得她真的有意。她动起笔来，身心都在剧烈地发抖。她写道：

> 亲爱的克劳福特小姐，就你为我最亲爱的威廉表示的好心的祝贺来说，我对你十分感激。信的其余部分，根据我的理解，不足为重。对这类事情，我深感不配，希望今后不要再提。我和克劳福特先生相识已久，深知他的为人。他若对我同样了解，料必无有此举。临笔惶惶，不知所云。倘能此事不复提及，当万分感激。承蒙来信，谨致谢忱，亲爱的克劳福特小姐……

结尾到底写了些什么，她在慌乱之中已不怎么理解，因为，她发现，克劳福特先生借口取信已向她走来。

"不要误解，我不是来催你，"他看到她慌里慌张将信纸折叠装封，压低了声音说，"不要误会，我不是这个意思。请你不要慌。"

"噢！谢谢你，我已经写完了，刚写完。马上就好。你如果能将这封信转给克劳福特小姐，我将十分感激。"

信已经被递了过来，只好接下。她马上目不斜视地走到众人围坐的炉边。他无事可做，只好一本正经地走掉了。

范妮觉得她从不曾这样激动过，既因痛苦而激动，又因快乐而激动。不过，值得高兴的是，这种性质的快乐不会因为这一天的过去而过去，因为，以后天天都可以想到威廉的升迁。而这种痛苦，她心想，会一去不复返。她毫不怀疑，自己的信写得很不好，句子造的还不如小孩子，因为，心烦意乱，她无法推敲斟酌。不过，这封信至少使他们两人都明白，克劳福特的殷勤买好既骗不了她，也收买不了她。

第三十二章

范妮第二天早晨醒来的时候，尚未忘掉克劳福特先生。但她同样记得她的信的内容。她对这封信可能收到的效果，依然像头天晚上一样乐观。但愿克劳福特先生远走高飞，这是她衷心的愿望。带着他的姐姐一块儿走！他原来就是这样安排的，他重返曼斯菲尔德就是为了接他的姐姐！她弄不明白他们为什么到现在还不走。克劳福特小姐肯定不想在这里逗留。在昨天他来做客的过程当中，范妮曾盼着能听到他走的日期。但是，他只是说过，他们不久就要起程。

她心满意足地料定了她的信的效果之后，突然看到了克劳福特先生又向大厦走来，并且像昨天一样早。这使她大吃一惊。他来这里可能与她无关，但她还是尽可能不见他为好。这时，她已上到楼梯中间，她决定留在楼上，一直等到他走。除非叫她，她决不下来。由于诺利斯太太仍在这里，似乎没有可能用得着她。

她忐忑不安地在那里坐了一阵，一边听，一边发抖，时时刻刻都在担心叫她。不过，由于听不到有脚步声向东室走来，她也就坐下做起活儿来，盼着克劳福特来去不须她露面。

差不多有半个小时过去了。她逐渐地放下了心。但这时，突然听到有脚步声直奔过来，脚步声很重，与一般人的不同。这是他姨父的脚步声。她对他的脚步声和他说话的声音一样熟悉。过去，她常常一听到就发抖，现在一想到他来这里肯定是有话对她说，她便又开始颤抖起来。不论是要说什么，她都害怕。的确是托马斯爵士。他推开了门，问她是否在这里，他可不可以进来。以往他出其不意地来访所引起的那种恐怖似乎又产生了。她觉得好像他又来考她的法语和英语。

她毕恭毕敬地给他搬了把椅子，尽量表现出受宠若惊的样子。由于心神不安，她未曾注意到室内有什么欠缺。他进来之后突然止步，吃惊地问道："你今天为什么没有生火?"

外边已是满地白雪，她披了个披巾坐着。她吞吞吐吐地说：

"我不冷，姨父。这个季节我从来不在这里久坐。"

"那你平时生火吗?"

"不生，姨父。"

"这是怎么回事?一定是安排不当。我过去以为你到这个房子里来是为了取暖。我知道，你的卧室里不会有火炉。这是个大大的错误，必须纠正。没有火，一天即使在这里待半个小时对你都很不合适。你身体不结实。你在受冻。你姨妈不知道。"

范妮倒是不愿意说。不过，既然非说不可，为了不冤枉她最爱的那位姨妈，她忍不住说了几句。话里边着重提的是"我诺利斯姨妈"。

"我明白了。"她姨父说道。他在抑制自己，不想再听下去。"我明白了。你诺利斯姨妈有见识，一向提倡孩子们不应娇惯。但是，凡事都有个界限。她自己也很刻苦，这当然也就影响了她对别人的需要的看法。若是在别的问题上，我也可以充分谅解。我知道她的一向为人。这个原则本身是对的，但是，在你身上可能执行得太过分了，我认为的确太过分了，我知道，在某些方面，有时不能一视同仁。这是不应该的。但我认为你很好，范妮，你不会因此而怀恨。你头脑清楚，遇事不会只看一方面，只看局部，你会全面地看待过去。你会考虑到不同的时期，不同的人，不同的机遇，你会感到那些教育你、为你准备一个小康生活条件的人们的的确确都是你的朋友。为你准备的条件似乎符合你的命运。尽管他们的告诫最终证明没有必要，但都是出自好心。对此，你可以放心。被迫吃一些小小的苦头，富裕时候就倍能领略那时的幸福。我相信，你在任何时候都不会不以应有的尊敬和关心来对待你诺利斯姨妈，不然就辜负了我对你的器重。不说这些了。坐下，亲爱的。我必须和你谈几分钟，我不打算占你很多时间。"

范妮依命坐了下来，垂着眼皮，红了面颊。托马斯爵士停顿一会儿之后，欲笑不笑，说了下去。

“大概你还不知道，我今天上午接待过一个客人。早饭后，我刚回到我的房间里，克劳福特先生便被领了进来。你大概能猜到他来是干什么的。”

范妮的脸越来越红。她姨父看到她过分发窘，话说不出，眼不敢睁，便不再看她，不停口地讲起克劳福特先生的这次访问。

克劳福特先生来的目的，是宣布自己爱范妮，并且明确地提出向她求婚，并请求她姨父的批准，因为，她姨父似乎在履行着父母的职责。他做得如此如礼如仪，如此公开，如此大方，如此规矩，而且托马斯爵士本人的答复和发表的意见又如此得体，因此，托马斯爵士对他们谈话的细节详情津津乐道，觉察不到他外甥女的心里在想些什么。他还觉得，这些具体情况不仅他愿意说，他外甥女还更愿意听。因此，他滔滔不绝地说了几分钟。范妮也不敢打断他。她甚至都没有心情去想是否打断他。她的心里极度混乱。她换了个姿势，目不转睛地望着一扇窗户，不安地、沮丧地听她姨父讲着。他的话已停下来良久她还没有觉察。他从椅子上站了起来，说道：“范妮，现在我已经履行了我的部分使命，使你知道，每件事情都有了最牢靠最令人满意的基础。我可以执行我剩下的使命了，那就是劝你，陪我一块儿下楼去。虽然我自以为你不会讨厌刚才陪我说话，但到了楼下，我甘拜下风，你会发现一个说话更为动听的人陪你。你可能已经料到，克劳福特先生还没有走。他在我的房间里，希望在那里见你。”

听了之后，她眼一瞪，浑身一惊，一声大叫。托马斯爵士见此情景，大为震惊。但是，更加使他震惊的是听见她宣告：“噢，不，姨父，我不能，我的确不能到楼下去见他。这一点，克劳福特先生应该明白——他肯定明白。昨天我已经对他说了很多，他应该清楚了。昨天他已经对我谈到了这个问题，我毫不掩饰地告诉他我对这件事情非常不感兴趣，无法回报他的好意。”

“我不明白你的意思，”托马斯爵士说着又坐了下来，“无法回报他的好意？这是怎么回事？我知道，他昨天对你讲过。就我所知，从你这里他得到了一个知道分寸的年轻姑娘所能给的鼓励。从他的话中我了解到你当时的表现，使我听了非常高兴。你非常慎重，值得赞扬。但是，现在，他已经郑重地、正式地提了出来——你现在还顾虑些什么？”

“你弄错了，姨父。”范妮说，她一时心急，甚至当面说她姨父不对，“你完全弄错了！克劳福特先生怎么会这样说？昨天我丝毫没有鼓励他。相反，我对他说，具体的话我已记不确切，不过，我敢担保，我是对他说，我不愿听他讲，我非常讨厌听，我求他永远再不要对我说那类话。我敢担保我这些话都说过，并且说的还要多。如果当时我确有把握他是当真的话，我会说得更多。不过，我当时不想给他安上更多的意思，不愿那样看待他。我当时以为，对他来说，一切说过可能就算完了。”

她说不下去了。她几乎已喘不过气来。

“是不是说你是要拒绝克劳福特先生?”托马斯爵士沉默了一会儿以后问道。

“是的，姨父。”

“拒绝他?”

“是的，姨父。”

“拒绝克劳福特先生的求婚！什么理由？什么原因?”

“我——我不喜欢他，不能嫁给他。”

“太奇怪了?”托马斯爵士声音平静，有点儿不悦地说，“我有点儿不能理解。现在，向你求婚的这个年轻人哪一条都很优越，不仅有地位、有财产、品德好，而且还十分和气，讲起话来，人人喜欢。而且，你们又不是初次见面。你与他已认识了一些时间了。而且，他姐姐还是你的亲密朋友。他还替你哥哥办了那件事情。即使别的方面不去考虑，单这一件事情就足以打动你的心。我的面子何时能使威廉晋升，很难说。而他已经把这件事情办成了。”

“是的。”范妮少气无力地说，又不好意思地低下了头去。经他姨父这么一番描述之后，她的确感到自己不喜欢克劳福特先生是可耻的。

“你必然觉察到，”托马斯爵士紧接着说，“你必然早就觉察到克劳福特先生对你的态度与对其他人不同。因此，他向你求婚不应该使你感到突如其来。你必然注意到他对你的关注，虽然你接受他的关心时态度非常稳重（在这方面我没什么可以说的)，但我从来没有看到你讨厌过。我似乎觉得，范妮，你并不完全明白你自己的感情。”

“噢，不！我完全明白。他对我的那种殷勤用心——我是一向不喜欢的。”

托马斯爵士更加惊讶地看着她。“我不理解，”他说，“你给我解释解释。你这么小，几乎没遇到过什么人，不太可能你的心已经——”

他停顿下来，眼睛盯着她。他看见她的嘴型像要说个“不”字，但声音没有出来。不过她的脸却通红通红。但这种现象发生在这样一个文静端庄的姑娘身上，是完全可以理解为由于心地洁白的原因。他有意显出至少是满意的样子，很快补充一句："不，不，我知道不可能有这种事情，完全不可能。好了，就说到这里吧。"

有几分钟之久，他沉默不语。他在沉思。他的外甥女也在深思，在作精神准备，以防他进一步盘诘。她情愿死去也不愿吐露真情。她希望经过一阵思索之后，使自己坚定起来，保住自己的秘密。

"除了克劳福特先生的中意可能会带来的好处外，"托马斯爵士又开始非常沉着平静地说，"他愿意这样早结婚，也是我赞成的一个原因。我提倡结得起婚的人都早一点儿结婚。我的这一主张很强烈。一想到我的大孩子，你的表哥，贝特伦先生不太可能早点儿结婚，我就感到不满。但是，目前就我看来，他还丝毫没有打算结婚，并且想都不想。他要是能定下来就好了。"说到此处他瞟了范妮一眼，"至于埃德蒙，无论从他的气质来说，还是从他的习惯来说，都比他哥哥更可能早点儿结婚。说实在的，我近来觉得他已经遇上了他中意的女人，而我的大儿子，我相信还没有。我说得对吧？你同意我的看法吗，亲爱的？"

"同意，姨父。"

她回答得很温柔，但也很平静，托马斯已不再疑心到她的两位表兄身上去了。疑心的解除并没给他的外甥女带来什么好处。肯定了她是无缘无故，也增加了他的不悦。他站了起来，在室内走来走去，他那紧锁的眉头，范妮虽不敢睁眼去看，但却想象得出。过了一会儿，他以权威的口吻说："孩子，你有什么根据认为克劳福特先生的脾气不好吗？"

"没有，姨父。"

她想加上一句"但我有根据认为他行为不端"；但是，一想到说了之后会引起辩论、解释，可能还会说不服他，一想到这种可怕的前景，她便丧失了勇气。她对他的不好的看法主要是根据自己的观察得来的，替两位表姐着想，她不敢把实情告诉他们的父亲。玛丽亚和朱丽叶，尤其是玛丽亚，和克劳福特先生的轻薄行为有非常密切的牵连，她如果要说出她对他的品行的看法，就必然会把她们暴露出来。她原以为，对一位像她姨父这样眼光敏锐，这样正直、这样好的人，只要她简单地承认她这方面对这件事不愿意也就行了。现在看到情况并非如此，她感到十分伤心。

她浑身发抖，可怜巴巴地坐在桌边，托马斯爵士向桌子走来，异常冰冷、异常严肃地说："我看出，和你说也没用。这场令人难堪的谈话最好到此结束。不能让克劳福特先生再等下去。因此，考虑到我有责任说出我对你的行为的看法，我只想再补充几句：你辜负了我对你抱的全部希望，你表明你的性格与我原来想的完全相反。范妮，我认为你必然已从我对你的态度上看出，我回到英国之后，对你产生了非常好的看法。我原以为，你与众不同，没有任性、自大，没有一点儿目前流行的那种精神独立的倾向。这些现象甚至在年轻女人身上都在流行，这尤其令人讨厌，令人反感。但是，你今天向我表明，你也会任性、固执，并且你要任凭自己做主，毫不考虑、毫不尊重那些肯定有权指导你的人们，甚至连他们的意见都不肯征求。你表明，你和我想象中的你完全不同。在这个问题上，你一家人的利害，你父母的利害，哥哥、弟弟、妹妹们的利害，你似乎全不放在心上。他们会得到多大好处，他们会为你攀得这门亲事高兴到什么程度，对你来说，都无所谓。你心里只有你自己。你觉得克劳福特先生身上缺少狂热的年轻人幻想中的幸福条件，因此，就决定立即拒绝他，甚至都不愿稍加考虑，甚至都不愿冷静地稍微再考虑一会儿，仔细想想自己是怎样打算的，而且，凭着一阵冲劲，抛弃掉送上门来的一个解决婚姻大事的机会。这门亲事这么合适，这么体面，这么高贵，这样的机会你永远再也碰不到第二次。这个青年有头脑，有道德，脾气好，有教养，对你特别爱慕，他对你的求婚也是最慷慨，最无私不过的。我告诉你，范妮，你在这个世上再活十八年，也不会碰到一个向你求婚的人有克劳福特先生一半这么多的地产，有他的地产十分之一那么好。我哪一个女儿能嫁给他我都高兴。玛丽亚嫁到了一个高贵人家。但是，如果克劳福特先生向朱丽叶求婚，我把朱丽叶许给他，会比把玛丽亚许给罗什渥兹先生，更加由衷地感到心满意足。”他稍加停顿后又说：“要是我的不论哪个女儿，碰到一门婚事有一半这么合适，不征求我的意见，立即断然拒绝，我会大为吃惊。这种做法会使我十分吃惊，非常伤心。我会认为这是十分不孝，十分不敬。对你，我不用这个尺度来衡量。你对我没有做子女的责任。但是，范妮，要是你的良心觉得你并非忘恩负义——”

他停了下来。这时范妮已哭得很痛，尽管他满腔怒火，他也不便这样再讲下去。她几乎已经心碎。在他的眼里，她居然成了这样一个人！对她的责备居然这样重，这样愈来愈重，这样急剧升级！任性、固执、自私、忘恩负义！他认为她是这样一个人。她辜负了他的希望，她失去了他的好感。她会变成个什么样子的人呢？

“我非常对不起您，”她口齿不清地哭着说，“我的确非常对不起您。”

“对不起！是的，我希望你能知道这一点。你也许会为今天的事情长期惭愧下去。”

“我要是能不这样做的话——”她又强打了一下精神说，“但是我深信我永远不会使他幸福，我自己也会十分悲惨。”

又一阵泪水涌了出来。尽管她泪如泉涌，尽管她说出了这个令人酸楚的“悲惨”一词，而且，正是说出之后痛哭不止，但是，但是托马斯爵士却在考虑怎样把她说服。他开始在想，稍微温和一些，变变方法，也许能起些作用。让那位年轻人本人当面来求婚许会好些。他知道她非常羞怯，特别神经质。心想，她这种思想状况，倘若求婚人求上一段时间，求得紧一些，表现出一点儿耐心，也显出一点儿急躁，把这些因素调和得当的话，会把她影响过来的。只要这位年轻人不灰心，只要这位年轻人真爱她、不灰心，托马斯爵士就抱有希望。想到这里，他心里高兴起来。“好了，孩子，把泪擦一擦。这样哭没用，没有好处。现在你跟我一块儿下楼去。已经让克劳福特先生等得很久了。你自己答复他。不然他会不满意。你只须给他解释他误以为你有意的原因，肯定是他产生了误会，这对他很不幸。我解释很不合适。”

但是范妮一听说要下楼去见克劳福特先生，便表示很不愿意，很痛苦。托马斯爵士经过考虑，觉得最好由着她。因而这一对青年男女给他带来的希望不那么强烈了。同时，当他看到他外甥女，看到她那面容哭成了什么样子的时候，他觉得现在马上见面有好处也同样有坏处。因此，说了几句无关紧要的话之后，他自己走开了，留下他可怜的外甥女凄凄惨惨地坐在那里为发生的事情哭泣。

她的心里一片混乱。过去的、现在的、未来的一切都非常可怕。而使她最感痛苦的是姨父发的这场脾气。自私自利，忘恩负义！在他眼里她成了这样的人！她会永远为此伤心。没有一个人站在她这一边，替她出主意，替她说话。她仅有的一位朋友还不在家。他也许会劝下他父亲的怒火，但是所有的人，也许所有的人，都会认为她自私自利，忘恩负义。她可能得不断地忍受这样的责备，她可能在她的周围人们中间永远听到、看到、知道这种责备的存在。她不由得对克劳福特先生感到几分憎恨；不过，要是他真的爱她，并且也感到不幸的话——！不幸的事情真是接踵而至！

过了大约一刻钟，她姨父回来了。一看见他，她几乎要昏厥过去。不过，他的话说得很平静，并不严厉，没有责备她，她的神志稍微有了点儿恢复。而且他的态度和他说的话，都给了她一点儿宽慰，因为，他一开始便说："克劳福特先生已经走了。他刚刚和我分手。我无须重复刚才我们都说了些什么。我不想告诉你他是怎样想的，以免进一步影响你的心情。我只需说，他表现得很有绅士风度，很慷慨大方，更加巩固了我对他的智慧、心肠和脾气的非常好的印象。我向他讲了你现在的心情之后，他立即非常体贴地不再提出现在要见你的要求。"

范妮本已抬起眼睛，听到这里，又把眼睛低了下去。

"当然，"她姨父继续说，"可以料到，他请求和你单独谈一次话，即使只谈五分钟也行。这个要求很自然、很正当，没法拒绝。不过，并没有确定何时。也许在明天，或者你什么时候心情平静下来就在什么时候。现在你要做的是，使自己平静下来。不要再哭，哭会损坏身体的。我想，你要是想表明还听我的话，就再不要放纵这种感情，尽量运用理智，使意志坚强一些。我建议你到外边走走，新鲜空气对你有好处。到碎石路上走上一个钟头。灌木林里没有别人。新鲜空气和户外活动会使你好起来。还有，范妮（他又转回来说了一阵），我在楼下不提刚才发生的事情。连你贝特伦姨妈我都不打算告诉。没有必要把这件令人失望的事情宣扬开来，你自己也别讲。"

这条命令范妮非常乐于服从。这种好心范妮深深领会。得免诺利斯姨妈没完没了的责骂，她对他真是由衷感激。她的责骂比什么都难忍受。甚至与克劳福特先生见面都没有这可怕。

她听从姨父的建议立即走往户外，尽量彻底服从他，止住了眼泪，努力使自己平静下来，努力加强自己的意志。她想向他证明，她的确想让他高兴，她想重新赢得他的好感。他使她有了另外一个出来活动的强烈愿望，那就是不让姨妈们知道整个这件事情。不要让自己的样子和态度引起疑心，现在应为这个目标而奋斗。她觉得，只要能使她免却诺利斯姨妈的责骂，几乎叫她干什么事情都可以。

她散步回来，又走进东室的时候，吃了一惊，并且是大吃一惊。首先进入她眼帘的是一炉熊熊烈火。生火了！这似乎有点儿担待不起。恰巧在这个时候，对她这样纵容，使她感激到甚至痛苦的程度。她奇怪，托马斯爵士怎么会有工夫又想到这样一件小事。但她不久便发现，今后天天都要如此，这是来生火的女仆主动告诉她的。托马斯爵士已经吩咐过了。

"要是我真的忘恩负义的话，我就真的没有心肝了！"她自言自语地说，"愿上天保佑我，别让我忘恩负义！”

直到聚在一起吃正餐，她才又看到她姨父和诺利斯姨妈。她姨父在尽可能像以往一样对待她。她相信他不想让事情有任何变化，只是她自己的良心觉得有了什么变化。但她的大姨妈不久便对她嚷了起来。当她听出，她大姨妈骂的只是她没有给她说一声就到外边寻开心去了那么长时间的时候，她完全明白她应该感激姨父的一片好心，使她没有因为那个更加重大的问题挨同样性质的骂。

“我要是知道你要出去，我会叫你到我家里替我吩咐南妮几件事情，”她说，“结果叫我费气花力地自己跑了一趟。我几乎抽不出时间来，你出去要是给我们说一声，你也就免去了我这番辛苦。我想，在灌木林里走来走去，和到我家里走一趟，对你来说没有什么差别。”

“是我建议范妮到灌木林里散步的，那里最干燥。”托马斯爵士说。

“噢！”诺利斯太太自我抑制了一会儿说，“你真好，托马斯爵士。不过，你不知道去我家的那条路有多么干。我向你保证，范妮去那里走一趟对她同样有好处，而且还能起些作用，给她姨妈帮帮忙。这完全是她的不对。她出去要是给我们说一声——不过，她有点儿怪，以往我就常看出——她喜欢按照她自己的意思做活儿，她不喜欢听别人的吩咐。但有可能，她就自己散步。她身上的确有一点儿神秘、独立和莫名其妙的味道，我劝她改一改。”

回想一下范妮的整个情况，托马斯爵士尽管自己今天也表示过同样的看法，但他觉得诺利斯太太的这番指摘极不公平。他尽量想转变话题，一而再、再而三地做出努力都没有成功。因为，诺利斯太太观察力迟钝，不论是今天或是以往任何时候，都看不出他对外甥女的看法多么好，看不出他认为自己女儿们的德行比不上她。她一直在说范妮，有半顿饭时间都在恨她这次私自出去散步。

不过，她终于骂完了。随着夜幕的降落，范妮的心情，经过上午的风暴之后，比她预期的要平静、愉快一些。首先，她深信自己没有做错，而且她的辨别能力没有把她领入歧途。她自信自己的愿望清白。其次，她自以为她姨父的怒火在消退，并且，一旦他公正一点儿考虑这件事情，他的怒气会进一步消失。他会觉得，没有感情去嫁人是多么可悲、多么不可原谅、多么没有希望，并且多么心术不正。凡是好人必然都会这样想的。

等明天的她担心的会见过去，她就可以认为，这个问题已最后解决，待克劳福特先生离开曼斯菲尔德后，一切就会恢复正常，好像这个问题没有发生过似的。她不相信，也不能相信克劳福特先生对她的感情会使他痛苦多久。他的思想不是属于那种类型。伦敦会很快治好他的痛苦。到了伦敦，他会很快对自己的狂恋感到莫名其妙，会庆幸由于她头脑清楚，他没有陷入不幸。

正当范妮沉湎于这类希望的时候，她的姨父在茶后不久被叫了出去。这是司空见惯了的事情，并没引起她的注意。但是，十分钟后，男管家又出现了，并且径直向她走来，说道："托马斯爵士想在他的室内和您谈一谈。"这时，她开始在想，那里正在干什么。一阵疑心涌上心头，使她满脸通红。不过，她还是立即站了起来，准备听从召唤。就在这时，诺利斯太太叫道："别动，别动，范妮！你要干什么？你往哪里去？别这样慌里慌张的。你放心，叫的不是你。你放心，叫的是我。"（看了男管家一眼）"你也太爱遇事往前站了。托马斯爵士叫你干什么？巴德利，你是说叫我的吧？我现在就去。我相信你说的是我，巴德利。托马斯爵士叫的是我，不是普莱斯小姐。"

但是，巴德利的语气很坚决："不，太太，叫的是普莱斯小姐。我知道得很清楚，叫的是普莱斯小姐。"他说着微微一笑，意思是说："我想你不符合要求。"

诺利斯太太非常不满，只好故作镇静，又做起活儿来。范妮怀着使她不安的预想走了出去，像她预料的那样，一分钟后她便发现自己单独和克劳福特先生在一起了。

第三十三章

这次的谈判不像这位小姐计划的那样短，也不是那样解决问题。这位先生不是那么容易打发得掉的。他一如托马斯爵士所希望的那样百折不挠。他盲目自信，起初他强烈认为她的确爱他，尽管她本人并无此意。后来，当不得不承认她还不了解她自己目前的感情的时候，他还相信，早晚他会使她的感情符合他的希望。

他在恋爱，并且在热恋之中，这种爱，以主动的、乐观自信的精神为动力，热烈有余，含蓄不足。正由于受到她的抵制，他把她的感情看得更加可贵。他觉得能迫使她爱他，既光荣，又幸福。

他不肯绝望，不肯断念。他有充分的理由去毫不灰心地爱恋她。他知道她的人品好，能满足他对持久幸福的强烈愿望；她现在说不愿意，她性格上的淑雅（这是他认为最难得的品质），更加激发他的希望，坚定他的决心。他不知道他想要攻下的这颗心早已另属别人。他一点儿也没往这方面猜。他认为她想都没想过这样的事情，因此没有这样的危险。他认为她还是个黄花幼女，未曾吐露过情丝，年轻的心灵和她的妙姿美容一样可爱。他认为她所以不理解他的种种殷勤，是因为她腼腆稳重。他认为他突如其来的丝毫未曾为她料到的求婚，以及她想象不到的新奇情况，使她一时经受不住，现在仍未恢复过来。

一旦他被理解，他不就成功了吗？他充分相信这一点。像他这样的人，爱起谁来，只要坚持下去，必然会得到回报，并且为期决不会远。一想到不久就会迫使她爱上他，他心里就无限高兴。她现在不爱他似乎也就没有什么值得遗憾。有点儿困难等待克服对亨利·克劳福特来说倒不是什么坏事。他因此反而劲头更大。过去他俘虏别的姑娘们的心太容易了。现在碰到的情况使他感到新鲜，给他增加生气。

然而，范妮这一生知道许多相反的情况，觉得目前这种状况没有一点儿令人感兴趣的地方。她觉得这一切都不可思议。她发现，他执意要坚持下去。她不能理解，在她被逼得说出那番话后，他怎么还会如此。她当面告诉过他，她不爱他，不能爱他，并且深信永远不会爱他；告诉过他，完全不可能改变态度，告诉过他这件事情使她感到极大的痛苦，并且还对他说，她求他永远再不要提这个问题，让她马上离开他，这件事情算已经彻底过去。当她受到进一步催逼的时候，她还补充说，她认为他们的性情完全不同，不可能相爱，无论从性格、教养，还是从习惯看来，他们两人都不相配。这一切她都说过，并且说得非常诚恳真挚，但是并没有使问题得到解决。他立即否认两人性格上有什么不合，两人的境况有什么不配，而且明确宣布他仍然要爱，仍然抱着希望。

范妮对自己的意思很清楚，但是对自己的态度并不完全自知。她改变不了她那彬彬有礼的态度。她不知道她那文雅态度大大掩盖了她立意的坚决。她的羞怯、感恩、温柔使得她说的每一句回绝的话好像都是在抑制自己的感情，至少使人觉得，她给自己的痛苦和给他的差不多一样多。克劳福特先生已经不是原来的那位克劳福特先生。那位克劳福特先生是玛丽亚·贝特伦的暗中的、狡诈的、不忠实的爱慕者，她憎恶他，她不愿意看到他，也不愿意和他说话，她认为他身上不可能有一点儿好的品质，即使他能讨人欢心，她也不承认他有任何可爱之处。克劳福特先生现在成了这样一位克劳福特先生：他以炽热的、无私的爱向她求婚，他的思想看起来已变得光明磊落，他的幸福观已固定在恋爱婚姻的基础上，他滔滔不绝地诉说她的优点，一而再、再而三地描述他对她的感情，搜索枯肠用语言，而且是用他这么个有才华的人的语言、腔调以及神情向她证明，他所以追求她是因为她文雅，她好；尤其重要的是，他现在成了帮威廉得到升迁的一位克劳福特先生！

现在产生了变化，现在欠下了人情。这变化，这欠下的人情必然要起影响。她本可以像在索色顿的园林里和曼斯菲尔德庄园的剧场里那样，以贞洁妇女盛怒的尊严蔑视他，但是，现在，他来到她跟前有权要求她以新的态度对待他。她必须对他谦恭有礼，她必须对他体谅几分。她必须有一种受到抬举之感，无论是想到自己还是想到哥哥，她都必须有强烈的感激之心。这一切使得她的态度变得非常怜悯，非常焦虑不安，使得她回绝他的话里夹杂着许许多多对他感激和关切之词，这对克劳福特的这样盲目自信和不肯死心的性格来说，她的拒绝，至少她拒绝的坚决程度，就可能值不得相信。他在谈判结束时，所以会宣布要坚持下去，要不懈地努力，要百折不挠地追求，并不是因为像范妮认为的那样无缘无故、荒唐无稽。

他很不情愿地放她走了，但是，在分手时，从他的表情看来，他丝毫没有绝望，他说的话都是当真，他还要照样胡缠下去。

现在她恼怒起来了。见他这样自私地不替别人着想地一味纠缠，她真的有些憎恨了。以往使她吃惊、令她厌恶的那种不体谅他人、不尊重他人的现象又出现了。现在她又看到了她以往不用理会的那位克劳福特先生身上的东西。一旦他兴之所至，他多么不通情达理，多么不顾别人。唉，一个没心没肺的人，就不会讲道德的，这不是早就知道的吗？她的感情若能由她自由支配，他就永远别想得到。

范妮坐在那里，一边在思索着楼上生火过分奢侈，对她也过分照顾，一边想着如上事情。她想的都是不折不扣的真实事情，她的心情十分悲哀。她对过去的一切和现在的一切都感到奇怪，她在猜下一步又该发生什么事情。在紧张与不安中，什么都想不出个究竟，只知道，在任何情况下她都不会爱克劳福特先生，只看清楚有一炉火供她坐在那里取暖，并且使她念念不忘。

托马斯爵士只好或者说有意等到第二天才了解这两个年轻人谈判的结果。第二天上午，他见到了克劳福特先生，听了他的叙述。他的第一个感觉是失望。他原希望情况能好一些。他原以为，像克劳福特先生这样一个年轻人恳求一个钟头，在范妮这样脾气温柔的一个姑娘身上，引起的变化不会这么少。但是，他一看到这位求婚者态度那么坚决、那么乐观地坚持不懈，他又很快得到了安慰。他看到当事人这样充满胜利的信心，他自己很快也放下心来。

在他这方面，礼貌、赞扬、照顾，凡是有助于实现这项计划的，他样样都做到了。克劳福特先生感情上的坚定受到了赏识，范妮受到夸奖，两人的结合依然是世界上最令人想望的事情。在曼斯菲尔德庄园，克劳福特先生是随时来随时受到欢迎。无论是现在还是将来，他多长时间来一次，完全由他做主，完全视他的心情而定。在他外甥女的一家人以及她的朋友当中，在这个问题上只有一个意见，一个愿望，凡是爱她的人都得往一个方向上施加影响。

凡是能起鼓励作用的话都说了，凡是说出来的鼓励话都千恩万谢欢天喜地地接受了，这两位先生分手时成了最好的朋友。

看到这件事情已有了一个非常适当、非常有希望的基础，托马斯爵士感到了欣慰，因此他决定不再进一步逼他的外甥女，不再去公开干涉。就她的性情看来，他认为，要想影响她，最好的办法就是对她友好。至于恳求，只能来自一个方面。她很清楚一家人的愿望是什么，在这种情况下，一家人都不去干预她，肯定会有利于促成这件事情。因此，本着这个原则，托马斯爵士利用第一次和她说话的机会，为了能够影响她，以适当严肃的态度说："喂，范妮，我又看到了克劳福特，从他那里知道了你们两人之间事情的确切情况。他这个人真不一般，不管这件事情如何，你必须承认他的情意完全与众不同。你年轻，不知道一般人的爱情都是短暂的、变化的、不牢靠的。因此，他这样碰钉子还苦苦追求，这种奇怪现象给你的印象就不可能比给我的印象深。他这方面，完全是从感情出发。他这样做没有什么可以表扬的。大概他一点也不值得表扬。不过，由于他选得好，他的坚定不移就有了令人尊敬的性质。如果他选择的对象不是这样无可指摘，他这样地苦苦追求我就会谴责的。"

"说实话，姨父，"范妮说，"我非常遗憾，克劳福特先生继续——我知道这是给我非常大的面子，我觉得受到了非常不应有的抬举。但我深知，我已经对你说过，我永远不能——"

"亲爱的，"托马斯爵士打断了她的话，"没有必要说这些。你必然了解我的愿望和我的遗憾，我也完全了解你的想法。再没有什么要说，再没有什么要做，从此时此刻起，我们两人之间再不谈这问题。你无须再担心些什么，也不必为什么而不安。你的幸福和利益是我唯一放在心上的事情。我对你没有其他要求，只求你，当克劳福特先生来劝说你，说你们的幸福与利益并不矛盾的时候，你能容忍他。他向你求婚成不成由不得他。事情全由你决定。我已经答应他，像过去没发生这件事情时那样，他无论什么时候来，你都见见他。你和我们其他人一起接见他，态度还和过去一样，尽量忘掉一切不愉快的事情。他很快就会离开诺坦普顿郡，连这点儿小小的委屈也未必常要求你受。将来如何很难说。现在，亲爱的范妮，这个问题在我们两人之间就算已经过去了。"

范妮一味满意地想着从姨父那里听来的克劳福特先生即将离去的消息。不过，他姨父的好言好语与克制态度，她虽为之有所感动，但还头脑清醒。当她考虑他是否知道事情的真相时，她觉得他会怎样要求于她是明摆着的事情。他把自己的一个亲闺女嫁给了罗什渥兹先生，肯定你就别指望他会摆脱势利观点，体贴儿女心情。她必须尽她的孝道，寄希望于时间，会把她要尽的孝道变得比现在容易一些。

尽管她只有十八岁，她设想，克劳福特先生对她的爱恋不会长期坚持下去。她设想，只要她自己始终如一地不断地泄他的气，总会及时使这件事情结束。她设想会为此花费多少时间，这是值得关心的另一个问题。我们不便探询一个年轻姑娘对她自己的可爱所作的确切估计。

尽管托马斯爵士有意不谈这件事情，但他不得不又一次向她提及。在把这件事情告诉她的两位姨妈之前，简要地和她谈一谈，使她有个精神准备。但凡可能，他会避免让她们知道的。但是，由于克劳福特先生对于保密有完全不同的想法，他现在只好告诉她们。克劳福特先生无意掩盖。他喜欢和他的两个姐姐谈论他的将来，他喜欢把他的事情的顺利进展随时告诉这两位见证人。因此，这在牧师公馆，已尽人皆知。托马斯爵士听说之后，感到必须毫不迟延地把这件事情告诉自己的妻子和大姨子。诚然，替范妮着想，他几乎和范妮一样害怕诺利斯太太知道这件事的后果。他不赞成她那用心虽好但运用不当的热情。托马斯爵士这时的确要把诺利斯太太划归那类心肠好但总是做错误的、令人讨厌的事情的人。

不过，诺利斯太太却使他放了心。他要求她对他们的外甥女一定要宽容，不许说一句坏话。她不仅答应了，而且照办了，她只是把增加了的恶意挂在脸上。她很生气，并且生气到痛苦的程度。她所以生范妮的气，主要还不是为了她拒绝了克劳福特先生这样一个男人的求婚而是因为她受到了这样一个人的求婚。这伤害并打击了朱丽叶，朱丽叶才应该是克劳福特先生追求的对象。此外，她也不喜欢范妮，因为范妮怠慢过她。她不愿意让一个她一直想贬低的人受到如此抬举。

托马斯爵士还以为她在这件事情上谨慎稳重。范妮感谢她只给了她脸色看而没有骂她。

贝特伦夫人的态度有所不同。她一直是个美人，而且这一生还是个有钱的美人。美丽和富有激起了人们对她的敬重。因此，范妮被一个有钱的人追求，大大提高了范妮在她心目中的地位。这件事情告诉了她范妮长得非常漂亮（这在过去她是不怎么相信的），范妮将要攀上一门非常好的亲事。她觉得身为范妮的二姨妈，也增了几分光彩。

“喂，范妮，”一剩下她们两个人她便立即说，她这一次的确有点儿迫不及待地想单独和她在一起，她说话的时候，脸上的表情特别生动，“喂，范妮，今天上午我有一件非常令人愉快的意想不到的事情，我一定要说上一次。我对托马斯爵士说我一定要说一次，然后就再也不提。我亲爱的外甥女，我让你高兴高兴。”她踌躇满志地望着范妮，补充道：“哼，我们的确是个漂亮的家族！”

范妮脸红了，起初不知道说什么好；后来想拣她薄弱的一面攻一攻，便马上回答道：

“亲爱的姨妈，我相信，你不会希望我不这样做。你不会希望我结婚。否则，你会想我的，对吧？是的，我相信你会非常想我。”

“不，亲爱的，当你遇到这样的婚事摆在面前的时候，我不应该考虑是否想你。如果你与拥有地产像克劳福特先生这么多的一个人结婚，我没有你完全可以。范妮，你要知道，像这样无可指摘的对象来求婚，每一个年轻的女人都应该接受。”

在八年半当中，这几乎是范妮从她二姨妈这里听到的唯一的行为准则，唯一的一条建议。她不想再说了。她深知争论不会有什么好处。如果她二姨妈不同意她的意见，她和她辩论就不会有什么结果。贝特伦夫人非常能言善辩。

“你听我说，范妮，”她说道，“我断定他是在那次舞会上爱上你的。我断定是那天晚上惹下的。你那天晚上真好看。人人都这样说。托马斯爵士也这样说。你知道，你有柴普曼太太帮你打扮。我非常高兴那天我把柴普曼太太派到了你那里。我要告诉托马斯爵士我断定这件事是那天晚上惹下的。”说后不久，她仍然顺着这愉快的思路，说道：“听我说，范妮，下次巴儿狗做窝，我送你一条小狗。我连玛丽亚都没有送。”

第三十四章

埃德蒙一回来就要听到一些大事情。许多他梦想不到的事情在等着他。最先发生的在意义上可不是最不重要：当他骑马进村时，他看到亨利·克劳福特和他姐姐在一起散步。他原来料定——他原以为他们已经远去。他所以要两个多星期不回来，为的就是不想再见到克劳福特小姐。他在回曼斯菲尔德的路上，精神上原准备生活在悲哀的回忆和触景伤情的联想之中，却不料一进村，她本人风姿绰约地依着她弟弟的臂膀出现在他面前。这个女人，刚刚不久，他还以为已远在七十英里之外，远在天涯海角，现在她却在欢迎他，并且态度毫无疑问非常友好。

即使他料到会碰上她，他也不会想到她这样欢迎他。回来的路上，他还一直想着此行办过的事情，他不曾料到会遇到这一双欢乐的眼睛，听到这简单而令人愉快的语言。这足以使他心旷神怡，待到家后，能够领会另一件等待着他的意外喜事的充分价值。

威廉的提升及其所有的详细情节，他很快全知道了。他自己心里暗藏的那份欢乐，助长了为此事感到的喜悦。在整个吃正餐这段时间里，这件事一直是他愉快情绪和不退欢乐的不尽源泉。

吃过饭后，当一旁没人的时候，他父亲把范妮的事情告诉了他。于是，曼斯菲尔德半月来的大事和目前的状况，他都知道了。

范妮猜到了他们在干什么。他们在饭厅里坐的时间比平时长那么多，她料定他们必然是在谈论她。当茶点已上，他们终于起身来喝茶的时候，她一想到埃德蒙即将再次见到她，便感到自己犯了大罪似的。他走到她跟前，坐在她一边，拿起她的手，友好地紧握着。这时，她觉得，要不是大家忙着吃茶点，注意不到的话，她肯定已把自己的感情泄露到不可原谅的程度。

不过，他这样做，并不是像她想的那样在给她无条件的支持和鼓励。他只是借以表示一切她感兴趣的事情他都已知道，告诉她，他刚才是在听讲启发情窦的韵事。其实，在这个问题上，他完全站在他父亲一边。她拒绝克劳福特，他并不像他父亲那样惊讶。他丝毫不认为她会看得上他，他一直认为情况恰巧相反。所以他能够想象得出，问题提出时，她思想上毫无准备。不过，他比托马斯爵士更认为这桩婚事非常理想。他觉得，这件事情从各方面看来都很可取。一方面，他赞赏她在目前尚无此意的情况下所作的种种表现，甚至比托马斯爵士还要赞赏，另一方面，他又热诚地希望，并且乐观地相信，最后他们会成为一对佳偶。一旦互爱之后，那时就可以看出，他们双方的性情会使彼此幸福。这是他经过严肃考虑得出的看法。克劳福特做得冒失了一些。他没有给她时间让她从容地产生感情。他的方法不对。不过，他有这样好的条件，而她的性情又那样好，埃德蒙深信，一切都会圆满结束。这时，他看到范妮神色发窘，他开始小心不再用话语、目光或动作刺激她。

克劳福特第二天来访。为了庆祝埃德蒙的归来，托马斯爵士自己做主，留他吃饭。这面子是必须给的。他当然留了下来。埃德蒙有了充分的机会在一旁观察他和范妮之间的关系进展如何，观察他从她那里能当场得到多大的鼓励。他得到的鼓励很少，非常之少，每一次机会，每一个可能的场合，引起的并不是她的鼓励，而是给她带来的窘迫不安。如果你认为她不是惊慌不安，那你就无法解释她的表现。因此，埃德蒙几乎弄不明白他朋友凭什么要坚持。范妮是值得他这么追求。在他的目光里，范妮是值得一个人做出各种坚持不懈的努力，值得一个人花这么多的心思。但若是他的话，世界上不管哪一个女人，要是他从她们的眼神里，像从范妮现在的眼神中那样，看不出更多的东西来鼓舞他的勇气的话，他是不会进行下去的。他非常希望克劳福特能够看得清楚些，这是他根据他在饭前饭后以及吃饭的过程当中观察到的一切，替他朋友得出的最后结论。

晚上，出现了一些情况，使他觉得事情比较有了希望。他和克劳福特来到客厅时，他母亲和范妮专心致志地、不声不响地在做活儿，好像除了她们的活计以外，她们再也没有什么需要关心似的。见她们如此深沉恬静，埃德蒙免不了评论几句。

“我们一直都在说话，”他母亲答道，“范妮读，我听。我们听见你们来才把书放下。”桌子上的确有本书，看样子刚刚合上。这是一卷《莎士比亚选集》。“她常从这些书中挑些部分读给我听。我们听到你们的脚步声时，她正在读哪个人的一段非常漂亮的台词。那个人叫什么名字，范妮?”

克劳福特将书拿起。“让我把这段话给您读完，”他说，“我马上就能找到。”他仔细地翻阅着，刚翻了一两页，就差不多使贝特伦夫人满意了。他提到红衣主教渥尔赛①，她马上说，就是这段话。范妮一眼也没有看他，也没说要帮他找。赞成或反对，一个字都没说。她只管一心一意地做她的活儿。她似乎打定主意对别的事情概不过问。但是，她对这方面的爱好太强烈了。她的意志力控制不了五分钟。她不由己地听了起来。他读得很好，而她又非常喜欢漂亮的朗诵。漂亮的朗诵她早已听惯了。她姨父读得漂亮，她的表哥表姐们都读得漂亮，埃德蒙读得非常漂亮。但是克劳福特先生的朗诵有一种她未曾听到过的独到之处。国王②、王后③、巴金翰④、渥尔赛⑤、克伦威尔⑥，他们的台词他都轮着读到了。他有熟练的技巧，他有跳阅、判断的才能，他随便就能找到最好的一场，找到每个角色的最好台词。不论是威严或骄傲、柔情和悔恨，不论要表达什么，他都表达得一样美。这是真正的舞台艺术。他的表演曾第一次使范妮懂得戏剧能给人多大的享受，现在，他的朗诵又使她想起他以往的表演，而且，还使她更开心，因为，这次的朗诵来得完全突然，她听的时候，也没有上次看见他和贝特伦小姐同时出现在台上时有过的那种不欲一睹的心理。

埃德蒙在观察她注意力的变化。那情景使他开心，使他感到满意。一开始，她好像一心一意地在做活儿，渐渐地手中的活儿慢了下来，从她的手中脱落，她一动不动地坐在那里，最后，那双一整天故意躲避他的眼睛转了过来，盯在克劳福特的身上。一直盯了几分钟，换句话说，一直盯到克劳福特的目光被吸引到她的身上。

---

①莎士比亚历史剧《亨利八世》中的人物。——译者注

②《亨利八世》剧中人物，即亨利八世。——译者注

③《亨利八世》剧中人物，即珈莎琳王后，亨利八世的妻子，后离婚。——译者注

④《亨利八世》剧中人物，即巴全翰公萨。——译者注

⑤即红衣主教渥尔赛。——译者注

⑥红衣主教渥尔赛的仆人。——译者注

这时，书合起来了，但这迷人的情景也中断了。这时，她又退缩到原来的自我中去，满脸赧色，飞快地做起活儿来。不过，这已使埃德蒙对他朋友的事情产生了希望，他向他表示衷心的感谢，还向他说出范妮内心的想法：

“这必定是你心爱的一个剧本，”他说，“从你的朗诵看来，你好像已看得很熟。”

“我相信，从此时此刻起，这将要成为我心爱的剧本，”克劳福特回答说，“不过，我想，自我十五岁到现在，我手里从不曾有过一本莎士比亚的剧。我曾经看到过一次《亨利八世》的演出，还是我从哪个看过演出的人那里听来的，我已经记不确切。不过，人们都是不记得自己是通过怎么个过程熟悉莎士比亚戏剧的。这是英国人天生素质的一部分。他的思想，他的美，在辽阔天地中无处不在，你到处都可以触及。人们自自然然地就会熟悉他。一个人但凡有点儿头脑，只要打开一读他的随便哪个剧本的哪个精彩部分，马上就会跌入他思想的巨流中。”

“可以说，人们从幼年时候起就多少知道了莎士比亚，”埃德蒙说，“他那精彩的段落人人都在引用。我们接触到的书里，一半都有。我们人人都在谈论莎士比亚，用他的比喻，用他的形容语言来形容。但是，这都不像你那样能充分表达他的意义。零零星星地对他有点儿了解，这很平常；能相当彻底地了解他，大概就不平常了。但若要把他的剧朗诵得好，这就不是一般的才华。”

“先生，蒙您夸奖。”克劳福特故装严肃地一躬。

两位先生都瞥了范妮一眼，看她会不会也说出一句半句类似的赞扬话。但是，两人都看出没有可能。她刚才注意听就已经表达了她的赞扬。他们应该知足。

贝特伦夫人表示了她的赞赏，并且也提得很高。“这真像演出的一样，”她说，“很可惜，托马斯爵士没有听到。”

克劳福特先生喜不自胜。知识有限、精神委靡的贝特伦夫人尚且如此欣赏，她那朝气蓬勃、知识渊博的外甥女该欣赏到什么程度，可想而知。想到此处，他不觉飘飘然。

“我相信，你很有演剧的天才，克劳福特先生。”过了不久她又说，“你听我说，我想，你早晚会在你那诺福克的家里建一个剧场。我的意思是说你在那里定居之后。我的确是这个意思。我想，你将来会在诺福克的家里布置一个剧场。”

“你这样想的吗，太太？”他赶紧说道，“不，不，永远不会。您完全误会了。不在埃芙陵翰搞剧场。噢，不！”他用意清楚地含笑望着范妮，那意思显然是说：“这位小姐永远不会让把剧院建在埃芙陵翰。”

埃德蒙看出了这一切。范妮这么坚决地不理会他在说些什么，表明她已经充分理解他的话意。她能这么快意识到对她的恭维，这么快领会这样的暗示，埃德蒙觉得，总还比根本没有听懂为好。

朗诵的问题在进一步讨论着。只有这两位年轻人发言。他们站在炉火边，谈论着学校里普遍忽视对孩子们进行朗诵训练的情况，谈到大人们、有见识而且知识渊博的人们在这方面无知的程度。这是学校中不重视朗诵训练的自然结果。在有些人身上，这方面的无知几乎达到不可理解的程度。他们曾经见到过，当突然叫这些人朗诵的时候，他们由于不能控制自己的声音，不懂抑扬顿挫，缺乏预见和判断，念得磕磕巴巴，念不成句。这些属于第二性的原因都是第一性的原因派生出来的，第一性的原因就是早年不加注意，没有养成习惯。范妮又一次听得津津有味。

“甚至在我这一行里，”埃德蒙含笑说，“对朗诵的艺术也很少研究。很少人去注意训练自己读得清清爽爽，念得很有技巧。不过，我说的主要是过去，而不是现在。现在已经都有了改进。但是在那些二十年、三十年、四十年前接受圣职的人们当中，从他们的实际行动看来，大部分人必定是认为，朗诵就是朗诵，布道就是布道。现在情况不同了。这个问题得到了比较恰当的考虑。现在人们已经感觉到，在传播最可靠的真理时，清晰的朗诵和饱满的精神能起很重要的作用。而且，现在已有更多的人在这方面有了修养，有了鉴别能力，批评的知识比起从前来也为更多的人所掌握。不管哪个教堂，台下的听众大部分都懂了一些，他们会辨别、会批评。”

埃德蒙接受圣职以后，已经主持过一次礼拜。这一点说出之后，克劳福特向他提出了各种各样的问题。他问他有什么样的感想，主持得是否成功。他问这些问题的时候，虽然出于友好关心和快嘴快舌问得随便一些，但并没有丝毫取笑之意，也没有轻薄表现。若是那样的话，埃德蒙知道范妮会非常生气的。现在他非常乐于回答他的问题。克劳福特进一步问到在主持礼拜时某些具体段落应该怎样朗诵，并发表了自己的意见。这表明，他过去考虑过这个问题，并且很有见地。埃德蒙越来越高兴了。这才是通向范妮的心灵之路。靠殷勤、机智、好脾气这一切是赢不来她的心的。如没有情操、感情以及对严肃问题的严肃态度，光靠殷勤、机智和脾气好，至少不会很快赢得她的心。

“我们的礼拜仪式之美，”克劳福特评论道，“即使朗读这一环随随便便、马马虎虎，也破坏不了。但是有些过分冗长的地方，有些需要重复的地方，就必须朗读好。至少，就我自己来说，我必须承认，我就不是总听得那么专心（讲到此处瞟了范妮一眼），二十次中有十九次我在想这样一段祈祷文应该怎么读，希望自己能拿来读一读。你说什么了吗？”他急忙走向范妮，用温和的声音问她。听到她说“没有”之后，他又问道：“你肯定自己没有说吗？我刚才看到你的嘴唇在动。我以为你是想告诉我应该更专心一些，不要让自己的思想开小差。你打算对我这样说吗？”

“不，你很了解自己应该怎样做，的确无须我——即使——”

她停下来了，觉得自己陷入了窘困，一连几分钟，尽管对方在问、在等待，她也再说不出一句话来。于是，他又回到刚才站的地方，继续说了下去，好像不曾有过这么一段温柔的插曲似的。

“讲道讲得好，比把祈祷文读好还难得。讲道的内容本身好，也不算稀奇。写得好没有讲得好困难。也就是说，作文的技巧和规则人们常常研究。一篇十分好的讲道文，讲得又十分好，能给人最大的快乐。我每听到一次这样的讲道，总感到极大的羡慕和敬佩，一颗心的多半颗想接受圣职，自己也去讲道。教堂讲坛上的口才，如果真的好，值得给予最高的赞扬和尊敬。一个传道者，如果能在这么有限的、普通牧师们已经讲过千万遍的主题上，感动并影响这样形形色色的听众，如果能讲出些新东西，使人精神一振的东西，若能讲出唤醒人们注意力的东西，而不使人倒胃反感，那么，他在公众中所起的作用，你怎样敬佩都不过分。我就愿意当这样一个人。”

埃德蒙大笑。

“我的确愿意。我每遇到一位优秀的传教士传道，听后总感到羡慕。不过，我当传教士的时候，我必须有一班伦敦听众。我只讲给那些有知识的人们听，讲给那些能够评价我的文章的人们听。我不知道讲的次数多时我喜欢不喜欢。大概是，当大家盼着我一连讲五六个星期天时，我偶尔讲一讲，整个春天讲上一两次。但是，不能经常讲。经常讲不行。”

不能不听的范妮，听到此处，不由己地摇了摇头。克劳福特又马上来到她身边，请求她说出她的意见。他拉了一把椅子紧挨着她坐下。这可是一次非常彻底的进攻战，眉眼功夫和柔腔细调都要用上的。埃德蒙见此情景，不声不响地退到一个角落里，转过脸去，拿起一张报纸，衷心地希望亲爱的小范妮经过说服，能给她这位狂热的追求者令他满意地解释一下她摇头的原因，他同样热切地希望用自己喃喃的读报声掩护这件事务传出的每一个声音。他读着各种各样的广告：《南威尔斯一处最令人向往的地产》、《致父母与监护人们》、《一次极好的应时行猎》。

范妮此时恨自己只能控制住自己的嘴巴却没有控制住自己的头不让其摇动。她伤心地看到埃德蒙的这样安排。她在她那稳重、文雅的天性所能做得到的范围内，尽力挫败克劳福特先生。她既避开他的目光，又不回答他的问话。而他却是挫不败的，既坚持运用他的眉眼，又坚持不住地问她。

“你摇头是什么意思?”他问，“你摇头是想表示什么？我想，是不赞成吧？不赞成什么？我哪句话惹你不高兴了？你觉得我讲这个问题的时候，话说得不对、不严肃、不虔诚吗？真是那样的话，你就告诉我。我有错你就告诉我。我想请你改正我。别这样，我求求你。把你手里的活儿放下一会儿。你摇头是什么意思?”

她连说两次以上“求求你，先生，不要这样；求求你，克劳福特先生”，都没作用。她想走也走不了。他还是用那个低低的急切的声音，还是那么紧挨着她，继续重复着刚才问过的那些问题。她更加激动，更加不悦了。

“你怎么能，先生？你实在使我吃惊，我奇怪你怎么能——”

“我使你吃惊了吗?”他问，“你觉得奇怪吗？我向你提的请求有什么你不理解吗？我为什么这样催问你，为什么对你的一笑一嗔、你的所作所为都感兴趣，为什么我这样好奇，我要把这一切马上都给你解释清楚。我再不让你觉得有什么奇怪了。”

她不由已地微微一笑，但是并没有说话。

“你是在我说出我不愿经常履行牧师职责的时候摇头的。是的，就是这个词，‘经常’。我不怕这个词。我可以对任何人拼这个词、读这个词、写这个词。我看不出这个词有什么可怕的。你觉得我应该认为可怕吗?”

“也许，先生，”范妮最后厌倦得不得不说话了，“也许，先生，我当时认为，遗憾的是，你对你自己并不总是像你那时说的那样了解。”

克劳福特总算使范妮开口说话了，他很高兴，决心叫她说下去。可怜的范妮原以为这样狠狠地责备他一下会使他沉默。她发现自己犯了可悲的错误。其结果只是由盘问这件事情变成盘问那件事情，由这么一套话变成那么一套话。他总会找到些什么请求她解释。这个机会太好了。自从他在她姨父的房间里与她见面以来还没有遇到过这么好的机会。在他离开曼斯菲尔德以前，也不会再遇到这么好的机会。贝特伦太太正好在桌子的那一头，这倒算不了什么，因为，可以一直把她看做处于半醒半睡的状态。埃德蒙的广告仍然帮了最大的忙。

“呃，”经过一阵快速的提问和勉勉强强的回答之后，克劳福特说，“我比以前更幸福了，因为我现在更清楚了你对我的看法。你认为我的感情易变，容易受一时的兴致支配，容易受诱惑，容易抛却。你对我这样看，怪不得——不过，我们走着瞧。我不是光靠嘴巴向你证明你冤屈了我，不是靠向你保证我的感情可靠。我的行为将为我辩护，别离、距离、时间将为我作证。它们将证明，如果有谁有权得到你，我的确有权得到你。就人品而论，你比我强得多，这一点我完全知道。你有些品质，从前我认为在人类身上不可能达到这么好的程度。你像个天使，身上有些东西超出了——不仅超出了人们能见的范围，因为，人们永远不会见到这样的东西——而且超出了人们的想象。但是，我仍不气馁。我不是靠和你一样好来赢得你。那样我办不到。应该是，谁看出你的人品，崇拜你的人品，谁才是最强者；谁最热爱你，谁才最有权得到你的爱。我的信心就建立在这个上边。凭着这点权利，我应该得到你，并且将会有资格得到你。一旦你明白了我对你的感情正像我向你说的这样，我就大有希望了。在这一点上，我对你是十分了解的。是这样的，最亲爱、最甜蜜的范妮。而且——（看到她不高兴地往后退）——请原谅。也许我现在还没有权利这样称呼你，但是你让我怎么叫你呢？你认为在我的心中还有谁在你之上吗？不，我天天想、夜夜梦的就是‘范妮’这个名字。”

范妮几乎是再也坐不住了，她几乎要冒人人反对的风险拂袖而去。就在这时，愈来愈近的脚步声给她解了围。她早就盼着这脚步声，早在奇怪为什么还不来。

由巴德利领头的一队庄重的人众出现了，有端茶盘的、拿茶水壶的、端蛋糕的，把她从痛苦的身心禁锢中解救了出来。克劳福特先生不得不移换位置。她自由了，她在张罗，她得到了保护。

埃德蒙毫无遗憾地回到可以说话又可以听别人说话的人们中间。他觉得两人谈判的时间太长了，并且看到范妮的脸烦恼得有点儿发红。但是，他想，既然你说我听有了这么长时间，肯定说话的一方有了些收获。

第三十五章

埃德蒙决定，范妮同克劳福特之间的事情，自己不去提。提不提完全由范妮自己选择。她要是不领头先说，他永远不提起这件事情。但是，双方矜持一两天后，在他父亲的影响下，他改变了主意，想利用一下他的影响为他的朋友帮帮忙。

克劳福特姐弟起程的日期真的定下来了，并且定得非常近。托马斯爵士觉得，在这位年轻人离开曼斯菲尔德之前，不妨再为他作一次努力，使他尽可能地多抱些希望，以维持他赌咒发誓所宣称的不可动摇的感情。

托马斯爵士热心地期望克劳福特先生这方面的品格达到尽善尽美的程度。他希望他能成为感情经久不变的典型。他觉得，促其实现的最好办法，是不要过久地考验他。

埃德蒙倒也乐意接受他的意见，负责办理这件事情。他是想知道范妮到底怎样想的。她以往有什么疑难，总找他商量。他那么爱她，不忍心不去听听她的心里话。他希望自己能对她有所帮助，他觉得她必然有用得上他的地方，除他之外，她还能向谁倾诉真情呢？即使她不需要他给她参谋，她也肯定需要对他说一说，从中得到安慰。范妮与他疏远起来，不言不语，有话不说，是个不正常的状态。这种状态他必须打破，他自然会想到范妮正需要他来打破这种状态。

“我对她讲，父亲；我一有机会就单独对她讲。”这是他作如上考虑的结果。托马斯爵士对他说此时她正好一个人在灌木林中散步，于是他很快便找她去了。

“我是来陪你散步的，范妮，”他说，“可以吗?”他挎起她的胳膊，“我们很久没在一起愉快地散步了。”

她用眼色表示了同意，但没有说话。她的情绪很低。

“不过，范妮，”他马上补充说，“要想愉快地散步，还需要些什么，不能光是在这碎石路上一起度步子。你必须和我说话。我知道你心里有事。我知道你在想什么。你不可能认为没有人告诉我。大家都对我讲了，难道范妮本人就不给我讲一讲吗?”

范妮既激动又悲伤。她答道：“既然大家都给你讲了，我就没有什么可讲了。”

“不是讲事情的经过，而是讲你的想法，范妮。你的想法只有你能告诉我。不过，我并不强迫你。如果你自己不愿意说，我就不再提了。我以为，你说出以后心里能轻松一些。”

“我怕我们的想法完全不同，即使我把我心里的事情讲出来，我也未必轻松得了。”

“你估计我们的想法不同吗?我不这样看。我断定，如果把我们的想法拿来比较一下，我们会发现它们会和过去一样相似。现在谈正题吧——我认为只要你能接受克劳福特的求婚，这门亲事是非常有利非常难得的。我认为一家人都希望你接受，这是非常自然的事情。不过，我也认为，既然你不能接受，你在拒绝他时所做的一切也完全是你应该做的。我这样看，我们之间会有什么看法上的不一致吗?”

“噢!没有!我原以为你在责备我。我原以为你在反对我。这对我是多么大的安慰啊!”

“如果你寻求这一安慰，你早就得到了。你怎么会设想我在反对你呢?你怎么会认为我也提倡没有爱情的婚姻呢?即使总的来说在这类问题上我比较马虎一些，但现在是要拿你的幸福来冒险，你怎么能想得出我不肯关心呢?”

“我姨父认为我不对，而且，我知道他已经和你谈过。”

“到目前为止，范妮，我认为你做得完全对。可能我会感到遗憾。你还没有来得及对他产生感情。我觉得你做得完全对。这还有什么值得反对的吗?反对是可耻的。你既然不爱他，就再没有理由能证明你应该接受他的爱。”

范妮多少天来从没有这样心情舒畅过。

“到现在为止你的行为无可指摘，谁反对你这样做，他们就完全错了。但是事情并没有到此结束。克劳福特的求爱可与众不同，他不肯回头，他想树立过去未曾树立的好印象。我们知道，这不是一时半会儿办得到的。不过（友爱地一笑），让他最后成功，让他最后成功。你已经表明你正直无私。现在你就再表明你知恩图报，心肠好，这样你就成了一个完美的妇女典型。我一直认为你生就的要成为这种典型。”

“噢！绝对不会，绝对不会，绝对不会！他绝对不会在我身上取得成功。”她话说得非常激动，埃德蒙大吃一惊。她稍加镇静之后脸红了起来。这时她看到了他的神色，听到他在说：“绝对不会，范妮？话说得这么不留余地，这么武断！这不像你说的话，不像你那通情达理的自我说的话。”

“我的意思是，”她伤心地进行自我纠正，叫道，“我认为，只要未来的事情我可以担保，我就永远不会，我认为，我永远不会回报他对我的这番意思。”

“我应该往好处想。我清楚，而且比克劳福特还清楚，他想使你爱他（你已经充分看清楚了他的意图）可不是那么容易的。你以往的感情、以往的习惯都在严阵以待。他要想得到你的心归他自己使用，首先得把它从牢系着它的事物上解脱开来，这些事物包括有生命的和无生命的。而这些结子经过这么多年已经变得很牢，而且听说要解开它们，你又把它们大大地拴紧。我知道，你担心会被迫离开曼斯菲尔德，在一段时间之内，这个顾虑会成为你反对他的理由。他要是还没对你说他打算怎样做就好了。他要是和我一样了解你就好了。这是我们两个人之间说的，我想，我们可能已使你回心转意。我的戏剧知识和他的实践经验加在一起，不会起不到作用。他应该按照我的计划行事。不过，我想，以他坚定不移的感情向你表明他值得你爱，长此下去，总会有所收获。我设想，你不会没有爱他的愿望——那种由于感激他而产生的自然愿望。你必然会有某种类似的心情。你肯定为自己的冷淡感到不安。”

“我和他完全不同，”范妮避免直接回答，“我们的爱好，我们的为人处处都大不相同。我认为，即使我能喜欢他，我们在一起生活也不可能有多少幸福。从来没有过两个人比我们两个更不相同。我们的情趣没有一点是一致的。我们会痛苦的。”

“你说错了，范妮。你们的不同并没有那么大。你们十分相像。你们有共同的情趣。你们在道德观上和文学修养上是一致的。你们都有热烈的感情和仁慈的心肠。前天晚上，谁听了他朗诵莎士比亚的剧本，而且又看到你在一边听，会认为你们不适合做伴侣？你自己忘掉了。我承认，你们的性情上有些明显的差别。他活泼而你严肃，但是这反而更好。他的兴致对你是个支持。你的性情容易沮丧，你容易把困难看得过大。他的开朗能抵消你的这个倾向。他从不感到有什么困难。他的快乐劲头，他的风趣，对你将是一个经常的支持。你们两人这方面的巨大差别并不意味着你们就不能幸福地在一起生活。你不要那样想。我自己认为这倒是一个有利因素。我主张，两个人的性情最好不一样。我的意思是说，兴致高低的不一样，风度上的不一样，愿与人多来往或少来往上的不一样，爱说话或不爱说话、严肃或快乐方面的不一样。我完全相信，在这方面彼此有些不同，倒有利于婚后的幸福。当然，我是不赞成极端的。在所有这些方面双方过分相像，最可能产生某种极端。有点儿不同，并保持这种不同，对于礼貌与行为方面的不当都是个最好的防范。”

范妮完全猜到他此时在想些什么。克劳福特小姐的魅力又恢复了。从他走进家门的那个时候起，他就开始兴致勃勃地谈论她。他对她的回避已告结束了。头一天他刚刚在牧师公馆吃过饭。

范妮由着他去想他那幸福的心事，几分钟没有说话，然后觉得该把话引回到克劳福特先生身上。她说道：“我所以认为他与我完全不合适，还不只是因为性情问题。在性情方面，我也认为两个人的差别太大了，大到不能再大的程度。他那种兴劲常常使我受不了。但他有些方面我更加反对。表哥，我应该告诉你，我不赞成他的品格。从演剧的那个时候起，我就一直对他印象不好。那时我觉得他的行为非常不当，完全不替别人着想，——现在事已过去，我可以说了——对可怜的罗什渥兹先生那样不当，似乎毫不留情地出他的丑、伤他的自尊，而对我玛丽亚表姐却一味地献殷勤，这使我——总而言之，在演剧的时候他给我的印象，我永远也忘不掉。”

“亲爱的范妮，”埃德蒙不等她说完就答道，“我们不要用大家都在胡闹的那个阶段的表现来判断我们的为人。对我们中的任何一个人都不能这样判断。演剧的那段时期是我最不愿意回顾的一个时期。那时玛丽亚不对，克劳福特不对，我们大家都不对。但是最不对的是我。比起我来，其余的人都不算错。我是大睁着眼睛干蠢事。”

“作为一个旁观者，”范妮说，“我也许比你看到的多。我的确认为当时罗什渥兹先生有时候非常忌恨”

“很可能。毫不奇怪。最不恰当的还是整个的这个活动。我每想起玛丽亚能那样做得出来，就感到震惊。不过，既然她担任了那个角色，其余的也就不足怪了。”

“在演剧之前，如果朱丽叶没有认为他追的是她，那就算我大错特错。”

“朱丽叶！我曾经听谁说过他爱上了朱丽叶，不过，我一点儿也看不出来。范妮，虽然我不愿贬低我两位妹妹的品质，但我认为，她们中的某个，或者她们两人都希望得到克劳福特的赏识，可能不够慎重，流露出了这种愿望。我还记得，她们显然都喜欢和他来往。在这样的鼓励之下，一个像克劳福特这样活泼的人，就可能有欠考虑，跟了下去——这没有什么了不起，因为，现在已经水落石出，他对她们根本无意，他的心在为你保留着。我应该告诉你，就因为是为你保留着，他在我心目中的地位才大大提高。这使我对他极为敬重。这表明，他对家庭生活的幸福和纯洁相爱的幸福有足够的重视。这表明，他并没有被他叔叔带坏。总而言之，这向我表明，他正是我希望的那种人，正是我担心他成不了的那种人。"

"我认为，他对严肃问题不严肃考虑。"

"不如说，在严肃问题上，他根本没有考虑过。我觉得这才是他的真实情况。他受的是那种教育，又有那么个人给他出主意，他怎么能不这样！我认为，他们两人都受着不良环境的影响。在那样不利的条件下，他们成为这样，这的确不足为奇。我承认，直到现在为止，他叔父的思想一直在指导着他。所幸的是，总的说来，这些思想还都好。其余的方面，将靠你来补充。他非常幸运，爱上了这么一位姑娘。这位姑娘在原则上坚若岩石，性格上又那么温文尔雅，使人人觉得可爱可敬。他在挑选对象的问题上的确福气少有。他会使你幸福，范妮，我知道他会使你幸福，但是你会使他幸福到极点。"

"我不愿承担这么个任务，"范妮以畏缩的语气叫道，"我不愿承担这么大的责任！"

"你又像平常一样，认为自己什么都干不了！认为什么你都不能胜任！好吧，我改变不了你的看法，但我相信，你会改变的。我告诉你，我衷心地盼着你能改变。我对克劳福特的幸福的关心，不同一般。除了你的幸福以外，其次我最应该关心的就是他的幸福。你也知道，我对克劳福特非常关心。"

范妮对此十分清楚，无话可说。两人向前走了五十来码，都心不在焉，一声不响。首先又是埃德蒙开口：

"昨天她讲到这件事情时的态度使我非常高兴，我尤其高兴的是，我没有想到，她对样样事情，看法都那么妥当。在这之前我就知道她喜欢你，但是我仍然在担心她会认为你与她弟弟还不够般配，担心她会因为他没有去挑一个有身份、有财产的女人而遗憾。我担心她听惯了势利观点会受偏见的影响。但是，情况并不是这样。

范妮，她说到你的时候，话说得非常好。她和你姨父或者我一样希望这门亲事能成。我们对这个问题谈了好久。尽管我很想知道她对这个问题的意见，但我原来并不想提。我进去还不到五分钟，她就开始以她那独有的开朗性格、亲切可爱的态度、纯真的感情，向我介绍这件事情。格兰特太太还笑她迫不及待呢。”

“那么说，格兰特太太也在那间房子里吗？”

“是的，我到她家的时候，看到她们姐妹两个在一起。我们一谈起你来，一直谈个没完，范妮。后来，克劳福特和格兰特博士进来了。”

“我已经有一个星期没再看到克劳福特小姐。”

“是的，她也在为此叫苦。不过，她说也许这样最好。在她动身前，你会见到她。她非常生你的气，范妮，你要有个精神准备。她自己说她很生气，不过，你可以想象她又能生多大气。那不过是做姐姐的替弟弟感到的遗憾和失望。在她眼里，她弟弟想要什么都有权利马上弄到手。她伤了自尊心。事情若发生在威廉身上你也会这样。不过，她倒满腔热忱地爱你，敬重你。”

“我早就知道她会生我的气。”

“亲爱的范妮，”埃德蒙把她的臂膀向自己夹了夹，说道，“不要听说她生气就感到伤心。她只是嘴上说说，心里未必真气。她那颗心生来只会对别人爱、对别人好，是不会恨别人的。当她说到你应该做亨利的妻子时，你要是听到她对你是怎样夸的，看到她脸上那副高兴的样子就好了。我注意到，她说到你的时候，总是把你叫做‘范妮’，过去她从来都没有这样叫过。这样叫，使人听起来觉得大姑子和弟媳之间非常亲热。”

“格兰特太太说些什么——她说话了没有，她一直在场吗？”

“是的，她完全同意她妹妹的意见。你的拒绝，似乎使她们感到万分惊奇。你居然拒绝了亨利·克劳福特这样一位人士，她们似乎无法理解。我尽量替你解释，不过，说实话，正像她们说的那样，你必须尽快改变态度，证明你头脑正常，不然她们是不会满意的。不过，我这句话是和你开玩笑，别不理我。”

“我认为，”范妮经过一番镇静，强打精神说，“女人们人人都会明白，一个男人即使人人夸好，在她们这个性别当中至少会有某个人有可能不答应他、不爱他。即使他把世界上的可爱之处都集中在他的身上，我想，也不应该就此认为，他自己想爱谁谁都一定答应。即使如此，即使克劳福特先生完全像他的两位姐姐想的那么好，我怎么一下子处处和他想的都能一致？他对我完全是突然袭击。以往，我从来没有想到过他对我的行为有什么意思在内，他对我似理不理的，当然我不能自作多情。处于我这样的地位，如果以为克劳福特先生会爱自己，那就没有一点儿自知之明。我敢断定，他如果根本无意，而我却那样去想，他的两位姐姐又都把他看得那么好，她们肯定会认为我不自量力，没有自知之明。当时我怎么能够——怎么可能他一说爱我我就立即去爱他？我怎么能他一需要马上就对他产生感情？他的两位姐姐为他考虑，也应该替我想一想。他的条件越好，我就越不应该往他身上想。还有，还有——如果她们认为，一个女人会这么快地接受别人的爱，那我和她们对于女人们的天性的看法就很不相同。她们似乎就是这样认为的。”

“我亲爱的，亲爱的范妮，现在我知道了真情。我知道这是真情。你有这样的想法是完全理所当然的。我过去就是这样看你的。我认为我能够了解你。你现在的这番解释和我替你向你的朋友和格兰特太太所作的解释完全一样，她们两人听了都比较想得通，尽管你那热心肠的朋友由于过分喜欢亨利还有点儿不能平静。我对她们说，你是一个最受习惯支配、最不求新奇的人，克劳福特用这么新鲜的方式求婚，这本身就对他不利，那么新奇、那么新鲜，是不利于达到目的的，凡是你不习惯的，你都受不了，我还作了许多其他这方面的解释，让她们了解你的性格。克劳福特小姐鼓励他弟弟，为他订了个计划，使我们听了大笑。她要他不要灰心，一直追求下去，抱着迟早会被接受的希望，并且希望自己的求婚在十年幸福的婚后生活之后，被十分乐意地接受。”

范妮极其勉强地应景一笑。她心里非常反感。她担心她已经把事情做错，话说得过多，超越了自认为必须警惕的范围，为了预防这方面的不快，有可能招来那方面的不快。在这样的时刻，把克劳福特小姐的爱说爱笑，而且是关于这个问题的玩笑拿来告诉她，这对她是个严重的冒犯。

埃德蒙从她的脸上看出倦怠与不悦，立即决定再不谈这个问题，并且决定，除非与她可能感兴趣的事情有关，甚至连克劳福特这个名字也不再提起。本着这个原则，过了不久他说道：

“他们星期一走。因此，不是明天就是星期天你就会见到你的朋友。他们的确是星期一就走。我差一点儿同意在勒星毕一直住到这一天才回来。我差一点儿答应了他们。要是我不回来，该有多大的不同。在勒星毕再多住那么五六天，我一辈子都会感到遗憾。”

“你差一点儿在那里住下去吗？”

“差一点儿。我受到非常热情的挽留，差一点儿同意留下。要是我能收到一封曼斯菲尔德来信，告诉我你们的情况，我相信我肯定会不回来。但是，我不知道半个月中这里会发生什么事情，并且觉得在外边住的时间已经够长了。”

“你在那里过得愉快吗？”

“愉快；如果不愉快的话，那也是怨我自己。他们都令人喜欢。我怀疑他们是否觉得我也令人喜欢。我自己不自在。我怎么都觉得不自在，回到曼斯菲德以后才好。”

“那几位欧文小姐——你喜欢她们，对吧？”

“是的。非常喜欢。这几个女孩子有风趣，性情开朗，毫不做作。但是范妮，我已经过于挑剔了，和一般的姑娘们合不来。光是性情开朗、毫不做作，这对于一个和聪明智慧的女人们在一起待惯了的男人来说，是远远不够的。她们是属于两个不同的等级。你和克劳福特小姐使我变得过于挑剔了。”

然而，范妮依然情绪低沉、精神不振。他从她的表情上看得出来，劝说是没有用的。他不打算再说了。他以一个监护人的权威，友好地领着她径直进了大厦。

第三十六章

埃德蒙现在认为他已经完全掌握了可以从范妮那里听来或者可以猜到的她的想法，他感到心满意足。正像他原先判断的那样，克劳福特先生这样做，有点儿操之过急。应该从容地首先让她习惯他的这个想法，然后使她觉得这件事情可取。首先必须使她习惯于想到他在爱着她，这样，要不了多久她就会接受的。

他把这个意见作为这次谈话的结果告诉了父亲，并建议再不要对她说什么了，再不要去影响她、说服她，一切要靠克劳福特的不懈努力，和她的思想的自然变化。

托马斯爵士答应这样做。埃德蒙对于她性情的描述，他认为符合实际，他认为她会有这一切想法。不过，他认为她有这样一些想法是十分不幸的。他不像他儿子那样对未来充满信心。他担心，如果她需要那么长的时间来习惯，那么，等她愿意接受的时候，这位年轻人可能已经不愿意再提了。然而，无计可施，只好不声不响地由着她，并往最好处去希望。

"她的朋友"，——埃德蒙把克劳福特小姐说成是她的朋友——宣布要对她进行的拜访，对范妮来说是个可怕的威胁，她一直生活在恐怖之中。他这位姐姐，那么偏爱弟弟，那么气愤，那么说话没有顾忌，另一方面，又那么盛气凌人，那样盲目自信，从哪方面来说，她都是一个令她痛苦生畏的人物。她的不悦、她的精明、她的快乐，样样都令人害怕，范妮在展望这次会面的时候，唯一的精神支柱是希望到时间能有别人在场。为了提防她的突然袭击，她尽量不离开贝特伦夫人，不去东室，不一个人到灌木林里去散步。

她取得了成功。她安全无虞地和她的姨妈正坐在早餐室里，这时，克劳福特小姐真的来了。第一关过去了，克劳福特小姐不论在表情上还是在说话上都远没有她预料的那样不同寻常。范妮心想，最多再忍受半个小时，小小的不安就过去了。但是她想得太乐观了，克劳福特小姐可不是由机会摆布的。她决心要和范妮单独谈一谈，因此，过了不久就悄悄对她说："我要找个地方和你谈几分钟。"这一句话使范妮周身发麻，她的每条血管、每根神经都为之震颤。她没办法不答应。相反，她那顺顺当当听从使唤的习惯使她立刻站了起来，领她走出早餐室。

她们一来到过厅，克劳福特小姐马上收起了她那装出来的面孔。她立即对范妮摇了摇头，狡黠地但又亲热地对她表示不满，抓住了她的手，似乎是她不得不直说出来。然而，她只说了句："叫人伤心啊，姑娘。我不知道什么时候才能不骂你。"她出于谨慎，剩下的话要等到她们两人周围只有四堵墙的时候才说。范妮自然地转向了楼梯，把她的客人领到现在一直温暖适用的那个房间。然而，她开门的时候，心里非常痛苦，她感到她在这间房子里从来还没有遇到过这样使她痛苦的情景。不过，克劳福特小姐突然改变了主意，她发现自己又来到东室，这对她的心情也产生了强烈的影响，因此，要在范妮身上爆发的灾难至少是往后推了。

"哈！"她立即精神焕发，大声说道，"我又来到这里啦？东室！以前我只来过这个房间一次，"她环顾周围，好像在追忆往事，然后接着说，"只来过一次。你还记得吧？我是来排练的。你表哥也来了，我们在一起排练的。你是我们的观众，又是我们的提词员。一次愉快的排练。我永远忘不掉。我们在这里，在房间的这一部分，你表哥在这儿，我在这儿，这里是椅子。噢！这些事情为什么要一去不复返呢？"

算是她的同伴幸运，她不要求回答。她的心里充满着自我回忆。她陶醉于甜蜜的回忆之中。

"我们排练的那一场那么出色。那一场的主题非常——非常——叫我怎么说呢？他就要给我描绘结婚生活，并向我建议结婚。我觉得他当时的情形就在我的眼前，他在背诵那两段长长的台词时，想做到悠闲沉静，像个安豪尔特的样子。'当两颗多情的心由于婚姻结合在一起的时候，婚姻生活就可以叫做幸福生活。'他说这句话的时候的声音笑貌留给我的印象，我想，时间不论再过多久，也不会把它磨灭。多么奇怪，我们居然演的是这么一场。在我的一生中，如果有哪一星期的生活我还能回忆起来，那就是那一星期——演剧的那一星期。在任何其他星期里我都不曾这样无限幸福过。他那个倔强劲儿居然被那样折服！噢！美妙到无法表达的程度。但是，唉，就在那天晚上这一切都被破坏了。那天晚上你那最不受欢迎的姨父回来了。可怜的托马斯爵士，谁愿意看到你？但是，范妮，不要嫌我现在讲到你姨父的时候语言不敬，尽管我恨他恨了几个星期，我现在却没有不敬之意，我已经能公正地看待他。他作为一家之主，就应该是这个样子。在这伤心的时候，我相信，我现在对你们人人都爱。”说完之后，她温柔地、娇羞地转过身去，沉静了一会儿，这表情范妮过去在她身上从没有见过，现在觉得她分外妖娆。“你可能看出，我一进这间房子就万感丛生。”她很快便嬉笑着说，“不过，现在已经过去了。让我们坐下来轻松轻松。范妮，我完全是为骂你而来的，事到临头，骂不出来了。”她极其亲热地搂住了范妮，“好范妮，温文尔雅的范妮！我一想到这是最后一次和你相见，而且又不知道要分手多久，我感到对你只剩下了爱，其他事情我再也做不出来。”

范妮被感动了。她根本没有料到这一着，她的感情抵御不住“最后一次”这几个字的悲感力量。她痛哭起来，好像她一向都极其热爱克劳福特小姐似的。克劳福特小姐见此情景，也进一步心肠软化，慈爱地攀住她的脖子，说道：“我不愿离开你。我走到哪里都再不会有人对我一半这么好。谁说我们成不了姑嫂？我知道我们会变成姑嫂的。我觉得我们生就的要结成亲戚，你的泪水使我深信，你也有此感，范妮。”

范妮警觉起来，只作了部分回答：“不过，你是从这些朋友这里到那些朋友那里去。你是到一个非常要好的朋友那里去的。”

“是的，你说得完全对。弗雷泽太太多年来一直是我的亲密朋友。但是，我丝毫不想到她那里去。我心上只有我就要离别的朋友们，我的绝好的弟妹们，和贝特伦一家人。你们比世界上的任何人都重感情。你们都使我感到可以信任，是我的知己，和别的人来往就不会有这种感觉。要是我没有和弗雷泽太太约定现在去看她，要是能拖到复活节去看她就好了。但是，现在我不能往后拖。我到她那里住一段时间后，还得到她姐姐斯托纳威夫人那里去，因为在两个人中间她是我更为要好的朋友，不过，三年来我并没有太把她放在心上。”

这段话过后，两位姑娘不言不语地坐了许多分钟，各人想着自己的心事。范妮在默思世上的不同类型的友谊，玛丽在盘算的问题没有那么多哲学倾向。她首先又说话了。

“我多么清楚地记得，我打算到楼上来找你，根本不知道东室在什么地方，却摸着找了过来！我多么清楚地记得，我在路上走的时候，心里在想些什么！我多么清楚地记得，我往里一看，看见你在这里，正坐在桌前做活儿；我还清楚地记得，你表哥来的时候，一开门看见我在这里，他那吃惊的模样！当然，也记得那天晚上你姨父的回来！从来没有见过类似那样的事情。”

接着又一阵出神。出神之后，她向她的伙伴发起攻击。

“喂，范妮，你完全心不在焉。我想，你是在想，总是在想你的人吧。噢！我多么希望能把你带到我们在伦敦交往的人们中间，好使你知道，你能使亨利折服，在他们看来是多么大的本事。噢！会有数不清的人妒忌、眼红。他们听到你这个消息会惊讶，感到不可思议。亨利很能保密，他像古老传奇中的主人公，乐于受到枷锁的束缚。你应该到伦敦去一趟，听听他们多么钦佩你对亨利的征服。你要是能看到人们怎么对他奉承讨好，而且看在他的面子上又怎样对我奉承讨好就好了！现在，我完全知道，由于他和你的事情，弗雷泽太太对我的欢迎将要打个对折。当她知道这件事的时候，她很可能希望我再回到诺坦普顿郡来，因为弗雷泽先生有一个女儿，是第一个妻子留下的，她急着把她嫁出去，想让亨利要了她。噢，她争他争得多么厉害！你平平静静无忧无虑地坐在这里，你不会知道你会引起多么大的轰动，你不会知道会有多少人急着看你一眼，你不会知道我得回答没完没了的询问。可怜的玛格丽特·弗雷泽会不停地向我打听你的眼睛是什么颜色的，牙齿长得怎么样，头梳的是什么式样，鞋是哪家做的。替我那可怜的朋友着想，我倒是希望玛格丽特嫁了出去，因为，我觉得弗雷泽夫妇像大多数夫妇一样过得很不幸福。不过，当时对珍妮特来说，能嫁给弗雷泽先生还是十分理想的。她不能不嫁给他，他很富，而她什么都没有。但是他后来变得脾气很坏，要求苛刻，想让这么一位年轻女人、一位二十五岁的漂亮的年轻女人和他一样感情上不许有点儿冷热。我的朋友驾驭不住他，她似乎不知道怎么办好。他动不动就发火，我们不往坏处说，至少是他过去受的教育非常不好，到他们家里后，我想起曼斯菲尔德牧师公馆里的夫妇关系，会肃然起敬。连格兰特博士对我姐姐都表现得充分信任，还适当地考虑她的意见，这使你觉得互相之间有感情。但是在弗雷泽夫妇身上，我看不到一点儿这方面的迹象。我要永远住在曼斯菲尔德，范妮。按照我的标准，我姐姐是个十全十美的妻子，托马斯·贝特伦爵士是个十全十美的丈夫。可怜的珍妮特不幸地上了当，然而她这方面并没有任何做得不恰当的地方。她并不是不假思索地就和他结了婚，她也并不是没有一点儿远虑。她花了三天时间考虑他的求婚，在这三天当中，她征求了每一个与她有来往的有见识的人的意见，特别是征求了我那亲爱的婶母的意见。我婶母阅历广，和她认识的年轻人们普遍地尊重她的意见是理所当然的事情。她明确地表态赞成弗雷泽先生。从这件事情看来，似乎什么都保证不了婚后幸福。关于我的朋友弗洛拉，我没有这么多要说的。为了这位讨厌的斯托纳威爵士的缘故，她抛弃了近卫骑兵队里的一位非常可爱的青年，使他痛不欲生。斯托纳威爵士和罗什渥兹先生的头脑差不多，范妮，但比罗什渥兹先生难看得多，而且像个恶棍。那时候我就怀疑她这一步走得不对，因为他连上等人的气派都没有。现在我完全肯定她那一步是走错了。顺便告诉你，弗洛拉进入社交界的第一个冬季，她为亨利都发狂了。不过，要是要我把我所知道的爱他的女人都说出来，我会永远说不完。是你，只有你，麻木不仁的范妮，才对他无动于衷。不过，你真的像你嘴上说的那样无情吗？不，不，我看你不是那样。”

此时范妮满脸通红，一个事先已有倾向性的人看了还会以为猜中了她的心事呢。

“你真是好极了！我不强逼你。一切听其自然。不过，亲爱的范妮，你应该承认，你并不是像你表哥说的那样对这个问题事先毫无精神准备。你不可能一点儿也没想过这个问题。不可能一点儿也没推测过。你肯定已经看出他在想尽办法讨你的欢心。在那次舞会上他不是专爱跟着你吗？还有，在舞会的前一天送你的那副项链！噢！你把它作为他的礼物接受下来了。你的心里完全明白。我记得清清楚楚的。”

“那么，你是不是说，你弟弟事先知道项链的事情？噢！克劳福特小姐，这样做可不应当。”

“事先知道！完全是他自己安排的，是他自己的主意。我现在不好意思告诉你事先我想都没想到过要这样做。不过，为了他也为了你，我高兴地按着他的主意办了。”

“我不愿意说，当时我一点儿也没想到会是这么回事，”范妮答道，“因为，你的表情中有些什么使我看了害怕——但并不是一开始就——一开始我一点儿也没往这方面想——的确如此，我的确没有往这方面想。这是千真万确的。我要是想到这一点，说什么我也不会接受那副项链的。至于你弟弟的行为，我当然意识到有些不正常。我产生这种感觉已经有一段时间了，大概有两三个星期，不过，我那时认为他并非有意。我没有放在心上，以为他就是那么个人。我是既不希望他当真考虑我，也没有想到他会当真考虑我。去年夏天和秋天他和这个家庭里的某些人之间发生了一些什么事情，我并不是没有注意观察。我虽然不说话，但眼睛并没有瞎。我看到了克劳福特先生向女人们殷勤讨好却没有诚心。”

“啊！这一点我不能否认。他这个人有时候是个十足的调情鬼，毫不关心会不会缭乱姑娘们的感情。我常常为此骂他。不过，他也就只有这一个弱点。而且有一点需要说明：感情值得叫人关心的姑娘，为数不多。还有，抓到一个被这么多姑娘追逐的人，有本事替自己这个性别出口气，是非常光彩的。噢！我相信，不肯要这种光荣，拒绝这么样的胜利，这不符合女人们的天性。”

范妮摇了摇头。“我不会对玩弄妇女感情的人有什么好印象，他给这些妇女带来的痛苦比旁观者想象的要多得多。”

“我不替他辩护。我把他交给你完全由你发落。当他把你娶到埃芙陵翰之后，你怎么训他我都不管。但是，有一点我要说明，他喜欢让姑娘们爱他，这个弱点，对于妻子的幸福来说，远没有他自己爱上别人危险。而他从来没有对姑娘们陷入情网。我的确相信，真的相信他对你的感情是他对任何女人都不曾有过的。他全心全意地爱你，他将尽可能永远地爱你。如果真有哪个男人永远爱着一个女人的话，我想，亨利对你也会做到这一步。”

范妮止不住淡淡一笑，但没有什么可说。

“我想，亨利把你哥哥提升职务的事情办成之后，他当时感到的快乐，是他从来不曾有过的。”

她对范妮将了一军。

“噢！是的，他真叫我们感激！”

“我知道他一定费了很大劲儿，因为我了解他必须求的那些人。海军上将怕麻烦，不屑于求人。而且有那么多年轻人都要求他给帮忙，光凭朋友关系和能力，很容易被搁置下来。威廉该多么高兴啊！我们能见一见他该有多好！”

可怜的范妮的心被抛人最大的痛苦之中。每想到克劳福特为威廉办的事情，她反对他的决心总要受到最强大的搅扰。她坐在那里一直对这件事情沉思着。玛丽起初洋洋得意地看着她，接着思索别的什么事情，最后突然唤醒她的注意，说道：“我倒愿意和你坐在这里谈一整天，但是我们不能忘记楼下的太太们。因此，就再见吧，我亲爱的、可亲的、再好不过的范妮。虽然我们名义上将在早餐室里分手，但我要在这里向你告别。我向你告别，希望能幸福地再见，并且深信我们再次见面的时候，已经发生新的情况，我们能相互间推心置腹，毫无保留。”

伴着这几句话的是非常非常亲热的拥抱和几分激动的姿态。

“我不久就可以在伦敦见到你表哥。他说他要不了多久就到那里去。托马斯爵士我料定是春季去。你大表哥、罗什渥兹夫妇和朱丽叶，我相信会不止一次地相逢。大家都去，只有你不能去。我求你两件事：一件是和我通信。你一定要给我写信。另一件是，你常去看看格兰特太太，算是我走后替我给她的一点儿安慰。”

这两件事情中，至少第一件，范妮但愿她不曾提出。但是她无法拒绝通信，甚至她还不能不立即答应，答应之快甚至超出自己的意愿。克劳福特小姐表现得这么亲热，使她无法抵御。她的性情素来就特别珍惜别人对自己的亲热，再加上一向很少遇到过别人对自己垂青，所以克劳福特小姐的亲热使她受宠若惊。此外，她对她还有几分感激，因为在两人的谈话中她没有像她预料的那样给她那么多痛苦。

这件事算是过去了。没有责备她，也没有识破她心中的秘密，她算逃过了这一关。她的秘密仍然只有她自己知道。既然这样，她觉得她已可以振作起来，做各种事情。

晚上另外还有一场道别。亨利·克劳福特来坐了一阵。她的精神事先不十分坚强，她的心对他软了些，因为，看起来他的确有些难受。他和平时不同，几乎是什么话都没有说。他显然感到烦恼。范妮必然也替他难过，尽管她希望在他成为别的一个什么女人的丈夫以前，她永远不再见他。

当分别的时刻来到时，他要握她的手，并且执意要握。不过，他一句话也没说，或者，说了她也没听见。他走出房间以后，她由于这种友谊的表示已经过去而更加高兴。

第二天，克劳福特姊弟走了。

第三十七章

克劳福特先生走了。托马斯爵士的下一个目标是让范妮怀念他。克劳福特先生对她的种种殷勤，当时她觉得，或者认为是她的不幸。现在，她姨父强烈希望她会由于失去了克劳福特先生的那些殷勤关照而感到空虚。她已经尝到过受人抬举的滋味，并且那种抬举又是以最讨人喜欢的方式做出来的，因此，他的确在希望，她会由于不再有人抬举，由于又沉落到无足轻重的地位，而在心里产生一些非常健康的懊悔心情。他抱着这个想法观察她，但是他说不上有什么效果。他几乎看不出她的情绪是否有任何变化。她总是那样文雅、腼腆，她的心情如何，他无法识别。他无法了解她，他感到自己无法了解她，因此他求埃德蒙告诉他，在这件事情上她受到的影响如何，她比原来快乐还是不快乐。

埃德蒙没有看出她有任何悔恨的迹象，觉得他父亲才三四天就指望能看出她的后悔来，有点儿不够理智。

主要使埃德蒙感到意外的是，她的朋友兼女伴，克劳福特的姐姐，在时对她那么好，走后她居然也同样没有表现出任何憾意。她很少提到她，她对这次的别离很少主动地表示惦念。这使埃德蒙心中诧异。

唉！现在造成范妮不幸的祸根正是克劳福特的这位姐姐，她的这位朋友兼女伴。要是她能想到玛丽未来的命运和她弟弟的一样来期遥远的话，她的心里会感到轻松的。但是她越回顾往事、观察现状，越认为一切事情都为克劳福特小姐嫁给埃德蒙在顺利地发展着。他这方面，这种愿望更强了，她那方面态度也更加明朗了。他的反对意见，他那由于为人正直而产生的顾忌，似乎已荡然无存，谁也说不出是由于什么原因：她的怀疑，她那由于野心而产生的犹豫也同样不复存在，而且同样看不出是出于什么理由。这只能用感情上升来解释，他的好情操和她的坏情操都在爱情面前屈服，这种爱情必然要把他们结合在一起。与桑顿拉塞有关的一些事情一旦料理完毕，大概要不了两个星期，他就要到伦敦去。他讲到过他拟议中的伦敦之行，他还爱讲这件事情。一旦他又和她到了一起，下一步会发生什么事情，范妮可想而知了。他肯定会向她求婚，她也必然会接受。然而，她仍没有忘掉他情操不高尚，想来想去，为未来的这种前景伤透了心。这由不得她，她认为，这由不得她自己。

就在她们最后一次谈话当中，尽管克劳福特小姐产生过一些亲切的感情，有过许多亲热的举动，但是克劳福特小姐依然是克劳福特小姐，从她的言行看来，她的思想依然在迷途之中徘徊而不自知，思想阴暗却自以为光明。她会爱他，然而除了对他的爱之外，再没有第二个共同想法。她认为克劳福特小姐将来也不可能改。她认为，埃德蒙在恋爱过程中尚且改变不了她的看法，纠正不了她的思想，那么，在婚后的年月里，他的好品质将最后白白为她糟蹋。范妮相信，古时的圣人会原谅她这些想法的。

经验告诉我们，对这种情况下的年轻人不能这样悲观。秉公而论，克劳福特小姐尽管性情如此，但是并不能因此认为她就没有女人们的那种普遍天性，即，听从她所爱的男人的意见，对他的意见像对自己的意见一样重视。但是，范妮的想法不是这样的，她那些想法给她带来了很大的痛苦，她一提到克劳福特小姐就伤心。

与此同时，托马斯爵士依然在抱着自己的希望，依然在观察着，他根据自己对人类天性的理解，仍然觉得他会看到由于不再那么重要，不再有人折服，他的外甥女的心情会受到影响，觉得他会看到，追求者的过去的殷勤关心，她会渴望再次遇到。过了不久，又要来客人了。于是，他把没有完全地、清楚地观察出上述迹象的原因，归之于来客。他说，这位客人的即将到来使她的心情得到了巨大的支持。威廉请准了十天假来诺桑普顿郡，以显示他的快乐、描述他的制服。他现在是少尉中最快活的人，因为他是刚提升上来的。

他来到了，他很想来这里显示一下他的制服，可惜的是，制度苛刻，不是值勤就禁止穿着。因此，制服被撂在朴茨茅斯了。埃德蒙心想，待范妮有机会看到这套制服的时候，制服的新鲜颜色和威廉穿这套制服的新鲜感必然都已经不复存在了。这套制服会变为不光彩的标记。一个人要是当了少尉，一两年后还未升官，眼看着别人在自己之前一个个提成了校官，在这种情况之下还有什么比少尉的制服更难看、更寒碜呢？埃德蒙正在想着这番道理，他的父亲把他的打算告诉了他，他要使范妮通过另外一种安排看到英国军舰“画眉鸟”号的这位少尉身穿灿烂夺目的军装。

他的计划是让她陪哥哥回到朴茨茅斯去，同她的父母弟妹们共度一段时间。这是有一次他在郑重考虑问题时想出来的，他觉得这是一个正确的、理想的措施。在他下定决心以前，他征求儿子的意见。埃德蒙从各方面予以考虑，觉得这样做完全对。这件事本身就是好事，选择的这个时机也最好不过。他料定范妮会非常高兴。这就足以使托马斯爵士下决心了。“那么就这样办”这一决定算是结束了此事的这一阶段。托马斯爵士有几分得意地回到自己的房间去了。他在此事上的动机并没有全部告诉他儿子。他最初的动机并不是为了叫她去看父母，更不是要使她快活快活。无疑他希望她去得非常情愿，同样无疑的是，他希望她到家后住不到该回来的时候就会彻底厌恶自己的家庭；让她过过比曼斯菲尔德庄园艰苦一点儿的生活，会使她头脑清醒，能较正确地估价人家给她提供的那个比曼斯菲尔德庄园还要古老、和曼斯菲尔德庄园同样舒适的家庭的价值。

他认为他的外甥女目前必定是头脑有病，这是他给定的治疗方案。在丰衣足食的富贵宅第中住了八九年，使她失去了比较和鉴别好坏的能力。她父亲住的房子完全有可能使她明白收入多该有多么重要。他深信，由于他想出来的这个试验，她一辈子都会更加聪明、更加幸福。

如果范妮有狂喜的习惯的话，当她刚刚听明白她姨父的打算时，她必然会感到一阵强烈的狂喜。他建议她去看看她离别几乎半生的父母和弟妹们，在威廉的一路陪伴与保护下回到她幼年生长的环境中，居住一两个月，并且一直可以看到威廉，直到他待在陆地上的最后一天。如果她有什么时候能纵情高兴的话，那就应该是这个时候。她很高兴，但她的高兴是属于那种不声不响的、深沉的、鼓满心房的高兴。她平时话就不多，当她感受最强烈的时候，她往往更不想多说。当时，她只是道谢并表示接受而已。后来，当这突如其来的想象中的快乐听惯、想惯之后，她才把她的感受对威廉和埃德蒙多说了一些。但仍然有一些细腻的感情她无法用言语表达。幼年时期的欢乐，被从家里夺走时的痛苦，这种种回忆又有力地在支配着她。好像回去一趟会医好种种由于别离而产生的痛苦似的。回到这么一个圈子的中心，受到那么多人的爱，并且每个人对她的爱都超过她以往受到的爱；可以无拘无束、无所顾忌地爱自己周围的人，能够感到和自己周围人平等；不用担心谁在自己面前再提克劳福特姐弟的名字；不用担心谁再会为了他们的缘故而用责备的目光看她——这是她以疼爱的心情玩味着的前景。不过，对此她只能说出一半。

还有，关于埃德蒙——离开他两个月（也许她会被允许去三个月），一定会对她有好处。人分两地，不再受他的目光与友爱的进攻，不再不断地由于了解到他的心，听他的心事而心头恼怒，她也许会经过自我劝解而心境平静下来，那时，她可以想到他在伦敦作种种安排而自己并无不幸之感。她在曼斯菲尔德忍受不了的事情到了朴茨茅斯将变成小事一桩。

唯一使她不安的是，她担心她走后贝特伦姨妈会不安逸。她对其他人都毫无用场。但是对贝特伦姨妈，她不在会造成一定的不便，这是她不忍去想的。她的角色托马斯爵士的确很难代替，然而，只有他才可以代替。

但是，他是一家之主。他决定要做什么事情的时候，他总是要进行到底的。现在，他就这个问题和自己的妻子谈了很长时间，对她讲解范妮有义务隔上一段时间去看看她的一家人，他终于诱使她答应放她。她是屈服，而不是心服。贝特伦夫人认为，只不过是托马斯爵士觉得范妮应该去，所以她必须去。当她回到她那寂静的化妆室后，在不受他那似是而非的理由的影响的情况下，她不带偏见地琢磨这个问题。她认为，范妮的父母已经这么长时间不和她联系，她实在没有必要去看他们，况且，她自己又那么离不开她。

至于说范妮的走不会带来任何不便，诺利斯太太发表一通议论，倒是想证明这一点。但是贝特伦夫人坚决不同意这种说法。

托马斯爵士诉诸她的理智、良心和尊严。他说这是个自我牺牲，要求她发扬她的慈悲，进行自我控制，牺牲一点儿自己的利益。而诺利斯太太则要她相信范妮完全离得开（她本人愿意，只要需要，拿出自己的全部时间来陪她），总而言之，范妮的确不是少了不行，缺了不可。

“也许是那样，姐姐，”贝特伦夫人答道，“我相信你说得很对。但是我断定我会非常想她。”

第二步是和朴茨茅斯联系。范妮自己写信提了出来。她母亲的回信虽然短，但非常亲热。短短的几行表达了母亲在即将见到自己久别的孩子时那种天然的、母性的喜悦，证明女儿的看法不错，和母亲在一起会无限快乐，并且使女儿相信，现在，她将在那位以往不怎么疼爱她的“妈妈”身上，看到一位心肠炽热的、无限深情的朋友。至于过去对她的态度，她猜想那都是她自己的错，要不，就是她自己敏感。她也许是由于看到妈妈脾气可怕，穷苦无助，焦躁不安，而没去博得她的爱，要不，就是不懂道理，在这么多应该享受母爱的孩子们当中想多得到一点儿爱。现在，她已经知道怎样有益于人，怎样忍让，她母亲也不再为一屋子孩子不停地要这要那而过分操劳，现在已经有工夫、有心情寻求各种乐趣，在这种情况下，她们应该很快在母女之间做到妈妈像妈妈、女儿像女儿。

威廉对这个计划几乎和妹妹一样高兴。她要在那里住到他起航前的最后时刻，也许他初次巡航回来仍能见到她，他将为此而感到极大的愉快。此外他非常想让她在“画眉鸟”号驶出海港之前看看它（“画眉鸟”号毫无疑问是正在服役中的最漂亮的海岸炮舰）；海军船坞也新添了一些建筑，他也很想领她看看。

他还毫无顾虑地说，她回家住上一阵对大家都有很大的好处。

“我不知道为什么会这样想，”他说，“我们似乎需要用你们的一些好的做法来改变我父亲的做法，学习你们的整整齐齐、有条有理。我们家里常是乱七八糟。我相信，你会把样样事情办得好一些。你可以告诉母亲应该怎样做，你可以帮助苏珊，可以教教贝特西，使弟弟们爱你、关心你。这一切该是多么好多么叫人高兴啊!”

普莱斯太太的回信到达的时候，可以在曼斯菲尔德逗留的时间已经剩不几天了。其中有一天，这两位年轻的旅客为他们的旅行问题大吃一惊，久久不能平静。原因是这样，讨论到路上怎么走的时候，诺利斯太太极力想给她妹夫省些钱，希望并暗示范妮乘较为廉价的交通工具，托马斯爵士没有听她的意见，决定让他们乘驿车去。诺利斯太太看到自己的意见没被采纳，并且看到托马斯爵士真的把钱交给威廉叫他们乘驿车的时候，她想起里边有三个位置，于是突然心血来潮要和他们一块儿去，要去看看她那可怜的亲爱的普莱斯妹妹。她说，她很想和他们一块儿去，这对她来说是件难得的开心事；她已经有二十多年没见过她那可怜的亲爱的普莱斯妹妹了，她年纪大、有经验，帮他们料理，在路上对他们是个帮助，有这么好的机会她不去，她认为她那可怜的妹妹势必会认为她对她很不好。

威廉和范妮被她这个主意吓坏了。

他们愉快旅行的全部愉快将一下子破坏净尽。他们满面愁容，你看我，我看你。一直有一两个小时他们愁眉不展。谁也没有表示欢迎，谁也没有表示劝阻，事情由诺利斯太太自己去决定。结果，她想到曼斯菲尔德庄园目前离不开她，托马斯爵士和贝特伦夫人都十分需要她，即使走一个星期都不成，因此，为了给他们帮忙，她必须牺牲其他方面的乐趣。听了她这番话后，她的外甥和外甥女才放下心来。

事实上，她是想起，尽管到朴茨茅斯去不用花钱，但回来的时候少不了要自出路费。于是，就任她那位可怜的亲爱的普莱斯妹妹为她错过这次机会而失望吧。说不定要见面还得再等二十年。

埃德蒙的计划受到了范妮的这次朴茨茅斯之行、这次外出的影响。他像他姨妈一样得为曼斯菲尔德庄园作些牺牲。他原打算在这个时期去伦敦，但是最能给父母安慰的人们都走了，他不能在这个时候离开他们。他暗自克制自己，把他盼望着的确定他终身幸福的伦敦之行推迟一两个星期。

他把此事告诉了范妮。既然那么多事情都对她说过，索性把一切都告诉她吧。他又和她谈了一次克劳福特小姐的事情。范妮的情绪进一步受到影响，感到这已是他们两人之间最后一次较为随便地提到克劳福特小姐这个名字了。后来有一次他间接提到了她。晚上，贝特伦夫人在嘱咐她的外甥女一去就给她来信，并且常给她来信，同时自己也答应常给外甥女去信。这时，埃德蒙觑准一个时机，悄悄地补上了一句："范妮，当我有什么值得告诉你的事情的时候，有什么事情我觉得你会愿意知道，而从别的地方不会很快听到的时候，我会给你写信。"

倘若她还听不出来他暗指的是什么，那么，当她抬起眼来看他的时候，从他容光焕发的脸上就看得清清楚楚了。

她必须武装自己的思想以承受这封信的打击。埃德蒙给她来信，这是多么可怕的事情!① 她开始感到，在这多变的人世上，时间的演变和环境的变迁在人们身上引起的思想感情的变化，她还得继续身经体验。人心的变化无常她还没有历尽。

可怜的范妮呀！尽管她心甘情愿、迫不及待地要走，在曼斯菲尔德庄园的最后一个夜晚，她心里还是离愁重重。她为分别而感到十分伤心。她为这座大厦里的每

---

①那时的英国士绅阶层的风俗，没有订婚的青年男女一般不能通信。埃德蒙如给她来信，将意味着他已与克劳福特小姐订婚，信中会讲到他订婚的事情。——译者注

一个房间落泪，尤其为这座大厦里的每一个亲爱的居民落泪。她搂住了姨妈，因为走后会给她带来不便；她泣不成声地吻了吻姨父的手，因为她气过他；至于对埃德蒙，最后轮到走至他跟前的时候，她既没有说话，也没有看他，也没有想什么。最后，她只知道他在以哥哥的方式在向她无限深情地道别。

这一切都是在头天晚上进行的，第二天一早他们就要起程。当这个小小的缩小了的团体聚到一起吃早饭的时候，他们议论说，威廉和范妮该已经走了一站路了。

第三十八章

离开曼斯菲尔德庄园愈来愈远，旅行的新奇，同威廉在一起的快乐，自然而然地很快对范妮的心情产生了影响。当他们走完了第一站，跳下托马斯爵士的马车，向老车夫告别并托他回去代他们问好的时候，她已经眉开眼笑了。

兄妹之间一路上谈笑风生。威廉的兴致极高，样样事情都使他开心。他们谈上一阵较严肃的事情，他就说上一阵笑话。而他们谈的较严肃的事情不是以夸“画眉鸟”号开始，就是以夸“画眉鸟”号结束。他猜测“画眉鸟”号将承担什么任务；他计划怎样好好地干一番，以便上尉出了什么事情的时候（威廉对上尉并不十分慈悲），他能尽快再次晋升；他谈论作战中立功受奖，一部分奖金用来买一座平房，把房子布置得整洁舒适，他和范妮在那里度过他们的中年及以后的日子，其余的奖金，他将慷慨地分赠给父母和弟妹们。

与范妮直接有关的事情，只要是涉及克劳福特先生的，他们只字未提。威廉知道发生了什么事情。他妹妹对一个他认为世界上最好的人这样冷淡，他感到极大的遗憾。但是，他现在处于重视感情的年纪，不愿意责备他的妹妹。他知道他妹妹在这个问题上想些什么，因此，丝毫不提此事，避免使她烦恼。

她心中明白克劳福特先生还没有忘掉她。克劳福特姐弟离开曼斯菲尔德后的三个星期当中，她不断收到他姐姐的来信，在每封信里他自己都要附上几行，语言热情，态度坚定，像他过去口头讲的一样。与克劳福特小姐通信，果然如她所料，给她带来极大的不快。除了她不得不看克劳福特先生的附言外，克劳福特小姐那活泼、热情的文章风格也给她带来痛苦，因为，埃德蒙坚持要听信的主要内容，听完之后，当着她的面赞叹克劳福特小姐的语言优美、感情真挚。每封信里边都有许多消息、暗示和往事的回忆，都大谈特谈曼斯菲尔德，范妮不由己地觉得这都是有意叫她听的，觉得自己被迫为这么个目的服务，觉得自己被迫进行的通信是让她不爱的男人没完没了地纠缠她，是逼着她忍受自己爱着的男人狂恋别人。这是在残酷地侮辱她。从这个问题上也可看出，她现在离开这里会有好处。一旦她不再和埃德蒙同在一座房子里边，她相信克劳福特小姐就不再有那么大的动力不怕麻烦地给她写信；一旦她到了朴茨茅斯，她们之间的通信会愈来愈少，逐渐停止。

在这样的心思中，及其他千种心思中，范妮在旅途上安全地、愉快地以二月泥泞的道路所允许的速度乘车疾驰着，他们驶进了牛津，但她对埃德蒙上过的学院只是在路过的时候匆匆地瞥了一眼。他们一路前进，到了纽柏里后才停下来，正餐和晚饭并成一餐舒舒服服地吃了一顿，结束了一天的愉快和疲劳。

第二天早晨他们又动身得很早。一路无事，顺利前进，到达朴茨茅斯近郊的时候，落日尚有余晖。范妮环顾周围，赞叹那幢幢新的建筑物。他们过了吊桥，进入市区。黄昏初暗。在威廉大声吆喝下，马车“嘚、嘚、嘚”地从大街驶入一条狭窄的街道，在一所小小的房屋门前停下，这就是普莱斯先生住的地方。

范妮激动万分，心里“突突突”的。她满腔希望，又满腹疑虑。他们一停下来，一个模样邋遢的女仆走上前来。她好像是在门口等他们的。她好像主要是给他们来报信，而不是来帮忙。一见到他们她便说：“‘画眉鸟’号已经出港，先生，有一个军官来这里——”一个漂亮的个子高高的十一岁男孩从房子里跑了出来，把她推开，打断了她。正当威廉打开车门的时候，他嚷道：“你们到得正好。我们已经等你们等了半个钟头。今天上午‘画眉鸟’号出港了。我看到它了。真好看。他们认为，一两天内它就会接到命令。坎普贝尔先生四点钟来找你。他要了一艘‘画眉鸟’号上的小艇，六点钟离岸回舰上去，他盼着你能及时回来和他一块儿去。”

威廉把范妮扶下了车。这时，这个小弟弟只是看了她一两眼，算是他乐意给她的面子。她吻他的时候他并没有反对，只是仍在一心一意地详细叙述‘画眉鸟’号出港的情景。他对‘画眉鸟’号感兴趣是理所当然的，因为，他就要到这艘船上去开始他的海员生涯。

又过了一会儿，范妮已经进入这座房子的狭窄的门廊里，并投入了妈妈的怀抱。妈妈以真诚的母爱迎接她，妈妈的容貌使她觉得贝特伦姨妈来到了面前，因此她倍加喜爱。两个妹妹也来了，苏珊十四岁，已长成一个漂亮的大姑娘，贝特西是全家最小的，大约五岁。可以看出，她们都高兴见到她。但她们和客人应答教养不足。范妮不管什么教养不教养，只要他们爱她，她就满意。

接着，她被引进了会客室。会客室非常小，她最初还以为这只是个小过厅，她一时没有坐下，等着把她往好一点儿的房间里领。此时，她看到这间房子再没有第二个门，并且有住人的迹象，于是她收回了自己的想法，感到了内疚，生怕他们看出来她刚才是怎样想的。不过，她妈妈没有久停，所以什么也没看出来。她又到房门口去迎接威廉去了。“噢！我亲爱的威廉，我多么高兴见到你！你听说‘画眉鸟’号的事情了吗？它已经出港了。三天以前我们想都没有想到过。萨姆需要带的东西我不知道该怎么办。怎么也准备不及了。说不定明天这艘船就会奉命起航，把我弄得措手不及。现在，你还得马上去斯皮特海德。坎普贝尔来过这里，非常为你着急。现在，我们该怎么办呢？我原想要和你快快活活地聚一个晚上，而现在，什么事一下子都逼到我身上来了。”

她的儿子兴高采烈地回答了她的话，对她说，一切事情都会带来最有利的结果。他被迫走得这么快，倒减少了他的麻烦。

“我当然希望它没有离港，那样我就可以和你们高高兴兴地团聚几个小时。不过，既然有一个小艇靠岸，我还是马上走的好，也只有这样做。‘画眉鸟’号停在斯皮特海德的什么地方？靠近‘坎瑙帕斯’号吗？不过，没关系。范妮在客厅里，我们为什么还站在走廊里？来，妈妈，你还没有好好看看你自己的亲爱的范妮呢？”

她们两人都进来了。普莱斯太太又一次慈爱地吻过女儿之后，评论了几句她的个子，然后非常自然地想到他们长途旅行的疲劳与饥饿。

“可怜的孩子们！你们两个必然都累坏了。现在，你们想吃什么吧？刚才我都怀疑你们来不了啦。贝特西和我一直等你们，等了半个钟头。你什么时候吃的饭？现在你们想吃什么？我事先不知道你到后是想吃些肉还是想喝一盘茶，不然的话我就给你们准备了。现在想给你们做些牛排，又怕等不到做好，坎普贝尔就又来了。我们这附近没有卖肉的。街上没有卖肉的可真不方便，过去我们住那栋房子要比这栋方便得多。也许你们茶一好就想喝吧？”

他们两人表示这比什么都好。“那么，贝特西，我亲爱的，快到厨房去，看看丽贝卡是否已经把水烧上，叫她尽快把茶具拿来。我们的铃坏了，还没有修。不过，贝特西是个用起来非常方便的通讯员。”

贝特西乖乖地去了，想在她这位漂亮的新姐姐面前显显本事。

“唉!”焦虑不安的妈妈接下去说，“我们的炉子很不旺，我想，你们俩都给冻坏了。把椅子挪近一点儿，亲爱的。我真不知道丽贝卡这半天都干什么去了。半个钟头前我就对她说过叫她弄点儿煤来。苏珊，你怎么没把火照料照料!”

“我刚才在楼上挪我的东西，”苏珊的毫不害怕、自我辩护的口气使范妮吃了一惊，“你刚才定下的，要我和范妮姐住到另一间房子里去，丽贝卡又一点儿忙也不给我帮!”

由于一片忙乱，她们两个没有争论下去。首先，赶车的来要钱，接着是萨姆为往楼上搬她姐姐的箱子拌嘴，他一定要按他的主意搬，最后是普莱斯先生进来了。他人没到声音先到，而且声音很大。但听他骂骂咧咧地踢着放在走廊里的他儿子的旅行皮包和他女儿的纸匣子，口中喊着要蜡烛。不过，并没有拿去蜡烛，他还是走进房间里来了。

范妮怀着犹疑不定的心情站起身来想去迎接他，但又坐了下来，觉得在昏暗中自己会被分辨不出，而且他可能也没想到。他友好地扳住他儿子的头晃了晃，迫不及待地说：“哈！孩子，你回来了，欢迎。见到你很高兴。你听说了没有？今天上午‘画眉鸟’号出港了。这个名字听起来真怪！他妈的，你回来得真是时候！你们的那位军医来找你。他要来了一艘小艇，六点钟离岸去斯皮特海德，你最好和他一块儿去。我到特纳的铺子里去催你的装备，很快就可以做好。说不定你们明天就会接到命令。不过，你们要是往西巡航，这么大的风开不成船。瓦尔什舰长认为你们肯定是和‘大象’号一起去西面巡航。他妈的，我希望你们能和‘大象’号一起。但是，刚才斯科利老汉说，他认为，你们首先会被派到‘特克赛尔’号那里去。反正，不管怎么样，我们已经准备好了。不过，他妈的，你不在，就没能看上‘画眉鸟’号出港时那个气派劲儿。给我三千镑我也不愿失去这个机会。正吃早饭的时候，斯科利老汉跑进来说，它已经脱掉了缆索，就要出来了。我霍地起来，三步并两步地跑到平台甲板上。如果说还有哪只船十全十美，那就应该是它，它停在斯皮特海德。但凡英国人，一看就知道，这样的船每小时能航行二十八海里。今天下午我在平台甲板上看它一直看了两个钟头。它靠‘恩底弥翁’号停着，在‘恩底弥翁’号和‘克娄巴特拉’号之间，在那艘大笨船的正东面。”

“哈!”威廉叫道，“若是我，也会把它停在那个地方。那是斯皮特海德最好的锚位，喂，爸爸，我妹妹在这里，范妮在这里。”

父亲说，他都把范妮忘掉了，然后对她表示欢迎。他热情地抱了她一下，说她已经长成了大人，该出嫁了，接着好像又要把她忘掉了。

范妮缩回到她的座位，为他粗鲁的语言和满嘴的酒味而感到痛心。他只冲着他儿子说话，只谈“画眉鸟”号。威廉虽然对这个问题也很感兴趣，但他不止一次地想使他父亲想到范妮，想到她多年在外，想到她旅途劳顿。

又坐了一阵之后，才弄来了一支蜡烛。但是茶仍然没有端来，并且根据贝特西从厨房回来后说的情况来看，要过相当长时间才有可能烧好，于是，威廉决定去更换服装，做好直接动身的必要准备。然后再从从容容地喝茶。

他走出房间之后，两个脸蛋红润但衣着褴褛、身上肮脏的八九岁的男孩跑了进来。他们是汤姆和查理，刚刚放学，兴冲冲地跑回来看他们的姐姐，同时报告“画眉鸟”号出港的消息。查理是范妮走后才生的，但是汤姆她过去常常帮妈妈照料过，她一见特别高兴。她非常亲切地把两个弟弟都吻了吻。但她想把汤姆拉到自己的身边，从他的面貌上追忆自己爱过、逗过的那个喜欢要自己的婴儿。然而，汤姆无意让姐姐这样待他。他回家来不是为了站到那里不动，听别人对自己说话，而是要到处乱跑、乱闹。他们俩不久便挣脱了她，跑了出去，房门砰地把她的额头碰得直痛。现在，在家的人她都见到了，只剩下她和苏珊之间的两个弟弟，一个在伦敦的某一国家机关里当办事员，另外一个在一艘来往于英国和印度之间的商船上做候补生。虽然她见到了家里听有的人，但是她还没有听到他们能喧闹到什么程度。又过了一刻钟后就大大地热闹起来了。不久，威廉在二楼楼梯口叫他妈妈和丽贝卡，因为他放在那里的什么东西找不到了，他很着急。钥匙找不到了；贝特西玩了他的帽子；他的制服背心不合适，答应过给他改的，完全给忘掉了。

普莱斯太太、丽贝卡和贝特西都跑到楼上去为自己辩护，各说各的理由，各提各的主张，丽贝卡的嗓门尤其高。最后议定，这些活儿马上赶出来。威廉在毫无效果地赶贝特西下楼，劝她不要妨碍别人。这幢房子里的每个门都敞开着，楼上的这一切嚷嚷声在客厅里听得清清楚楚。这一片嘈杂的声音有时还要被萨姆、汤姆和查理的喧闹声盖过。他们在上上下下地互相追逐，互相吆喝，还不时地跌跌撞撞。

范妮被吵得晕头转向。由于房子狭窄、墙壁单薄，这一切都好像发生在咫尺之间，再加上她旅途的劳顿及近来的种种不安，她几乎对眼前的诸种现象已无力承受。客厅之内倒是一片寂静，因为苏珊很快也跟他们去了，只剩下她父亲和她，而且，她父亲掏出了一张报纸——报纸经常是从邻居家借来看的——看了起来，似乎已忘掉了还有她的存在。他把那唯一的一支蜡烛擎在他与报纸之间，毫不顾及她是否需要些烛光。不过，她没有什么事情要做，倒乐于他把烛光遮住，照不住她那疼痛的头部。她茫然地坐在那里，陷入断断续续的、悲哀的沉思。

她回到自己家了。但是，唉！这个家，她受到的接待，使她大为——她制止自己这样想下去；她这样想不合情理。她有什么权利要家里人对她另眼看待？她这么久无影无踪，她没有这样的权利。对威廉就应该最关心——他一向都最为大家关心——他完全有这种权利。然而，对她这样无人过问，丝毫不打听她的情况，没有人问及曼斯菲尔德庄园！曼斯菲尔德被他们忘却，那些给他们这么多帮助的朋友们，那些亲爱的、最亲爱的朋友们遭到忘却，这的确使她痛心。但是现在，一个问题盖过了所有其他的一切。大概也应该如此。“画眉鸟”号的动向现在所引起的兴趣必然压倒一切。一两天后情况就会有所不同。是她完全错了。然而她又想，若在曼斯菲尔德，情况就不会这样。在她姨父家里，会审时度势，会诸事有节，对每一个人都有一定的分寸，都有一定的关心。而这里却不是这样。

她这样想来想去有差不多半个小时之久，这时，才突然被她父亲打断沉思。他倒不是为了安慰她，而是因为走廊里脚步声和喊叫声过分喧闹。他喊道：“你们这些狗杂种都给我死去！你们吵翻了天！嗨，萨姆的声音比谁都大！这孩子适合当水手长。喂，你们都听着！萨姆，别再扯着你那尖嗓子喊，不然，我揍你。”

他的这番威胁，他们显然置之不理。虽然五分钟内几个孩子都跑进房间，坐了下来，但是范妮认为这只不过是因为他们一时累了，并不说明其他任何问题。他们个个满头大汗，而且气喘吁吁，即此便可证明。而且他们在父亲的鼻子尖下边仍在你踢我的腿，我踩你的脚，并且很快又突然互相吆喝起来。

门又一次开的时候，进来了较如人愿的东西。她对之已不抱希望的茶具送进来了。苏珊和一个使女送来了吃茶点需要的东西。这个使女卑微的神情告诉范妮，她初来时见到的那位女仆原来是位管家，这是她万万没有料到的。苏珊把茶壶放在炉火上，看了她姐姐一眼，那表情似乎有两重意思：一是由于显示了自己勤快、能干而洋洋自得，二是怕干了这个活儿在姐姐眼里降低了自己的身份。“我到厨房去催萨莉，”她说，“并且帮她烤面包片、涂黄油，不然的话，我真不知道我们什么时候才能吃上茶点。我断定，我姐姐在下车之后必然想吃些东西。”

范妮非常感激。她不得不承认自己非常想喝点儿茶。苏珊立即动手沏茶，似乎乐于将此项任务独揽。她稍事张罗，并对弟弟们不分青红皂白地说上几句，便使人觉得她表现不错。范妮的精神和她的身体都得到了恢复。由于这种及时的关照，她的头不那么痛了，心里也不那么难过了。苏珊的外貌爽朗而且通情达理。她长得像威廉。范妮希望她性格上也像威廉，并且像威廉一样对她好。

在这种较为平静的气氛下威廉又进来了，后面跟着他妈妈和贝特西。他整整齐齐地穿上了他的少尉军服，看起来比平时更高了，走起来更加步履坚定，风度翩翩。他满面春风地径直走向范妮。她站了起来，无言地赞赏他，看了他一阵，然后张开臂膀搂住他的脖子哭出她那悲喜交集的心情。

她不愿意让别人看出自己有什么不高兴，因此很快便镇静下来。她擦干了眼泪，欣赏他这套服装光彩夺人的各个部分，精神振奋地听他向她诉说他的希望：在起航之前，他要每天抽时间上岸来，甚至把她带到斯皮特海德去看一看这艘海岸炮舰。

门又一次开的时候，进来了“画眉鸟”号的军医坎普贝尔先生，一位举止庄重的年轻人。他是来叫他朋友的。在拥挤的座位之间给他摆了张椅子。年轻的沏茶姑娘赶忙给他洗了一个杯子和一个茶碟。两位青年情挚意重地谈了一刻钟，动身的时刻到了。此时是闹上加闹，乱上加乱，大人小孩一起动了起来。一切准备好后，威廉辞行。三个男孩不听妈妈劝告，要把哥哥和坎普贝尔先生送到出击口，普莱斯先生此时要去给邻居还报纸。这样，男人都走掉了。

现在可以指望能有几分钟安静了。丽贝卡依命撤去茶具。普莱斯太太到处找了一阵衬衫袖子，最后由贝特西从厨房的一个抽屉里给找了出来。接着，这个小小的妇女集体变得相当安静。妈妈又为无法给萨姆赶做出行装叫了一阵苦后，才有工夫想到她的大女儿，和曼斯菲尔德的朋友们。

她向范妮打听几件事情。最先问到的问题是——她贝特伦姐姐是怎样管理仆人们的？是不是像她一样苦于找不到像点儿样子的女仆？一提到女仆，她的思想便离开了诺坦普顿郡，一味地为自己的家事诉起苦来，不停地埋怨朴茨茅斯的仆人们品格坏，并且认为她的两个仆人是坏中之坏。她只顾数落丽贝卡的缺点，把贝特伦一家人完全忘掉了。苏珊也列举了丽贝卡的大量不是，小贝特西举的例子更多。照她们的话看来，丽贝卡似乎一无是处。范妮猜想，她妈妈是想在丽贝卡干完一年之后辞掉她。

“干完一年！”普莱斯太太嚷道，“我希望不等她干完一年就辞掉她。要让她干够一年那得等到十一月份。亲爱的，朴茨茅斯仆人们的情况到了这么个地步：要是有谁用一个仆人能用过半年，那就算出了奇迹。我不敢指望能找到合适的人，要是我把丽贝卡赶走，换来的可能更糟。我想我这个当主人的并不是很难伺候，而且她在这里也够轻松的了，她下边经常有个丫头归她调遣，而且我自己常常把活儿干掉一半。”

范妮默默不语。她不是认为这种状况再没有办法改变。而是因为，她这时坐在那里看着贝特西，不由得想起她的另外一个妹妹。那个妹妹长得非常好看，当她离家去诺坦普顿郡的时候，她比贝特西现在的年龄小不了多少。几年后她死掉了。她特别惹人心疼。那时候，范妮对她的感情胜过对苏珊的感情。当她死去的消息最后传到曼斯菲尔德的时候，范妮曾一度非常伤感。看到贝特西不由得又想起小玛丽，但她不愿说出口来，免得触痛妈妈的创伤，当她正在这样思索的时候，贝特西在离她很近的地方手里拿着个什么东西举给她看，同时又挡着不让苏珊看见。

“你手里拿的是什么，亲爱的？”范妮说，“来给我看看。”

原来是把银刀。苏珊霍地跳起，说是她的，要夺过去。贝特西跑到妈妈跟前寻求保护。苏珊只能在一边责备她，并且话说得很重，显然是想博得范妮的同情。“这是我的刀，不给我没道理。那是我的刀。是小玛丽姐姐死在床上的时候留给我的，早就应该归我。但是妈妈不肯给我。她答应过不交给贝特西的。但是她常常让贝特西拿着玩。玩来玩去，就会抢去，变成她自己的。”

范妮感到十分震惊。她妹妹的这番话和她妈妈的回答，大大违背了她心目中关于母女之道、自尊自重、体贴待人的想法。

“你听我说，苏珊，”普莱斯太太以诉苦的口吻叫道，“你怎么这样爱争争吵吵？你总是为这把刀争吵。你少争吵一点儿好不好？可怜的小贝特西，苏珊对你多凶！不过，亲爱的，我叫你到抽屉里取东西，你不该把刀拿出来。我给你说过，你不要碰它，因为苏珊一见它就要争。贝特西，下一次我要把它藏起来。可怜的玛丽死前两个小时交给我叫我保存的，她没想到你们像狗抢骨头一样抢这把刀。可怜的小灵魂！我勉勉强强能听到她的声音。她的话说得那么叫人感动。‘妈妈，我死了被埋掉以后，把我的刀给我苏珊妹妹。’可怜的小亲亲啊！她非常喜欢她的这把刀，范妮，她卧床不起，一直把这把刀放在自己的身边。这是她的好教母马克斯威尔将军的太太送给她的，那时她离死只有六个礼拜了。可怜的小宝贝啊！也好，她死了，免遭我们遭到的不幸。我的贝特西（抚弄着她），你的命不好，没有这么个好教母。诺利斯姨妈离我们太远了，不会想到你这个小人儿。”

范妮确实未从诺利斯姨妈那里捎来任何礼物，只带来了她的口信，希望她的教女当个好闺女，好好读自己的书。有一次曾听到曼斯菲尔德庄园的客厅里窃窃地议论着要送给贝特西一本祈祷书，但是以后再没听到过这种议论。诺利斯太太的确抱着这个念头回到家去，取下了两本她丈夫过去用过的祈祷书，不过，拿到手里之后，那一股慷慨的劲头也就消失了。她认为一本字太小，不利于孩子的眼睛，另一本太笨重，不便于孩子带来带去。

范妮已疲累到无以复加的程度，第一次请她就寝她便感激地表示接受。由于欢迎姐姐的到来，贝特西被允许比平时晚睡一个小时。一个小时到了，她仍然不肯去睡，并为此哭闹。范妮等她哭闹过后，起身上楼。楼下又开始吵吵嚷嚷，一片混乱。男孩子们在要面包加奶酪，他父亲吆喝着要他的加水朗姆酒，而丽贝卡呢，总是不能使大家满意。

她要和苏珊共住的一间狭窄的四壁空空的卧室里也没有什么能提高她的情绪。楼上楼下房间小到这样的程度，走廊又窄到这样的程度，都超出了她的想象。她在曼斯菲尔德庄园住的那间阁楼，原是人人不愿住的地方，现在想起来倒颇为阔气了。

第三十九章

托马斯爵士若能知道他的外甥女给姨妈写第一封信时的种种心情，就会感到大有希望。她尽管结结实实地睡了一个晚上，尽管早晨过得还愉快，尽管有可能很快再次见到威廉，尽管由于汤姆和查理上学，萨姆在忙自己的什么事情，父亲在过着他自己习以为常的闲散生活，她因而能够以愉快的词句来描绘她的家庭，然而，她心里完全明白，仍然有许多令她不快的事情她不想让他们知道。她住了不到一个星期便产生的各种想法，他若能知道其中一半，就会认为克劳福特先生定会把她弄到手，就会为自己的英明决策感到沾沾自喜。

还不到一个星期，便样样令她失望。首先是威廉走了。“画眉鸟”号接到命令，风向也变了，他们来到朴茨茅斯后的第四天，他们的船便出发了。而在这四天当中她只见到过他两次，而且他上岸来公事在身，刚刚相会，便匆匆别去。他们没能自由自在地谈谈心，没能到大堤上去散步，没能到海军船坞里去参观，没有一起去看“画眉鸟”号，他们原来计划的并且盼望做的事一件都没有实现。除了威廉对她的感情外，这里的样样事情都使她感到失望。他在离家的时候，临走想到的还是她。

“妈妈，照顾好范妮，她脆弱，不像我们其他人一样经得起粗暴对待。把她照顾好，我托给你了。”

威廉走了。剩下她一个人待在这个家庭里。她心里不能不承认，这个家庭几乎在各方面都和她希望的相反。这是一个吵吵闹闹、乱七八糟、没有规矩的人家。没有一个人待在自己应该待的地方，没有一件事做得恰当。她对父母无法像希望的那样产生敬佩之心。她本来对父亲就没有抱多大希望，但是，她发现，他比她想象的还要对家庭不负责任，他的习惯比她想象的还要坏，他的一言一行比她想象的还要粗鲁。他并不是没有才干，但是除了他那个行当以外，他对什么都不感兴趣，对什么都不知道。他只看报纸和每季一期的海军军人及军舰一览表。他讲起话来离不开海军船坞、海港、斯皮特海德和海关大堤，他嘴巴不净，他天天醉酒，他肮脏而且粗野。她想不起来他过去对她是否有过一点儿温暖。她只有一个总的他对她粗暴的印象。现在他几乎是一眼也不看她，只拿她开粗俗的玩笑。

她对她母亲更加失望。她原来在母亲身上寄托很大的希望，但是几乎是完全失望。她对母亲的各种美好的想象很快都破灭了。普莱斯太太并非为人不仁。但是，她的感情没有继续增长，她没有和女儿更多地谈心，她对女儿不是越来越亲。范妮再没有遇到她对她像她刚来的那天晚上那么好过。自然的本能已经得到了满足，普莱斯太太的感情再没有其他来源。她的那颗心和她的时间都已经塞满，她既没有时间又没有感情用到范妮身上。她从来就不怎么重视她的那些女儿。她心疼的是她的儿子们，特别是威廉。在她的女儿当中，贝特西算是第一个受到她的疼爱。她对她娇纵到最没有分寸的程度。威廉是她的骄傲，贝特西是她的心肝，约翰、理查德、萨姆、汤姆和查理分享了她其余的为母之心，有时叫她忧虑，有时让她喜悦。她的心分给了这些孩子们；她的时间主要用到了她的住宅和仆人们身上。她的日子都是在慢吞吞的忙乱中度过；她总是忙而无效，总是把事情办不好空埋怨，而又不改弦更张，她想当一个会过日子的人而又没个主意，没个条理；她嫌仆人们不好，而又没有本事改变他们；她帮助她们，责备她们，由着她们，不论用哪种办法都不能得到她们的尊敬。

和她的两个姐姐相比，普莱斯太太更像贝特伦夫人，并且像得多，而不怎么像诺利斯太太。她管理家务是出于不得已，既没有诺利斯太太那种料理家务的天然兴趣，又没有她那样勤快。她的性格像贝特伦夫人的性格一样，天生的懒散、怠惰。如果她能和贝特伦夫人处于同样的境况，同样的富有，同样的无所事事，那对她的能力来说，要比她那不慎的婚姻给她带来的这种操劳、这种自我刻苦的生活，合适得多。她可以像贝特伦夫人一样当好一个有身份的妇女，而诺利斯太太可以在微薄收入的基础上当好一个生有九个孩子的母亲。

这一切范妮自会意识得到。她可以出于慎重不说出来，但她必然而且的确感到她母亲是个偏心、是非不分的母亲，是个懒妇，是个邋遢女人。她对孩子们既不教育，又不约束，她的这个家里里外外都是一片管理不善的景象，令人望而生厌；她没有才华，拙口笨舌，对自己也没有感情；她不想更多地了解她，不稀罕她的友情，也无心叫她陪她，不然，她这重重心事或许会减轻一些。

范妮很想起些作用，不愿意让人觉得自己比一家人优越，不愿意让人觉得自己在外边受过教育就不适合或者不乐意帮助做些家务事情。因此，她立即动手给萨姆做起活儿来。她起早贪黑，坚持不懈，飞针走线地赶着，待萨姆最后登船远航的时候，他需要的大部分内衣都做了出来。她为自己能给家里帮上忙而感到异常愉快，但同时又在想象没有她他们怎么能行。

虽然萨姆嗓门大、态度专横，但是当他走的时候，她颇有些舍不得。他聪明、能干，有什么差事派他进城他都乐意承担。苏珊给他提什么意见他听都不听，尽管意见本身合理，但态度不够冷静，也提得不是时候。然而，范妮给他的帮助和循循诱导，开始对他产生了影响。她发现，他走了，走掉了三个最小的弟弟中最好的一位弟弟。汤姆和查理比他小得多，因此在感情上和理智上还远远不能和她交朋友，而且也不会少惹人厌。他们的大姐不久便失去了信心，认为他们不会接受丝毫影响。她情绪好的时候或者有空的时候，曾经劝导过他们。但是他们什么好话都不肯听。每天下午放学后他们都在整个房子里边玩各种各样的大喊大叫的游戏。不久，每逢星期六下午这个半日假要到的时候，她都不免要长吁短叹。

贝特西也是个惯坏了的孩子，一提到要学字母便恨入骨。父母由着她和仆人们一起厮混，她回来说她们坏话的时候又受到鼓励。她感到对她产生不了爱，也无法对她帮助。至于苏珊的脾气，她也有很多不赞赏的地方。她不断地和妈妈闹意见，她两句话不对就和汤姆、查理吵嘴，她动不动就对贝特西发脾气。这些现象至少使她感到非常心烦。虽然她承认苏珊并不是没有道理，但是她担心，这种争吵不休的性情决不会对人亲切，也不会给她带来平静。

她的这个家竟然是这个样子！她原想用这个家把曼斯菲尔德从自己的头脑中挤出去，求助于这个家使自己想到埃德蒙表哥的时候感情能得到克制。相反，她现在念念不忘的是曼斯菲尔德，是曼斯菲尔德她所爱的每一个人，是它那幸福的气氛。这里的一切都与那里迥然不同。她看到这里与那里完全相反的事事物物，无时无刻不想起那里的风雅、礼貌、条理、和谐，尤其是那里的和平与安静。

对于范妮这样单薄的躯体、怯生怕人的性情来说，在不停的喧闹声中生活是巨大的痛苦，即使给这里加上些风雅与和谐，也弥补不了这种痛苦。这种痛苦是最大的痛苦。在曼斯菲尔德从来没有听到过争抢什么东西，没有听到过大喊大叫，没有听到过什么人突然大发雷霆，没有听到过什么人胡蹦乱跳。一切都在秩序井然地进行着，人人都有自己适当的身份，每个人的意见都受到尊重。如果在哪件事情上缺乏温柔体贴，那必然是代之以健全的见识和良好的教养。至于诺利斯姨妈有时带来的小小的刺激，与她现在这个家的不停吵闹相比，那只是短暂而微不足道的，犹若滴水与大海之比。在这里人人都在吵闹，个个都是大喊大叫（也许她妈妈是个例外，她说起话来声音单调、绵软，像贝特伦夫人。只是她的声音由于生活的折磨已有几分烦躁不安）。凡是要什么东西都是大声呼叫，仆人们回话解释时也是从厨房里往外喊。各扇门都在不停地砰砰响，楼梯上总有人上上下下，做什么事情都要带点儿摔打声，没有一个人规规矩矩地坐着，没有一个人讲话别人会听。

根据一周的印象，范妮把两个家庭作了个对比。她想借用约翰逊博士关于结婚和独身的著名论断①来评论这两个家庭。她心想，虽然在曼斯菲尔德庄园会有一些痛苦，但在朴茨茅斯却没有任何快乐。

---

①约翰逊博士，即萨缪尔·约翰逊（1709—1784），英国文学评论家、诗人。他写过一部中篇传奇《阿比西尼亚国拉塞斯王子传》，在这部书的第二十六章里有这么一句话："结婚有许多痛苦，但独身没有快乐。"——译者注

第四十章

克劳福特小姐的信来得没有当初那么勤了，这次隔的时间比上次长得多。这一点没有出乎范妮的预料。信来得少对她并不是很大的安慰，这一点却是她未曾料到的。她的心里又发生了一次奇怪的变化。当信来的时候，她感到非常高兴。她目前从高雅的社会中被放逐了出来，远离了一切她一向感兴趣的事事物物，在这种情况下，能收到一封她念念不忘的那个圈子里的某个人的来信，而且信又写得那么热情，还写得有几分文采，这自然是件十分称心的事情。信中用“事忙”这个惯用的借口，解释了没能早日来信。“现在我动起笔来，”她继续写道，“我怕我的信未必值得你过目，因为，信的末尾没有了世上第一痴情男子 H. C. ①的爱的致意和三四行热情的话语。亨利到诺福克去了。十天前，他有事去了埃芙陵翰。也许他是假装着有事，而是趁你外出旅行这个时机，也出去旅行一趟。不过，他现在的确是在埃芙陵翰。顺便告诉你，他姐姐信写得少完全是因为他不在身边，因为我听不到了这样的催促：‘喂，玛丽，你什么时候给范妮写信？你还不该给范妮写信吗？’经过多次努力，我终于见到了你的两位表姐，‘亲爱的朱丽叶和最亲爱的罗什渥兹太太’②，昨天她们来的时候我正在家里，我们很高兴能够重逢。我们好像很高兴能相互见面，实际上

①Henry Crawfoxd（亨利·克劳福特）的开头字母。——译者注

②引用诺利斯太太的话。——译者注

我们是有些高兴。我们都有很多话说。要不要我告诉你当提到你的名字时罗什渥兹太太脸上的表情？我一向认为她并不缺乏沉着，但是昨天她却有些沉不住气了，总的来说，在她们两个人当中朱丽叶的脸色好一些，至少在提到你的名字之后如此。从我讲到'范妮'，并且以大姑子的口气讲到你的时候起，她那副脸色一直不能恢复正常。不过，罗什渥兹太太满面春风的日子就要到来了，她要在二十八号举办第一次舞会，我们已经收到了请帖。那时她会美丽异常，因为，她开放的是温波尔街最阔气的一幢大厦。两年前我去过那里，那时在那里住的是拉赛尔夫人，我觉得这幢房子比我在伦敦见过的哪一幢都好。说句粗俗话，到时候她会感到她付出的代价虽大，得到的报酬可也高。若是亨利，就给她租不起这样的房子。我希望她能记住这一点，满足于做一个王后住着豪华的宫殿，哪管她那位国王是否拿得出门。我不愿意刺激她，今后当着她面再不提你的名字。她逐渐地会冷静下来。根据我听到的议论和我自己的猜测，威尔顿海姆男爵①仍在追求朱丽叶，但是我不知道他是否受到过真正的鼓励。她应该挑一个更合适一些的。一个可怜的贵族头衔顶不了什么用。我想象不出他有什么值得可爱的，除了夸夸其谈外，这位可怜的男爵便一无所有。一个元音之差，会造成多么大的不同。要是他的房地产和他的豪言壮语一样多就好了②。你的表哥埃德蒙还迟迟未来，可能是教区的事务使他脱不开身。也许是桑顿拉塞哪位老太婆须他劝说皈教。我不愿意设想他是因为某个年轻女人而这样不把我放在心上。再见！我亲爱的甜蜜的范妮，这封长信是从伦敦写给你的。给我好好地回一封信，让亨利回来时看到高兴高兴，并且给我讲一讲你为了他的缘故放弃了多少个漂亮的年轻舰长。"

这封信里有大量供她咀嚼、回味的材料，其滋味多半都使她感到不快。然而，尽管读过之后感到种种不安，这封信却把她与远在他乡的人们联系了起来。信中讲到了她近来特别想了解的人和事。如果能保证她每星期都收到这样一封信，她会高兴的。现在，她和贝特伦姨妈之间的通信是她唯一比较感兴趣的事情。

朴茨茅斯的社交活动，并不能弥补她家中的生活缺陷。不论是在她父亲的那个阶层里还是在她母亲认识的人们中间，没有一个人能使她感到丝毫愉快。她对她所

---

①即在十三章和十四章出现过的耶茨先生。——译者注

②收租的房地产叫 rent，夸夸其谈叫 rant，两字只有一个元音之差。——译者注

见到的任何人都没有好感，她怕见他们，不愿意和他们说话。她觉得这里的男人们个个粗鲁，女人们个个乏礼，没有一个人不缺乏教养。不论是和已经认识的人周旋，还是和初次相识的人应酬，她不满，人家也同样不满。年轻的姑娘们起初想到她是从一位男爵家来的，带着几分敬意来到她的身边，但是很快便因为她们所说的“气派”问题不再另眼看待她。她既不会弹钢琴，又没穿讲究的皮外衣，她们进一步观察之后，不承认她比她们有什么优越。

目睹家庭的种种不好的现象，范妮得到的第一个较大的安慰，第一个她衷心欢迎并且有可能持久不衰的安慰，是她对苏珊有了更清楚的了解，并且感到有可能对她进行帮助。苏珊对她本人倒是一向友好，但她那在一般事情上的泼辣劲儿曾使她感到震惊。至少过了两个星期，她才对这个与自己性情完全不同的姑娘开始有所了解。一个十四岁的姑娘，在无人支援的情况下，凭着自己的理解，要改变家庭的这些现象，在方法上有些不当是不足为奇的。她这么小小的年纪就能够明辨是非，范妮开始对她天赋的智慧感到欣赏，不再苛刻地非难她做法上的不是。苏珊遵循的正是她自己赞成的道理，追求的正是她自己主张的秩序，只不过她自己没有苏珊那么认真，性格比苏珊软弱，因此畏缩不前，不敢坚持罢了。苏珊站出来管事，而她只会躲在一边去哭。她看得出来苏珊是起到了她的作用，她看得出来，如果不是苏珊干涉，本来已经很糟的事情会变得更糟；她看得出来，由于苏珊的干涉，她妈妈和贝特西那种令人难以容忍的过分放纵、粗俗的行为才受到了一些限制。苏珊同妈妈之间的每一次辩论，都是苏珊有理，但是妈妈从来都没用过母爱的温存来软化她的态度。那种造成种种不良结果的盲目溺爱，她从来没有受到过。她过去没有被爱过，现在也不受人爱，她没有那种感恩之心，因此她也不能容忍对别人爱得过分。

这一切逐渐明白了，逐渐使苏珊成了她姐姐同情和敬佩的对象。她的态度不对，有时候还很不对，她的办法常常选择得不对，并且不分场合，她的神色和语言常常不可原谅，对此范妮仍然看法不变，但是她开始希望这一切都会得到改正。她发现苏珊对她有所期待，希望她指导她。要起个权威作用，去设想自己能指导别人，能给别人出主意，这对范妮来说，虽然是不曾有过的事情，但她下了决心，必要时给苏珊一些暗示，并且利用自己受到过的较好教育，使她更好地理解大家应该怎样，她怎样做才是最聪明的。

她的影响，或者说，至少她意识到自己的影响并利用自己的影响，是从对苏珊的一次友好行为开始的。这件事情在做之前，她曾经谨小慎微犹豫过很多次，最后才鼓足了勇气。她早就想到，尽管围绕着那把银刀不断发生争吵，但用不了多少钱也许就能在这个敏感的问题上永远确立和平。她姨父在送她起程的时候给过她十镑钱，她手里有这笔钱，她就不光是想大方，而且也大方得起。但是，除了对非常穷的人们外，她从来没有对人施恩行惠，她从来没有纠正过同辈的不好表现，或者施恩于人，她很怕别人觉得她想在家里抬高自己的身份，充当阔家小姐。因此，她考虑了许久还不能决定，赠这么个礼品对她来说是否合适。不过，最后她还是把决心下定了。她给贝特西买了一把银刀。贝特西收到后十分高兴。这把刀是新的，看起来处处都比那把旧的好。苏珊对自己那把刀完全恢复了所有权，贝特西也慷慨宣布，现在她有了一把更好看的刀，那一把她再也不要了。范妮原担心妈妈会数落她一顿，现在看到妈妈似乎同样地高兴。这件事情充分收到了它的效果。家庭纠纷的一个来源彻底给消除了。苏珊的心灵从此向她敞开，使她看到她内心中有更多可爱的有趣的东西。苏珊表明她是个感情细腻的很自觉的姑娘。她争了至少两年，今天当上了这份财产的主人，心里自然高兴，然而她生怕姐姐对自己看法不好，怕姐姐心里埋怨那样争个没完，不买上一把家里就不得安宁。

她是个直来直去的人。她向姐姐承认了自己的顾虑，并且怪自己不该那样去争。从这个时候起，范妮了解了她性情的可爱，并且看出她是多么想听她的意见，求她的主意，于是，她开始又感到了友情给她自己带来的幸福，希望能够对一颗这样需要帮助而且应该得到帮助的心有所帮助。她给她提意见。她的意见提得非常合情合理，但凡头脑清楚，就无法反对。她的意见又提得非常温和，非常体贴，即使脾气坏一点儿，听了也不会生气。她看到自己的意见屡屡产生很好的效果，这使她非常高兴。她看到她由于明白了道理，明白了利害而接受她的意见，进行自我克制，但也深感同情地看出，对苏珊这样一个姑娘来说，这是个难咽的苦果。因此，她对她并不要求更多。不久，在这个问题上，她发现了一桩最大的怪事——不是苏珊听不进她的好的见解而对她不再尊敬——而是，那么多好的见解，那么多好的观点，居然苏珊原来就有。她是在无人管教、没有规矩的环境中长大的，而且她也没有一个埃德蒙表哥指导她的思想，给她灌输道德，她居然形成了凡事应该怎样做的正确见解。

两人之间这样开始的亲密关系对她们每个人都有很大好处。两个人一起坐在楼上，家中的吵吵闹闹她们少见了许多。范妮得到了平静，苏珊也懂得了不声不响地做活儿的乐趣。她们的房间里没有生火，但是范妮对这种艰苦已经习以为常，并且由于这使她想起了“东室”而感到几分温暖。这间房子与“东室”只有在这一点上相像。在大小、明暗、家具和可以望到的窗外景色方面，两间房子无一相似之处。她每想起她在“东室”的书籍、箱子和各种各样舒适的用品，总不免唉声叹气。渐渐地，两位姑娘上午的大部分时间都在楼上度过。起初，光是做活儿、聊天，几天之后，范妮越来越想念刚才提到的那些书籍，在这种情绪刺激之下，她忍不住又想找些书看。他父亲的这个家里一本也没有。人有了钱就想花，就不易控制自己。她的一部分钱向一个流通图书馆流去。她成了一个订阅者！她居然弄了这么一个身份这使她十分惊奇。她居然成了一个租书者，成了一个选书的人！而且由她来挑书提高别人！然而，这已是事实，苏珊什么都没有读过。范妮想让她也尝一尝她自己当初的快乐，鼓励她读自己所喜欢的传记和诗歌。

通过读书，她还希望埋葬掉对于曼斯菲尔德的一些回忆。如果她只是十个指头在忙，这些回忆就萦怀不散。尤其是在这个时期，她更要读书，因为，她希望借读书来转移她的思想，不让它跟着埃德蒙去伦敦。根据她姨妈上封信的报道，他已经动身了。结果会怎么样，她心里完全清楚。埃德蒙曾经说过到时候会将情况写信告诉她，现在这可怕的事情已经临头。每天连邮差在左邻右舍的敲门声，都使她感到恐惧，即使读书使她把这件事情只能忘掉半个小时，那对她来说也是个不小的收获。

第四十一章

从估计埃德蒙已到伦敦的那天起，一星期已经过去了，而范妮还没听到他的任何消息。他不来信可能是由于三个原因，她的心就在这三个原因之间犹疑不定。每一个原因都几度被认为最有可能。不是他有事耽搁，又一次推迟了起程的日期，就是他还没有捞到机会和克劳福特小姐单独相会，要不，就是他过于快乐，忘掉了写信。

范妮离开曼斯菲尔德已将近四个礼拜之久了（她每天都在想、在算她已经来了几天），一天早上，当她和苏珊像往日此时一样正准备移步上楼的时候，她们听到了有人敲门。丽贝卡总是最喜欢给客人开门这个差事，因此闻声便向门口跑去。她们知道已躲闪不及，只好站下来等着和客人见面。

是个男人的声音，这声音范妮一听到便脸上失色。就在此时克劳福特先生进来了。

像她这样深明事理的人，当实际需要的时候总会表现得没有太差。她原以为在这种情况下一句话都说不出来，然而她事到临头发现自己还能够把他的名字说给妈妈听，并且为了使妈妈想起这个名字，还告诉她说他是“威廉的朋友”。这里只知道他是威廉的朋友，这一点对她是一种支持。不过，当把他介绍完毕，大家都重新坐定之后，对他这次来访的目的感到的恐怖，恶云似的重重压来，她觉得自己就要昏厥过去。

他们的这位客人向她走来时，一开始像往常一样眉飞色舞。他很机灵，一看她那惊恐之状，怕她昏厥过去，便不再看她，让她从容恢复。这时，他只和她母亲周旋。无论是对她讲话还是听她讲话，都极其斯文，极其稳重，同时又有几分亲热，几分兴致，那风度达到了无可指摘的地步。

普莱斯太太也表现得极其礼貌。看到自己儿子有这样一位朋友，感到兴奋，同时又希望在他面前言行得体。她说了不少感激的话。这是毫无矫饰的母性的感激，听了自会使人惬意。普莱斯先生不在家，她感到非常遗憾。范妮已经有所恢复，她并不为父亲的外出感到遗憾。在这位客人面前，她已经为自己这个家感到种种不安，父亲若在，她更会感到羞耻。她可以责备自己的这个弱点，但是弱点并不能因责备而消失。她感到羞耻，父亲若在，她尤其会为父亲感到羞耻。

他们谈起了威廉，这个题目普莱斯太太是百谈不厌的。克劳福特先生热烈地夸奖威廉，普莱斯太太听得满心欢喜。她觉得自己有生以来还从没见过一个人这样讨人喜欢。一听说这样阔气、这样可爱的一个人到朴茨茅斯来，一不为看海港司令，二不为看地方长官，三不为看岛上风光，四不为参观海军船坞，她感到万分惊奇。他来朴茨茅斯不是由于任何她认为可以表现身份高贵或者金银如山的事情。他是头一天深夜到达的，打算在这里住一两天，现在住在皇冠旅社。他来之后只偶然碰到过一两位海军军官和熟人，而且他来这里也不是为了要见他们。

当他把他的这些情况介绍完毕的时候，可以设想，他会眼盯范妮，把话说给她听。她现在已可以勉强忍受他的目光，听他叙述。他说，他在离开伦敦的前一天晚上在他姐姐那里坐了半个小时；他姐姐来不及写信，托他口头上向她致以最诚挚的问候；他从诺福克回到伦敦，在伦敦停留不到二十四个小时就动身往这里来，能和玛丽相聚半个小时，也算幸运；她埃德蒙表哥到了伦敦，据他了解，到伦敦已有几天，不过他自己没有见到他；听说，他很好，他离开曼斯菲尔德时家里人也都好，他去弗雷泽家吃正餐，而埃德蒙前一天就是在那里吃的。

范妮镇定地听着，甚至听到最后那些情况的时候也很镇定。对她那已不堪折磨的心灵来说，只要知道个结果，不管这结果如何，都似乎可以舒一口气。她心里说："那么，这个时候一切该已经定下来了。"她这样想时，只是脸上微微一红，并没有露出更明显的情绪。

他们又谈了一会儿曼斯菲尔德。她对这个话题的兴趣最为明显。这时，克劳福特先生开始暗示要她陪他外出散步："今天早晨天气真好。在这个季节，天气变化无常，早晨活动身体要抓紧时机。"他的暗示没有引起任何反应。不久，他开始明确地建议普莱斯太太和她的姑娘们抓紧时机到外面散步。现在，他们达成了谅解。普莱斯太太说，除了星期天外，她几乎没有迈出过门坎，她坦率地承认，有这么大一家人，她没有时间到外边散步。"那么，您是不是可以劝劝您的姑娘们珍惜一下这样的良辰美景，并且允许我陪陪她们？"普莱斯太太非常感激，满口答应。"我的女儿们常常关在家里；朴茨茅斯这地方什么都没有，她们很少出门。我知道她们在城里有些什么事情，她们很想去办一办。"结果是，十分钟内，范妮自己和苏珊同克劳福特先生一起向大街走去。这对范妮来说，既奇怪，又尴尬，又令人烦恼。

不久，她是苦上加苦，烦上加烦。他们刚刚走到大街上，便碰上了她的父亲。她父亲的外表和昨天一样衣冠不整。他站了下来，样子很不体面。范妮不得不把他介绍给克劳福特先生。她明白克劳福特先生会吃惊到什么程度。他必然会替他害臊，对他感到厌恶。他必然会很快放掉她，丝毫不再考虑这桩婚事。虽然她一直想治好他的相思病，但是这种治法几乎和不治一样糟糕。我相信，在我们联合王国不会有一位年轻小姐为了不愿容忍一个聪明、可爱的年轻人对自己追求的不幸，而愿靠自己亲人的粗俗把他吓跑。

大概克劳福特先生不会按照时装模特儿的标准来看待他未来的老丈人。不过（范妮立即看出，并感到极大的安慰）她父亲和他在家时的表现相比完全成了另外一个人。从他对这位最尊贵的陌生人的态度来看，他完全成了另外一个普莱斯先生。他现在的言谈举止虽然谈不上十分讲究，但也还远远说得过去。他精神振奋，和颜悦色，并且有丈夫气概。听了他的话，你会觉得他是个爱儿女的父亲，是个通情达理的人，他那高音大嗓在露天的场合下听起来非常适中，并且他连一句赌咒骂人的话都没有出唇。他见克劳福特先生文质彬彬，本能地肃然起敬。且不论结果如何，范妮眼下是得到了无限安慰。

两位先生互相寒暄过后，普莱斯先生提出带克劳福特先生去参观海军船坞。克劳福特先生参观海军船坞已经不止一次，但他感到这是一番好意，而且想和范妮多在一起走走，只要两位普莱斯小姐不怕辛苦，他非常乐意接受这个建议。她们含蓄地表示，或者说暗示，她们不怕辛苦，至少从行动上看她们不怕辛苦，因此，大家一起都去海军船坞。如果不是克劳福特先生提出意见，普莱斯先生会直接领他们到船坞去，丝毫不考虑姑娘们上大街要办的事情。克劳福特先生对此事比较留心，他建议让姑娘们到她们要去的商店去一趟。这并没有耽搁他们多少时间。范妮生怕别人等自己等得不耐烦，两位先生站在门口刚开始谈最近的海军条例，和现役三层炮舰的数目，他们的两个同伴已买完东西，可以走了。

于是，他们立即动身去海军船坞。如果完全由普莱斯先生做主，克劳福特先生认为，他是不会把路领好的。克劳福特先生发现，普莱斯领着他飞快地走在前边，让两个姑娘在后边跟，是否能够跟上他一概不管。克劳福特先生不时地想法改变一下这种状况，尽管改变不到他所希望的程度。他始终不愿意远离她们。每逢到了十字路口或者要穿过人群的时候，普莱斯先生只是喊几声："喂，孩子们，喂，范，喂，苏，小心点儿，要注意！而他则专门跑回去陪着她们。

一进入海军船坞，他感到有了和范妮好好一谈的希望，因为，他们进来不久便碰到了一位平时和普莱斯先生一起厮混的朋友。他是来执行日常任务，察看情况来的。他比起克劳福特先生来，必然更适合陪伴普莱斯先生。不久，这两位军官便乐呵呵地走在一起，讨论他们共感兴趣并且永远感兴趣的事情。而几位年轻人或者坐在院子里的木头上，或者当他们去参观造船台的时候在船上找个座位。范妮需要休息，这给克劳福特先生提供了极大的方便。她疲劳，想坐，正符合克劳福特先生的愿望。但是，她妹妹在场对他有很大的不便。像苏珊这么大的什么都能看到眼里的姑娘在世界上是最坏的第三者，她与贝特伦夫人完全不同，浑身上下都长有眼睛、长有耳朵，在她面前心里话一句都不敢提。他只能满足于表现一般的风趣，使苏珊也分享一份快乐，与此同时，不时地给心中有数的范妮递个眼色，说句暗话。他谈得最多的是诺福克。他在那里住了一段时间。由于执行了他现在的这些改造计划，那里的样样东西都更加神气了。他这个人不论从什么地方来，从什么人那里来，总会报道一些有趣的事情，他的旅途生活和他认识的人都是他谈风趣话的资料。苏珊还从来没有这样开心过。除了他见到的人们之间的偶然趣事外，他还讲了一些别的事情，那是讲给范妮听的。他讲了讲他破例在这个季节去诺福克的具体原因，想博得她的赞赏。他的确是为办理事情去的，是去重订一个租约，因为原来的租约危及一大家子（他认为）勤劳人的幸福。他怀疑他的代理人在骗他，想使他对好好干的人产生偏见。他决定亲自去一趟，彻底调查一下这里边谁是谁非。他去了一趟，做的好事超出了自己的预料，帮助的人比原来计划的还要多。现在他可以为此自我庆贺。他觉得，由于履行了自己的义务，内心每想起来就感到欣慰。他向一些他过去从未见过的佃户们作了自我介绍；他访问了一些农舍，这些农舍虽然就在他的地产上，但他从来都不知道。这话是说给范妮听的，并且完全是说给范妮听的。他说得这么好，使人听了高兴；他在干正正当当的事情！对她来说，再没有什么比这更加可喜的了。她打算投以赞赏的目光。但她的这种目光被吓回去了。因为，他又露骨地说，他希望不久能有一个助手，一个朋友，一个指导者，和他共同执行埃芙陵翰的利用计划和救济穷人的计划，能有一个人把埃芙陵翰及它周围的一切变得更加可亲。

她把脸转向了一边，希望他不再说这类事情。她愿意承认他身上的好品质可能比她过去想象得多。她开始感到，他最后有可能变好，但是他对她完全不适合，并且将永远完全不适合。他不应该再考虑她。

他觉察出不宜把埃芙陵翰的事情再谈下去，最好讲些别的什么，于是把话题转到曼斯菲尔德庄园。这个题目他选得最好不过。他刚一开口便把她的注意力和目光引了回来。的确，她一听到别人讲曼斯菲尔德或者自己一讲起曼斯菲尔德来，就着了迷。她和所有知道这个地方的人已经分别了这么久，现在听到他讲起这个地方来，感到完全是在听一个朋友讲话。他赞扬曼斯菲尔德美丽的景色和安逸的生活，引起她连连的赞叹，他夸奖那里的人，她也满怀高兴，热烈称赞，说她姨父最明道理，心肠最好，说她姨妈的脾气比谁都更温柔可爱。

据他说，他自己也非常舍不得离开曼斯菲尔德，他盼着将来能把他的大部分时间在那里度过；长期住在那里，或者住在它的附近。他特别指望今年能在那里过一个幸福的夏天和秋天，他觉得会办得到的，他相信会实现，这个夏季和秋季会比去年的夏季和秋季好得多。大家会和去年一样兴致勃勃，一样开心，一样热闹，但是有些情况要比去年好到不可言传的程度。

“曼斯菲尔德，索色顿，桑顿拉塞，”他继续说，“在这些大厦里将玩得多么开心啊！到米迦勒节的时候，也许还要增加到四个去处。在每一个去处的附近建一个小小的猎舍。埃德蒙有一次热情地建议我和他一起住到桑顿拉塞，我预见到有两个原因不能去：两个美好的、绝妙的、无法抗拒的原因。”

听到此处范妮益发沉默。不过，事过之后，她后悔没有鼓起勇气表明听懂了其中的一个原因，鼓励他再多讲些他姐姐和埃德蒙的情况。她应该把这个问题提出来，她畏畏缩缩不提，不久再没有机会提了。

普莱斯先生和他的朋友看过了他们要看的一切，再没有其他事情可干，于是，其他人也就一起动身回去。在回去的路上，克劳福特先生存心找了个机会，利用一分钟的时间，悄悄地告诉范妮说，他在朴茨茅斯唯一要办的事情就是看看她，他来这里住上一两天就是为了她，并且完全是为了她，因为他受不了这么久的两地分离。她说她感到遗憾，实在遗憾。然而，除了两三件事情她认为他说得不当外，她觉得自从分别以来他已经大大改变了：比起在曼斯菲尔德那个时候，他已经文雅得多，对人恳切得多，而且对其他人的心情也注意得多了。她从来没有见到他这样不惹人厌——这样几乎不曾惹人厌恶。他对她父亲的态度无可指摘，尤其是他对苏珊的态度，有一种特别亲切特别得体的味道。她希望第二天事已过去，她希望他在这里住一天就走。但这次相会并不像她一开始预料得那样糟糕：谈到曼斯菲尔德时她是那么其乐融融。

在分手之前，她还得为另一桩称心的事情感谢他，这件事情也决不算小。她父亲请他赏光来和他们一起吃羊肉，范妮吓得毛骨悚然，但她还没有来得及说什么，他已经宣布，已有约会，不能前来，当天和第二天的正餐，他都已经答应了别人的邀请。他在皇冠旅社遇到了两位熟人，定要请他，他无法推辞。但他可以在第二天的上午再来拜访他们。他们就这样分手了——范妮由于避免了这么可怕的一幕而感到欣慰。

若让他来和他们一起吃正餐，把家里桩桩寒碜的事情都暴露给他，那该多么可怕！丽贝卡做的那种饭菜，丽贝卡端菜送饭的那种态度，贝特西在饭桌上的那副吃相——她不讲一点儿规矩，看见什么好就统统扒到自己跟前，这一切连范妮自己都看不惯，常常因此连饭都吃不好。她只不过天生地自觉一点儿就看不惯，而他还是在一所非常讲究吃喝、用费高昂的学校里长大的！

第四十二章

第二天，普莱斯一家人正要动身去做礼拜的时候，克劳福特先生又来了。他不是来做客，而是和他们一起去做礼拜。他们邀他一起去驻军教堂，他说这正符合他的愿望。于是他们向驻军教堂走去。

此时来看这一家人，这对他们是有利的。上天把很大一份美丽赋予了他们，而且，逢着礼拜天他们又洗得干干净净，穿上了最好的衣服。礼拜天常给范妮带来这种安慰，这个星期天尤其如此。她那可怜的母亲常常看起来不配做贝特伦夫人的妹妹，今天就很像个样子了。范妮每想到妈妈和贝特伦夫人两人不同的处境就伤透了心。自然给她们造成的差别那么小，环境给她们造成的差别却那么大！她妈妈和贝特伦夫人一样漂亮，并且比她还年轻几岁，比起她来居然这样面容枯槁、憔悴，这样生活拮据，这样衣饰不整，这样狼狈。但是，礼拜天使她变成了一位非常体面、神情颇为愉快的普莱斯太太，她领着一群漂亮的孩子走出了家门，一时忘却了平日的苦恼，只是当看到她的孩子们有什么危险或者丽贝卡帽上插着一朵花从她身边走过时，她才有些心中不安。

到了教堂以后他们得分开就座。克劳福特先生存心跟着女眷们坐在一起。礼拜过后，他仍然跟着她们，夹在他们中间走在要塞大堤上。

一年四季每逢星期天天朗气清，普莱斯太太总要在大堤上散散步。她是一做完礼拜便直接到那里去，直到该吃正餐时才回。这是她的交游场所。她在这里碰一碰熟人，听一些新闻，谈一谈朴茨茅斯仆人们的可恶，鼓一鼓精神去应付接踵而来的六天生活。

现在他们就是到这个地方来了。克劳福特先生高兴之至，认为两位普莱斯小姐是由他专门照顾。他们到了大堤上不久，这样那样一来，说不清楚是怎么回事，范妮也完全没有想到，他居然走在她们姊妹二人中间，胳膊上一边挎上了一个。她不知道怎样抵制，也不知道怎样结束这种状态。这使她有一阵很不自在，但是，由于风和日丽，景色宜人，她的心里还有舒畅的一面。

这一天天气格外可爱。事实上还是三月，但是空气温和，微风轻拂，阳光灿烂，偶尔游云送阴，这完全是四月的光景。在这样的天空下，万物明丽娱目。在对面的斯皮特海德和海岛那里，船上人影相逐，涨潮的海水闪耀变幻，大堤边的海浪澎湃激荡，朗朗悦耳。这种种魅力汇合在一起，逐渐地使范妮对自己眼下的处境几乎不在意起来。而且，倘若她不是倚在他的臂膀上，她要不了多久就会明白她需要这条臂膀，因为她没有力气这样走两个钟头。大凡有一个星期不活动，总会走不动的。范妮开始感到了平时锻炼中断的影响，自到朴茨茅斯后，她的健康已不如从前了，如果不是克劳福特先生扶持及美好天气的振奋，她早该筋疲力尽了。

他和她一样领略到了天气的可爱，风景的媚人。她们常常情趣一致地停下脚步，靠墙而立，欣赏景色。他虽然不是埃德蒙，范妮也不得不承认他能够充分欣赏自然的美丽，很会表达自己的观感。她有几次在恬静地出神，他借此机会端详她的面庞而没被她发觉。他看到，她虽然还像过去一样迷人，但是脸色却不似从前那样鲜艳。她说她身体很好，并且不愿意别人说她身体不好。然而，从各方面来看，他认为她在这里的生活不会舒适，对她的健康不会有利。他渴望她回到曼斯菲尔德去，她在那里会快活得多，他自己在那里看到她也会快活得多。

“我想，你来这里已有一个月了吧？”

“没有，还不满一个月。从我离开曼斯菲尔德那天起到明天才只有四个星期。”

“你把账算得可真老实，可真细！叫我说，这就是一个月。”

“我是礼拜二晚上才到这里的。”

“你打算在这里住两个月，是不是？”

“是的，我姨父说过，住两个月。我想，不会少于两个月。”

“你到时候怎么回去呢？谁来接你呢？”

“我不知道。我姨妈来信还没有提过。也许我可以在这里多住些时间。两个月一到就接我，可能没那么方便。”

克劳福特先生思索了一会儿，说道：“我了解曼斯菲尔德，我了解那里是怎么回事，我知道那里对你不那么重视。我知道，他们有可能已把你忘掉，是否关照你，首先得看家里的其他人是否方便。我认为，如果你姨父本人来接你或者派你姨妈的使女来接你会影响他下个季度的计划的话，他们会叫你在这里一个礼拜又一个礼拜地等下去。可不能这样等下去。让你在这里住两个月，时间就已经太长了，我认为六个星期就够了，我担心你姐姐的健康。”他说着把脸转向苏珊：“朴茨茅斯没个活动的地方会对她健康不利。她要经常呼吸新鲜空气并在户外活动。你要是和我一样了解她，我相信你会同意我的看法，她的确需要新鲜空气和户外活动，不应该让她长期享受不到乡间的新鲜空气和自由自在的生活。所以（又转向范妮），一旦你发现自己身体不好，不想住到两个月期满，但回曼斯菲尔德又有困难的话，如果你感到身体不如从前，有什么不自在的话，只需通知我姐姐，只需给她稍微暗示一下，她和我就会马上赶来，把你送回曼斯菲尔德。你知道这对我来说费不了什么，而且我非常乐意这样做。你知道那时我们会是什么样的心情。至于你姨父说的两月为期，你不必那么重视。”

范妮对他表示感谢，但想一笑了之。

“你完全明白我说这话是十分认真的，”他答道，“我希望你如有身体不适的迹象，不要狠着心不告诉我们。的确，你可不能隐瞒。你也隐瞒不了。我知道你不说一句假话，不写一句假话。你给玛丽的哪封信里一旦没有写‘我很好’，那时我们就认为你身体不怎么好了。”

范妮再次向他道谢，但是她情绪已受到影响，开始心烦，不想多说话，甚至也不知说什么好。这时他们已离她们家不远。他一直把她们陪到底，到了她们家门口才向她们告别。他知道他们就要吃饭，因此，托辞说别的什么地方有人在等他。

“你累坏了，”其他人都已进到了房里，他仍然在门口缠着范妮，“你的身体很不好。你要不要我在伦敦替你办什么事情？我心里在犹豫是否最近再去诺福克一趟。我对麦迪逊很不满意。我断定他仍然在想法骗我。他要把他的一个亲戚弄到磨坊去，顶掉我想安排的人。我必须和他谈清楚。我要让他知道，我的财产由我来当家，在埃芙陵翰的北坡他捉弄不了我，在南坡我也不再让他捉弄我。过去我对他不够精明。

这个人在我的土地上所做的坏事，对他主人的名誉以及对穷人们的生活都危害极大。我很想立即回诺福克一趟，把件件事情都安排妥当，使他今后无空可钻。让一个我不欠他分毫的人捉弄我，我就成了傻瓜。让他把一个黑心肠的贪婪的人塞给我当佃户，顶掉一个我已经初步答应要的正派人，那我就比傻瓜还傻。这不是比傻瓜还傻吗？我要不要去？你表示个意见吧。"

"我表示意见？你知道得很清楚该怎么办。"

"说得对。听到你的意见，我就知道了该怎么办。你的意见就是我的是非标准。"

"噢，不！不要这样说。我们自己身上都有一个行为指导，只要我们肯听它的话，它比任何人都更能指导我们。再见，祝你明天旅途愉快。"

"你要不要我替你在伦敦办什么事情？"

"我什么事情都没有，谢谢你。"

"不给谁捎什么信吗？"

"请你代我问候你姐姐。当你见到我埃德蒙表哥的时候，烦你告他说，我想，我很快会收到他的信。"

"一定照办。要是他懒，或者不放在心上，由我来写信告诉你他不来信的原因。"

他没办法再往下说了，因为，范妮决定要进去了。他紧紧地握了握她的手，看了她一眼，走掉了。他去和另外一个老相识一起混掉三个小时，然后享受一家头等饭店的最佳饭菜，而她转身回到自己家里立即吃自家的简单的晚餐。

她家的日常饮食与他吃的喝的完全不同。他要是能想到她在父亲家里，除了没有户外活动外，还要吃多少苦的话，他会奇怪她的脸色怎么没受更大并且大得多的影响。丽贝卡做的布丁①和丽贝卡做的肉丁烤菜，她很不习惯，而且，盛菜的盘子都不干净，吃菜用的刀叉更脏。她常常不得不拖延着不吃这丰盛的饭菜，到晚上叫她弟弟们给她买点儿饼干和小面包。她是在曼斯菲尔德被抚育大的，现在到朴茨茅斯来锻炼已经太晚了。倘若托马斯爵士对这一切都知道，即使他认为他的外甥女从身体到精神这么样饿下去有可能饿得大大看得起克劳福特先生对她的深情厚谊和克劳福特先生的巨大的家产，他大概也不敢把他的这种试验继续进行下去，不然的话，他想纠正她的毛病反而会要她的命。

---

①布丁，西餐中一种松软的甜点心，主菜后食用。——译者注

当天回来之后，范妮的心情一直不好。虽然她相当有把握不会再见到克劳福特先生，但她也提不起精神来。和她分手的这个人总还是朋友，虽然，从某方面来说，她很高兴摆脱他，但是，她现在好像被人人都遗弃了似的。这在一定程度上好像又一次与曼斯菲尔德分离。她一想到他到了伦敦之后会常常和玛丽、埃德蒙相聚，就产生类似嫉妒的心情。她为这种心情而恨自己。

她周围发生的一切都无助于克服她情绪的低落。总有一两个他父亲的酒肉朋友晚上来坐很长很长时间，从六点钟一直坐到九点半，不停地吵闹、喝酒。她唯一的安慰是觉得克劳福特先生比从前好了。她觉得他的进步简直不可思议。她没有考虑到她过去是拿他与曼斯菲尔德的人相比，而现在是拿他与这里的人相比，两地的人大不相同，与这里的人比对他大大有利。因此，她完全肯定他现在比过去文明多了，对别人也关心多了。在小事情上如此，在大事情上，难道他就不会如此了吗？他现在这样关心她的身体和生活，这样为人着想，这不仅表现在他的语言上，从神情上也看得出来。既然这样，难道不可以设想，要不了多久他就会不再使她烦恼、不再苦苦地追求她吗？

第四十三章

克劳福特先生在普莱斯先生家里再没有出现过，大概他是第二天上午就动身去伦敦了。两天后，范妮收到了他姐姐一封来信，证明他确实是第二天走的。范妮收到信后，匆忙打开。她倒不是为了了解克劳福特先生是否去了伦敦，而是急欲知道另外一桩事情的进展。信中写道：

我最亲爱的范妮，我想告诉你，亨利到朴茨茅斯去看过你后已经回来了，上星期六他和你一起愉快地步行到海军船坞去参观，更值得一提的是，第二天他又和你一起在要塞大堤上散步。你那可爱的面庞、甜美的话语，与温馨的空气和闪耀的大海那样相衬相得，在他心中激起的感情他现在回忆起来尚欢喜若狂。对此我也充分理解，这是我要写的主要内容。他让我写信，我不知道该写些什么，只好提一提上述朴茨茅斯之行，上述两次散步，以及他被介绍给你家里的人，特别是被介绍给你的一位漂亮的妹妹，一位漂亮的十五岁姑娘。你这位妹妹和你们一起在大堤上散步，我想，她学到了爱情的第一课。我时间不多，信不能长写。即使我有充分的时间，也不宜多写，因为谈正事要紧。我亲爱的、亲爱的范妮，如果你现在在我的面前，我该有多少话对你说！我有让你听不完的话，你更会有给我出不完的主意。我心中有千言万语想在信中告诉你，但是情长纸短，信里容不下百分之一。于是我就索性作罢，由你去猜吧。我没有什么新闻可以向你报道，你会从报纸上自己看到。而且把我连日参加的舞会和应酬的人们的名字一一向你罗列，也会使你不胜其烦。我本应该把你大表姐第一次举办的舞会给你描绘一番，但是我当时懒于动笔，现在呢，又已经时过境迁。可以概括地说，一切都办得非常得体，亲朋们均感满意，她的穿戴及风度都极受赞扬。我的朋友弗雷泽太太配得上住这样的房子，我如果能住这样一座房子也会称心。复活节过后，我到斯托纳威夫人那里去了一趟，她情绪很好，非常快活。我想，斯托纳威勋爵在自己家里一定脾气很好，非常和蔼可亲，我现在觉得他的面目没有从前那样凶——也许是由于我又见到了许多更凶的面貌的缘故吧，他和你埃德蒙表哥一比便大为逊色。关于我最后提到的这位出众人物我应该说些什么呢？如果完全不提他的名字，会使你看了产生疑心。那么，我就说吧。我们见过他两三次，我这里的朋友们都对他印象很深，觉得他风度翩翩，人才出众。弗雷泽太太是个有眼力的人，她说，在伦敦城里她只见过三个人长相、高矮、风度有他这么好。我必须承认，当前天他在我们这里吃饭的时候，席间没有一个人能与他相比，而我们在座的有十六个人之多。幸运的是，现在服装上没有差别，从服装上看不出僧俗，但是……但是……但是……我差一点儿忘一件大事（这都怨埃德蒙，他钻到我的脑子里来给我捣乱），亨利和我想接你回诺坦普顿郡。我亲爱的小宝贝，别再待在朴茨茅斯了，不然你会失去你的美貌呢。沿海的恶风能毁掉美貌和健康。我那可怜的婶母只要在离海十英里以内就觉得不对劲儿。海军上将当然不信，但我知道就是会受影响。只要接到你和亨利的通知，我在一小时以内就可以动身。我赞成这个办法。我们可以稍微绕个弯，顺路领你看看埃芙陵翰，你大概不反对我们从伦敦穿过，到汉诺夫广场的圣乔治教堂①里边去看一看。只是在这段时间里别让你那埃德蒙表哥来见我，我不想让人乱我的心思。信已经写得太长了。再说一句吧，我发现，亨利在你的赞同之下，想再到诺福克去料理些什么事情，不过他在下星期末才能走，也就是说，在十四号之前他无论如何都走不了，

①阔人们举行婚礼的地方。——译者注

因为十四号晚上我们要举办舞会。像亨利这样一位男子在这种场合下能有多大价值，你无法猜测，就由我告诉你吧，他的价值是无限的。他要见见罗什渥兹夫妇。我也不反对他见见他们。他是出于好奇。这一点他不会承认，但我认为他就是好奇。

这封信她迫不及待地通读了一遍，然后又从容不迫地读了一遍，信中的内容颇费思索，读后每件事情更使她无法捉摸。读信之后唯一可以肯定的是，一切尚未成为定局。埃德蒙还没有提出。克劳福特小姐心里到底是怎么想的，她想怎么做，她会不会放弃她的意图或者违背她的意图，他对她是否仍像分别以前那么重要，如果她已不那么重视他，那么是往进一步不重视发展呢，还是又逐渐恢复对他的重视，这些问题，她猜来猜去，想来想去，想多少天也不会得出个结论。后来她脑子里最常出现的想法是，克劳福特小姐乍回伦敦，重过伦敦的生活，原来的热情会一时冷却，决心会有所动摇，但是她对他情意很深，最终是不会放弃他的。她会抑制自己的感情，去更多地考虑世俗的利益，她会犹豫，她会逼他放弃他的主张，她会坚持一些条件，她会提出很多要求，但是她最终会接受他的求婚。

这是范妮心头最常出现的预测。她想，克劳福特小姐总不会要埃德蒙在伦敦给她弄一幢房子吧。不过，很难说克劳福特小姐会有什么不敢要。他表哥的处境在她的想象中愈来愈糟。这个女人在议论他，并且只议论他长相好坏！算什么感情啊！她自己和他亲密无间地相处了半年，还要从弗雷泽太太对他的夸奖中求力量！她替她害臊。信中有关克劳福特先生和她本人的那些部分，相对地说，对她触动不大。克劳福特先生在十四号以前去诺福克还是十四号以后去当然与她毫不相干，不过，从各方面看来，他不会在伦敦耽搁。克劳福特小姐居然想让他和罗什渥兹太太一见，真是恶劣，存心不良。她希望他不要为堕落的愿望所动。他已经说过他过去对罗什渥兹太太丝毫无意。他的思想比他姐姐好，他姐姐应该相信他说的是真心话。

她收到这封信后，更加急切地盼望伦敦来信。一连几天，盼信盼得心神不定。她平时同苏珊一起的读书和聊天都中断了。她想控制自己的注意力但控制不住。如果克劳福特先生把她的话转告了她的表哥，她想，他无论如何都会给她写信。他平时一贯待她好，因此不会不来信的。她一直心神不宁，坐卧不安，三四天仍未见来信，她才断念。

她终于多少平静下来了。必须把这件事情撂在脑后，不能为它过分劳神，百事不干。时间起了点儿作用，她自己的自我克制也起了些作用，她又对苏珊关心起来，并且像以往一样认真。

苏珊已对她非常喜欢。她虽然不像范妮小时候那样喜欢读书，天生地也不像范妮那样坐得住，并且也不像范妮那样渴求知识，但是她有一种不愿在别人眼里显得自己什么都不知道的强烈愿望。在这种情况下，加上她头脑清楚，她就成了一个非常用心、长进很快并且对老师感恩的学生，范妮成了她心目中的圣人。范妮的讲解和评论成了每篇文章和每章历史最重要的补充。范妮告诉她的以往的情况比歌德斯密①书里写的更使她记得牢。姐姐的文章她认为比那个作家出版的书上都写得好。她的不足之处是小时候没有养成读书的习惯。

她们的谈话并不总是局限于历史、道德这些重大的题目上，其他问题她们也谈。在这些次要问题当中，她们最常谈并且谈得时间最久的是曼斯菲尔德庄园，那里的人，那里的礼貌，那里的娱乐，那里的各种习惯。

苏珊生来就羡慕温文尔雅、礼貌周全的人们。她如饥似渴地听着，范妮也津津乐道。她觉得她这样做并不错。但是，过了一段时间之后，苏珊对她姨父家里的一切都羡慕起来，渴望到诺坦普顿郡去。这似乎对范妮是个谴责。她不该在妹妹身上鼓动起无法满足的愿望。

可怜的苏珊几乎和姐姐一样不能适应自己的家庭了。对此范妮已逐渐完全了解。她开始在想，当她从朴茨茅斯脱身的时候，自己也不会十分痛快，因为得把苏珊撂在这里。这样可以塑造的一个好姑娘居然要交给这样一个环境，她越想越不好受。要是她有一个家，把她接去，该是多么好啊！要是她能回报克劳福特先生对她的爱慕，他决不会反对她把妹妹接去，那会给她增加多么大的幸福！她觉得他的脾气的确好，会非常乐意支持她这样做。

---

①歌德斯密（Oliver Goldsmith，1728—1774），英国作家。——译者注

第四十四章

两个月的时间差不多已有七个礼拜过去了，这时，范妮才收到她久久盼着的埃德蒙的来信。她打开一看，信写得那么长，她料定信里详尽地描写了他的幸福，信里洋溢着爱情，信里在盛赞现在已主宰他命运的那位幸运的人儿。内容如下：

曼斯菲尔德庄园

亲爱的范妮，原谅我现在才给你去信。你盼我来信，克劳福特转告了我。但我在伦敦时不能给你写信。我相信你能够理解我为什么沉默。如果我有好消息报道，我决不会一直不写，我是无喜可报啊！我离开曼斯菲尔德的时候，成败尚未决定，待回到曼斯菲尔德的时候，更加结果难卜了。我的希望已大为减少。这一点你大概已经感觉到了。克劳福特小姐喜欢你，自然会把她的种种想法告诉你，因此，我作何想，你大体上会猜到的。不过，这并不妨碍我直接写信告诉你。她对你的信任和我对你的信任无须发生冲突。我不打听她说些什么。我和她共有一个朋友，我和她之间不管存在着多么不幸的意见分歧，对你的爱仍把我们联系在一起。想到此处，感到一种安慰。我现在乐于告诉你目前的状况，以及我目前的计划，如果大家认为我还会有什么计划的话。我是星期六回来的。我在伦敦住了三个星期，在此期间，就伦敦的标准而言，我常见到她。弗雷泽夫妇对我非常关心，这原是意料中事。我深知，我不够实事求是，不该希望像在曼斯菲尔德时那样来往。不过重要的并不是见面的次数多少，而是她的态度。我初次见到她，便发现她与从前大不相同，不然我也不会叫苦。她接待我的态度完全出乎我的意料，我几乎要立即离开伦敦。具体的情况我无须细说。你知道她性格上的弱点，能想象得到她那使我感到痛苦的情绪和表情。她兴高采烈，为思想不健康的人们所包围。她的思想本来已过于活泼，他们还拼命怂恿她。我不喜欢弗雷泽太太。她是个没有心肝的爱虚荣的女人。她和她的丈夫结婚完全是图他的钱。她的婚姻显然是不幸的。但她认为她的不幸不是由于她动机错误、脾气不好、年龄悬殊，而是由于，归根到底，她不如许多她认识的人富有，尤其是没有她妹妹斯托纳威夫人富有。谁要是还不够十二分爱钱、十二分虚荣，她就坚决地怂恿谁进一步醉心铜臭与虚荣。克劳福特小姐和这姊妹两人之间的亲密关系，我认为是她和我生活中的最大不幸。她们已经把她往歪道上领了多年。我多么希望能把她们拆开！——有时候我的确认为这并非办不到的事情，因为，根据我的观察她们之间的感情是她们姊妹两人主动。她们非常喜欢她，但是，我深信她对她们并没有像对你这样爱。的确，当我想到她对你那样热情真挚，她作为一个大姑子表现得那样明白道理、那样光明磊落的时候，在我心目中她又成了另外一个人，成了一个行为高尚的人，我又想责备自己不该过于苛求于她。她只不过爱开开玩笑而已。我丢不掉她，范妮。她是世界上我想娶的唯一女人。如果我认为她对我无意，我当然不会这么说。我的确认为她对我有意。我相信，她并不是没有打定主意。我不嫉妒任何人。我嫉妒的是整个时髦世界对她的影响。我担心的是财富给人招来的习惯。她的心思并没有超出她自己的财产所允许的范围，但是把我们的收入加在一起也不足维持这种需要。然而，从这种状况里边我也感到一种安慰。由于不够富有而失掉她，比起由于我的职业而失掉她，我心里好受一些。这只能证明她的感情经不起牺牲，事实上，我也不应该要求她为我做出牺牲。如果我遭到拒绝，我想，这就是她实际的动机。我认为她的偏见没有从前那么深。亲爱的范妮，我如实地把我的这些想法告诉了你，也许有些地方相互矛盾，但是却忠实地代表着我的思想。既然已经说了，那就把我心中的一切都告诉你吧。我不能丢掉她。我们交往已久，我希望还要交往下去。丢掉玛丽·克劳福特就等于失去几个最亲爱的朋友的友谊，就等于自绝于那些当我不幸时会给我安慰的房舍与朋友。我应该明白，失去玛丽就意味着失去克劳福特和范妮。如果已成定局，如果真的遭到了拒绝，我真不知道怎样忍受这个打击，怎样减少她对我心灵的控制，在以后的几年当中——我在说些什么呀！如果我遭到拒绝，我必须经受得住。在没有遭到拒绝之前，我要不停地争取她，这才是正理。唯一的问题是怎样争取。最切实可行的办法是什么？我有时想于复活节后再去伦敦一趟，有时想等她回曼斯菲尔德时再说。甚至现在她还在说六月份要回曼斯菲尔德。不过，六月离现在还远，我相信我会给她写信的。我差不多已经决定通过书信来表明心迹。我主要的目的是早一点儿把问题弄个明白。我目前的处境实在难堪。经过全面考虑，我认为最好还是在信中解释。有好多话当面不便说，信上可以写。她还可以从容考虑再回答。让她从容考虑之后答复，比起要她凭着一时冲动匆匆答复，会使我少担心一些。我最大的危险是她征求弗雷泽太太的意见，而我远在诺坦普顿郡无能为力。她收到信后肯定会和她们商量，在她还没有下定决心之前，有人在这不幸的时刻出主意，就会使她做出她日后可能后悔的事情。对这件事情我必须再加斟酌。这么长一封信尽谈我自己的事情，尽管范妮对我友好，也会看得不耐烦的。我是在弗雷泽太太举办的舞会上最后一次见到克劳福特的。根据我的耳闻目睹，我对他愈来愈觉满意。他丝毫没有动摇。他完全了解自己心之所向，坚定不移地履行着他的决心，这种品质是难能可贵的。我看见他和我大妹妹出现在一个客厅里，就不免想起从前你对我说的那些话。我可以告诉你，他们相见时并不友好。她这边态度冷淡，一看便知。他们似乎话都不说。我看到他退缩不前，状若吃惊。罗什渥兹太太身为贝特伦小姐时受到一点儿怠慢，至今尚耿耿于怀，使我感到遗憾。你也许想听一听玛丽亚婚后是否快活。看不出有什么不快活的迹象。我想，他们相处得很好。我在温波尔街吃过两次饭。我倒是可以多去几次，不过，和罗什渥兹这样一个妹夫在一起，我觉得不光彩。朱丽叶似乎在伦敦玩得特别开心。我在伦敦不怎么开心，回到这里更加郁郁寡欢。一家人死气沉沉。家里非常需要你。我对你的思念无法用言语表达。我母亲对你备极惦念，盼你早日来信。她无时无刻不在念叨你。一想到还要过那么多个星期她才能见到你，我不禁为她难过。我父亲打算亲自去接你，但要等到复活节以后他去伦敦料理事务的时候。我希望你在朴茨茅斯诸事如意，但不可今后每年都去。我要你待在家里，好就桑顿拉塞的事情征求你的意见。在我确切知道它会有位女主人之后，才有心思去改造扩建。我想，我一定会写信告诉你的。格兰特夫妇已经确定去巴斯，他们将于星期一离开曼斯菲尔德。我为此而高兴。我心情不好，不愿和任何人来往。曼斯菲尔德这么一条重大新闻落到了我的笔下，你姨妈似乎感到有点儿不幸，她很想由她来写信告诉你。谨此。

“我永远不——我决不希望再收到一封信！”范妮看过之后暗自宣告，“这些信除了给我带来失望和悲伤外，能给我带来些什么？复活节以后才来接我？叫我怎么受得了而且我那可怜的姨妈无时无刻不在念叨我！”

范妮竭力遏制自己的这些思想倾向。但是，不到半分钟的时间，她产生了一种看法：托马斯爵士不论对她姨妈还是对她自己都非常不仁。至于这封信里谈的主要问题，其中也没有任何东西能平息她的愤怒。她对埃德蒙几乎感到不满、气愤。“这样拖下去没有什么好处，”她说，“为什么定不下来？他瞎了眼睛，没有东西能使他的双眼睁开。事实在他面前摆了这么长时间他都看不见，再没有任何东西能打开他的眼睛！他会娶她，而后变得可怜、悲惨。愿上帝保佑他不要在她的影响下失去他高尚的品格。”她把信重读了一遍，“‘那样喜欢我！’这完全是瞎说。除了爱她自己和她弟弟以外，她谁都不爱。‘她的朋友们把她往歪道上领了多年！’完全可能是她把她们往歪道上领。也许她们几个人在互相腐蚀。如果她们喜欢她的程度远远超过她喜欢她们的程度，她就更应该受害轻一些，至少也不过受到一些恭维话的影响。‘世界上我想娶的唯一女人！’我完全相信。他这种痴情会支配他一辈子，不论是被接受还是遭拒绝，他的心已经永远系在她的身上。‘我应该明白失去玛丽就意味着失去克劳福特和范妮！’埃德蒙呀！你根本不了解我呀！写吧，写吧。马上有个结局吧。别这样不上不下地吊着。定下来，陷进去，使你自己遭罪去吧！”

这种接近于憎恨的情绪对范妮的自言自语自然不会支配多久。转瞬间她已怒气消解，为他伤心起来。他对她的热情，他那友好的话语，他对她无话不谈，这一切又强烈地触动了她的心弦。他对人人都太好了。总而言之，这封信是给她什么她都不肯换的，这封信是无价之宝。这便是最后的结果。

格兰特夫妇肯定要走，这在曼斯菲尔德是一条特大新闻，而贝特伦夫人居然未能利用，她颇感不幸。凡是爱写信而又没有多少话可说的人，至少包括不少妇女在内，必然和她同有此感。他们会认为，这条消息落到她那不知好歹的儿子手里，被他在信的结尾短短几笔带过，实在令人生气。若是由她来写，至少会铺展开来，写上个大半页。贝特伦夫人善于写信，她平时无事可做，再加上托马斯爵士常在国会，因此，婚后不久她便开始不断写信，练出了一种非常令人羡慕的叙述家常似的扩展引申的风格，一点点事情就够她写一封长信。尽管如此，完全无事可写的时候，她也是写不出来的。即使是给外甥女写信，她也得有什么可写。不久她就要失去格兰特博士的痛风症状和格兰特太太的上午拜访为她写信提供的方便了。在这种情况下，剥夺她一次报道他们情况的机会，对她来说，是十分冷酷的。

然而，她得到了重大补偿。贝特伦夫人写信的素材来到了。范妮接到埃德蒙的信后，没过几天，收到了她姨妈的一封来信，开始如下：

"我亲爱的范妮：我提笔告诉你一些非常惊人的消息，断定你会深为关心。"

这比提笔告诉她格兰特夫妇旅行的准备工作要强得多，因为，这条消息的性质允许她挥笔报道许多天。几个小时以前，他们收到了一封快信，她的大儿子病情严重。

汤姆和一帮年轻人从伦敦到纽马克，不慎从马上摔了下来，接着又大肆酗酒，结果发烧了。当这群年轻人散去的时候，他已经不能走路，被安置在其中一个人的家里，在病痛与寂寞之中只有仆人们相陪。他原希望马上病好去追他的朋友们，但是，病却大大地加重了。不久，他觉得自己病重，完全赞同医生的意见，给曼斯菲尔德发来了一封信。

"你可以想象得到，"她把主要内容讲过之后写道，"这个不幸的消息使我们深为不安。我们止不住自己的惊恐，为可怜的病人忧心如焚。托马斯爵士担心他的病情会非常危险，埃德蒙出于对哥哥的友爱，要求马上动身前去看护。我聊以自慰地告诉你，在这伤心的时刻，托马斯爵士不打算离开我，不然的话，我会受不了。埃德蒙一走，我们这个小圈圈会像是少了半边天。我相信并希望他发现病人的病情没有我们想象的那样可怕，能很快把他带回曼斯菲尔德。托马斯爵士要求把他尽快带回来，他认为从哪方面考虑，这都是个上策。我希望，这个可怜的病人不久就会经得起路途上的运送而不至于有太大不便或受到创伤。我深知你对我们的感情，我亲爱的范妮，在这种令人伤心的情况下，我会很快再给你写信。”

范妮此时的感情的确比她姨妈的文章风格要强烈得多，真挚得多。她的确为他们每一个人难受。汤姆病情严重，埃德蒙离家去看护他，曼斯菲尔德剩下了凄凄惨惨几个人，她由于惦念他们而忘掉了其他一切，或者说差不多把其他一切都忘掉了。她只有一点儿自私成分，那就是在猜测埃德蒙在接到这个消息之前是否已给克劳福特小姐写过信。但是长时间盘踞在她心头的都是纯真的感情和无私的忧心。她姨妈一直把她放在心上，给她一封又一封地来信。他们不断收到埃德蒙的报道，她又不断地用她那冗赘的文体把消息转告给范妮，信里边依然混杂着推断、希望和担心，这些因素毫无规律地在互为原因或互为结果。这是在故装惊恐。贝特伦夫人没有亲眼见到的痛苦，对她的想象没有多大影响。在汤姆没有被运回曼斯菲尔德，她没有亲眼看到他那改变了的面貌之前，她一直是舒舒服服地在写她的不安、焦急和病人的可怜。现在，汤姆回来了，她正在写的一封信结尾的风格大不相同了，用的是真实感情，真正惊恐的语言。纸上写的正是她内心的话。“他刚刚回来，我亲爱的范妮，已被抬到楼上。我见到他大吃一惊，不知道怎么办才好。我看得出他是生了一场重病。可怜的汤姆！我为他非常伤心，我非常害怕，托马斯爵士也非常害怕。如果有你在这里安慰我，我该多高兴啊！托马斯爵士估计他明天会好一些，他说，我们应该把路途的因素考虑在内。”

此时在母亲胸怀中被唤醒的真正忧虑，没能很快过去。大概是由于性急，再加上以往他平时并不怎么放在心上的家庭的种种舒适，汤姆动身回曼斯菲尔德过早了一些。他又发起烧来，一连一个星期，病情比过去更加严重。他们都非常害怕。贝特伦夫人每天把自己的恐惧写信告诉她的外甥女。她的外甥女现在可以说是靠信来生活，她的时间全都在为今天的信痛苦和对明天来信的盼望中度过。她对大表哥没有什么特殊感情，只是由于心肠柔软才怕他短命。她从纯道德角度替他不安，觉得他这一生既无用，又大肆挥霍。

平常遇到什么事情的时候，只有苏珊陪伴她，她也只能向苏珊诉说衷肠。现在遇到这样重大的不幸，陪伴她、听她诉说的还是只有苏珊。她有什么话要说，苏珊无时无刻不愿意倾听，而且总是对她同情。此外，再没有一个人对这么一件与自己不关痛痒的事情——一百英里之外的某家有人生病——感到关心。甚至连普莱斯太太也不把这件事情放在心上。她只不过当看到女儿手里拿着信的时候简短地问上两句，或者偶尔平平淡淡地说上一声“我那可怜的贝特伦姐姐一定很难过”。

这么多年互不见面，双方的处境又如此不同，血缘关系已经算不了什么。双方的感情原来就像她们的脾气一样恬淡，现在只成了个名义。普莱斯太太这样不关心贝特伦夫人，若是事情发生在普莱斯太太身上，贝特伦夫人也不会多关心一点儿。倘若普莱斯家的孩子们被大海吞掉了三四个，只要吞掉的不是范妮和威廉，随便死了哪个，甚至死光，贝特伦夫人都不会放在心上，而诺利斯太太甚至还会挖苦说，这对她们的可怜的亲爱的普莱斯妹妹来说是件大好事，是件幸运的事情，因为这几个孩子今后再不缺吃和穿了。

第四十五章

汤姆被运回曼斯菲尔德后，过了大约一个星期，死亡的危险过去了。大夫说他平安无事，他母亲也就完全放了心。她已经看惯了他那痛苦的卧床不起的样子，听到的又完全是吉祥话，从不往人家的话外去想，再加上生就能担惊受怕，不领会话外之音，所以，医生只要稍微一哄，她就成了世界上最快活的人。烧退了，他的病原来是发烧引起的；当然要不了多久他就会康复。贝特伦夫人对汤姆的病已经完全放心，范妮也跟着姨妈一道乐观。就在这个时候她收到了埃德蒙一封来信。信上只有寥寥数行，是专门向她说明他哥哥的病情的。汤姆烧退之后身上出现了一些明显的红斑。信中把他和父亲从医生那里听来的关于这些红斑的看法告诉了她。他们认为医生的疑虑也许没有根据，最好不要让贝特伦夫人受此虚惊。但是，没有理由不让范妮知道事实真相。他们在为他的肺担心。

埃德蒙短短几行比贝特伦夫人满满几页给她把病人及病室的情况都说得更加清楚，更加准确。在曼斯菲尔德的大厦当中，谁都会根据自己的观察比贝特伦夫人把病情说得更清楚，谁都比她对她的孩子有用。她什么都干不了，只会悄悄地闪身进来看看他。当他能说话、能听话或者能让别人读给他听的时候，他只要埃德蒙陪伴他。他大姨妈问长问短使他心烦。托马斯爵士不知道压低自己说话的声音来适应他烦躁的心情和虚弱的身体。埃德蒙成了他最离不开的人。范妮相信他肯定是这样的，并且肯定会因为他在哥哥的病榻之前伺候、安慰，而对他更加敬爱。他哥哥不仅身体虚弱需要扶持，她现在才知道他的神经也受到了很大影响，需要抚慰，情绪低沉需要鼓励，而且她还想象得到他的思想也必然需要适当的指导。

这一家人没有肺病的家史，她对表哥的病情虽也担心，但认为他会好的。但当她想到克劳福特小姐的时候，便不免心里有些嘀咕。她觉得克劳福特小姐是个幸运儿。她担心上天为了满足克劳福特小姐的自私和虚荣，会让埃德蒙成为独子。

埃德蒙甚至在病榻前也没有忘掉幸运的玛丽。他在信的附言中写道："关于上封信我谈到的那个问题，我真的动笔写信了。不过，刚一开始，由于汤姆生病我动身去看他而搁笔了。现在我又改变了主意。我担心朋友们的影响。汤姆好转后我还要去一趟。"

这就是曼斯菲尔德的状况，直到复活节，这种状况一直没有多大变化。母亲写信时埃德蒙附上一句，就足以使范妮对那里的状况完全了解。汤姆的好转慢得惊人。

自从范妮初次听说过了复活节她才有可能离开朴茨茅斯后，她觉得今年的复活节来得特别迟。现在复活节总算到了，但她一点儿也没有听到要她回去的消息，甚至一点儿也没有听到姨父要去伦敦，而姨父的伦敦之行是她回去的前奏。她姨妈常常表示盼她回去，但是起决定作用的是姨父，而姨父却没给她任何通知、任何信息。她估计他现在还离不开大儿子，但这样耽搁下去对她来说却是残酷的、可怕的。四月就要结束了。原说只来住两个月，自从离开他们，到这里来过清苦生活，差不多快三个月了，她只是由于爱他们，才没有把她的生活之苦一一告诉他们。谁能说得上什么时候他们才能顾得上考虑来接她？

她渴望回到他们身边，她焦急，她不堪等待下去。她无时不想起考柏《学童》里边的诗句，"她多么渴望回到自己的家中"不断地挂在她的嘴上，这句诗充分地表达了她的思家之情。她认为任何小学生的思家之情都不会有她这样难抑难忍。

她动身前来朴茨茅斯的时候，爱把这里叫做她的家，她爱说她是在回自己的家去。"家"这个词当时对她来说是那么亲切。现在这个词依然亲切，但是它指的应该是曼斯菲尔德。现在那才是她的家。朴茨茅斯是朴茨茅斯，曼斯菲尔德是家。她早就在沉思默想中做出了这样的安排。她看到姨妈在信里也这样说，心里感到莫大的快慰。"我不能不告诉你，在这令人沮丧的时刻你不在家里，我感到非常遗憾。我精神上实在受不了，我切望，我衷心地希望，你再也不要离家这么久了。"这是她最爱读的句子。不过，她对曼斯菲尔德的怀念还只能埋藏在心里。由于怕刺伤父母的感情，她非常小心，不使自己对姨父家的偏爱流露在外。她总是这样说的说：“当我回到诺坦普顿郡后”，或者“当我回到曼斯菲尔德后我将怎么样怎么样”。她这样谨慎提防了很长时间，但是，思归之心愈来愈强，她终于失去了警惕，不知不觉地说出当她回到家里之后她要怎么样。她感到内疚，满面羞惭，忐忑不安地看着父母。她没有必要担心。从他们的脸上看不出任何不高兴的迹象，从他们的表情看来，她说些什么他们根本就没有听。他们对曼斯菲尔德毫不嫉妒。她想曼斯菲尔德也好，回曼斯菲尔德也好，一概由她。

不能领略春天的乐趣，对范妮来说，是件不幸的事情。从前她不知道在城市里度过三月和四月会失去什么样的乐趣。从前她还不知道草木初绿给她的喜悦是多么可贵。乡下的春季虽然也阴晴不定，但是景色总是宜人，观察它的前进的步伐，欣赏它的与日俱增的美丽，从姨妈花园多阳地区早绽的花朵，到姨父种植场及树林里的绿叶繁枝，这一切曾使她多么身心振奋。失去这种种乐趣本来就是个很大的损失，尤其糟糕的是，代替这些田园之乐的是狭窄的四壁和终日的喧闹，代替自由自在的生活、新鲜的空气、百花的芬芳、春芽的嫩绿的是囚禁似的日子、污浊的空气和难闻的气息。不过，比起惦念最好的朋友们对自己的思念，渴望有助于需要她的那些人来，这些憾事就微不足道了。

倘若此时她身在家里，她会对家里的每一个人都有用处。她觉得人人必然都会用得着她。她肯定会给每一个人分担一点儿忧愁或者出上一些气力。即使就支持贝特伦姨妈的精神来说，有她在场也大有好处，她可以减少她的寂寞，尤其重要的是可以使她摆脱掉一个无事忙、爱张罗、为了表明自己的不可少而喜欢夸大危险的伴侣。她喜欢设想自己怎样给姨妈读书听，怎样陪姨妈说话，既要使她从现实中感到安慰，又要使她对可能发生的事情有精神准备，她可以让她少上楼下楼多少次，她可以上上下下送信多少次。

她感到惊奇的是，汤姆在程度不同的危险中已经病了几个星期，在这么一段时间里，他的两位妹妹怎么能心安理得地待在伦敦不回家呢？她们愿意什么时候回家都没人阻拦，她们又不缺车马，两个人为什么仍然不回家，她百思不得其解。如果说罗什渥兹太太还可以想出个什么理由说是脱不开身，朱丽叶肯定可以随时离开伦敦吧。她姨妈在一封来信中倒是说过，朱丽叶曾经提出如果要她回去的话她打算回家，但也只是提提而已。显然，她宁愿待在原地不动。

范妮觉得，伦敦的影响与一切可贵的友谊都格格不入，她不仅从两位表姐身上看出了这一点，从克劳福特小姐身上也得到了证明。她对埃德蒙的钟情原是值得尊敬的，那是她品格上最值得尊敬的一部分，她对她自己的友情至少也无可指摘。现在她这两份感情都到哪里去了？范妮已经这么长时间没有收到她的信了，她有理由怀疑她过去大谈特谈的友情。几个星期以来，除了从曼斯菲尔德的来信中知道一点儿情况外，她一直没有听到过克劳福特小姐和她的亲友们的消息。她开始认为她除非再遇到克劳福特先生，不然的话，她永远不会知道他是否又去了诺福克。她认为今年春季再也不会收到他姐姐一封信了。就在这个时候，如下的一封信来到了，唤回了她以往的心情，并且激起了一些新的情绪：

亲爱的范妮，很久没有给你写信，万望原谅，并望立即回信。我这样要求并期待于你，不为过分，因为你心肠好，不论我怎样，你都会对我好的。我现在请求你马上给个回音。我想了解曼斯菲尔德的情况，你肯定能告诉我。他们如此不幸，谁要是无动于衷，那就是铁石心肠。根据我听到的传说，可怜的贝特伦先生已难彻底康复。起初我对他的病不怎么关心。我原以为，像他这样的人，随便生个什么小病都会引起人们的大惊小怪，他自己也会大惊小怪，所以我主要关心的是那些照料他的人。但是，人们现在很有把握地断言，他的确是一日不如一日，病情极为严重，家人中至少有一部分已了解到这一点。果真如此，我相信你必然是了解实情的这部分人之一，因此请求你让我知道我听到的消息有几分正确。我无须说明倘若消息失实我会多么高兴。但这一消息，如此盛传，我也不禁为之战栗。这么样英姿绰绰的一个年轻人，若在这风华正茂的时候离开人世，实在令人悲痛。这对可怜的托马斯爵士将是一个可怕的打击。我的确为这件事情深感不安。范妮，范妮，我看见你读到此处笑了，并且两眼闪着狡猾的光芒。不过，说实话，我这一辈子可从来没有收买过医生。可怜的年轻人哪！要是他死去的话，这个世界上会少掉一个可怜的年轻人，但也会有一个年轻人不再可怜，我可以面无惧色、音不发颤地对任何人说，财富与门第将归到一个最合格的人手里。去年圣诞节他做蠢事①是由于一时鲁莽，错也只错那么几天，是可以抹掉的。油漆与镀金可以掩盖许多污点。他只需丢掉名字后边的‘先生’二字，换上‘爵士’二字就行了②。有了像我这样的真正的感情，范妮，再多的缺点我也不去计较。望你立即写信，赶原班邮车发出。要理解我焦急的心情，不要随便应付我。把你从曼斯菲尔德来信中得来的真实消息原原本本告诉我。现在你用不着为我的想法或你的想法害羞。请你相信我，无论是你的想法还是我的想法都完全是合乎自然的，都是慈善的，合乎道德的。我请你平心而论，‘埃德蒙爵士’会不会拿贝特伦家的全部财产比别人当上这个爵士做更多的好事。如果格兰特夫妇在家，我就不会麻烦你。我现在只能向你打听真实情况。我无法和他的妹妹们取得联系。罗什渥兹太太到特威肯翰和艾尔默一家人一起过复活节去了（你肯定知道这件事情），现在还没有回来。朱丽叶到贝德福广场附近的亲戚家去了，但我不记得他们的姓名和他们住的街道名字。不过，即使我能够马上向她们中的哪一个来打听，我仍然情愿问你，因为，我觉得她们一直不愿意中断她们的寻欢作乐，闭眼不看事实。我想，罗什渥兹太太的复活节假要不了多久就会结束。毫无疑问，在休假期间她是彻底休息。艾尔默一家人很可爱，她的丈夫又不在那里，她肯定是尽情玩乐。她要他尽孝道去巴斯接他的母亲，这件事值得赞扬，但是，她和那位老寡妇住在一起怎么能不发生矛盾？亨利不在我的身边，因此我不知道他要说些什么。如果不是他哥哥生病，你认为埃德蒙是否早又来到了伦敦？谨此。

玛丽

我刚叠信亨利进来了。他没听到有什么新的情况，因此，这封信照发。据罗什渥兹太太说，贝特伦先生可能身体日衰。他今天上午见到她的。今天她回到了温波尔街，因为老夫人已经来了。他在里乞蒙住上几天，你不要胡疑乱猜，有什么不安。他每年春天都要在里乞蒙住几天的。你放心，

①指埃德蒙当了牧师。——译者注

②长子若死，次子继承家产及爵士称号。——译者注

除你以外，他把谁都不放在心上。此时此刻他恨不得能立即见到你。他整天忙着筹划如何和你见面以及如何使他的快乐有助于你的快乐。举个例子来说，他反复讲他在朴茨茅斯时讲过的话，要把你送回家去。他对这件事比以往更着急，我也百分之百地支持他；亲爱的范妮，快给我们写信，让我们去接你吧。这对我们大家都有好处。你知道他和我可以住到牧师公馆，不会给曼斯菲尔德庄园的朋友们增加什么麻烦。我实在想再见到他们一家人。多两个人和他们来往对他们许会大有帮助。至于你自己，你必然明白那里是多么需要你。你这个人是讲良心的，现在你有办法回去而不回去，良心上会过不去的。亨利想让我转告的话很多，我没有时间也没有耐心一一转述，只把他要说的每一句话的中心意思告诉你，那就是志不移情不变。

信的大部分内容使范妮感到厌恶，而且她极不愿意把写信人和她的埃德蒙表哥撮到一起，所以她不能公正地判断信的末尾提出的建议是否可以接受。对她个人来说，这个建议很有诱惑力。大概只需三天就能回到曼斯菲尔德，倘能如此，自然是极大的幸福。但是，一想到这个幸福却是这么两个人给的，她又不免顾虑重重。她现在看出，这两个人的思想和行为有许多地方应该受到谴责。姐姐的思想，弟弟的行为，姐姐冷酷的野心，弟弟损人的虚荣。他大概仍在和罗什渥兹太太厮混、调情。和他好，这对她是个羞辱。她还以为他有所转变呢！不过，幸运的是，并没有要她在两种相反的愿望之间和两种拿不准的看法之间衡量抉择。是让埃德蒙和玛丽继续人分两地还是让他们合拢，这个问题没有必要考虑。有一条规则她只要一用，就什么都清楚了。她怕她姨父，她对她姨父不敢有丝毫随便，这两件事使她立即明白她应该怎样做。她必须坚决拒绝这个建议。如果她姨父需要，他会派人来接她。她自己即使提个意见要求早点儿回去，也是擅自做主的越轨行为，理由再足也不能原谅。她向克劳福特小姐表示感谢，同时坚决予以回绝。“据我了解，我姨父要来接我。我表哥病了这么多个星期家里都不需要我，我现在回去会不受欢迎，对大家会是个妨碍。”

她在信中根据自己的见解报道了大表哥的病情，她估计克劳福特小姐那乐观的心灵在读过她的信后会觉得自己所追求的东西样样都有了希望。看起来，在一定的金钱条件下，埃德蒙当牧师一事将得到谅解。她怀疑，对他的成见完全是因此克服的，而他还会因此而谢天谢地。克劳福特小姐只知道金钱，别的正经事情是不会考虑的。

第四十六章

范妮毫不怀疑克劳福特小姐收到她的信后在实质问题上会感到失望。她知道克劳福特小姐的脾气，估计她会再次催逼。虽然整整一个星期没再收到来信，但她仍然没有改变这种看法。一星期后，来信了。

接到信后，她立即断定信写得不长，从外表上看，像是一封匆忙写就的事务信件。范妮料定是通知她当天他们就要来到朴茨茅斯，她心中一阵慌乱，不知道该怎么办好。但是，又一想，他们来接她，也许已征得她姨父的同意，于是又放下了心，打开一看，却是这样一封信。

我刚刚听到了一个荒唐之至、恶毒之至的谣言，我写这封信，亲爱的范妮，就是为了提醒你，如果此话传到了乡下，千万不要信以为真。我敢担保，这里边有些误会，一两天内会水落石出。反正，亨利是一点儿错都没有。尽管他一时不够慎重，但他心里没有别人，只有你。对这件事情一个字也不要提；什么都不要听，不要传，也不要胡猜乱想，等我下次来信。我相信这件事情会平息下去，只不过是罗什渥兹庸人自扰。如果他们已经走了，我敢担保他们只不过是去曼斯菲尔德，并且有朱丽叶和他们在一起。不过，谁叫你不让我们来接你？但愿你不会因此而后悔。谨此。

范妮吓得呆呆地站着。荒唐、恶毒的谣言还没有传到她的耳际，因此对这封怪信她还不怎么理解。她只能看出，这件事情必然与温波尔街和克劳福特先生有关。她只猜到那个地区刚刚发生了什么事情，这件事情做得很不要脸，并且克劳福特小姐担心一旦她知道，会产生嫉妒。克劳福特小姐用不着替她担心。如果消息传得这么广的话，她只是替当事的各方和曼斯菲尔德感到难过。她希望不会传这么远。从克劳福特小姐的话中推断，好像是罗什渥兹夫妇自己到曼斯菲尔德去了，若是如此，就不该有什么不愉快的消息传扬开来，至少不会引起人们的注意。

至于克劳福特先生，她希望这会使他了解自己的天性；明白自己对世上的哪个女人都不会忠诚不变，因而再没有脸来缠她。

说也奇怪！她开始觉得他真正在爱着她，认为他对她的感情非同寻常；他姐姐仍在说其他人他一个也看不上。然而，他对她表姐必然表现得异常殷勤，必然有非常不检点的地方。若是小小不然，像克劳福特小姐这样的人是不会放在眼里的。

她坐卧不宁，在接到克劳福特小姐的下封信之前，这种状态势必继续下去。她无法把这封信从脑际驱除出去；她也不能找个人说一说，使自己轻松。克劳福特小姐那么强烈地要她保密，实在是多余的。她做的事情她完全可以告诉她。

第二天来了，第二封信尚没有来。范妮感到失望。整个上午她仍然无心想任何其他事情。当她父亲下午像平时一样拿着报纸回来的时候，她急于通过这个渠道得到一点儿说明，才一时把信的问题忘却。

她沉思起别的事情来。她心里闪现了她第一天晚上来到这间房子里的情景，想起了她父亲那天晚上读报的情景。现在不需要蜡烛。此时离太阳坠入地平线还有一个半小时。她觉得她确实在这里已待了三个月；落进客厅的强烈阳光不仅没给她带来愉快，反而使她更加悲哀。她觉得城镇里的阳光和乡下的完全不同。在这里，太阳的作用只是发出炫目的光，一种令人烦闷生厌的光，使灰尘飞扬起来。从城市的阳光里既得不到健康，也得不到欢乐。她坐在灼人的刺目的阳光之下，坐在飞舞的尘埃之中，她能够看到的只是四堵墙壁和一张桌子，墙上有她父亲的头靠脏了的痕迹，桌上被弟弟们刻得坑坑洼洼，桌上的茶盘从来没有擦净过，杯子和碟子虽然擦过，还有条条污痕，牛奶上浮着一层蓝色的灰尘，涂过奶油的面包，第一次经过丽贝卡的手时就已经油污，放到桌子上之后，每分钟油污的程度都有所增加。茶还没有端来，父亲在读报，母亲像平时一样在叨叨那破烂的地毯，埋怨丽贝卡不补一补。这时范妮突然被父亲从出神中叫醒。他读到了一段新闻，哼了一声，又想了一想，问道："你伦敦的那位阔表姐家姓什么，范？"

她怔了一下说道："罗什渥兹，父亲。"

"他们是住在温波尔街吧？"

"是的。"

"他们要把人丢尽！瞧！"（把报纸递给她）

"这些阔亲戚会给你带来说不完的好处。我不知道，托马斯爵士会不会想到这样的事情。他只顾在朝里当达官贵人，对女儿就不管了。他妈的，她要是我的闺女，我要拿鞭子把她抽个够够的，不管是男的、女的，用鞭子抽一抽，是防这种事情的最好办法。"

范妮见报上说："本报无限关切地向世人公布温波尔街 R① 先生家出了一场婚姻纠纷。新婚不久的即将成为社交界女皇的美丽的 R 太太，同 R 先生的亲密朋友、知名俊俏人物 C② 先生一起离开她丈夫家出走。去向如何，本报编辑尚无所闻。"

"弄错了，"范妮马上说，"肯定是弄错了，不会是真的。肯定说的是别的什么人。"

她这样说是本能地想暂时遮羞，这是绝望中的挣扎，她说的话连她自己都不相信。她在看报的时候就已经深信是实而大为震惊。事实像洪水一样向她汹涌冲来。她当时怎么能说出话来，甚至怎么会吐出声来，她事后想起来颇感奇怪。

普莱斯先生对这条报道并不十分关心，因此没有多问她。"也可能全是谎话，"他说，"但是，近来许许多多的阔太太都在那样胡搞，对谁都不能保险。"

"的确，我希望这不是事实，"普莱斯太太哀声怨气地说了一句，"不然的话，太吓人了。我要是再给丽贝卡提这条地毯，我想我就提了不下十次了。对吧，贝特西？而她要是补的话，费不了她十分钟。"

范妮对这桩罪恶已确信无疑，并开始担心其不幸的后果。在这种情况下，像她那样的心灵会担惊害怕到什么程度，是无法用笔墨形容的。一开始，她处于一种麻

---

①英语"罗什渥兹"的第一个字母。——译者注

②英语"克劳福特"的第一个字母。——译者注

木状态。接着，她便很快一步步地看清楚了这桩可怕的丑事。她不能怀疑这段报道，不敢幻想这段报道会是假的，克劳福特小姐的那封信她看过那么多遍，里边的每句话她都记得滚瓜烂熟，那封信与这条消息一致到可怕的程度。她迫不及待地替她弟弟辩护，她希望把这件事情压下，她那明显的不安，这一切都是不正派的表现。如果世上还有哪个良家女子把这样的头等大罪看做小事，想把它轻描淡写地放过去，想使它不受到惩罚，她相信克劳福特小姐就是这样一个女人！现在她才明白自己在看信时理解错了，没有弄清楚谁走了，没有弄清克劳福特小姐说的是谁走了。不是罗什渥兹先生和罗什渥兹太太一起走了，而是罗什渥兹太太和克劳福特先生一起走了。

范妮觉得自己从没有受到过这么大的震惊。她一分一秒都不能安宁。整个晚上她都在悲哀之中，整个夜里没有合上一次眼。她只是从病似的感觉过渡到恐怖似的战栗，从阵阵发烧到浑身发冷。这件事情太吓人了，她接受不了，有时甚至抵制起来，觉得绝无可能。女的才结婚六个月，男的自称忠实于甚至许身于另一个女的，而且这另一个女的还是她的近亲，整个家族，两家都密切地联系着，彼此都是朋友，彼此在一起都很亲密！这种乱得一塌糊涂的罪行，这种无耻之至的罪恶，太吓人了，除了极端野蛮的人外，但有一点儿人性是绝对做不出来的。然而，她的理智告诉她说，事实就是如此。他的感情漂浮不定，见女性总想一试自己的魅力，玛丽亚对他又明显地痴情，再加上双方都不十分讲究道德，三者加在一起造成了这件事情的可能性。克劳福特小姐的信则证明了这件事情的真实性。

这件事情将产生什么影响？谁不为之伤心？谁知道后不为之震动？谁不为此而永远失去内心的平静？克劳福特小姐本人，埃德蒙，然而，往这方面想下去也许是危险的。她限制自己，只去想那直接引起的，必不可免的家庭不幸。如果这一罪恶行为得到证明，并且公布于众，这种不幸必然把所有的人都席卷进去。姨妈的痛苦、姨父的痛苦，想到这里她停顿了一下，朱丽叶的痛苦、汤姆的痛苦、埃德蒙的痛苦，想到这里她停顿了更长时间。姨父和埃德蒙受到的打击会是最可怕的，托马斯爵士忧儿忧女之心，他那高度的荣誉感和道德感，埃德蒙那正直的原则，遇人不疑的性情，纯真的强烈感情，在蒙受了这种耻辱之后，她觉得，单就这个世界而言，对罗什渥兹太太的亲人们来说，最大的福音就是立即毁灭。

第二天、第三天都没有发生任何能缓解她的恐怖的事情。来了两次邮车，都没有带来辟谣性的消息，报上没有，私人信件上也没有。克劳福特小姐也没有再来信说清楚她第一封信的内容。虽然姨妈早该来信了，依然没有来自曼斯菲尔德的信件。这是个不祥的征兆。她没有丝毫的希望来抚慰她的心灵，被折磨得情绪如此低落，面色如此惨淡，浑身不住地发抖，这种状况，凡是做母亲的，除了普莱斯太太外，只要心肠不狠，是不会看不到的。第三天，门上响起了令人揪心的敲门声，又一封信递到了她的手里。是埃德蒙写来的，盖的是伦敦的邮戳。

> 亲爱的范妮：你知道我们目前的悲惨处境，愿上帝支持你，使你能承受住你所分担的那份不幸。我们已来到这里两天了，但是依然不知道下一步该怎样办。他们不知去向何方。可能你还没听说最后的一次打击——朱丽叶的私奔。她和耶茨跑往苏格兰去了。我们到伦敦的时候，她离开伦敦才几个小时。这件事情若发生在别的什么时候，我们会感到可怕。现在，似乎算不了什么。但是，这依然等于火上加油。还算好，我父亲没有被气倒。他依然能够思考问题，能够行动。是他要我写信叫你回家的。他渴望把你叫回家照顾母亲。你收到信的第二天上午我就会赶到朴茨茅斯，我希望你做好准备，我一到即动身去曼斯菲尔德。我父亲希望你邀请苏珊一起去，住上几个月。由你决定，你认为该怎么办就怎么办。我相信，他在这样的时刻做出这样慈祥的事情，你是会有所感受的。尽管我尚弄不明白他的意思，你要充分领会他是一片好意。我目前的状况，你会想象到一二的。不幸的事情在源源不断地向我袭来。我乘的邮车明天一早就会到达。谨此。

范妮最近几天心情沮丧，极需来点儿什么使自己兴奋。现在她感到什么都赶不上这封信的兴奋作用。明天！明天就要离开朴茨茅斯！她担心，正当大家痛苦万分的时候，自己有可能抑制不住内心的高兴。一场大祸却给她带来这么大的好处！她担心自己会对这场大祸麻木不仁起来。这么快就走，这么热情地接她，把她当做安慰来接她，并且允许她带苏珊去，这种福音加在一起使她心花怒放，各种痛苦似乎一时被抛到了脑后，连她最关心的人们的痛苦她都不能适当地分担了。朱丽叶的私奔影响了她的心情，但是影响不大。她虽也为之吃惊、震惊，但是并不是时时刻刻想着这件事情。她是在勉强自己去想，勉强自己承认它的可怕性与严重性，不然的话，她会把它忘掉的，因为，在接到信后，她开始快乐紧张，而又激动地作着动身的安排。

要想解除悲哀，最好的办法就是做事，主动地做一些必须做的事情。做事会驱除抑郁的心情。何况她要做的事情是为了快乐的前景。她有这么多的事情要做，连罗什渥兹太太的私奔（现在已百分之百地被证实）也不再像原先那样影响她的心情了。她希望在二十四个小时以内动身。她得和父亲、母亲话别；她得给苏珊准备。事情一件接一件，样样都必须准备好，一天的时间几乎不够用，因此，她没有时间去感受那些痛苦。此外，一听到消息之后，人人都兴高采烈（信中报忧的地方，他们没怎么理会），父母痛快地答应，弟妹们热烈拥护，苏珊自己欢喜若狂，在这种快乐的气氛中，她自然难于抑制愉快的心情。

贝特伦家的痛苦在这家人当中并没有引起多大同情。普莱斯太太虽然为她那可怜的姐姐感叹了一阵，但是她主要考虑的是用什么东西来装苏珊的衣服，家里的箱子都被丽贝卡拿去弄坏了。至于苏珊，这突然来的美妙前景使她感到空前的喜悦，而她和那些犯罪的人和伤心的人都素不相识，在这种情况下，她还能自我抑制，不是一直眉开眼笑，这对一个十四岁的姑娘来说，已是够难得的了。

其实，并没有什么事情需要普莱斯太太拿主意，也没有什么事情需要丽贝卡帮忙，一切都已经准备得说得过去了。两位姑娘单等着明天起程。动身之前本应该好好地睡一夜的，但是她们无法入睡。她们正在途中的表哥已经出现在她们的心际，使她们激动万分，一个是满怀高兴，另一个是满腹各种各样无法形容的不安。

上午八点左右埃德蒙进了他们家门。范妮听到后走下楼来。相见在即，又知道他心里的痛苦，前几天的悲伤又涌上了她的心头。她一走进客厅便无力支持自己的身躯。他一个人在客厅，一见她便立即迎上前来。她贴在他怀里，但听他断断续续地说："我的范妮，我唯一的妹妹，现在我唯一的安慰！"她一句话也说不出来，他也久久再说不出话来。

他转过身去恢复自己的冷静。接着他又说话了，虽然声音依然颤抖，但是可以看出他在自我控制，决心不再提发生的事情。"你们吃过早饭了吗？什么时候可以起程？苏珊去吗？"一气问了几个问题。他希望尽快上路。一想到曼斯菲尔德，时间就宝贵起来似的。处于他那种心情之下，最好是不停地动着。大家议定，他去叫车，再过半小时赶到门口。范妮负责半个小时以内吃好早饭，一切准备就绪。他已经吃过饭了，不想坐等她们吃饭。他要到大堤上去散步，到时候和马车一块儿来接她们。他又走了，连范妮的身边也不愿久待。

他满脸病容，显然是痛苦万分，而又决心自我抑制。她知道他必然会是这样，但是，见到之后，依然觉得可怕。

车来了。他也回来了。他还有几分钟的时间和这一家人相聚，目击——不过他是什么都视而不见的——一家人送别两位姑娘时是多么无动于衷。由于今天情况特殊，有许多不平常的活动，他进来时一家人才刚要围着早餐桌就座，马车从门口驶走时，早餐才在桌上摆齐。范妮在父亲家里吃的最后一餐的内容和初来的那一餐完全是一样的。这一次家里人对她的态度，和第一次的态度，完全相同。

当马车驶出朴茨茅斯的关卡时，不难想象，范妮的心里多么高兴，多么感激。也可以想象，苏珊是怎样笑逐颜开。不过，苏珊是坐在前边，而且有帽子挡着，她的笑容是看不到的。

这是一次无言的旅行。范妮不断听到埃德蒙长吁短叹。如果只有他们两人，尽管他决心自我控制，他也会向她吐露苦情。但是，由于苏珊在场，他把自己的心事紧紧地压着。虽也想讲点儿不相干的事情，但又没有太多的话说。

范妮一直关心地注视着他，有时当二人目光相遇的时候，以往那深情的微笑一时又回到他的脸上，使她感到安慰。但是在第一天的旅途上，他只字不提这次的沉重打击。第二天早晨，他稍微说了一点儿。就在从牛津出发之前，苏珊站在窗口，专心地观看一大家人离旅馆上路，埃德蒙和范妮站在火炉附近。埃德蒙看到范妮面容变化如此之大深感不安。他不知道她父亲家里的生活每天给她多大折磨。因此，他把她的变化主要归到甚至全部归到最近发生的这件事情上。他拿起她的手来，用低低的但富有感情的声音说："可以想象得到——你必然会受到刺激——你必然会感到痛苦。一个已经爱上了你的人，怎么会把你抛弃！不过，你的，——你的爱情比较起来时间还不算长——范妮，你想想我吧！"

他们的第一段路程走了整整一天，到达牛津的时候，大家都已经疲惫不堪。但是第二段路程第二天下午早早赶完了。当他们进入曼斯菲尔德郊野的时候，离平时吃正餐的时间还早着呢。随着这个可爱的地方的逐步接近，姐妹两人的心情开始有点儿沉重。范妮开始害怕在这样可怕的家门羞辱之下与姨妈们和汤姆相见，苏珊开始感到紧张。因为她就要实际表现她的教养和她新近学来的这里的规矩。她脑子里闪现着有教养的表现和没教养的行为，闪现着以往的粗俗行为和新近学来的文雅举止。她不断地在默想着银餐叉、餐巾和涮指杯。范妮一路上处处看到风光已与二月份离开时大不相同，进入庄园之后，她的感受尤其深刻，她尤其感到喜悦。她离开庄园以来已有三个月了，并且是足足的三个月，庄园从冬季的景象变成了夏季的风光，她沿途浏览着鹅黄嫩绿的草地和田园。林木虽尚未浓叶蔽枝，但更加美丽的面貌指日可待。景色虽已悦目，但你可以想象得到还要一天天地更加美妙。然而，她只是在自得其乐。埃德蒙不能与她共赏。她看着他，但他靠在座位上，比原来更加忧郁。他双眼紧闭，好像不堪这愉快的景色，他要把家乡的美景关在眼睑之外似的。

这使她的心情又沉重起来。一想到这里的人们在忍受着什么样的痛苦，连这座时髦的、仙阁似的处在优美环境中的大厦本身，也现出一脸愁容。

在这些愁苦的人们中间，有个人在多么望眼欲穿地等待他们，这是她未曾料到的。范妮刚刚从愁眉苦脸的仆人们身边走过，贝特伦夫人已经从客厅里走来接她。她一反平常懒洋洋的样子，赶上前来，搂住了她的脖子说："亲爱的范妮！现在我才好受了。"

第四十七章

在她未回家之前，这里的三个人个个都很愁苦，人人都觉得自己是苦中之苦。但真正最感伤心的是诺利斯太太，因为她对玛丽亚的感情最深。玛丽亚她最喜欢，玛丽亚她最亲，玛丽亚的这门亲事是她一手办成的，这是她的骄傲，她不仅念念不忘，并且常常向人夸耀。这么样一个结局几乎使她无力承担。

她完全换了个人。话少了，迟钝了，对样样事情都很冷漠。由她来照顾妹妹和外甥，并管理整个家务，原来是个最妥当的安排，现在完全不是那么回事了。她已经不会指挥，拿不出主意来了，甚至感到自己已经无用。当真正被痛苦触动的时候，她那主动的热情已完全麻木，贝特伦夫人和汤姆都丝毫得不到她的支持，她也没有想去支持他们。她给他们的帮助不比他们两人之间互相帮助得多。他们三人都一样寂寞，一样孤苦，一样感到被遗弃似的悲哀。现在，别人的到来使她成了最凄惨的一个。她的两个同伴减轻了痛苦，但是她却没有得到任何好处。哥哥见到埃德蒙的高兴劲儿不亚于贝特伦夫人见到范妮。诺利斯太太不仅从他们两人身上都得不到快慰，相反，看到范妮之后更加恼怒。怒火蒙蔽了她的眼睛，她把范妮看做制造这个祸端的恶魔。如果范妮答应了克劳福特先生，也就不会发生这样的事情。

苏珊也是她的冤家对头。她看见她便反感，觉得她是来监视她的，是个入侵者，是个穷外甥女，要怎么讨厌就怎么讨厌。但是苏珊却受到了另一位姨妈十分友好的看待。贝特伦夫人在她的身上不可能用很多时间，也不会对她讲多少话，但是，她觉得她既是范妮的妹妹就有权来到曼斯菲尔德居住，她满心想吻她并且喜欢她。苏珊到这里后感到非常满意。她未到之前就有思想准备，知道诺利斯姨妈不会给她好脸色看。到了之后，二姨妈待她这么好，这对她是个保护，可以使她少受许多气，她感到非常快乐，即使别人对她再冷淡，她也会不以为意的。

她现在大量的时间一任她自己支配，她去熟悉这座大厦的每个角落，观赏大厦四周的园林，日子过得非常快活。那些本来可以关照她的人都关在房内，各人照看着时时靠自己来安慰的人。埃德蒙在尽力宽慰哥哥，借以埋葬自己的痛苦。范妮在悉心伺候贝特伦姨妈，以更大的热情为她做以往做惯了的事情。姨妈这样需要她，她觉得自己做得再多也是应该的。

给范妮讲这件可怕的事情，讲一讲，伤心一阵，成了贝特伦夫人唯一的安慰。她唯一需要的就是有人听她说，对她耐心，说过之后又能听到对方友好和同情的声音。其他办法一概安慰不了她。你也无法安慰她。贝特伦夫人考虑问题虽不往深处想，但是，在托马斯爵士的指导之下，对所有的重大问题她还是看得准确的。所以，她明白发生的这件事情多么恶劣，多么严重，她不愿意忘却这桩罪行与丑事，也不需要范妮来开导她。

她对儿女的感情并不强烈，她的思想也不算执拗。过了一段时间之后，范妮发现已可以把她的思想往别的问题上诱导，并使她恢复对日常活计的兴趣。不过，每次贝特伦夫人谈到这件事情的时候，她只从一个方面看待这件事情，那就是她丢掉了一个女儿，家门的耻辱永远洗刷不掉。

范妮从她那里知道了业已公诸世人的详情细节。虽然她姨妈讲得不是十分有条有理，但是，借助于和托马斯爵士的来往信件以及她自己听到的情况和合理的分析，她很快便掌握了这件事情的全部情况。

罗什渥兹太太到特威肯翰去和她刚刚结交的一家人一起过复活节，这家人性格活泼，作风有趣，大概在道德和规矩方面和罗什渥兹太太、克劳福特先生等趣味相投，因为，克劳福特先生一年四季常到这家来做客。他已在这个地区，范妮早就知道。这时，罗什渥兹先生到巴斯去了，他要在那里陪母亲几天，然后把母亲带回伦敦。因此，玛丽亚无拘无束地和她的那些朋友们在一起厮混。甚至连朱丽叶都不在场。朱丽叶早在两三个星期以前就离开了温波尔街，到托马斯爵士的一家亲戚那里去了。据她父母现在估计，她所以要搬到那里去，可能是为了便于接触耶茨先生。

罗什渥兹夫妇回到温波尔街之后不久，托马斯爵士便收到一位住在伦敦的特别要好的老朋友的来信。这位朋友在伦敦耳闻目睹许多情况，认为必须提醒托马斯爵士，要他亲自到伦敦来，运用他的影响制止他女儿与克劳福特先生之间的亲密关系，因为，这种关系已经给她招来不好听的舆论，并且显然已使罗什渥兹先生不安。

托马斯爵士收到信后，没有向家里任何人透露。他正要依照朋友的建议，准备动身的时候，又收到了一封这位朋友的来信。这封信是按快件邮来的，信中说，这两个年轻人的情况已经到了几乎不可挽救的地步。罗什渥兹太太已经离开了她丈夫的家。哈丁先生认为，至少会有一些非常严重的不规矩行为，罗什渥兹先生听了，对哈丁先生大发脾气。老罗什渥兹太太的女仆把话说得还要吓人。罗什渥兹先生尽力不让张扬，希望罗什渥兹太太还会回来。但是，罗什渥兹先生的母亲住在温波尔街，不断地给他施加压力，因此，可能会出现极坏的结果。

这一可怕的消息不能一直不让家里的其他人知觉。托马斯爵士动身了。埃德蒙要和他一起去。留在家里的人个个惶惶不安。后来伦敦的封封来信把他们弄得更加愁苦不堪。这时，事情已经完全宣扬出去，毫无挽回的余地了。老罗什渥兹太太的女仆掌握了一些情况，而且有她的女主人做主，定要往外宣扬。原来老太太和少奶奶到一起没有几天，便彼此不和。老太太所以对儿媳妇这么恨，一半是因为本人没有得到尊重，一半是因为看到儿媳妇瞧不起自己的儿子。

不论怎样，谁对她都没有办法。她儿子又是个没主意的人，谁最后对他讲，谁拉住了他，和他一起坐在房里，他就听谁摆布。不过，即使老太太不那么固执，即使她对儿子没有那么大的影响，事情依然毫无希望，因为，罗什渥兹太太依然没有出现。有充分的根据断定，她和克劳福特先生一起躲到哪里去了。就在她出走的那一天，克劳福特先生借口旅行，也离开了他叔叔的家。

但托马斯爵士还是在伦敦多住了几天。尽管她已经名誉扫地，他还是希望碰到她，抓住她，不让她进一步堕落。

他目前的情况范妮不忍去想。四个孩子当中现在只剩下一个没有成为他痛苦的源泉。汤姆在听到妹妹的行为后，惊骇之下，病情大大加重，康复的希望更加渺茫，连贝特伦夫人都明显地看出了他的变化。她把对汤姆的担心定期地写信告诉她的丈夫。朱丽叶的私奔是他到了伦敦之后受到的又一次打击。虽然在当时的情况下，打击的力量相对之下不那么沉重，但她知道，也必然给他造成剧烈的痛苦。她看得出来会是这样的。他的来信表明了他为此事多么伤感。即使在平常的情况下，这桩婚事都不会受到他的欢迎。何况他们又是偷偷摸摸地结合，并且选了这么个时候来完成！这就使得他对朱丽叶看法极坏，认为她这一步走得特蠢。他把她的行为叫做在最坏的时刻以最坏的方式做的一件坏事。尽管朱丽叶比玛丽亚较可宽恕——因为愚蠢较之罪恶较可宽恕——然而，他认为她既然走出了这一步，就有可能最后也落到她姐姐这一步。这就是他对她在婚姻上的轻率行为的看法。

范妮非常替他难过。除了埃德蒙外，他再没有其他安慰。其他三个子女人人都在撕裂他的心肠。她相信，他和诺利斯太太考虑问题的方法不同，原来对她的不满，会云散烟消。事实证明错的不是她。克劳福特先生的行为已经表明，她当初拒绝他完全是正确的。但是，这对她自己来说是一大幸事，但对托马斯爵士来说未必是个安慰。她姨父的不满使她非常害怕。她的正确，她的感激，她的感情，对他又能起多大作用？他的心必然是完全寄托在埃德蒙一个人身上。

然而，她认为埃德蒙现在不会给他父亲带来痛苦，那是她猜错了。这种痛苦只不过没有其他几个子女给他的痛苦那样剧烈罢了。托马斯爵士在为埃德蒙的幸福着想，认为他的幸福严重地受到了他妹妹和他的朋友行为的影响，他和那位他一直追求着的姑娘的关系必然会因此中断。他认为埃德蒙显然很爱这位姑娘，并且很有可能成功，如果不是这位姑娘有这么个卑鄙的弟弟，从各方面来说，这桩婚事都很合适。他们在伦敦的时候，他知道埃德蒙除了家人的共同痛苦之外，还为自己的事情痛苦到什么程度。他看出了，或者说猜到了他的心事。他根据观察，断定他和克劳福特小姐见了一次面，这次见面只是进一步增加了他的痛苦。由于其他原因同时也是由于这个原因，他急于让他离开伦敦，叫他接范妮回家。他认为这不仅对大家有好处，对埃德蒙自己也有好处，能减轻一些他的痛苦。范妮不知道姨父内心的秘密。托马斯爵士不了解克劳福特小姐的为人，倘若他听到过她对他儿子都说了些什么，即使她的两万镑已经成了四万，他也不会希望他的儿子要她。

埃德蒙和克劳福特小姐从此一刀两断，在范妮看来，已经是毋庸置疑的事情了。然而，在她还没有弄清他是否也有同感之前，她自己仍信心不足。她认为他会有同样看法，但是她需要弄个确切，他过去对她无话不谈，有时曾使她受不了。现在他若能像过去一样把心里话都告诉她，那对她将是极大安慰。但是，她发现很难办到。她很少见到他，单独和他见面更是一次也没有。大概他是在回避和她单独见面。这是什么意思？这意味着他忍受着一份独特的痛苦，比一家人都要苦，没有心情来议论事情。也意味着，他自己太苦了，不愿意向别人泄露丝毫。他的情况必然是如此。他接受了命运的安排，但是他是怀着说不出的痛苦接受的。要想让他重提克劳福特小姐的名字，或者希望再像过去那样和他推心置腹地交谈，那要等遥远的将来吧。

这种情况继续了很长时间。他们是星期四到曼斯菲尔德的，直到星期日晚上埃德蒙才和她谈起这个问题。星期天的晚上——一个阴雨的星期天晚上，在这样的时刻，谁和朋友在一起都会敞开自己的胸怀，无话不讲的——他们坐在客厅，除了母亲外再无别人在场。而母亲在听完一段令人感动的布道之后已经哭睡了。在这种情况下，两人不会一直相对沉默的。像平常一样，他先宣布，他的话很简短，只求她听几分钟。当然他的话说了不止几分钟。他不是重谈往事，谈的是她从未听到过的情况，与他关系至为重要，他深信会得到她的同情。

可以想象得到，范妮是多么好奇，多么关切，多么痛苦，又多么高兴地在听，她又是多么注意他声音的激动，她的两眼多么小心地在避着他。他刚一开口便使她吃惊。他见到了克劳福特小姐。他是应邀去看她的。是斯托纳威夫人给他来信，求他去的。想到这是最后一次的友好见面，同时想到身为克劳福特的姐姐，她会无限羞惭可怜，因此，他去了。他去的时候心肠那么柔软，对她还那么多情，范妮听后觉得这不可能是最后一次。但是，随着他往下讲，她的顾虑打消了。他说，她见到她的时候，样子很严肃——的确很严肃——甚至很激动。但是，他还没有把一句话说完，她便引入了这个问题，其言语之怪，他自己承认为之一惊。“‘我听说你到伦敦来了，’她说，‘我想见到你。让我们谈谈这件令人伤心的事情。我们的这两个亲人蠢到什么地步啊?’我没有回答，但我相信我的眼神在说话。她感到我对她的话不满。有时候人的感觉是多么快啊！于是她的表情与声音都严肃了一些，说道：‘我不是想为亨利辩护，把责任推到你妹妹身上。’她是这样开始的，但是，她下边都说了些什么，范妮，我不便向你重复。我回忆不起她的原话。但有可能，我就不去讲它。她骂他弟弟傻，不该让一个他瞧不上的女人把自己勾引上，去干这样的勾当，结果肯定要失去他爱慕的那个女人。而可怜的玛丽亚更傻，人家早已表明对她无意，还以为人家真正爱她，这样好的生活不过，却往这么大的困难中跳。你猜一猜我心里是个什么样的感觉。听到这个女人——只说了个‘傻’，连个重一点儿的词都不用！说得这么随便，这么轻巧，这么轻描淡写！没有一点儿羞怯，不感到一点儿惊恐，没有一点儿女子气，还可以说没有一点儿最起码的憎恶。这都是这个世界造成的啊！范妮，我们到哪里还能找到一个女人有她这样天生的好条件啊？给带坏了，带坏了！”

略经思索之后，他以一种绝望的冷静说了下去。“我把一切都告诉你吧，以后，就再不提这件事情了。她只把它看做一件傻事，并且其所以傻，是因为不该暴露，缺乏应有的谨慎，缺乏警惕，他不该在她在特威肯翰期间一直住在里乞蒙德，她不该让一个女仆操纵。这件事只怪有人侦察。总而言之——噢，范妮！她骂的是别人不该侦察，而不是他们做的坏事。她说，是我妹妹不加检点，走上了极端，逼她弟弟和她一块儿逃走，破坏了她弟弟的美好计划。”

他停下来了。“那么，”范妮问道（她认为对方需要自己讲话了），“你是怎么说的？”

“没说什么，什么也没说。我当时像一个被打晕了的人。她继续往下说，开始说起你来。是的，她接着说起你来，极其惋惜失去了这么一位——在这一点上她的话还说得非常理智。不过，她对你一直是公正的。‘他抛弃了这样好的一个女人，’她说，‘今后再也不会碰到第二个。她会使他安下心来，会使他永远幸福。’我亲爱的范妮，我把她的这些话告诉你，是希望使你高兴，而不是使你痛苦——但是，原来的希望现在已永远不能实现了。你不愿意我说话吗？如果不愿意，只需看我一眼，或者说一声，我就再不说了。”

她既没有看他，也没有吭声。

“感谢上帝，”他说道，“我们当初都想不通，但是，现在看起来这是上天仁慈的安排，使正直的人不吃亏。她对你感情很深，讲到你的时候，不住地夸奖。但是，即使在她对你的友爱与夸奖当中也含有不好的成分，一种罪恶因素。因为，她讲着讲着会突然叫道：‘她为什么不要他？这完全是她的错。傻丫头。她要是照理答应了他，他们现在可能正安排结婚，亨利会非常幸福，非常忙，就不会再找别人。他就不会再费心思去和罗什渥兹太太恢复来往。以后只不过每年在索色顿和埃芙陵翰举行舞会的时候，两个人调调情。’你想到过她会是这样一个人吗？魔术给拆穿了。我的两眼睁开了。”“冷酷！”范妮说，“实在冷酷。在这种时候还寻开心，还说轻佻话，并且是说给你听！冷酷之至。”

“你说这是冷酷吗？在这一点上我和你看法不同。不，她的天性不冷酷。我认为她不是有意要伤我的感情。不幸埋藏得还要深。她是不知道，也想不到我会这样想。她觉着她这样看待这个问题是理所当然。她这样说话只是由于听惯了别人这样说，由于在她的想象中任何其他人都会这样说。她的毛病不是性情上的毛病。她不会自愿地给任何人以不必要的痛苦，也许是我没有看清楚，我认为为了我，为了我的感情，她情愿——她的过错是原则上的过错，范妮，是不知道体谅人，是思想上的腐蚀堕落。也许对我来说，这样想最好，这样想我就不怎么遗憾了。然而，事实不是这样。我情愿增加我失去她的痛苦，也不愿像我现在这样把她往坏处想。我对她这样说了。"

"是吗?"

"是的，我离开她的时候对她这样说了。"

"你们在一起待了多长时间?"

"二十五分钟。她接着说，现在应该做的是促使他们两个人正式结婚。她说这句话的时候，范妮，口气比我坚定。"他经过几次停顿之后接着说，"'我们必须说服亨利和她结婚，'她说，'一半出于良心，一半由于知道范妮决不会再要他，他是有可能同意的。他必须放弃范妮。我想，连他自己也知道，这种类型的姑娘他决没有希望追上，所以，我想，我们不会有十分大的困难。我的影响还是相当大的，我要把它全部用到这个方面。一旦结婚，她自己那个受人尊敬的家庭再给她适当的支持，她就可以在社会上又多少站得住了。我们知道，有些社交团体她是再也打不进去了，但是只要准备上好饭，把舞会办得大一些，总会有人愿意和她结交的。肯定，在这些问题上人们会比从前议论得更多、更露骨。我的意见是，你父亲不要管，不要让他管来管去把自己的前程毁掉。劝他由他们去。如果他多管闲事，她被引诱得脱离了亨利的保护，他娶她的可能就会比她跟着他大大地减少。我知道他是有可能接受劝告的。只要托马斯爵士相信他还有良心，有同情心，由他去，一切都会有好的结局。但是，如果他把女儿拉走，那就把解决问题的基础毁掉了。'"

埃德蒙说起这段话来，情绪很受影响。范妮一声不响地非常关切地注视着他，后悔不该让他讲这个问题。他很久没再说话。他最后说道："现在我就要说完了。我已经把她说的主要内容都告诉了你。她一给我说话的机会，我便说，我没有想到，我处于这样的心情来到这座房子里，会遇到使我更加痛苦的事情，然而，她的每一句话几乎都给我造成更深的创伤。我还说，虽然在我们认识的过程中我常常觉察到我们的意见有些不同，对某些较重大的问题也有不同看法，但是我从来没有想到我们的不同会有这么大。她以那样的态度对待她弟弟和我妹妹所犯的可怕罪行（这两个人究竟谁应负主要责任，我没有去贸然论断），她讲起这一罪行时说的那些话，骂来骂去没有一句骂到该骂的地方，她认为对待这一恶劣影响只有两种办法，要不就是不去管它，要不就是用不正当的、无耻的方法把它平息下去，最后，尤其不应该的是，她建议我们委曲求全，建议我们折中让步，建议我们予以默认，使罪恶继续下去，以求得他们结婚。而根据我现在对她弟弟的看法，对这样的婚姻，我们不是求，而是要予以制止。所有这一切使我悲痛地看出，以前我对她毫不了解，至于心灵，我多少个月来所不断夸奖的只是我想象出的一个人物，而不是这个克劳福特小姐。也许这对我最好不过，使我丢掉她的友谊，放弃对她的感情和希望时，可以少感到一些烦恼。然而，我必须承认，如果我能够恢复她原来在我心目中的形象，在记忆中保持住对她的爱与尊敬，我情愿增加我失去她的痛苦。这就是当时我说的一番话，或者说是我说话的大意。不过，你可以想象得到，当时我说这些话的时候，不像现在说给你听这样镇定，说得也没有现在这样有条理。她吃了一惊，惊讶到了极点——'惊讶'二字还不能形容。我看见她的脸色变了。她满脸通红。我觉得我看出她的心情极其复杂，她在奋力挣扎，不过时间很短。有几分想向真理投降，有几分感到惭愧，但是习惯，习惯占了上风。她若笑得出来，她会大笑一场的。她勉强笑了笑说道：'哎呀，这篇讲演真不错！这是不是你最近讲道用的稿子上的？你讲得这样漂亮，很快会把曼斯菲尔德和桑顿拉塞的每一个人都改造过来。我下一次听你讲的时候，你可能已成为公理会的哪个大教团的杰出传道士，要不就是一个派往国外去的传道士。'她想说得毫不在意似的，但是，她只能样子上装一装，心里却做不到。我只回答她说，我衷心地希望她好，诚心诚意地希望她不久能学会正直一点儿看问题，要从痛苦的教训中学到我们人人都可以学到的最可贵的知识，即知道自己，知道自己的责任。说完我立即走了出去。我刚走几步，范妮，就听到背后开门的声音。'贝特伦先生！'她说，我回头望去。'贝特伦先生。'她笑着说，但是她脸上的笑与刚才谈话的气氛很不适合，是一种活泼的嬉皮笑脸的笑，似乎是为了制服我而在邀我。至少我自己觉得是这样的。我抵制住了。我是在当时的盛怒之下抵制住的。我继续往外走了。后来，我有时会为当时没有回去感到一阵后悔，但我知道我当时的做法是对的。我们的相识就这样结束了。这算什么相识啊？我上了多么大的当啊！上了那个弟弟的当，也同样上了那个姐姐的当！我感谢你如此耐心听我讲，范妮。这是我最痛快的一次发泄，现在，我们再不讲这件事情了。”

范妮非常相信他的话，认为他们真的不再讲这件事情了。然而，五分钟后，他们又讲起这件事情来，或者说讲起与此非常有关的事情来。直到贝特伦夫人彻底醒来，他们的谈话才真正结束。在贝特伦夫人醒来以前，他们一直在继续谈论克劳福特小姐：她多么迷恋他，她的性格多么可爱，她要是早一点儿落到好人手里，她会变得多么好。范妮现在可以无拘无束地实说了。她向他暗示，克劳福特小姐所以愿意彻底和解，与他哥哥的病有很大关系，使他进一步了解克劳福特小姐的人品。这个暗示接受起来不那么容易。感情上一时接受不了。把她的感情想得更无私一些会惬意得多。但是，他的虚荣心，对理智的抵挡没能维持多久。他接受了她的看法，认为汤姆的病对她态度的转变起了作用。他只给自己保留了这样一个自我安慰的想法：考虑到不同习惯造成的种种矛盾，她对他的爱的确超过了可以指望的程度，就因为他的缘故，她才更接近正道。范妮和他的想法完全相同。他们还一致认为，这样的打击必然给他的思想留下难以磨灭的印象，其影响不是短时间内可以消失的。时间无疑会减去一些他的痛苦，但是，要想彻底忘却是不可能的。至于说再和别的哪个他认识的女人要好，那是完全不可能的，一提他就生气。他只需要范妮的友谊。

第四十八章

让别人去描写罪恶的不幸吧。我要尽快抛开这样一些令人厌烦的话题。我急欲使每一个人，每一个没有犯多大错误的人重新稍微高兴起来，刚才的那类话我就不往下说了。

说实在的，尽管有上述那些事情，我的范妮此时此刻必然暗自高兴。这一点我是知道的，并且为此而感到满意。尽管她为周围人的痛苦而难过，或者觉得她为他们而难受，但她必然是一个快活的人。她有抑制不住的幸福源泉。她被接回了曼斯菲尔德庄园，她是个有用的人，她得到了爱，她再不会受到克劳福特先生的搅扰。托马斯爵士回来后，尽管他心情闷闷不乐，但是，从种种迹象可以看出，他对她完全赞成，更加珍爱。虽然这一切必然会使她感到快乐，但是，没有这一切，她也会照样快乐的，因为，埃德蒙已经不再上克劳福特小姐的当了。

不错，埃德蒙本人还远远谈不上高兴。他失望，他懊恼，为过去的种种而伤心，盼的事情又办不到。她知道这个情况，并为此而难过。不过，这种难过是以满意为基础的，是与心情舒畅相联系的，它与各种最美妙的心情非常协调，谁都愿以自己最大的快乐来换这种难过。

托马斯爵士，可怜的托马斯爵士痛苦的时间最久，因为，他意识到自己是做父亲的，意识到自己身为父亲所做的错事。他觉得自己当初不该答应这门亲事，觉得自己批准这门亲事应该受到责备，因为自己完全知道女儿的心思；他觉得自己那样做是为了一时的利益而牺牲了原则，是受到了自私和庸俗动机的支配。这样一些内疚要忘却是需要一些时间的。但时间几乎是万能的。虽然罗什渥兹太太方面尚没有好一点儿的消息来弥补她给家中带来的不幸，但是别的子女都给他带来了意想不到的安慰。朱丽叶的婚事没有他当初想的那么糟糕。她自知理屈，希望家里原谅，耶茨先生盼着能真正被接纳到这个家族来，愿意仰仗他，接受他的指导。他为人不很严肃，但是他有可能变得不那么轻浮，至少有可能变得能安安静静地蹲在家里。不管怎样，现已弄清他的地产并不是那么少，他欠的债并没有那么多，而且他还要把爵士当做他最佩服的朋友来向他求教，这总会给他带来一点儿安慰吧。汤姆也给他带来了安慰，他渐渐地恢复了健康，却没有恢复他那自私自利不顾别人的习惯。他这一病反而从此变好了。他吃了苦头，他学会了思索，这是桩他不曾料到的好事。温波尔街发生的痛心事件引起了他的内疚。他觉得这都是演戏的时候男女过分亲昵造成的后果，他负有责任。他今年已经二十六岁了，头脑不笨，也不乏良师益友。因此，这种内疚深深地印在他的心里，长久起着好的作用。他变成一个循规蹈矩的人了，能为父亲分忧解愁，稳重安详，不再光为自己生活。

真正的安慰还在后面呢！于这些好的现象发生的同时，埃德蒙的精神状态也大有改善。他的精神状态是他父亲最忧心的事情。因此，他父亲现在更加心情舒畅了。夏天他每个晚上都和范妮一起漫步，或者坐在树下休息，多日畅谈，逐渐对往事想得开了，恢复了往日的愉快心情。

这些情况，这些好的现象逐渐缓解了托马斯爵士的痛苦，使他不再一味哀伤失去的一切，并且减少了他的自我悔恨。不过，由于想到自己教育女儿不当而感到的痛心，是永远不会彻底消失的。

他现在才意识到玛丽亚和朱丽叶在家里受到的两种截然不同的对待对她们的品格形成是多么不利。但是已经太迟了。他自己待她们很严，而她们的姨妈却放纵她们，迎合她们，两人的做法一直不同。他见诺利斯太太的做法不对，自己就走了另外一个极端，他现在看出了自己的做法是那么不对。他清楚地看出，他只是在错上加错，因为，他是在教她们当着他的面抑制住自己的思想，使他了解不到她们的真正思想，同时，又把她们交给一个只知道盲目宠爱、过度夸奖她们的人，让她们到她那里去纵情玩乐。

这样的安排不当实在可悲可叹。不过，他逐渐地感到，这种安排尽管糟糕，但是这在他的教育计划中还不算是最可怕的错误。她们本身必然缺少了一些什么，不然的话，时间该已经使这种安排的不良影响早就消失了。他想，是缺少了原则，缺少了付诸实践的原则。他觉得，从来没有好好地教导过她们用责任感去控制她们的爱好和脾性，有了责任感，其他都可迎刃而解。她们只学了一些宗教理论，从来没有要求她们每天实践这些理论。在文雅及才华方面出众，这是她们小时候大人给她们定的目标，但是这对她们并不能起到上述有益的影响，对她们的思想产生不了道德方面的效果。他存心让她们成为好人，但是他把心用到了提高她们的智慧和应酬礼貌上，而不是她们的性情上。他估计，她们从来没有听到可以帮助她们的人说过，必须克己，必须谦让。

有一个缺陷使他想起来非常痛心。居然有这样的缺陷存在，他现在都不很理解。他伤心地感到，尽管他很关心她们的教育，并且为教育她们花了很多钱，但是，女儿们长了这么大还不知道自己的首要义务是什么，他自己也不了解她们的品格和性情。

罗什渥兹太太心大情狂的不幸结果传到了他这里。无论谁劝，她都不愿离开克劳福特先生。她希望嫁给他，他们一直在一起。后来她才知道她是白希望一场。于是她感到失望，感到不幸，脾气变得极坏，对他十分憎恨，两人互不容忍，最后发展到自愿分手。

她和他住在一起的时候，他怪她破坏了他和范妮的美满婚姻。她离开他后，他还说是她把他和范妮拆散的。在这种状况下，这样一颗心所感到的不幸，有什么能与之相比呢？

罗什渥兹没费多大周折就离婚了。一场婚姻就此结束。这桩婚事从订婚时的情况来看，除非碰上意想不到的好运，已注定不会有任何好的下场。她当时已经瞧不上他，爱上了别人，这个情况他也十分清楚。愚蠢受辱，自私的情欲失望，这都激不起同情。他的行为使他受到了惩罚，他的妻子罪重，受到了更重的惩罚。他离婚之后，一直感到羞辱，不高兴。这种状况直到又有一个漂亮姑娘把他吸引得娶了她才告结束。他可以再进行一次结婚生活的试验，但愿这次试验比上次成功。如果受骗，骗他的人至少会脾气好些，运气好些。而她呢，必须怀着更加悲伤的心情忍辱含垢地远离社会，再没有希望，再也恢复不了名誉。

把她安置到什么地方，这是一个需要大家商量的最伤脑筋、最重大的问题。诺利斯太太自从外甥女做下错事之后，对外甥女的感情似乎更深了，她主张把她接回家来，并且大家都要安慰她。托马斯爵士不接受她的意见。诺利斯太太认为他所以反对是因为这里住有范妮，因此，她对范妮更加恼恨。她一口咬定他所以有顾虑，就是因为范妮。但托马斯爵士向她庄严保证，即使这里没有这位年轻姑娘，即使他家里没有年轻女子也没有年轻男子，即使这里没有人和罗什渥兹太太相处之下会受她品德的影响，他也不会给这附近地区加上这么大的一个侮辱，招引大家的注意。作为他的女儿，她只要忏悔，他就保护她，给她安排个舒适生活，通过鼓励她正派做人来支持她。根据他们的家境，这一切都是办得到的。再多的事情他不干。玛丽亚已经毁坏了自己的名声。他不愿意用容忍罪恶的办法去为她恢复无法恢复的东西，那样做也是徒劳的。他也不愿把自己已经知道的不幸再引到第二个男人家里去，来替她遮羞。

讨论的结果，诺利斯太太决定离开曼斯菲尔德，悉心照顾她的不幸的玛丽亚。在偏远的异乡给她们建一座住宅，让她们与世隔绝地关起门来过日子。她们一个是心灰意冷，一个是头脑不清，可以想象，她们的性格会成为彼此之间的惩罚。诺利斯太太搬离曼斯菲尔德使托马斯爵士的生活更加称心。自从他从安第瓜回到家里那天起，他对她的印象就开始不好了。从那时起，在每次交往中，在日常谈话中，在办事上，在闲聊中，她在他的心中一日不如一日。他觉得，不是岁月磨去了她的能耐，就是他当初过高估计了她的才智，没有觉察出她的教养不足。他觉得她无时无刻不在起不好的作用，尤其糟糕的是，除非她老死，似乎没个完了之日，她似乎是他的一部分，要他永远背在身上。因此，能够摆脱她是件极大的幸事。如果不是她走后痛苦的回忆仍在的话，他几乎要拥护这件坏事了，因为坏事带来了这么大一件好事。

她的走在曼斯菲尔德没有引起任何人的遗憾。连她最喜欢的人也没有一个真正爱过她。自从罗什渥兹太太私奔之后，她的脾气非常暴躁，到哪里都叫人受不了。在她要永远离开曼斯菲尔德的时候，连范妮都没有为这位姨妈掉一滴眼泪。

朱丽叶的私奔所以没有玛丽亚的那么糟，在某种程度上是由于两人的性情不同，处境也不一样，但是在更大程度上是由于这位姨妈没有那样把她当宝贝，没有那样恭维她，那样惯她。她的美丽和才学只居第二位。她习惯于自认比玛丽亚差一点儿。因此，在两人中间，她的性格自然而然地也比较随和。她的思想感情虽然变化得快，但比较起来尚易控制。她受的教育危害较小，没有使她达到那样妄自尊大的程度。

她在亨利·克劳福特身上碰了钉子之后，戛然刹车，把自己控制得非常好。她受到他的怠慢，一开始心里很不好受，但是很快便再不想他。在伦敦他们又与克劳福特先生相遇，罗什渥兹先生的家成了克劳福特的目标。这时，她故意抽身出来，专挑这段时间去看望别的朋友，目的就是避免再度坠入情网。这就是她到亲戚家去的原因，与耶茨先生是否住在附近毫无关系。她听任耶茨先生对她殷勤照顾倒是已有一段时间了，但是从未想到过要嫁给他。她姐姐出了事情之后，她更加怕见父亲怕回家，她怕回家之后家里对她的管教会更加严厉，为了避免眼前的可怕命运，她才不顾一切匆忙地做出了决定。不然的话，耶茨先生大概是永远成功不了的。她所以私奔，就是由于自私和恐惧心理，再没有其他更坏的想法。她觉得她只有那一条路。玛丽亚的罪恶引来了朱丽叶的愚蠢。

亨利·克劳福特小小年纪便当上了一份巨大家产的主人，再加上家里有坏榜样，因此养成了坏毛病。他醉心于做薄情怪事，以挑逗起妇女的感情为荣，已经为时很久了。他这次对待范妮，一开始并没有诚心，也用心不良，但后来因此而走上了通往幸福的道路。倘若他能够满足于征服一个温柔女性的感情，倘若他能从克服范妮的抵触情绪，一点点地赢得她的尊敬和好感中得到充分的快乐的话，他是有可能成功并得到幸福的。他的苦苦追求已经起到了一些作用。她对他的影响使他对她也有所影响。他要是表现得再好一些，无疑，他会有更大的收获。尤其是当他姐姐和埃德蒙结婚之后，她的抵触情绪会得到克服，他们会经常在一起。倘若他坚持下来，正正派派，在埃德蒙与玛丽结婚之后，在不太久的时间内，范妮就会以身相许来报答他的，并且是非常自愿的报答。倘若他按照原来的打算，正正经经地从朴茨茅斯一回来就去埃芙陵翰，他可能已决定了自己的幸福命运。但是别人劝他留下来参加弗雷泽太太的舞会，他经不起怂恿留了下来。他在舞会上可以见到罗什渥兹太太，好奇心和虚荣心都浮动起来。他那颗心不习惯于为正经事情做出任何牺牲，因此，他无力抵制眼前快乐的诱惑。他决定推迟他的诺福克之行，心想写封信就把问题解决了，又想，要去那里办的事情并不重要，于是他留了下来。他见到了罗什渥兹太太，她对他很冷漠。这本来已经是不肯相认，两个人之间本应该从此井水不犯河水。但是，他受不起这个委屈，居然为一个在感情上完全由他指挥的女人抛弃，他实在受不了。他必须施展本事，征服这种因忌恨而产生的骄傲。她所以这样，是为了范妮的缘故。他必须治住她，使罗什渥兹太太还像当闺女时一样对待他。

在这种心理下他开始了进攻。他奋发精神，坚持不懈，不久便恢复了原来那种亲密交谈、眉来眼去的关系。他的目标原也是达到此步为止。起初，她自然是余恨未消，矜持谨慎。若是能谨慎下去，两个人都会得到拯救。但是，这种谨慎被他冲垮了。她这方面感情上升到他未曾想到的高度。她爱上他了。他想退却已是不可能的了。他由于虚荣而陷了进去，既无辞推托，又一心想着她的表妹。他的首要任务是不让范妮和贝特伦家里的人们知道这件事情。为罗什渥兹太太的名誉考虑，固然需要保密，为他自己，更需保密。当他从里乞蒙回来的时候，他是不希望再见到罗什渥兹太太的。但是她已经不顾脸面，他由不得自己，最后跟她一起走掉了。甚至在出走的当时，他就为范妮感到悔恨。为私奔的事情忙乱过后，他更是为她感到无限悔恨。几个月的时间教育了他。通过对比，范妮那温柔的性格、纯洁的心灵、高尚的道德，更加为他珍视了。

根据他在这一错误中应负的责任，给予适当的惩罚，把他的丑事公布于众，我们知道，这并不是社会上保障美德的办法。在当今这个世界上，处罚并没有我们所希望的那么大的威力。我们且不去冒猜他今后前途如何，不过，我们秉公而论，亨利·克劳福特这样一位有头脑的人，给自己招来了不少烦恼和悔恨。他这么样报答受到的热情招待，这样破坏人家的家庭和平，他丧失了他最好的、最可贵的、最值得珍惜的友谊，失去了他从理智到感情都爱的那位姑娘。他的烦恼有时候必然会上升到内疚，悔恨必然上升到苦痛。

在发生了这件使两家人大伤感情的事情之后，贝特伦和格兰特这两家人若继续紧紧为邻，自然会有无尽的烦恼。格兰特家故意把归期往后推迟几个月，最后，幸好又永久迁走了。搬走是出于需要，至少，是由于可以搬。格兰特博士通过他原已不抱希望的私人关系，在威斯敏斯特教堂继承了一个位置。这对要走的人来说，对留下的人来说，都是一件大好事，因为它为格兰特一家提供了一个离开曼斯菲尔德的理由，一个迁往伦敦的借口，并且增加了他们的收入来支付这次变迁的费用。

格兰特太太生来易于爱上周围的人，也易于受到周围人的爱，离开她久已习惯的这里的景物和人，自会有几分难受。不过，像她这样的快乐性格，到任何地方，在任何环境里边，都会给她赢来大量乐趣。她又可以给玛丽提供一个家了。玛丽已经厌腻了她自己的那些朋友，厌烦了半年来的虚荣、野心、爱情和失意，需要她姐姐的真正友爱，需要跟她一起过理智的、平平静静的生活。她们住在一起。后来，格兰特博士由于一星期之内参加了三次慈善机构的盛大宴会，中风而死。以后她姐妹二人仍然住在一起。这是因为，她决心再不跟随她的弟弟，同时，在那些慕她的美貌和两万镑财产而来的精明能干的国会代表们或闲散成性的法定继承人当中，她一直找不到一个合适的人。他们没有一个能满足她在曼斯菲尔德养就的高雅情趣，他们当中，没有一个的品格与教养符合她憧憬的家庭幸福。这种幸福也是她在曼斯菲尔德才懂得珍视的。此外，她还一直不能彻底忘掉埃德蒙·贝特伦。

在这方面，埃德蒙的情况比她有利得多。他不必等待和盼望，她留下来的爱情位置自会有合适的人来继承。他为失去玛丽·克劳福特而感到的懊恼刚刚过去，他刚刚对范妮说过他再也不会碰到这样的姑娘，便突然想到，不同类型的姑娘是否也可以，是否更好；范妮的微笑，范妮的表现，是否像玛丽·克劳福特过去一样逐渐地引起了他的感情，对他重要起来，是否可以告诉她，她对他那热烈的妹兄之间的感情足以构成夫妻之间爱情的基础。

这一回我有意不标明具体日期。由大家随意去定吧。因为，大家都知道，难以克服的激情的医治，不变的痴情的变迁，需要的时间在不同的人们身上是大大不同的。我只请求大家相信，一星期不晚，一星期不早，恰巧在最恰当的时期，埃德蒙再不把克劳福特小姐放在心上，急切地想和范妮结婚，其急切的程度，正符合范妮的期望。

他对她一直那么关心，这种关心是从她天真无邪、孤苦无援的时候开始的，她越长越可爱，他也越来越关心。现在这种变化不是极其自然的吗？从她十岁那年起，他就爱她，指导她，保护她，她的思想是在他的关心下形成的，她的安慰靠的是他的友爱，他对她特别关心，把她看得特别重要，比曼斯菲尔德的任何人都亲。现在他无须多说，只需放弃那对闪闪发光的黑色眼睛，来爱这一双柔和的浅色眼睛就行了。由于他常常和她在一起，常常在一起谈心，他的心情由于最近的失意正处于有利状态，因此，这一双柔和的浅色眼睛没用多久便在他的心目中夺得了突出地位。

一迈出第一步，一感到自己已走上了幸福的道路，再没有什么顾虑来阻止他或者使他放慢脚步，因为他无须怀疑她的人品，无须担心情趣对立，无须由于性格不同而为未来的幸福操心。她的思想、她的气质、她的见解和习惯昭然若揭，现在他不会受到蒙蔽，将来也不须他费心。甚至在他上次昏头昏脑热恋着克劳福特小姐的时候，他也承认范妮心灵上的优越。现在他该是怎么想的呢？她当然是好得他配不上。不过，谁也不反对得到自己配不上的东西，所以他就诚心诚意地追求起这份幸福，面对她那边，也不会长时间不给鼓励的。尽管她羞怯、不安、不放心，但是她这种柔弱的性格有时候也会抱定强烈的成功希望，只不过整个令人愉快、吃惊的真实情况，她要留到稍后一个阶段才告诉他。他听说这颗心已把他爱得这么久之后，他那幸福的心情用什么语言形容都不会过分。那必然是一种快乐极了的幸福感。但是，在另一颗心里还有一种根本无法形容的幸福感。一个年轻女人在听到一个她求之不得的男人向她吐露爱情的时候，她那种心情，谁也不要自不量力地想去形容。

他们自己的心意说明之后，余下就再没有什么难办的事情了。既无贫穷之忧，父母又不反对。托马斯爵士甚至在他们谈明之前早就有此打算了，图财图势的婚姻他已经厌恶，他越来越看重道德和性情，尤其重要的是，他渴望用最坚固的纽带把现有的家庭幸福必不可少的人结合在一起。所以，他早就在满意地盘算，让这两个新近失意的人相互从对方得到安慰。埃德蒙一提出来，他便欢欢喜喜地答应了。他答应范妮做自己的儿媳妇，心情的兴奋犹若获得了无价之宝似的。这和当年刚提出让这个可怜的小姑娘来这里时相比，他前后的看法是多么不同啊！在人们的打算与得到的结果之间，时间总要创造出一些花样，来教育他们自己，并使邻人们开心。

范妮的确是一位符合他理想的儿媳。他当年发的善心为他收获了最大的安慰。他的慷慨行为得到了优厚的报酬。他对她总的来说用心是好的，因此他也应该得到这样的报答。他可以使她的童年过得更幸福一些，但是，那只是由于她判断错误，根据他的外表认为他很严厉，早年未能爱他。现在，相互之间充分了解了，相互之间的感情也变得非常深了。他把她安置在桑顿拉塞，对她的生活无微不至地关心。他几乎每天都来看看她，或者把她接过去。

贝特伦夫人从自己的方便考虑，一直很亲她。因此她不愿意她走开。儿子和外甥女的幸福她不管，她不希望他们结婚。不过，她已离得开她了，因为苏珊留在这里顶替了范妮。苏珊成了这里的常驻外甥女，她自己也乐于住在这里。她和范妮一样适合，范妮是因为性情温柔，有强烈的知恩图报之心，苏珊是因为思维敏捷，乐意多做事情。再不能放苏珊走了。她被安置在曼斯菲尔德，第一是为了使范妮快活，第二是为了帮助范妮，第三是做范妮的替身，从种种迹象看来，她将和范妮一样长久地住在这里。她比较胆大，性格更加快活，因此很快便适应了这里的一切。凡是她需要与之打交道的人，她很快便掌握了他们的脾性。她生来不会羞羞答答，有什么正当的要求，从不压在心里。不久，人人都喜欢她，她对人人都有用处。范妮走后，她自然而然地承担了时刻照顾姨妈的任务，逐渐地，她比范妮更为姨妈喜爱。苏珊勤快，范妮贤良，威廉继续表现突出，名誉上升，家里的其他人普遍身体健康，诸事顺利，这一切都在互相促进，这一切对托马斯爵士都起着支持作用，托马斯爵士感到有充分的根据为他替大家所做的一切高兴，有充分的理由反复讲：小时候吃点儿苦，管得严一些，不忘生下来就是为了奋斗、受苦，会大有好处。

有这么多真正的好品质，有这么多真正的爱，这一对表兄妹婚后幸福之牢靠，当然是世上少有的。他们生来都同样地喜爱家庭生活，同样地陶醉于田园乐趣，他们这个家是一个恩爱的家、安乐的家。在他们婚后已久，正需要增加一点儿收入，并觉得离父母的家过远不便的时候，格兰特博士去世了，曼斯菲尔德的牧师俸禄由埃德蒙继承了，这可以说是锦上添花。

因此，他们搬到了曼斯菲尔德。这里的牧师公馆，在前两任牧师手中，范妮每次走近都有畏缩、害怕等痛苦的心情，现在，没住多久，在她的心目中已变得像曼斯菲尔德庄园的视野之内并受曼斯菲尔庄园扶持的其他事事物物一样亲切，一样完美无缺。